화폐 자산에 투자하라

- 원유, 금, 달러, 비트코인 -

유가가 100달러를 넘으면 생기는 일

금은 변동성 관리가 수익

달러는 만능이 아니다

코인은 이기적이다

프롤로그

저자가 금융산업에 몸담기 시작한 때는 정확히 2000년이다. 대학원에서 석사학위를 마치고 진로의 갈림길에 서있다가 국내 금융지주 계열의 금융투자회사에서 일을 시작하는 것으로 금융업계에 발을 디뎠다. 금융투자회사에서 10여 년 동안 영업점, 투자상품팀, 투자전략팀 등의 일을 거친 후 국내 굴지의 외국계 은행으로 자리를 옮겨 자산관리 업무를 현재까지 이어오고 있다. 은행에서도 투자자문팀을 거쳐 현재는 일선에서 개인자산가들을 관리하는 프라이빗 뱅커(private banker)로써 일을 하고 있다. 시간적으로는 1997년 동아시아 금융위기 회복과정에서 금융업무를 시작하였고, 2008년 글로벌 금융위기를 경험하였으며, 현재는 코로나19 팬데믹을 몸소 체험하면서 금융업무를 지속하고 있다. 물론, 금융업에 몸 담고 있으면서 학문에 대한 열정을 계속 유지하고 있어 현재는 박사과정을 마치고 학위를 준비하고 있다. 이러듯 저자는 금융분야에서 실무와 학문적 배경을 동시에 경력으로 보유하고 있다는 점에서 시작하여 이 책을 계획하고 집필하게 되었다.

금융업 일선 또는 학교의 아카데미 관점에서 바라보면 현재의 화폐와 화폐시장은 큰 변혁기를 거치고 있다. 특히, 기존의 금과 달러 위주의 시장에서 전자화폐 또는 암호화 화폐와 같은 새로운 화폐가 출현하여 개인의 생활과 경제의 시스템을 변화시키고 있다. 또한, 기술과 금융이 결합하여 핀테크라는 새로운 영역을 출범시키며 화폐자산의 투자에 대한 접근과 방식을 한층 손쉽게 바꾸어 놓고 있는 상황이다. 많은 사람들이 이러한 변화를 인지하면서도 이를 어떻게 이해하고 투자로 접근해야 하는지에 대한 행동적인 측면에서는 아직 미흡한 단계에 있다는 것을 저자는 그 동안 수없이 목격해 왔다. 그리고, 기존의 저서들은 이러한 시장과 투자에 대한 변화를 단편적으로 또는 부분적으로만 정보를 제공하고 있다는 점도 저자의 안타까움을 더했다. 달러에 대한 책들, 그리고 비트코인에 대한 책들은 넘쳐 나고 있다. 하지만, 원유, 금, 달러, 비트코인과 같은 화폐자산들의 발달과 일반적인 속성을 상호 연관성을 가지고 파악하고 향후 화폐시장이 어떻게 움직일 것인가에 대한 전망을 제공하는데 있어서는 미흡하다. 또한, 단편적인 화폐자산에 대한 발전과 전망을 해 주지만 이를 어떻게 관리하고 투자하여 개인 자산을 축척하는게 좋은지에 대해서는 언급이 없는 경우가 대부분이다. 학교 교과서도 이론적으로만 설명을 해 주고 있지만 실제 금융시장에서 어떻게 일이 진행되는지는 얘기해 주고 있지는 않다. 따라서, 이 책은 이러한 저자의 안타까움과 그 동안 실무와 이론을 통해 축척해 논 지식을 쏟아 붓고자 하는 의도에서 시작하게 되었다.

저자는 화폐, 그리고 화폐시장과 화폐자산에 대한 발달부터 속성과 전망, 그리고 투자에 이르기까지의 내용을 이론과 실무적인 차원에서 제공하고자 이 책을 구성하였다. 제1장 서론에서는 화폐에 대한 일반적인 이야기를 하고자 한다. 화폐를 어떻게 정의할 것이며, 화폐시장은 어떠한 역할과 기능을 하는지를, 그리고 화폐자산의 속성도 언급하면서 일반론적인 부분을 알아볼 계획이다.

이어서 제2장에서는 화폐시장의 발달에 대해 다룰 예정이다. 과거부터 현재까지 어떻게 화폐시장이 발달해 왔는지를 분석하고자 한다. 상품화폐, 금속화폐, 지폐 등이 발전하는 과정에서 나타나는 일반성과 개별적인 속성을 확인할 것이다. 화폐 마다 어떻게 생성되고, 시장의 인정을 받고, 새로운 시스템을 구축하고, 국가의 독점으로 이어지고, 그리고 퇴보하는지가 중점이다. 이러한 과정에서 헤게모니를 갖고 있던 상품, 금, 달러의 속성과 시스템 이야기가 부각될 수 있다. 이를 통해 화폐자산의 일반성과 특징을 파악할 수 있고 이는 향후 투자의 가장 기본적인 배경이 된다.

제3장은 투자환경의 변화를 알아볼 시간이다. 화폐자산에서 현재 새롭게 대두되고 있는 전자화폐, 암호화 화폐, 중앙은행 디지털화폐 등의 출현과 속성을 확인하고 향후 발전 방향을 예상해 볼 수 있다. 그리고, 화폐시장의 투자방식에서 핀테크의 발전에 따른 투자방식의 변화와 장단점에 중점을 두고 분석할 계획이다. 독자들이 가장 흥미롭게 향후 화폐시장과 화폐자산의 발전방향을 가늠해 볼 수 있을 것이다.

제4장에서는 화폐자산과 화폐시장에 대한 개인투자자들의 투자전략에 대해 서술하고자 한다. 특히, 대표적인 화폐자산인 원유, 금, 달러, 비트코인에 대해 중점적으로 확인할 수 있다. 각각의 화폐자산의 특징과 기능을 확인하고, 가격 요인을 통해 시장을 전망해 보고, 그리고, 투자전략에 따라 현물, 선물계약, 증권을 통해 투자하는 방법도 소개할 예정이다. 여기에 화폐자산간 상관관계도 파악하면서 매수매도의 양방향 투자, 레버리지 투자, 차익거래도 언급할 계획이다.

마지막 5장 맺음말에서는 현재까지 저자의 화폐자산 투자와 관리에 대한 경험담을 소개하고자 한다. 유가가 100달러를 넘으면 생기는 일, 금은 변동성 관리가 수익, 달러는 만능이 아니다, 그리고 코인은 이기적이다라는 소제목이 이를 잘 반영할 것이다. 이러한 내용을 통해 화폐에 대한 독자들의 궁금증을 어느 정도 해결하는데 도움이 될 수 있을 것으로 생각된다.

이 책을 저술하는데 혼자 힘으로는 불가능했을 것이다. 주변의 많은 도움과 응원이 이 책을 마무리하는데 큰 역할을 한 것 같다. 학문적으로는 연세대학교 국제대학원 한석희 교수님, 이정훈 교수님, 함준호 교수님, 그리고 숙명여대의 최동주 교수님의 수업과 지도를 통해 많은 부분을 준비할 수 있었다. 프라이빗 뱅킹 일을 하면서 책을 집필하는데 시간적으로 공간적으로 부족한 부분을 지원해 주신 SC제일은행 박종화 센터장과 강남PB센터 직원들에게도 감사를 전해야 할 것 같다. 마지막으로, 저자에게 삶의 이유와 원동력이 되어 주고 있는 아내 오진아와 두 아들 준석이 의석이의 사랑으로 이 책을 완성할 수 있어 감사한다.

2021년 9월

CONTENTS

시작하며

화폐란?

화폐시장의 발달

화폐시장의 역할과 기능

투자를 위한 준비

우리는 가끔씩 질문을 받게 된다. 만약 무인도에 혼자 남아서 살아야 한다면 꼭 가지고 갈 한 가지가 무엇인가? 이에 대한 대답을 통해 그 사람이 추구하는 가치나 성격 등을 파악할 수 있다고 생각한다. 각각 다른 답변이 돌아온다. 누구는 도끼 한 자루, 누구는 불, 누구는 곡식 씨앗, 누구는 친한 친구, 누구는 만능 기능이 있는 로보트(robot)라 답변하기도 한다. 하지만, 나는 아직까지 5만원권 지폐 한 다발, 비트코인(bitcoin), 골드 바(gold bar)를 가지고 무인도에 들어가 살겠다고 답변한 사람은 거의 보지 못했다. 우리가 살고 있는 현실을 보면 돈이나 금융자산을 얻기 위해 치열하게 노력하고 있다. 그런데도 혼자 자급자족을 해야 한다면 이는 전혀 쓸모가 없는 품목이다. 즉, 우리가 중요하게 여기는 화폐는 경제활동의 기본 단위이다. 그리고 동시에 사회적 관계(social relationship)를 반영하기 때문이다.

아침 저녁으로 보고 듣고 읽는 뉴스에는 부동산 투기, 비트코인 열풍, 금 사재기, 주식 투기, 핀테크 사업, 심지어 예술품 경매 등의 이야기가 매일 올라온다. 이를 통해 세상이 변하고 있고 혹자는 엄청난 수익을 올렸다는 이야기가 가득하다. 언론도 이를 경쟁적으로 보도하고 있다. 친구들 또는 직장 동료들과 휴식시간에 얘기를 해도 온통 투기에 관련된 사항이 대부분이다. 아는 누가 어떤 자산에 투자해서 엄청난 돈을 벌었다는 등 내가 근로소득을 통해 달성할 수 없는 수치들이 제시된다. 나 자신도 그렇고 주변의 얘기도 그렇고 여기에 언론도 그렇고 아무것도 투자하지 않고 있는 나만 외톨이가 된 느낌이다. '벼락 거지'란 단어가 마치 나를 묘사하는 것 같다. 주린이(주식 어린이), 코린이(비트코인 어린이), 골린이(골드 어린이) 라는 생소한 단어가 주변을 맴돈다. 해당 자산에 처음 투자를 시작하는 초보자를 빗대어 나온 은어이다.

이런 뉴스들이 나올 때마다 20년 넘게 투자상품과 자산관리, 그리고 금융학에 몸담고 공부해 온 필자도 혼동이 올 때가 많다. 특히 최근 들어 금 투기, 달러 사재기, 비트코인(bitcoin)과 알트코인(altcoin) 투기란 말들이 자주 돈다. 이 때마다 많은 사람들은 그동안 배워온 화폐의 기능에 대해 혼란을 느낀다. 돈이란 경제활동에서 교환이나 지불의 수단으로 쓰는 것인데 왜 투기를 하고 있지? 과연 화폐가 주식이나 채권, 부동산처럼 투기나 투자의 대상이 되는 게 맞는가? 여기서 잠깐 투자와 투기를 구분해보자. 투자는 이익을 얻기 위해 어떤 사업에 자본을 대거나 시간과 정성을 쏟는 것으로 정의된다. 반면 투기는 기회를 틈타 큰 이익을 보려는 것이다. 좀 더 구체적으로 들어가 보면, 실수요자(real demander)의 행위는 투자이고 가수요자(fake demander)의 행위는 투기다. 투자는 거래대상의 가치변화에 주목함에 비해 투기란 오로지 시세차익에만 목적을 둔다. 투자는 1년 이상의 장기적인 행위이고 투기는 1년 미만의 단기적인 행위라고 구분하고 있다. 증권분석의 창시자인 벤자민 그레이엄(Benjamin Graham, 1894년~1976년)도 그의 저서 현명한 투자자(The Intelligent Investor)에서 투자는 철저한 분석 하에서 원금의 안전과 적절한 수익을 보장하는 것으로 본다. 이러한 조건을 충족하지 못하는 행위는 투기로 정의하고 있다. 이러듯 우리가 생각하는 화폐의 기능은 교환과 지급 결제를 위한 수단이다. 그래서 화폐를 이해하는데 투자와 투기라는 단어는 낯설게 느껴질 수 있다.

이러한 혼란이 오는 것은 화폐의 기능과 역할을 제대로 이해하지 못한 상태에서 오게 된다. 우선, 화폐는 경제의 기본 단위로 교환이나 지급 결제를 위해서 개발되고 사용되었다. 그리고 이 기능은 무엇보다도 화폐를 결정짓는 가장 중요한 특성이다. 동시에 화폐는 가치의 척도나 가치의 저장 수단으로도 활용되고 있다. 즉, 개인 또는 국가의 부(wealth)의 상태와 수준을 나타내는 것도 화폐의 기능이자 역할이다. 우리의 평균수명이 조만간 100세를 넘어갈 것이다. 따라서 개인들은 본인의 자산을 장기적인 측면에서 합리적으로 관리해야 하는 환경에 놓여있다. 모두들 마음이 급하다. 빠른 시간 내에 개인의 부(wealth)를 최대한 증대해 놓고 싶어한다. 국가도 마찬가지이다. 지금까지 축적된 부(wealth)를 유지하고 증가시키고 싶어한다. 이러한 자산의 증식과 부는 화폐, 즉 돈(money)이라는 개념으로 표시되고 관리 된다. 그래서, 역사적으로 경제주체들은 화폐를 지급과 결제의 수단뿐 아니라 부의 축적을 위해 투기나 투자의 수단으로 사용하게 되었다.

이러한 측면에서 본다면, 화폐(currency)와 화폐시장(currency market)의 발전과 변화, 그리고 화폐자산에 대한 투자는 현대 경제의 발전에서 가장 중요한 요소 중 하나가 된다. 개인에게는 화폐를 어떻게 관리하고 활용하는가에 따라 현재 삶의 질이 결정된다. 그리고 동시에 현재의 자산관리를 통해 미래의 생활을 예측할 수 있다. 또한, 국가의 측면에서도 화폐를 어떻게 관리하고 통제하는가에 따라 국제사회에서 패권(hegemony)이 판가름 날 수 있다. 동시에 내부적으로는 국민들에게 지속가능한 성장(sustainable growth)을 제공할 수 있기 때문이다. 특히, 화폐와 화폐시장은 정적인(static) 존재가 아니라 동적(dynamic)인 개체이다. 항상 변화하고 퇴보하는가 하면 새롭게 출현하며 사회 발전과 상호작용을 하고 있다. 따라서, 화폐와 화폐시장의 과거, 현재와 미래를 알아보고 이에 적합한 투자전략을 세우는 것도 개인과 국가에게 매우 중요하다. 이를 통해 준비하고, 대응하고, 변화에 적응하면서 개인에게는 한층 윤택한 삶의 질이 가능하다. 그리고 국가에게는 통치(governance)를 위한 기초가 될 수 있다.

앞에서 언급한 화폐에 대한 두 가지 측면의 이해는 앞으로 이 책에서 얘기하고자 하는 이야기의 가장 초석이 되는 부분이다. 화폐가 교환과 지급 결제의 수단일 뿐만 아니라 부의 축척 수단이라는 이해이다. 이를 위해 서론에서는 화폐와 화폐시장에 대한 기본적인 개념과 분석틀을 제공할 것이다. 화폐란 무엇이고 화폐시장이란 어떤 곳인가를 먼저 알아볼 것이다. 그리고 이들의 역할과 기능이 무엇인지를 분석해 보는 것이다. 이러한 기본적인 개념과 분석틀을 통해 그 다음 장에서 이야기할 화폐시장의 발달, 투자환경의 변화, 화폐자산에 대한 투자를 알아 볼 수 있기 때문이다.

화폐(currency)란?

화폐(currency)란 무엇일까에 대한 궁금증이 나온다. 누군가는 한마디로 돈(money)이라고 할 것이다. 또한 누군가는 거래를 위한 수단이라고 할 수도 있다. 노상채 교수와 김창범 교수는 화폐란 일반적으로 통용되는 지불 수단(generally acceptable means of payment)으로 정의하고 있다. 어떤 증표(token)가 일반적인 지불 수단이 되고, 그 지불 수단을 그 사회에서 이의 없이 받아들인다면 그것을 화폐라는 것이다. 대표적인 금융경제학자 프레데릭 미쉬킨(Frederic S. Mishkin, 1951년~)은 구체적으로 돈(money), 통화(currency), 그리고 부(wealth)를 구분하여 정의하고 있다. 돈은 상품이나 서비스의 거래에 있어서 결제수단이 되고 채무변제의 수단(anything that is generally accepted as payment for goods or services or in the payment of debts)으로 이해한다. 동전이나 지폐로 구성되는 통화는 좁은 의미의 돈으로 간주하고 있다. 반면, 가치 저장 수단으로 작용하는 모든 자산가격의 집합체인 부(wealth)는 광의의 돈으로 해석하고 있다.

이렇듯 화폐에 대한 정의는 다양할 수 있다. 아직 구체적으로 화폐가 무엇이다 라고 떠오르지는 않는다. 그렇다면, 화폐가 가지고 있는 기능을 살펴보면 보다 쉽게 구체적으로 인식할 수 있다. 화폐의 기능은 크게 네 가지로 분류된다. 첫째, 교환의 매개 수단(the medium of exchange)이다. 이는 교환 경제에서 판매 계약이나 대차 계약이 체결되는 수단을 말한다. 교환의 매개물로서의 화폐가 없다면 어떤 사람이 가지고 있는 상품을 필요로 하는 다른 사람이 동시에 자신이 필요한 상품을 가지고 있어야만 교환이 가능하다. 즉, 화폐는 욕구의 쌍방간 불일치 문제를 해결함으로써 거래비용을 줄이는 역할을 한다. 이는 운반의 편의성(portability)을 수반한다. 쇠덩이와 같이 너무 무거워서 교환 장소에 운반할 수 없는 것은 화폐로서의 기능이 불가하다. 둘째, 지불 수단(means of payment)이다. 화폐의 가장 중요한 기능이다. 상품의 거래에 있어서 화폐를 수령함으로써 매매를 성립시키고 종결시킨다는 의미이다. 이는 어떤 재화에도 일반적인 지불 조건으로 받아져야 하는 시장 수용성(market acceptability)을 충족해야 한다. 사회 구성원들이 교환에 따른 가치가 있다고 인정되는 것이어야 한다. 오늘날 생선가게 주인에게 고등어 한 마리를 구매하는 대가로 조개껍데기 한 자루를 주겠다고 하면 거래가 성사될 수 없는 이치이다. 셋째, 가치 저장 수단(value storage means)이다. 화폐는 그 자체가 구매력을 가지므로 보유자는 화폐가 언제, 어떤 상품에 대해서도 그 대가로서 수령될 것을 기대할 수 있다. 오랫동안 보관해도 해당 수단의 본질에 변함이 없어야 한다는 가치의 안정성(stability of value)과 내구성(durability)을 필요로 한다. 곡식의 경우 지불 수단이나 교환의 매매 수단으로 유용할 수 있지만, 오래 보관할수록 상품의 질(quality)이 저하되고 유실될 수 있는 위험성이 너무 높아 오늘날에는 화폐로서의 기능을 제대로 수행하기 힘들다. 마지막으로 가치 척도(scale of value) 기능이다. 일반 재화와 서비스의 가치를 측정할 수 있어야 한다. 이를 위해서 계산 단위를 필요로 한다. 1온스(ounce), 1부셀(bushel), 1비트코인(bitcoin), 1돈(豚), 1마일(mile) 등과 같은 단위이다. 이 기능으로 재화나 서비스의 크기를 측정할 수 있다. 이는 표준화에 의한 가치 구별의 용이성(homogeneity)과 가치를 나눌 수 있는 가분성(divisibility)을 필요로 한다.

화폐의 기능

- 교환의 매개 수단
- 지불 수단
- 가치 저장 수단
- 가치 척도

일반적으로 위의 네 가지 기능 요건을 모두 충족할 때 이를 화폐로 인정할 수 있다. 그러면 구체적으로 화폐가 무엇인지에 대해 명확해진다. 역사적으로 화폐로 사용되었던 도구들은 네 가지 기능을 모두 충족했다. 뿐만 아니라 각각 그 기능의 수행능력도 차별화되어 있었다. 그리고, 해당 기능을 수행한 후 다른 수단으로 대체되거나 아니면 사라지는 경우도 항상 일어났다. 국가간 해외 무역이 성행했던 르네상스 시대(the Renaissance Era)에 금화는 지불 수단과 교환매개수단으로 역할이 매우 컸다. 해외 상품과 서비스를 구입하면서 현장에서 직접 지불하였기 때문이다. 하지만, 이후 은행들이 발달하면서 금을 교환장소에 직접 운송하는 일은 거의 찾아볼 수 없게 되었다. 지금은 가치 저장 수단이나 가치 척도의 기능이 더 크게 활용되고 있다. 비트코인(bitcoin)도 마찬가지이다. 현재 비트코인은 교환 매개 수단과 지불 수단으로 세력을 조금씩 확장해 가고 있지만 수준은 아직 미미하다. 반면, 가치 저장 수단으로 투자자들의 환영을 받고 있다.

화폐시장(currency market)의 발달

역사적으로 화폐가 하나만 사용된 것이 아니다. 시대마다 기술의 발달과 사회의 필요성에 따라 다양한 화폐가 출현하고 사라지고를 반복했다. 그리고, 한번 출현한 화폐는 그 기능을 잃어버려도 퇴출되지 않고 남아서 일정기간 그 기능을 유지하였다. 즉, 그 시대에 헤게모니(hegemony)를 갖는 화폐가 존재하고 여기에 다양한 화폐가 공존했다. 현대사회에서 법정지폐(fiat money)가 글로벌 화폐에서 주도권을 잡고 있지만, 여전히 금이나 은, 그리고 전자화폐(electronic currency)가 같이 공존하고 있는 형태이다. 그리고, 헤게모니를 가진 지폐도 다양한 형태로 사용되었다. 법정지폐(fiat money) 중에서 달러(Dollar), 유로(Euro), 엔(Yen), 위안(Yuan) 등이 존재하며 서로 공존하고 있는 방식이다. 또한, 르네상스 시대(Renaissance Era)에 금화와 은화가 대세였지만, 스페인 금화, 피렌체 금화, 베네치아 금화 등으로 다양하게 그 형태가 존재하였다.

이는 화폐들이 역사적으로 활용도와 수용성이 차별화되어 왔기 때문이다. 이는 화폐를 하나씩 개별적으로 인식해야 하는 것이 아니라 화폐시장(currency market)이라는 측면으로 인식해야 한다는 것을 의미한다. 시장(market)이란 상품으로서의 재화와 서비스의 거래가 이루어지고 값이 결정되는 영역을 일컫는 추상적인 개념이다. 화폐의 발달도 단일 화폐가 독점적으로 사용된 것이 아니라 다양한 화폐가 공존해 왔다. 그리고 각각의 영역 및 기능에서 서로 다른 모습을 보이며 경쟁하고 상대적으로 가치가 결정되어 왔다. 수요적인 측면에서 개인, 귀족, 은행, 금융기관, 왕, 정부, 중앙은행 등과 같이 다양한 행위 주체들이 이해관계를 갖고 참여하는 곳이다. 이렇게 본다면 화폐도 하나의 시장(market)으로 인식하는 것이 보다 유용하다고 할 수 있다. 역사적으로 출현했던 무수히 많은 화폐를 각각의 개별화된 개체로 간주하기에는 너무나 무책임해진다. 이들의 다양성을 시장(market)이라는 범위에서 받아들이는 것이 필요하다. 화폐들은 일반적인 속성인 가분성(divisibility), 동질성(homogeneity), 내구성(durability), 휴대의 편리성(portability)에 따라 그 생명을 달리해 왔기 때문이다.

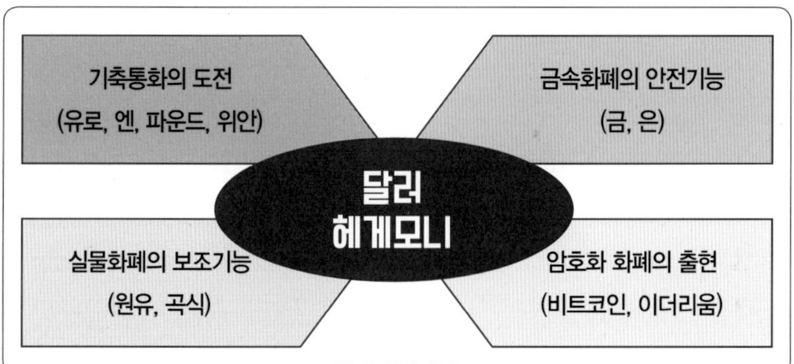

[현대 화폐시장]

이를 충족시킨 화폐를 역사적으로 살펴보면 상품화폐(commodity currency), 금속화폐(metal currency), 지폐(paper currency), 그리고 전자화폐(electronic currency) 순으로 변화하고 발전되어 온 것을 알 수 있다. 이러한 구분은 단순하게 화폐를 만든 재료로만 구분된 것이 아니다. 인류의 기술의 발전과 사회의 발전을 동시에 내포하는 구분이 될 수 있다. 새로운 기술의 개발로 새로운 화폐가 출현하고 이를 사회구성원들이 필요성에 의해 시장에서 화폐로 받아들인다. 그리고, 이 화폐는 국가권력에 흡수되어 국가 통치와 사회발전에 주요 역할을 하게 된다. 국가권력의 선택을 받은 법정화폐(fiat currency)는 화폐시장에서 헤게모니(hegemony)를 갖게 된다. 이 과정에서 화폐시장에서 주도권을 잡고 부(wealth)를 축척하는 행위자도 분명하게 나타난다. 이해관계의 충돌이 발생하게 되는 것이다. 물론, 기존 유형의 화폐가 새로운 유형의 화폐로 완전히 도태되고 사라지는 것이 아니다. 그 기능을 유지하면서 대체 화폐(alternative currency)로 남아서 역할을 수행한다. 이러한 화폐와 화폐시장의 특성을 이해한다면 미래의 화폐시장에 대한 전망도 충분히 가능하다고 본다.

이와 같은 과정을 염두에 두고 간략히 화폐시장의 발달을 요약해 볼 수 있다. 상품화폐(commodity currency)는 자급자족 사회에서 물물교환 사회로 이행되면서 출현하였다. 자급자족 사회에서는 교환에 대한 문제가 발생하지 않는다. 내가 생산한 것을 내가 다 소비하는 구조이기 때문이다. 수레바퀴의 발명이 물건을 대량으로 부족간 교환을 가능하게 하면서 지역간 물물교환이 본격화 되었다. 수레바퀴는 메소포타미아 문명(Mesopotamian civilization)의 수메르인들(Sumerians)이 기원전 3,500년경에 발명한 것으로 기록상 전해진다. 부족 내 또는 부족 간 대량의 물물교환이 가능해지면서 이를 매개할 도구가 필요해졌다. 대표적인 것이 소금, 곡식, 가축 등이다. 구석기 시대에는 조개더미가 이러한 기능을 한 것으로 나타나고 있다. 봉급을 영어로 salary라고 하는데 이 말은 로마시대에 군인들에게 소금(salt)으로 급료를 지급했던 데서 유래한다고 한다. 하지만, 이러한 화폐는 내구성과 동질성에서 문제를 드러냈다. 오래 보관할수록 감가상각이 심했으며, 같은 상품이라도 그 품질이 서로 다르게 나타났다.

이를 보완한 것이 금속화폐(metal currency)이다. 철기문화와 주조술(metallurgy)이 발달하면서 처음에는 철(iron)로 이후에는 금과 은으로 동전을 만들어 유통하였다. 금속 자체가 내재가치를 가지고 있기에 화폐로서의 기능을 수행하는데 문제가 없었다. 또한, 대중의 신뢰도 높았다. 각국의 왕들은 이러한 금화와 은화의 발행을 독점하였다. 왕국뿐만 아니라 개인들도 보유중인 금이나 은을 주조창에 들고 가면 금화와 은화로 발행받을 수 있었다. 이를 통해 왕국은 화폐 발행 차익(seigniorage, 시뇨리지)을 얻을 뿐만 아니라 왕국의 부를 증가시킬 수 있었다. 하지만, 동전들이 처음에 유지되었던 순도와 함량을 무시하고 악화(bad money)로 변질되어 유통되자 대중들이 이를 외면하기 시작하였다. 15세기 르네상스 시대로 접어들면서 국가간 왕국간 대외무역이 활발해지기 시작했다. 무역결제와 지급수단으로 금괴(gold bar)와 은괴(silver bar)가 표준화되어 유용하게 활용되었다. 금과 은의 보유량이 왕국과 국가의 부의 기준이 되었다. 각국은 이를 확보하기 위해 식민지를 확보하고 광산 개발에 박차를 가하였다.

또한 대규모 무역과 상업의 발달은 17세기부터 은행의 발달을 가져왔다. 은행은 뱅크노트(bank note)를 발행하여 화폐로 유통시켰다. 이러한 초창기의 지폐(paper currency)는 개인들에게는 편리성을 제공하였고 국가에는 거시경제를 통제할 수 있는 수단이 되었다. 하지만, 지폐는 내재가치(intrinsic value)가 부재하기에 대중들의 신뢰성을 확보하기가 어려웠다. 또한, 발행이 남발될 경우 인플레이션을 유발할 수 있었다. 이러한 문제점을 해결하기 위해 민간은행과 정부는 금본위제(gold reserve system)와 은본위제(silver reserve system)를 병행으로 활용하였다. 지폐의 가치가 금과 은 같은 귀금속에 연동되었다. 그리고 언제든지 태환(兌換)이 가능하기에 지폐는 유통에 신뢰성을 더할 수 있었다. 하지만, 마찬가지로 정부 통제하에서 지폐의 초과 발행은 인플레이션을 유발하였다. 이러한 문제점을 해결하기 위해 각국은 중앙은행(central bank)을 설립하여 화폐의 발행과 유통량의 조절을 맡기기 시작하였다. 중앙은행도 금본위제나 은본위제를 통해 지폐의 신뢰성을 구축하였다. 아직 지폐의 유통은 대중의 신뢰를 얻기에는 시간이 필요했다. 주요국은 제국주의(imperialism) 침탈을 통해 식민지의 금과 은을 본국으로 집중시켰다. 18세기 말 은본위제를 사용하고 있던 중국 청나라는 영국과의 무역에서 막대한 흑자를 기록하였다. 막대한 양의 은이 중국으로 유출되자 영국은 이를 회수하기 위해 중국에 아편을 수출하였다. 이는 중국의 치욕적 역사인 아편전쟁(Opium War, 1840년)을 유발시키기까지 하였다. 이미 국가의 경제규모와 무역규모가 커지면서 충분한 금과 은을 공급하기에 역부족이었다. 1850년대에 미국 서부 캘리포니아에서 대규모 금맥이 발견되면서 골드 러쉬(Gold Rush)가 있었다. 그럼에도 불구하고 아직도 각국은 충분한 양의 금과 은 보유량을 유지하지 못했다. 이는 결국 빈번한 디플레이션(deflation)으로 이어졌다. 이를 해결하기 위해 지폐를 남발하면 인플레이션(inflation) 위험에 노출되었다. 이를 위해 기존의 금과 은뿐 아니라 국채증서나 국가토지문서 등도 지폐 발행에 신탁으로 제공되었다.

이후 주요국들은 1차 세계대전과 2차 세계대전을 거치면서 전쟁을 위해 막대한 양의 화폐를 발행하였다. 결국 신탁자산과 태환하여 시스템을 유지시키는게 불가능하였다. 지폐는 남발되었다. 전쟁이 끝난 후에는 초인플레이션(hyper-inflation)을 겪으며 휴유증을 앓게 됐다. 이 과정에서 미국이 지속적인 경제발전을 통해 강대국으로 부상하며 달러가 세계 화폐시장을 통합하게 된다. 2차 세계대전 이후 전세계는 브레튼우즈체제(Bretton Woods System)를 구축하였다. 달러는 금 1 온스에 35달러로 고정시키고, 각국은 금본위제로 안정화된 달러에 환율을 고정시키는 방법이다. 이로 인해 글로벌 화폐 시장이 달러의 통제하에 놓이게 되었다.

이후 미국은 냉전 시대(Cold War Era)와 베트남 전쟁(Vietnam War)을 거치면서 달러를 남발하며 위기에 봉착하였다. 1972년 닉슨 쇼크(Nixon Shock)를 기점으로 금태환이 금지되었다. 이제 어떠한 주요 지폐도 자산을 담보로 발행되지 않고 오직 국가의 공권력과 신용으로 발행되고 유통되기 시작하였다. 이를 법정지폐(fiat money) 또는 신용지폐(credit money)로 통칭하기도 한다. 화폐제도로 대부분의 주요국들은 관리통화제도(managed monetary system)를 견지하였다. 정부의 재정정책과 중앙은행의 통화정책을 동시에 활용하여 국가의 경제를 관리하는 방법으로 변했다. 또다시 화폐는 일국 경제의 중요한 기본단위가 되었다.

21세기에 들어서 IT(Information and Technology, IT)가 발달하면서

화폐시장에 커다란 변혁을 가져왔다. 화폐 자체적으로는 전자화폐(electronic currency)들이 출현하였다. 금융시장에는 핀테크(fintech)가 도입되면서 화폐시장이 탈중앙화(decentralization)와 탈중개화(disintermediation) 현상을 나타냈다. 초기의 전자화폐는 교통카드와 같은 단순한 서비스를 제공하였다. 그리고, 온라인(on-line) 상에서 민간기업이 제공하는 물품을 구매하거나 서비스를 받을 수 있는 기능이 주된 것이었다. 옥토퍼스 카드(octopus card), 게임 머니(game money), 그리고 마일리지 포인트(mileage point)가 대표적인 경우이다. 이후 지급결제 시스템에서 페이팔(Paypal), 알리페이(Alipay), 카카오페이(Kakaopay) 등의 전자결제 시스템이 구축되었다. 여기에 암호화 화폐(cryptocurrency)가 출현하며 상황을 바꾸어 놓았다. 블록체인(blockchain) 기술을 바탕으로 채굴(mining)이나 최초코인공개(initial coin offering, ICO)라는 복잡한 과정을 거쳐 발행 및 유통되고 있다. 이러한 암호화 화폐는 기존에 금이 수행했던 역할을 대체하기도 한다. 여기에 기축 통화인 달러(dollar)의 헤게모니에 도전을 하며 갈등을 일으키고 있다. 새로운 화폐로서의 역할을 시도하고 있는 것이다.

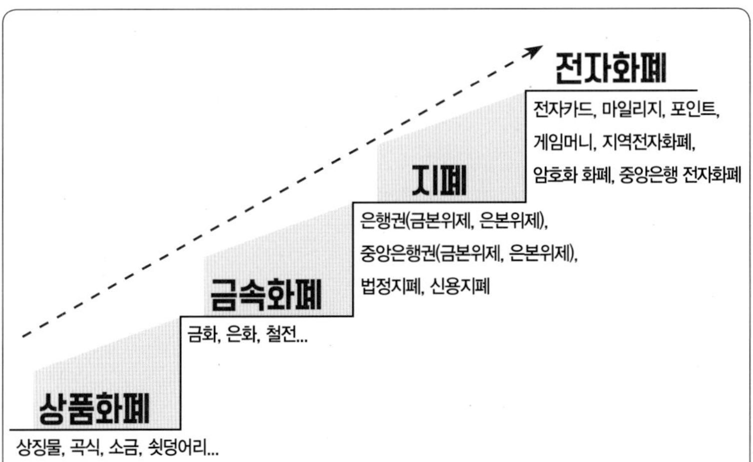

[화폐시장의 발달]

중앙은행(Central Bank)의 반격도 만만치 않다. 중국 정부는 2014년부터 연구를 시작해 중앙은행 전자화폐(CBDC, Central Bank Digital Currency)를 조만간 도입할 예정이다. 이 통화엔 디지털 위안화(Digital Yuan)라는 공식 이름도 붙여져 있다. 국가의 중앙은행이 직접 발행하여 가치가 실제 화폐처럼 일정하다는 점에서 변동성이 큰 비트코인(bitcoin)이나 이더리움(Ethereum) 등 암호화 화폐와 구분된다. 어떤 형태로 발행 및 유통될지는 아직 실험 중이지만 향후 화폐시장에 새로운 변화를 일으킬 수 있다는 점이 고무적이다.

화폐시장(currency market)의 역할과 기능

화폐시장의 발달 과정을 개략적으로 살펴보았다. 이를 통해 화폐와 화폐시장이 우리 사회에서 어떠한 역할을 하고 있는지 보다 명확하게 이해 할 수 있다. 두 가지 역할을 눈 여겨 볼 필요가 있다. 하나는 화폐가 국가의 통치수단으로서의 역할을 해 왔다는 점이다. 화폐는 고대로부터 해당 공동체의 경제활동을 지원하고 제국의 부를 확대시키는데 사용되었다. 그리고 광대한 영토를 경제적으로 통합하는 수단으로도 활용되어 왔다. 로마제국(Roman Empire)에서 발행한 금화와 은화는 로마제국 경제활동의 기본단위였다. 세금의 수납과 재정 지출을 효율적으로 관리하여 국가의 부를 유지할 수 있었다. 그리고, 정복 등으로 만들어진 제국 내 국민들에게는 동일한 화폐를 사용함으로써 경제공동체 의식을 심어줄 수 있었다. 제국을 통치하는데 화폐를 통일시키는 것보다 좋은 수단이 없었다. 중국 원(元)나라가 발행한 교초(交鈔)는 광대한 제국을 통합하여 통치하기 위해서 발행된 최초의 지폐(paper money)이다. 19세기에 영국의 파운드(pound)는 본국(metro)과 식민지(colony)를 경제적으로 통합하고 관리하는데 유용하게 활용되었다. 현대 미국은 달러(dollar)를 통해 전세계 패권국가로서의 기능을 유지하고 있다. 전세계 국가의 달러에 대한 의존도가 높을수록 미국의 패권은 더 강해진다. 이러한 달러에 도전하고 있기에 비트코인

(bitcoin)이 미국 정부와 갈등을 일으키는 것으로 주장하기도 한다.

이러한 화폐를 통치에 활용하기 위해서 고대부터 현대까지 국가권력은 화폐시장에 개입하여 이를 통제하려는 모습을 나타냈다. 우선 화폐 발행에 대한 독점권을 확보하려 했다. 특히, 근대에는 중앙은행을 통해 화폐를 독점적으로 발행함으로써 화폐 발행차익(seigniorage, 시뇨리지)을 얻을 수 있었다. 중앙은행이 발행한 화폐의 실질가치에서 발행비용을 제한 차익을 의미한다. 예를 들어 금화 500원짜리를 만드는 데 실제로 금이 100원어치만큼 사용됐다면, 그 금화를 만드는 데 400원의 시뇨리지가 발생하게 되는 것이다. 따라서 이를 화폐주조차익 또는 인플레이션 조세(inflation tax)라고도 한다. 시뇨리지란 봉건시대에 시뇨르(seignior), 즉 영주들이 화폐 주조를 통해 이득을 챙겼던 것에서 유래한 말이다. 당시 개인이 화폐 주조권자인 국왕이나 영주의 조폐소에 금과 은을 주어 보증 화폐의 주조를 의뢰하면 그 주조 수수료에 해당하는 만큼 금속의 일정 몫을 떼어갔다. 이를 통해 왕과 영주는 자신들의 재정을 확보할 수 있었다. 2차 세계대전 이후 글로벌 금융시스템은 브레튼우즈체제(Bretton Woods System)를 채택하였다. 미국은 달러를 금에 연동시키는 금본위제(gold-standard system)를 유지하였다. 그리고 이외 주요국은 금에 연동되어 있는 달러와 고정환율을 통해 통화의 안정성을 추구하는 방식이다. 이를 위해 영국, 프랑스, 이태리, 스위스 등 주요국들은 자국 보유 금의 일정량을 미국 연방준비은행(Federal Reserve Bank)으로 보내 예치하였다. 각국 정부는 이를 대가로 달러를 받아 자국의 외환보유고(foreign reserve)에 편입하였다. 금 1온스는 35달러로 고정되었다. 미국의 중앙은행은 기축통화인 달러를 싼 비용으로 발행해서 주요국에 주고 엄청난 양의 금을 확보하였다. 시뇨리지 효과이다. 과거에는 모든 왕이나 영주들이 이 혜택을 누렸으나, 현대 사회에서는 기축통화를 발행하는 정부가 글로벌 시뇨리지 효과를 누릴 수 있다. 미국은 재정적자에 시달릴 때 마다 달러 발권량을 늘리고, 무역 흑자국에 국채를 파는 방식으로 버틸 수 있던 것도 글로벌 시뇨리지 효과에서 기인한다. 만약 약소국 통화가 발권을 늘리게 되면 이를 받아주는 곳이 없기에 엄청난 인플레이션에 시달리게 된다. 이러한 중앙은행의 시뇨리지 독점에 반기를 든 것이 비트코인(bitcoin)이다. 컴퓨터 프로그램이 채굴(mining)해 발행되는 비트코인은 발행한도가 정해져 있으며, 태생부터 중앙은행의 독점적 화폐 발행권과 주조 차익을 부정한 것이다. 이런 이유로 일각에선 비트코인이 정부의 탄압을 받고 있다고 생각한다.

또 다른 방법은 국가가 화폐시장을 통해 통화정책(monetary policy)을 실시하여 부를 유지하고 확대시키고자 하였다. 이를 위해 화폐시장에 대한 통제와 관리가 필요했다. 경제활동에 비해 화폐의 발행량이 너무 많으면 인플레이션(inflation)이 발생하여 해당 화폐의 가치가 하락하고 대중들이 외면하게 된다. 반대로 화폐의 발행량이 경제활동에 비해 부족하면 디플레이션(deflation)이 발생하여 경제활동이 위축될 수 있다. 중앙정부는 지속적인 경제의 성장을 위해서 화폐의 적절한 관리가 중요하게 되었다. 이를 위해 화폐시장에 개입하여 통제하려 하였다. 로마제국 때에는 금의 함유량이 낮은 악화(bad money)를 발행하자 해당 금화는 시장에서 인플레이션을 유발하여 제국이 붕괴되는 요인으로 작용하기도 하였다. 근대에는 전쟁 비용 조달로 정부가 지폐를 무작위로 발행하자 전쟁이 끝난 후에 초인플레이션(hyper-inflation)이 발생하여 경제가 파탄 나는 것도 경험하였다. 즉, 국가권력이 항상 화폐시장을 통제하에 두려는 것을 목격할 수 있고, 동시에 화폐는 국가 권력에 의해 그 의미를 부여 받았다.

화폐의 역할 중 중요한 다른 하나는 국가와 개인의 부의 축적 수단으로 사용되어 왔다는 점이다. 즉, 금융자산(financial asset)으로써 기능과 역할이었다. 특히 화폐는 항상 부를 축적하기에 적합한 안전자산(lower risk asset)으로 간주되어 왔다. 여기서 화폐자산의 특징인 안전자산에 대해 알아볼 필요가 있다. 자산의 종류는 크게 위험자산(higher risk asset)과 안전자산(lower risk asset)으로 구분된다. 위험자산은 가치 변동의 위험이 큰 자산을 말한다. 특히, 경기상황이 좋고 금융시장에 유동성이 풍부한 상황에서 높은 수익을 가져다 주는 특징을 갖는다. 대표적으로 주식, 위험등급 회사채, 그리고 부동산 등이다. 반면, 안전자산은 상대적으로 자산가치 변동이 크지 않고 투자했을 때 어느 정도의 안정성이 보장되는 자산을 말한다. 국가가 발행한 채권, 금, 달러를 꼽을 수 있다. 여기서 안전자산이라 해서 수익률이 항상 플러스를 유지한다는 뜻이 아니다. 안전자산인 미국 국채도 투자에서 손실을 기록할 수 있다. 다만, 금융투자상품들이 보유한 특성인 부도 위험(default risk), 유동성 부족 위험(liquidity risk), 정보의 비대칭성 등에서 어느 정도 자유롭다는 뜻이다. 즉, 안전자산은 경제 상황과 경기 싸이클에 덜 민감하게 그 가치와 가격이 변동된다.

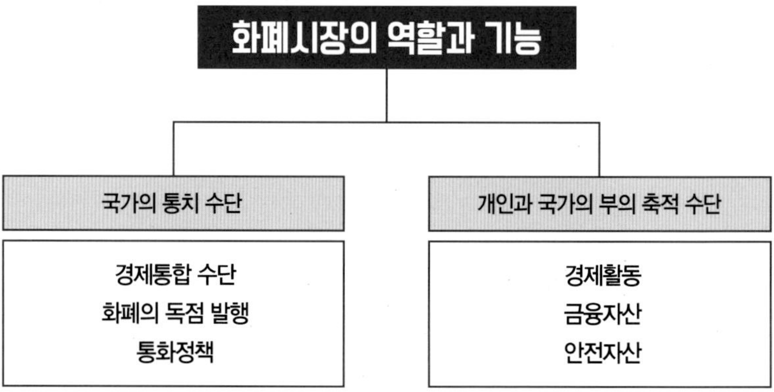

역사적으로 오랫동안 안전자산으로 간주되어 온 화폐자산은 투자자들에게 가장 중요한 투자대상이 되어 왔다. 그 이유는 다음과 같다. 첫째, 화폐 자체에 가치가 내재되어 있기 때문이다. 금화나 은화는 그 자체가 상품이다. 금본위제(gold standard system) 하에서 영국의 파운드(pound)는 금에 의해 가치가 보증되었다. 법정화폐(fiat currency)는 국가 권력이 내재가치이다. 이와 같이 화폐의 내재가치를 보고 신뢰성을 갖게 된다. 둘째, 화폐는 국가의 통치 수단이기 때문이다. 그래서 국가를 믿고 그 가치가 장기간 안정화되는 기능을 갖는다. 특히, 중앙은행을 통해 충분한 유동성이 공급되어 손쉽게 접근이 가능하다. 그리고, 언제든지 중앙은

행(central bank)과 금융시스템(financial system)에 의해 거래와 축적이 보장을 받는다. 명목가치가 국가권력에 의해 뒷받침 되기 때문이다. 달러와 유로 같은 법정지폐(fiat money)가 대표적이다. 그렇다면 비트코인(bitcoin)은 어떠한가? 많은 투자자들이 화폐자산이기에 안전자산이라고 간주한다. 하지만, 화폐 자산임에도 비트코인 가격의 움직임은 위험자산에 가깝다. 즉, 자체로 가치가 내재되어 있지 않고, 또한 국가로부터 인정을 받지 못하고 있기 때문이다. 그래서, 화폐자산이지만 아직까지는 안전자산으로 분류하기는 어렵다. 만약, 정부가 암호화 화폐를 직접 사용하면서 보증한다면 안전자산으로 발전할 가능성이 크다. 마지막으로, 화폐는 글로벌 시스템에 의해서 가치를 상호 보증한다. 과거에는 제국간 교류에 의해 근대는 본국과 식민지의 경제적 통합으로 상호 인정을 받았다. 그리고 현대에는 무역결제 및 외환 보유고 축적으로 서로 화폐의 가치를 보증하고 있다. 달러를 예를 들어 보자. 전세계 무역결제는 대부분 달러로 처리된다. 그리고, 전세계 중앙은행의 외환보유고(foreign reserve)도 달러 비중이 60%를 넘어간다. 이러한 시스템을 통해 달러는 전세계에서 상호간에 그 가치를 보증하고 있다.

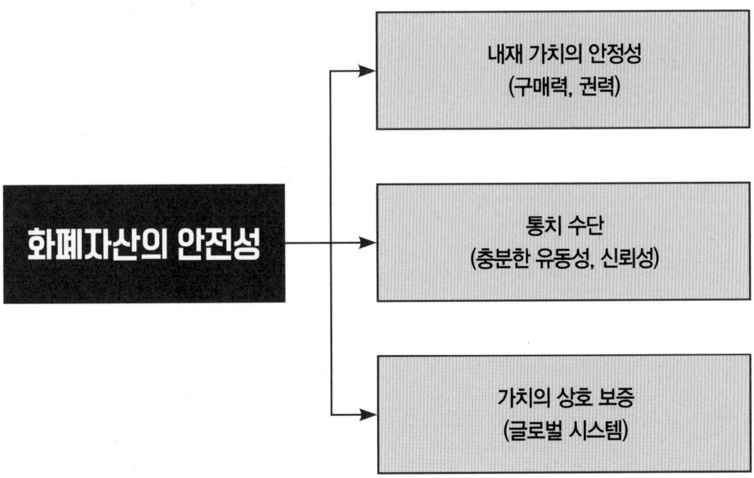

화폐 시장(currency market)을 투자시장의 개념으로 살펴본다면 발행시장(primary market)과 유통시장(secondary market)으로 구분된다. 발행시장은 국가와 민간에 의해 화폐의 공급이 이루어지는 곳이다. 반면, 유통시장은 다양한 화폐가 모여 서로 상호작용을 하는 곳으로 수요자들이 활동하는 시장이다. 발행시장에서 항상 국가와 개인은 시뇨리지의 독점과 극대화를 추구하려고 경쟁해왔다. 국가의 입장에서는 통치를 위해 시뇨리지를 독점하고 싶어했으며, 개인들의 입장에서는 시뇨리지를 다양화하여 이에 참여하고자 하였다. 이러한 경쟁은 화폐시장의 발달과정에서 자주 출현해 왔다. 현재는 대부분의 국가에서 중앙은행이 이 시뇨리지를 독점하고 있다.

구분	발행시장 / 공급시장	유통시장 / 수요시장
국가 (Power)	시뇨리지 효과 공급 독점 추구	경제 활성화 추구 국가 부의 확대 추구 관리와 통제
민간부분 (Society)	시뇨리지 효과 공급 다원화 추구	개인자본의 축척 추구 자유로운 활동 보장

반면, 유통시장에서 국가는 통치와 경제발전을 위해 관리와 통제를 시도해 왔다. 하지만, 민간 부분은 자유롭게 개인의 부(wealth)를 축척하는 곳으로 활용하려 하고 있다. 즉, 국가는 관리와 통제가 가능해야 통화정책을 통해 지속가능한 발전을 이룩할 수 있는 수단을 원하고 있다. 반면에 개인들의 입장에서는 자유로운 화폐자산 거래를 통해 본인들의 이익을 극대화하고자 했다. 양자간의 갈등은 종종 금융위기나 경제공황으로 이어지기도 했다. 이러한 화폐시장의 이해관계도 화폐자산이 가지고 있는 속성이자 특성이 될 수 있다.

투자를 위한 준비

지금까지 화폐와 화폐시장에 내재하는 개념, 발달과정, 역할과 기능, 이해관계 등에 대해 알아봤다. 중요한 점은 이러한 요인들이 모두 안전자산인 화폐자산에 투자하는데 필수불가결한 요인으로 작용한다는 데 있다. 예를 들면, 달러(dollar)가 어떻게 글로벌 화폐시장을 통합했는지를 이해한다면 달러의 가치를 움직이는 요인들을 여러 가지 찾아 낼 수 있다. 비트코인(bitcoin)의 채굴 과정을 이해한다면 비트코인의 내재가치(intrinsic value)를 확인할 수 있다. 금의 화폐시장에서의 역사를 안다면 금 가격의 변동을 어렵지 않게 전망할 수 있다.

대부분 금융자산 투자전략은 두 가지를 중요하게 생각한다. 하나는 기초자산의 가치와 가격 움직임을 전망하는 것이다. 가치와 가격은 다른 개념이다. 가격은 시장에서 실제 지불된 과거의 값이다. 반면, 가치는 장래 기대 편익을 환원한 현재 값이다. 즉, 가격은 과거의 값이므로 누구나 쉽게 알 수 있지만, 가치는 미래 효용의 현재 값이므로 전문가가 아닌 이상 쉽게 알 수 없다. 또한, 경제학에서는 가격이란 가치를 화폐액으로 표시한 것이라고 생각한다. 즉, 특별한 상황이 아닌 한 가치는 가격과 거의 일치한다고 보고 있다. 실생활에서 우리는 소 한마리의 가치는 현재와 미래의 효용성을 생각하여 500만 원의 가치가 있다고 측정한다. 그러나, 어제 시상에서 매매된 가격은 450만 원이었다고 말할 수 있다. 즉, 내재된 가치를 중심으로 가격은 그것보다 더 크게 아니면 더 작게 거래될 수도 있다. 현대 투자론에서는 화폐자산들에 대한 가치와 가격 변동 요인들을 주어진 것으로 간주하는 경향이 있다. 수요와 공급만 보면 모든 가치와 가격의 향후 방향성과 변동폭을 예측할 수 있다는 것이다. 그렇다면 그 수요와 공급 변수를 만드는 오리지널(original)은 무엇일까? 저자는 그 오리지널(original)을 역사적 기원과 발전과정에서 찾을 수 있다고 본다. 그래서 우선 화폐시장의 발달과정을 다룰 예정이다. 이를 통해 투자전략의 기초인 자산가격의 변동 요인들을 찾아볼 생각이다.

또 다른 중요한 점은 투자방법이다. 어떠한 방법으로 원하는 목표를 달성하는가의 문제이다. 수요자가 공급자를 직접 찾아가 거래를 할 수도 있다. 아니면, 중개인을 찾아가 거래를 의뢰할 수도 있다. 아니면, 여러 명이 공동으로 투자를 할 수도 있다. 중요한 것은 목적을 달성할 수 있는 가장 효율적인 방법을 찾는 것이다. 이는 투자환경이 결정해 준다. 현재 어떠한 투자환경에 있는가에 따라 투자방법이 달라질 수 있기 때문이다. 그러면, 현재의 투자환경이 어떠한지를 확인하는 것도 중요한 일이 된다. 현대의 투자환경은 은행을 비롯한 금융중개기관들이 다양한 투자상품들을 제공하는 방식이다. 하지만 암호화 화폐(cryptocurrency)와 핀테크(fintech)의 발달은 기존의 방식을 변화시키고 있다. 이는 화폐시장의 발달을 먼저 살펴본 후 다룰 예정이다.

앞의 두 가지 중요한 요인을 살펴 본다면 명확하게 투자전략을 세울 수 있을 것 같다. 현재에도 대표적으로 가장 활발히 거래되는 화폐자산을 먼저 언급할 수 있다. 상품화폐에서는 원유(crude oil)가 현재에도 가장 활발히 거래되면서 거대한 글로벌시장을 형성하고 있다. 금속화폐 중에서는 금(gold)이 지급결제 기능은 많이 상실했지만, 부의 축척수단으로 환영 받고 있다. 달러(dollar)는 지폐 중에서 기축 자산이다. 그리고, 비트코인(bitcoin)은 암호화 화폐(cryptocurrency)의 대표주자로 향후 발전이 기대된다. 이들 개별 화폐자산들의 투자전략을 우선 각각 제시할 예정이다. 여기에 상호 상관관계를 이용하여 투자의 우선순위도 정해볼 수 있다. 그리고 화폐자산의 미래도 생각해 볼 예정이다.

마지막으로 독자들에게 도움이 되기 위해 저자의 화폐자산들에 대한 컨설팅 경험담을 맺음말에서 들려줄 생각이다. 화폐자산에 대한 투자는 우리의 일상에서도 발견할 수 있고, 복잡한 금융거래 시스템을 통해서도 실현할 수 있다. 성공했던 일화뿐 아니라 실패했던 경험도 공유할 예정이다.

이제 이 책에서 필자가 해야 할 일은 명확해졌다. 먼저, 화폐와 화폐시장의 발달과정을 통해 화폐가 가지고 있는 속성과 특성을 파악한다. 그리고, 가격변동 요인들과 투자환경의 변화를 확인하고 점검한다. 이를 바탕으로 주요 화폐자산인 원유, 금, 달러, 비트코인의 투자 전략을 제시하는 것이다. 그리고, 마지막에는 저자의 경험담을 들려주면 될 것 같다.

화폐시장의 발달

화폐는 사회적 관계를 반영한다. 따라서 사회의 발전과 함께 화폐시장도 이에 상응하는 발전을 거쳐왔다. 이미 역사적으로 화폐는 상품화폐(commodity currency), 금속화폐(metal currency), 지폐(paper currency), 그리고 전자화폐(electric currency) 순으로 발전되어 온 것을 언급했다. 이는 화폐(currency)의 재질이 무엇인가를 나타내는 분류일 수 있다. 하지만, 그 안에는 사회의 발달과 기술의 발전이 내포되어 있다. 이에 비해 화폐시장(currency market)은 부족사회의 테두리에서 사회계약으로 그 사용을 시작하였다. 이후에는 고대왕국의 영토 내로 범위를 확장하였다. 로마제국은 주조술의 발달에 힘입어 주조된 금화와 은화가 제국의 영토를 지배하는데 유용한 수단이 된 것에서 알 수 있다. 그리고 르네상스 시대에는 무역의 발달과 함께 교역국간 서로의 화폐를 받아들이는 단계로 상승한다. 이미 중국의 원(元)나라에서는 종이 제작 기술에 힘입어 세계 최초의 지폐인 교초(交鈔)를 발행하여 국가적 차원뿐만 아니라 주변국에까지 사용 영역을 넓힌바 있다. 그리고, 영국의 파운드(pound)를 거쳐 미국의 달러(dollar)는 전 세계 화폐시장을 통합하게 된다. 달러 헤게모니(hegemony)의 글로벌 화폐시장은 연방준비제도(Federal Reserve System, FRS)에 의해 그 효율성과 역할이 보다 공고화 되었다. 즉, 화폐시장의 발달은 정치적 공동체의 발달과 궤적을 같이하는 것도 볼 수 있다.

이렇게 화폐와 화폐시장이 발전된다 해서 기존 유형의 화폐가 새로운 유형의 화폐로 짧은 시기에 완전히 대체되는 것이 아니다. 오랜 기간 공존하면서 그 기능이 서서히 퇴보한다는 것도 확인되었다. 그리고, 시장에서는 새롭게 출현한 화폐가 서서히 영향력을 넓혀 간다. 새로운 유형의 화폐가 헤게모니(hegemony)를 갖게 되기까지 대중들의 일반적인 수용과 신뢰를 받아야 한다. 고대부터 사용했던 상품화폐(commodity currency)는 이미 현대사회에서는 거의 사용하지 않고 있다. 화폐의 기능을 대부분 잃어버렸다. 현재는 그냥 원자재(natural resources)나 커머더티(commodity)로 취급되면서 거래소(exchange)에서 현물과 선물계약 방식으로 거래되고 있다. 실물 상품 취급을 받으면서 일부는 금융상품화되어 거래되고 있는 실정이다. 귀금속은 고대부터 현대까지도 화폐의 기능을 매우 오랜 기간 담당해왔다. 칭량(秤量)이나 동전으로 주조해서 사용하기 시작했다. 결제와 교환의 수단뿐 아니라 가치축적의 수단으로도 유용하게 활용되었다. 이후 금속화폐(metal currency)는 지폐가 발행되면서 지급이나 결제 수단으로서의 기능은 대부분 쇠퇴하고 가치척도와 가치저장 수단으로 활용되고 있다. 특히, 중앙은행(central bank)의 철저한 통제를 받고 있다. 중앙은행이 발행한 법정지폐(fiat money)가 본격적인 기능을 시작한 것은 이제 100여 년이 조금 넘는다. 초기에는 은행이 뱅크노트(bank note)를 발행하여 화폐로 유통했으나, 이후 중앙은행이 지폐 발행을 독점하였다. 중앙은행의 통제하에 법정지폐는 경제활동의 기본단위이자 통화정책의 도구로 활용되었다. 이제는 이러한 법정지폐를 전자화폐와 암호화 화폐가 대체하려고 하고 있다. 이러한 아주 짧은 사실만으로도 화폐가 대중성을 얻기 위한 사회적 조건을 확인할 수 있다. 그리고, 각각의 화폐가 가진 장단점과 특징 등을 파악할 수 있다. 이는 현대사회에서 화폐의 기능과 가치를 움직이는 변수로 작용하고 있다.

상품화폐(commodity currency)의 통용

상품화폐(commodity currency)는 고대 자급자족 경제에서 교환경제로 발전해 가는 과정에서 시작된다. 대부분의 인류 초기에는 수렵활동으로 공동체의 자급자족을 유지하였다. 하지만 이후, 사회가 농경과 가축을 키우면서 잉여생산물이 발생하였다. 이를 타 공동체와 최초의 경제활동인 물물교환을 시작하면서 화폐의 필요성을 느끼게 되었다. 물물교환의 단점은 내가 가진 물건을 필요로 하는 사람을 직접 찾아야 했으며 가격에 대한 상호간의 생각이 상이할 수 있다는 점이다. 또한, 물건을 직접 들고 다녀야 하는데 물건이 너무 크거나 무겁거나 손상이 쉬울 경우 난처한 상황에 처하게 된다는 점이다. 이러한 고대 초기 물물교환의 어려움은 수레바퀴의 발명과 함께 변화를 가져온다. 수레바퀴는 메소포타미아 문명(Mesopotamian Civilization)의 수메르인들(Sumerians)에 의해 기원전 3,500년경에 발명된 것으로 기록되어 있다. 이러한 운송수단의 혁신은 장거리 부족간 또는 고대 도시 간 대량의 물물교환을 가능하게 한 요소 중 중요한 하나이다. 이제 교환의 매개수단 또는 지불수단을 찾게 된다. 특히, 여러 사람들의 상호 인정을 받는 대표 물품이어야 했다. 석기 시대에는 조개 껍데기나 코끼리 상아 등이 사용되었다. 이후 고대사회에는 소금, 곡식, 가축 등의 1차 생산품이 일반적으로 통용되었다. 중세사회와 16세기로 넘어 오면서 2차 가공품인 비단과 도자기 등이 그 기능을 인정받았다. 근대에는 술, 설탕, 양모, 치즈 등도 활용되었다. 분명 금화나 은화 동전이 사용되고 있는 상황에서도 상품화폐의 수요는 지속되었다. 이러한 여러 종류의 상품화폐들은 경화 부족으로 인한 디플레이션을 완화시켜주는 효과도 있었다.

얍(Yap)이라는 태평양에 있는 섬나라의 화폐인 페이(fei)는 유명한 일화일 것이다. 이 페이는 큰 돌바퀴 모양을 하고 있다. 그 섬에서 약 400마일 떨어진 다른 섬에서 만들어진 것이다. 이 돌화폐의 특징은 거래를 맺은 다음 새 주인은 그 돌이 자기 것이라는 인정을 얻는데 만족할 뿐이다. 굳이 그 거래가 있었다는 표시조차 하려 들지 않았으며, 그 돌은 원래 주인 집 안에 그대로 남는다. 그 섬 주민을 제외하곤 어느 누구도 이의 가치를 인정하지 않았다. 독일 정부가 1898년 스페인으로부터 이 섬을 산 뒤 추장들에게 도로를 보수하라고 명령하였다. 그러나 섬 주민들은 이를 무시하였고, 독일 정부는 마침내 마을 사람들에게 명령불복종죄로 벌금을 부과하기로 결정하였다. 집집마다 사람을 보내 페이에 정부의 소유를 나타내는 검은 십자표시를 하였다. 결국 그 표시 때문에 가난해진 주민들이 도로 보수작업을 열심히 하더라는 것이다. 로마시대에는 용병들이 받던 급료를 살라리움(salarium)이라 하였다. 이 라틴어에서 오늘날 월급인 샐러리(salary)가 유래되었다. 당시 급료는 소금으로 주로 지불되었기 때문이다. 조선시대에도 관료나 군인들의 급료로 쌀이 보편적으로 지급되었다. 1678년(숙종4년)부터 상평통보(常平通寶)라는 국가의 공식적인 법화가 있었음에도 쌀이 상품화폐로 사용되었던 것이다. 특히, 1882년 발생한 임오군란(壬午軍亂)의 원인 중 하나가 군병들에게 밀린 봉급 중 1개월분의 급료를 지급하면서 썩은 쌀에다 모래하고 겨를 잔뜩 섞어 지급하였기 때문이다. 이에 불만을 품은 병졸들이 폭등을 일으킨 것으로 기

[얍(Yap)섬의 페이(fei)]

록되고 있다. 조선시대 말까지 이미 쌀은 주요한 상품화폐로 금속화폐인 상평통보의 부족을 완화시키는 역할을 했다.

상품화폐(commodity currency)도 당시 투자의 대상으로 인식되었다. 조선시대 민간과 왕실에는 비단(silk)을 교환과 지급의 수단으로 주요하게 사용하였다. 그러면, 투기꾼들은 일정한 시기에는 비단의 수요가 많아질 것이라는 것은 쉽게 예상할 수 있다. 투기꾼들은 본인들이 비단을 실사용 할 곳이 없어도 평상시에 가격이 쌀 때 비단을 창고에 매수해서 쌓아두면 된다. 가수요(anticipatory demand)이다. 즉, 매점매석(買占賣惜)의 방법이 주로 사용되었다. 지금 비단 1필의 구매력이 돼지 1마리라고 가정하자. 만약 상인들이 국가에 세금을 비단으로 납부한다면 세금을 내는 시기에는 비단의 수요가 급증하게 된다. 그러면 비단 1필의 구매력은 돼지 1.2마리로 올라갈 수 있다. 매점매석을 한 투기자는 본인 실수요가 아닌 단지 비단을 매점매석하여 불로소득을 올릴 수 있었다. 특히, 상품화폐의 대상이 되었던 품목들은 항상 투기와 투자의 대상이 되었다. 로마시대의 소금(salt) 얘기로 돌아가 보자. 기원전 640년에 로마인들은 로마 인근 해안에 대규모 제염소를 건설하여 소금을 채취했다. 이곳에서 생산된 소금은 품질이 좋고 가격도 안정적이어서 로마(Rome)를 통해 대륙으로 소금이 수출되었다. 로마는 소금 유통의 중심지가 되었으며, 제국의 번영을 가져왔다. 이후 로마제국은 이 소금으로 군인들의 급여와 왕실의 물품구매를 지급하게 된다. 이러한 상황을 이용하여 몇몇 상인이 소금을 매점매석하여 큰 수익을 누렸다. 일부는 소금 가격의 폭등을 조장하기까지 하였다. 이에 로마 황제는 제염소를 국유화하였다. 소금은 전매제도(the monopoly system)를 통해 국가가 생산에서 유통까지 모두 통제를 하였다. 화폐시장에 국가가 개입한 것이다.

이러한 상품화폐들은 오랜 기간 활용되었음에도 불구하고 대부분 화폐가 가져야 할 속성들인 가분성, 동질성, 내구성, 그리고 휴대성에서 뒤떨어지는 것들이었다. 소금 1부셸(bushel)의 구매력은 동일하나, 소금의 질은 각각 상이할 수 있었다. 그리고, 실수로 소금을 물에 빠뜨리면 내 자산은 사라지는 것이었다. 쌀을 창고에 매점매석해 놓았으나, 1년 동안 질이 저하될 수 있다. 그리고 쥐 등에 의한 감가상각도 야기될 수 있다. 여기에 화재의 위험도 감수해야 한다. 이러한 문제점을 해결하는데 금속화폐(metal currency)가 등장했다. 상품화폐를 대체해 간 금속화폐는 화폐가 갖추어야 할 안정적인 속성들을 비교적 잘 갖추고 있었다.

금속 동전(metal coin)의 주조

주조술(metallurgy)의 발달

금속화폐(metal currency)는 동질성을 가진 일정한 금속이 화폐의 역할을 하는 것을 말한다. 상대적으로 금속은 화폐의 필요조건인 내구성(durability), 동질성(homogeneity), 가분성(divisibility), 그리고 휴대의 편리성(portability) 등의 속성을 잘 갖추었다. 그래서 화폐 역사상 가장 오랫동안 사용될 수 있었다. 금속화폐의 등장은 인류가 주조술(metallurgy)를 발명하면서 비로소 시작되었다. 야금술(冶金術)이라고도 불리는 주조술은 광석을 채취하여 금속 원소를 추출한다. 그리고 정제와 제련을 통해 금속을 가공한다. 마지막으로 다른 원소와 혼합을 통해 성형 및 열처리를 하는 일련의 기술을 말한다. 기원전 10세기를 전후해 철(iron)이 생산되어 농경 도구나 무기에 사용되면서 본격적인 주조술이 발전하게 되었다. 초기의 금속화폐는 각인(刻印)도 없는 조잡한 형태의 것이어서 주로 저울로 무게를 측정하여 거래되는 형태였다. 그리

[그리스의 드라크마 은화(기원전 410년경)]

※출처 : 위키피디아

고, 사용되는 재질도 철, 구리, 동과 같은 상품화폐의 수준이었다. 성경에서는 달란트(dallanteu)라는 화폐가 기술되어 있다. 무게로 사용되는 칭량(秤量) 금속화폐이다. 1달란트는 은 27.216kg이었다. 당시 1달란트는 6,000개 드라크마(drachma) 은화와 같았다. 1드라크마가 숙련된 전문 노동자의 하루 임금과 같았기에 지금으로 계산하면 어마어마한 가치를 지닌 것이다. 인도(India)에서도 기원전 7세기경부터 칭량화폐가 사용되기 시작한 것으로 기록되고 있다.

[리디아(Lydia)의 호박금(Electrum)]

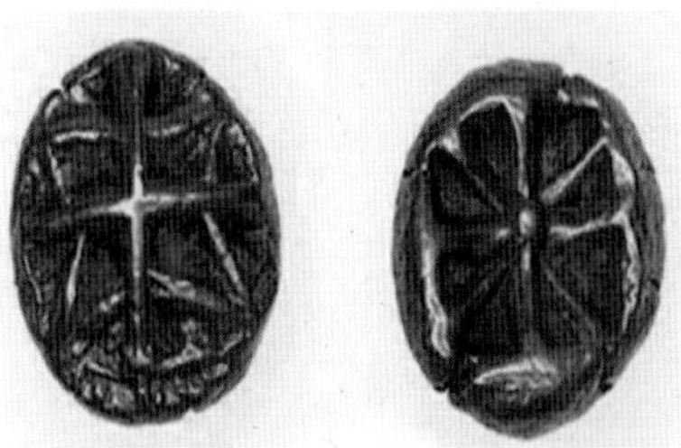

이후, 주조(鑄造) 기술이 발달하면서 공인된 기관이 일정한 순도와 무게를 보증하는 각인을 찍어 발행하는 동화, 철화, 은화, 금화와 같은 주화, 즉 경화(硬貨)가 나오게 되었다. 재질도 대중의 환영을 받는 금과 은으로 바뀌면서 진정한 의미의 귀금속 화폐(precious metal currency)의 시대로 접어들었다. 지중해나 서유럽에서는 경화의 소재로서 주로 귀금속을 사용했으나, 중국이나 일본에서는 철과 동을 활용했다. 서유럽에서는 영주와 상인의 교역에 주로 사용되기 위해 가치가 높은 귀금속을 사용한 것으로 알려져 있다. 반면, 중국에서는 농민의 지역시장에서의 교환용도로 쓰이기 시작했기에 가치가 낮은 철과 동이 사용된 것으로 나타나고 있다. 현존하는 세계 최고(最古)의 경화는 아나토리아(Anatolia) 반도의 리디아(Lydia) 왕국에서 사용한 호박금(electrum)이다. 기원전 610년경에 사용된 것으로 기록되어 있다. 이 호박금은 그리스에도 영향을 주어 기원전 600년경 아르고스(Argos)에서 은화(silver coin)가 만들어졌다. 기원전 550년경에는 타소스(Thasus) 섬에서 금화(gold coin)가 주조되었다. 기원전 1세기에는 카이사르(Julius Caesar, 기원전 100년~기원전 44년)의 천하통일에 따라 제정된 로마의 금화인 아우레우스(Aureus) 금화가 주조되었다. 이때에는 주로 당시의 정치가 두상이 새겨졌다. 2세기경 아우렐리우스(Marcus Aurelius) 로마황제는 군비 조달과 재정 재건으

로 인해 은 함유율이 3%까지 떨어지는 은화를 발행하면서 인플레이션을 유발하였다. 4세기까지 지속적으로 금과 은 함유량이 낮은 주화가 유통되면서 인플레이션을 유발하였다. 이에 콘스탄티누스(Flavius Valerius Aurelius Constantinus, ~337년) 황제는 화폐제도의 개혁을 추진하기까지 하였다.

5세기에는 로마제국의 붕괴 이후 서유럽을 통일한 프랑크(Frankenreich) 왕국이 데나리우스(denarius) 은화를 발행하였다. 은의 중량을 늘리고 도량형을 개혁하였다. 또한 프랑크 왕국의 2대 국왕이 된 카롤루스(Carolus Magnus, 747년~814년) 대제 때에는 동방의 금화에 대한 대책과 은광의 개발 등을 통해 조폐권을 국가가 독점하게 되었다. 그는 리브라(libra)라는 계산용 화폐단위를 도입하여, "1리브라 = 20솔리두스 금화 = 240데나리우스 은화"라는 교환비율을 확정하였다. 이는 이후 중세 유럽 화폐제도의 기본이 되었다. 1252년에 주조된 피렌체(Firenze)의 플로린(florin) 금화는 유명하여 각국 금화의 모델이 되었다. 고대부터 중세시대 까지는 금주화(gold coin)와 은주화(silver coin)가 병행되어 주조되었다. 왕국과 영주들은 금화와 은화를 주조하는데 있어서 무게와 함량을 일정하게 유지하려고 노력했다. 그리고 금화와 은화의 교환비율도 안정화시키는데 주력하였다. 이는 인플레이션(inflation)과 직결되었기 때문이다. 그리고, 은광과 금광을 독점하여 화폐주조권을 통제하려 하였다.

[피렌체(Firenze)의 플로린(Florin)]

금속 동전(metal coin)이 가져온 경제적 변화

이러한 금화와 은화 통용 하에는 다양한 혜택과 문제가 야기되었다. 이를 잘 관리할 수 있는 왕국, 봉건영주, 상인들이 지속적인 권력을 유지할 수 있었다. 첫째, 가장 큰 어려운 점은 금속 동전(metal coin)의 동질성을 유지하면서 최대한 많은 양의 통화를 공급하는 문제이다. 액면가치가 같다면 소재가치도 같아야 화폐가 제대로 기능을 발휘할 수 있다. 반면, 공급량이 많을수록 주조권자에게는 커다란 이익이 돌아올 수 있다. 이미 로마시대와 중세시대에 해당 문제들이 발생했다. 액면가는 같은데 질이 다른 두 종류의 화폐가 유통된다면 그레샴의 법칙(Gresham's law, bad money drives out good money)이 나타나고 신용사회가 흔들리게 된다. 소재의 질이 다른 화폐가 동일한 명목가치를 가진 화폐로 통용되면, 소재가치가 높은 화폐는 유통시장에서 사라지고 소재가치가 낮은 화폐만 유통되는 현상으로 영국의 경제학자 토마스 그레샴(Thomas Greshame, 1519년~1579년)이 1558년에 언급하였다. 예를 들면, 순도 100%의 금 100g으로 금화A가 유통되고 있다. 구매력은 당연히 A가 될 것이다. 여기서 금화를 발행하는 왕이나 영주인 주조권자는 유혹에 빠지게 된다. 금화A와 똑 같은 모양의 금화B를 주조한다. 하지만, 금의 순도는 50%이며 금 함량도 50g으로 줄였다. 여기에 손쉽게 구할 수 있는 구리를 섞어서 주조하게 된다. 명목상으로 구매력은 금화A와 금화B는 동일하다. 주조권자는 금화B를 더 발행해서 금화A와 똑같은 효과를 얻으려 할 것이다. 통화량을 늘리기 위해 주조권자는 시간이 갈수록 더 질이 떨어지는 금화를 발행하게 된다. 그리고, 이를 시장에서는 동일한 구매력으로 유통시키려 할 것이다. 하지만, 대중들은 이미 금화의 가치가 저하된 것을 인지하고, 보다 더 많은 금화의 양을 요구할 것이다. 이는 해당 금화의 실질구매력을 떨어뜨리는 효과로 나타난다. 결국에는 인플레이션을 유발할 것이고, 이로 인해 대중들은 금화의 사용을 거부할 것이다. 이러한 현상은 왕국이 전쟁 비용 조달을 위해 대규모로 악화(bad money)를 주조하고 전후에는 초인플

[그레샴의 법칙(Gresham's Law)]

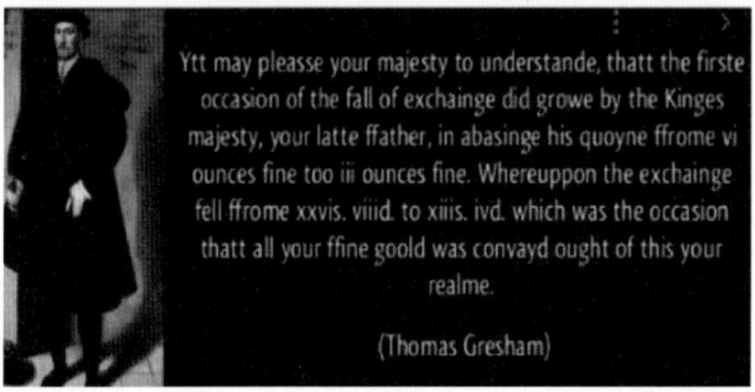

레이션(hyper-inflation)에 시달리는 상황으로 나타났다. 왕과 영주뿐만 아니라 민간에서 발행되는 금화도 이와 동일한 딜레마에 빠지게 된다. 왕과 영주들은 동일한 질의 금화와 은화를 제공해야 시스템을 유지할 수 있다. 하지만, 지속적으로 금과 은을 공급받는 것은 쉽지 않다. 반대로 왕국 내 경제규모는 지속적으로 커지는데 금화와 은화의 주조가 이를 따라가지 못하면 디플레이션(deflation)이 발생하는 위험에 처할 수 있다. 따라서, 되도록 많은 규모의 금광과 은광을 확보하고 여기에 노예나 범죄자들과 같은 값싼 노동력을 활용해야 한다. 왜냐하면 금과 은의 최대한 생산을 확보하는 것이 왕국과 봉건영주들이 부를 유지하는 방법이었기 때문이다.

둘째, 금속화폐간 교환비율을 안정적으로 유지하는 것이 중요했다. 이미 프랑크 왕국의 카롤루스(Carolus) 대제 때에 1리브라(libra) = 20솔리두스(solidus) 금화 = 240데나리우스(denarius) 은화라는 교환비율이 도입되었음을 언급했다. 대부분의 왕국이 주조된 경화가 부족하기에 금화와 은화를 동시에 주조하여 사용하였다. 하지만, 이 교환비율은 지역마다 왕국마다 차이를 나타냈다. 이는 투기꾼들의 차익거래(arbitrage)를 유발하였다. A왕국은 금화와 은화의 교환비율을 1:5로 정하고 있고, B왕국은 금화와 은화의 교환비율을 1:6으로 정하고 있다고 가정해 보자. 만약 양국의 금화와 은화의 질이 동일하다면, A왕국 투기꾼은 자국의 금을 B왕국에 보내 은화로 교환한 후에 다시 그 은화를 자국으로 유입하여 금화로 교환하면 1.2금화를 얻을 수 있다. 서로 다른 시장간 가격차를 활용한 차익거래(arbitrage)가 가능해지는 셈이다. 이로 인해 A왕국은 금이 계속 유출되고 은이 유입되어 쌓이는 반면, B왕국에서는 은이 계속 유출되고 금은 계속 쌓이게 되어 해당 시스템이 망가질 수 있다. 이러한 화폐차익거래가 상인들 사이에서 성행하자 이를 방어하기 위해 왕국들은 서로 간에 일정한 비율을 유지하기 위해 많은 비용을 들이게 된다. 오늘날 각국이 자국의 환율(exchange rate)을 안정적으로 유지하기 위해 다양한 비용을 지출하는 것과 같은 상황이 된 것이다.

셋째, 화폐발행차익(seigniorage)을 독점하는 문제이다. 왕과 영주들이 금화와 은화를 주조하면서 얻는 차익이다. 이미 언급했듯이 중세시대의 봉건 영주(seignior)에서 따온 말이다. 해당 차익은 왕이나 영주에게 있어서 중요한 재정 재원 중 하나였다. 두 가지 측면에서 왕과 영주는 수익을 얻었다. 귀족이나 상인들

[시뇨리지 효과(Seigniorage Effect)]

이 화폐 주조권자인 국왕이나 영주의 주조소에 금과 은을 주어 보증 화폐의 주조를 의뢰한다. 그러면 그 주조 수수료로 해당 금속의 일정 몫을 떼어갔다. 다른 하나는 왕이나 영주가 직접 금과 은을 확보하여 이를 보증 화폐로 주조하면서 수익을 얻었다. 광산을 운영하거나 대외무역 또는 식민지 운영을 통해서 저렴하게 확보된 금과 은을 활용하였다. 명목 금액을 보증하여 발행한 뒤 유통시키는 것이다. 명목 금액은 구매력이 되는 것이고, 이 명목 금액에서 실제 사용된 비용을 차감하면 화폐주조차익이 확보되는 것이다. 이러한 시뇨리지 효과는 오늘날까지 각국 중앙은행들의 수익원으로 자리잡고 있다. 다만, 전자와 같은 민간의 화폐 주조 의뢰가 아니라 발권 기능에 의한 시뇨리지 효과이다. 예를 들어, 한국은행에서 1만원권 화폐를 하나 찍어내는데 비용이 2천원 든다고 가정해 보자. 그럼 1만원권 화폐를 하나 찍을 때 2천원을 소비하고 1만원권 화폐를 하나 얻게 된다. 결국 화폐를 찍어내는 정부 입장에서는 8천원의 이득을 가질 수 있다. 따라서 돈을 만들 때마다 차액만큼의 이득을 계속 얻는 셈이다. 하지만, 2006년부터 주조된 10원짜리의

[10원짜리의 변화]

사이즈가 기존의 주조된 것보다 매우 작아졌다. 기존에는 구리 65%와 아연 35%를 섞어서 주조했다. 이후 구리 값과 아연 값이 상승해서 10원짜리를 주조하면 정부는 주조하는 비용에서 손해

를 보게 되었기 때문이다. 사이즈도 작아지고, 재질도 구리 48%와 알루미늄 52%로 바뀌었다. 발행액도 최소화하고 있다. 역시뇨리지 효과(reverse seigniorage effect)를 극복하기 위한 것이다. 미국에서 발행된 10센트짜리 동전인 다임(dime)도 마찬가지이다. 1965년 이전에 만들어진 다임(dime)은 은이 90% 함유되어 있다. 해당동전의 금속가치는 오늘날 2.10달러로 나타난다. 1965년 이후에 주조된 다임(dime)은 구리 91.67%와 니켈 8.33%가 혼합하여 만들어 졌다. 해당동전의 금속가치는 오늘날 0.02달러로 나타난다. 결국 금속화폐 주조에서 시뇨리지 효과를 극대화 시키기 위한 시도는 금화와 은화의 질을 저하시키는 그레샴의 법칙(Gresham's Law)에 빠지게 된다. 오늘날 국내 은행에서 동전을 구하기도 힘들다. 그리고 이제 동전을 잘 사용하지도 않는다.

금본위제(gold reserve system)와 은본위제(silver reserve system)

르네상스(the Renaissance) 시대에 접어들면서 유럽도시국가들은 무역을 통해 막대한 부(wealth)를 축적한다. 특히, 암스테르담을 비롯하여 지중해 도시국가들인 베네치아, 피렌체 등의 상인들은 무역의 대가로 막대한 양의 금과 은을 보유하게 되었다. 물론, 대규모 무역거래의 결제와 지급을 위해서 막대한 금과 은을 운반해야 했다. 이는 많은 비용이 들거니와 위험성까지도 수반되는 일이었다. 또한, 막대한 양의 금과 은을 집에 보관하기도 위험하였다. 귀금속을 안전하게 보관하고 관리해줄 사람이 필요했다. 그래서 금세공업자(goldsmith)를 찾아가 보관료를 지불하고 금을 맡기게 되었다. 그러자 금세공업자는 보관증(certificate)을 발급해 주고 언제든지 보관증을 가져오면 금을 내주겠다는 약속을 하였다. 이러한 시스템은 16세기에는 이태리의 무역도시에서 17세기에 들어서는 영국에서 시작하여 유럽 전역으로 퍼지기 시작했다. 이 보관증을 영국에서는 골드스미스 노트(goldsmith's note)로 불렀다.

골드스미스 노트가 보편화되자 흥미로운 일이 벌어졌다. 이제 대규모 무역거래를 하는데 금과 은을 직접 운송해 갈 필요가 없었다. 시장에서 물건을 구매하는데 금화와 은화를 꼭 지불할 필요가 없었다. A라는 사람은 B정육점에서 금 5돈 분량의 고기를 산 뒤에 골드스미스 노트로 지급하였다. 이 노트를 가져가면 C라는 금세공업자가 금 5돈을 지급해 줄 것이라고 말하면 된다. 이후 B정육점 주인은 그 노트를 C에게 가져가지 않고 다시 D라는 농부에게 자기가 가져온 고기의 비용을 지불한다. 실제 금화와 은화의 지불을 이 노트가 조금씩 대체하기 시작하였다. 금과 은은 금세공업자의 금고에 안전하게 보관되어 있다. 이를 지켜본 왕과 영주들도 마찬가지였다. 왕국이 보유하고 있는 양 만큼의 금과 은에 대해 권리증을 발행하여 이를 유통시켰다. 이 권리증을 지닌 자는 언제든지 왕에게 금과 은으로 교환을 요청할 수 있었다. 이는 태환(兌換)이 가능한 증서이다. 실제 금과 은은 왕국의 창고에 보관만 되었다. 더 많은 금과 은을 확보하여 창고에 보관해야만 왕은 추가적으로 권리증을 발행하여 유통시킬 수 있다.

이와 같이 금을 보관하고 이를 대신하여 노트(note)나 지폐(paper money)를 발행하여 화폐로 유통시키는 것을 금본위제(gold-reserve system)이라 하고, 은을 사용할 경우는 은본위제(silver-reserve system)로 정의하고 있다. 왕국이나 국가마다 둘 중에 하나를 선택하는 경향이 컸다. 금은본위제를 병행할 경우 금과 은의 교환비율을 정해야 했다. 이는 타국가의 금 또는 은 가격과 비교하여 차익거래(arbitrage)를 유발하기에 금과 은의 대외 유출이 심해질 수 있었다. 의도치 않게

[금본위제 vs 은본위제]

시스템이 붕괴될 위험에 노출되기 때문이었다. 이미 이러한 차익거래현상은 금화와 은화에서도 확인하였다. 왕국과 도시국가 마다 금화와 은화의 교환비율을 정하면 이를 타 시장의 교환비율과 비교하여 양시장에서 저평가된 쪽을 매수하고 고평가된 쪽을 매도하는 방법이 그것이다.

국가가 금본위제를 채택하는지 아니면 은본위제를 채택하는지에 따라 화폐시장에서는 희비가 엇갈렸다. 은본위제를 채택할 경우 은세공업자 또는 은광산을 보유한 자들이 최대의 수혜를 받게 되었고, 반대로 금본위제를 채택할 경우에는 금세공업자와 금광산을 보유한 자들이 최대의 수혜를 보게 된다. 즉, 발행시장에서 시뇨리지 효과를 가장 최대로 가져갈 수 있는 자본이 혜택을 보게 되어 있었다. 스페인(Spain)과 포루투갈(Portugal) 같이 남미에 대규모 식민지에서 은의 공급이 많은 국가는 은본위제를 선택하는 경향이 있었다. 그리고 해상무역을 통해 주로 부를 축척하는 네덜란드, 영국, 이태리의 경우에는 금본위제를 선호하게 된다. 이와 같이 화폐시장이 어떻게 국가권력에 연결되는냐에 따라 부의 이동도 함께 이루어졌다.

기존의 금속 화폐들이 이제는 금과 은으로 태환이 가능한 노트(note)와 증서(certificate)로 전환되기 시작하였다. 그렇다고 시장에서 금화와 은화의 유통이 사라진 것은 아니다. 무역이나 대규모 결제에는 이러한 증서(certificate)가 사용되고, 시장의 소규모 거래는 금화와 은화가 주를 이루었다. 이러한 시스템의 출현은 금세공업자나 왕이 보관증(certificate)과 노트(note)에 상응하는 금과 은을 보관하고 있다는 신뢰에서 출발한다. 특히, 금속화폐와 지폐가 서로 보완작용을 통해 막대한 양의 화폐를 유통시키는 역할을 하게 되었다. 그리고 이를 왕과 국가가 적극적으로 활용하기 시작한다.

은행(bank)과 뱅크노트(banknote)의 발행

금세공업자 보관증(goldsmith's note)

근대적 은행의 탄생은 화폐의 역사에서 매우 중요한 사건이다. 비로서 화폐시장에서 지폐(paper money)가 힘을 얻게 될 수 있는 시초이기 때문이다. 은행의 역사는 고대 기원전 1792년 바빌로니아(Babylonia)의 최초의 성문법인 함무라비 법전(Code of Hammurabi)으로 까지 거슬러 올라간다. 토지를 임대하거나 곡식 또는 귀금속을 빌려주고 받을 때는 이자를 지급해야 한다는 내용이 포함되어 있다. 하지만, 근대적 은행의 발전은 17세기 초에서 시작된다. 17세기 영국 상인들은 여유 자금을 정부기관인 조폐창에 맡기는 경우가 많았다. 그런데 전쟁을 치르며 나라가 어려워지자 돈이 궁해진 찰스 1세(Charles I, 1600년~1649년)가 당시 조폐국에 보관하고 있던 국민들의 귀금속, 화폐 등 상인들의 돈 20만 파운드를 강탈하는 사건이 벌어졌다. 그러자 상인들은 조폐창에서 돈을 빼서 금세공업자(goldsmith)를 찾아갔다. 그들은 아주 튼튼한 금고를 가지고 있

[금세공업자 영수증(1729년)]

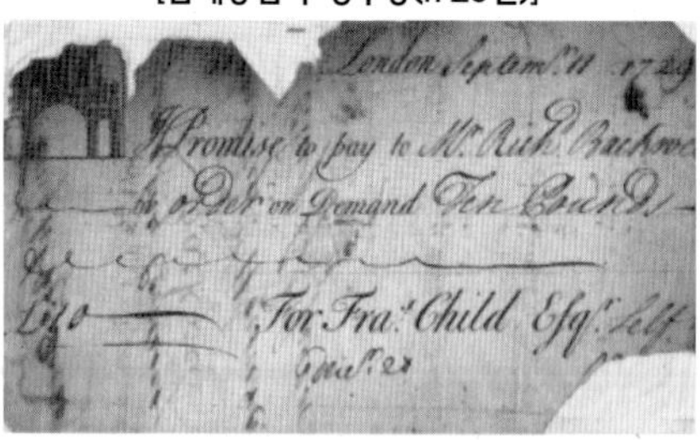
London Septem 11 1729
I Promise to pay to Mr. Rich
or Order on Demand Ten
For Fra: Child Esq

어 안전하게 보관이 가능했다. 금의 순도 또한 그들로부터 보증 받을 수 있었다. 점차 많은 사람들이 그들에게 약간의 보관료를 지불하면서 금을 맡기게 되었다. 금 세공업자들은 귀금속을 맡긴 사람들에게 예치증서(goldsmith's note) 형태의 보관증을 발급해 주었다. 보관료를 지불하면 그들은 안전하게 보관도 해 주고, 필요할 때는 보관증을 제시하면 언제든지 맡긴 물품을 되돌려 주었다. 이후 사람들은 무거운 금을 함부로 들고 다니는 것보다 편리한 그들에게 금을 맡기고 받은 보관증으로 거래를 하였다. 이러한 편리함으로 점점 더 많은 사람들은 금세공업자들의 금고를 이용하게 되었다.

이러한 상황에서 금세공업자들은 새로운 사실을 발견했다. 금을 맡긴 사람들의 대부분이 금을 되찾으러 오지 않는다는 것이었다. 그래서 금세공업자들은 약간의 금을 필요한 사람들에게 대출을 해주고 그에 대한 이자를 받아서 돈을 벌기 시작하였다. 그들은 점점 부자가 되어갔다. 그러자, 금을 맡긴 사람들은 금세공업자들이 자신이 맡긴 금으로 돈을 벌어 부자가 되고 있다는 사실을 알고 항의를 하게 된다. 이때 금세공업자들은 대출이자로 발생하는 수익의 일부를 나누어 주겠다며 거래를 제안하게 된다. 보관료를 받는 대신 일정한 양의 금을 맡기고 그것을 대출하는 것을 허용한다면 이자를 나누어주겠다는 것이다. 대출로 발생하는 이익의 일부를 원 주인에게 나누어 주는 것이다. 이것이 바로 오늘날 예금이자(deposit interest rate)의 개념이 되었다. 즉, 은행의 주요 수익원인 예대마진(deposit-loan margin)의 시작이다. 계속해서 금세공업자들은 부를 축적했고, 이들 중 몇몇은 금 보관 업무를 본업으로 삼게 되었다. 그러면서 있지도 않은 금을 담보로 보관증을 발행하기 시작하게 된 것이다. 금세공업자가 얼만큼의 금을 보관하고 있는지 아무도 몰랐기 때문이다. 그리고 자신들의 경험치에 비추어 볼 때 대략 10% 정도의 주인이 금을 찾아가기에 그 정도의 금만 보유하고 있으면 문제가 없었다. 이는 오늘날 은행에게 있어서 지급준비율(deposit reserve ratio)과 같은 개념이다. 은행이 고객으로부터 받아들인 예금 중에서 중앙은행에 의무적으로 적립해야 하는 비율을 말한다. 하지만, 빌려준 금이 회수되지 않거나 보관증을 들고 와 금으로 태환을 요구하는 주인들이 다수 발행할 경우가 있다. 보관되어 있던 금보다 더 많은 금을 인출하는 사태가 발생하자 파산을 하게 되는 금세공업자들도 발생하였다. 이러한 상황은 오늘날 뱅크런(bank run)과 같은 사태이다.

영국 내 유대인(Jewish people)과 스코틀랜드인(Scottish people)들이 주축이 된 상인들과 자본가들은 당시 프랑스와의 전쟁에 자금이 부족하여 곤경에 처한 윌리엄 3세(William III, 1650년~1702년)에게 제안을 하게 된다. 돈을 모아 빌려주는 대가로 은행권(bank note)을 발권할 수 있는 민간은행 설립 허가를 요구한 것이다. 그들의 제안은 120만 파운드의 자본금을 모아 주식회사 은행을 세우고 이때 모은 자본금을 모두 국왕에게 대부하겠다는 것이었다. 대신 출자액만큼의 은행권을 발행하여 유통할 수 있게 해달라는 제안이었다. 그들로서는 국왕에게 금괴를 맡기고 그 만큼의 은행권을 받는 것이어서 밑질게 없는 장사였다. 더욱 중요한 것은 최초로 은행권을 찍어 낼 수 있는 발권력을 손에 쥐게 된다는 점이었다. 프랑스와 전쟁으로 많은 돈이 필요했던 영국 왕실과 곤경에 빠진 상인들과 자본가들 서로의 이해 관계가 맞아떨어졌다. 영국 왕실로부터 면허를 받은 또는 공인된 뜻의 챠터드(Chartered)란 이름이 붙여진 Chartered Bank는 이렇게 탄생하였다. 금세공업자는 은행(bank)으로 발전하였으며, 금세공업자들이 발행하던 보관증은 이제 은행이 발행하는 뱅크노트(bank note)로 이름을 바꾸어 새로운 화폐시장을 만들어 냈다.

화폐시장에서 중요한 이슈는 화폐의 발권력을 누가 손에 쥐는가의 문제로 발전되었다. 이미 금화와 은화 중심의 화폐시장에서도 시뇨리지를 갖는 사람이 헤게모니를 갖게 된다는 것을 확인하였다. 왕과 영주는 이 시뇨리지를 통해 막대한 부를 축척하였고, 왕국과 공국의 재정을 감당하며 통치를 할 수 있었다. 이제 비슷한 현상이 다시 재현되고 있다. 초기에는 금세공업자를 통해 골드스미스 노트(gold smith's note)가 발행되었다. 이후 은행을 통해 뱅크노트(bank note)가 발행되면서 새로운 화폐시장이 형성되고 있다. 새롭게 형성되는 화폐시장에서 발권력 또는 시뇨리지를 먼저 점령하는 세력이 가장 큰 부를 가져갈 수 있게 된 것이다. 가장 우위를 점하면서 새로운 화폐시장에 등장한 세력이 은행(bank)이다. 증서(certificate)나 노트(note)를 통해 새로운 형태의 화폐를 발행하고 어마어마한 부를 축적할 수 있는 기회가 주어진 것이다.

근대 은행(bank)의 발전

은행(bank)이라는 이름의 기원은 14세기 르네상스 시대(The Renaissance Era) 지중해 교역의 중심지인 이태리에서 나온 것으로 알려진다. 당시 이태리 각각의 도시국가들은 다른 화폐를 사용하고 있었다. 서로간의 교역을 위해 전문적인 환전상(money exchanger)이 성행했다. 이들은 금과 은의 무게를 재는 저울을 놓고 벤치(banco)에 앉아 상인들과 거래를 했다. 이때 은행(bank)라는 용어는 환전상들이 저울을 놓고 거래를 했던 벤치(banco)에서 유래했다고 전해진다. 그리고 환전상이 파산하는 경우에는 돈을 맡겼다가 날린 사람이 너무 화가 나서 탁자를 부숴버렸다고 한다. 이 부서진 탁자(banco rotto)에서 파산(bankruptcy)라는 용어가 탄생한 것으로 알려져 있다. 르네상스 시대에 국제무역의 번창에 따라 화폐시장에서 최대의 수혜를 누리던 세력은 환전상이었다. 오늘날 상업은행의 외환 딜러(dealer)와 동일하다. 무역에서 가장 많이 선호되는 화폐들(key currencies)을 우선 최대한 확보하고 이를 중심으로 이종 통화들(cross-currencies)을 부수적으로 관리하는 것이다. 본인들이 다양한 통화들의 재고를 보유한 상태에서 이를 필요로 하는 사람들에게 매수매도 호가(bid-offer price)를 제시하고 그 차이인 차익(spread, margin)을 가져가는 방식이다. 딜러(dealer)로서 화폐 중개를 통해 막대한 부를 축적하였다. 무역이 번창할수록 유럽의 국제상인들은 환전상들에게 몰려들어 수입과 수출을 위한 통화들을 확보하려 했기 때문이다. 이들의 영업은 이후 상업은행(commercial bank)이 출현하며 외환관리업으로 흡수되었다.

특히, 이태리 피렌체(Firenze)의 메디치 가문(House of Medici, 13C~17C)은 예술분야에 대한 막대한 후원을 통해 르네상스 시대를 부흥시킨 것으로 유명하다. 또한, 메디치 가문은 초기에 환전업과 대금업을 대형 은행업으로 진화시키며 막대한 부를 축척하였다. 작은 도시 피렌체는 메디치 가문의 도움으로 지중해 금융시장까지 장악하며 은행과 예술의 중심지가 되었다. 1397년 10월 1일 지오바니 디 비치(Giovanni di Bicci, 1360년~1429년)는 피렌체에서 메디치 은행(Banco de Medici)을 설립하였다. 이 은행의 업무는 두 가지 측면에서 은행업을 발전시켰다.

[복식부기 회계장부]

※출처 : image by RaphaelQS

하나는 본사(headquarter)와 지점(branch)으로 운영되었다는 점이다. 당시 메디치 은행은 직원 65명에 지사 7개를 갖춘 당대 대형으로 확대시켰다. 본사와 지사의 거리가 멀어 의사소통이 매우 느렸음에도 불구하고 지점의 대표들은 충분한 자치권을 가지고 각 지점을 운영하도록 했다. 다른 하나는 복식부기 회계장부(double-entry bookkeeping system)를 통해 효율적으로 은행업을 관리하였다. 양쪽에 나란히 부채(debits)와 채권(credits)을 기록하는 방식으로 대량의 환전업무와 대금업무를 효율적으로 처리하였다. 피렌체는 항구를 통해 국제교역에 나섰고 도시의 은행 조합은 플로린(florin)이라는 금화를 제작해 유통시켰다. 플로린 금화는 유럽 전역에 통용되는 국제통화였고, 피렌체 은행들은 전 유럽을 상대로 하는 국제금융의 중심이 되었다. 또한, 메디치 은행은 교황(Pope)의 은행으로 확고한 위치를 잡았다. 교황청이 필요로 하는 돈을 제때 공급하면서 신뢰를 얻어 교황청의 재정업무를 독점하게 되었다. 이러한 과정을 통해 메디치 은행은 어마어마한 부를 축척하였고, 이후 근대적 은행의 모델이 되었다.

최초의 근대적 은행은 스웨덴(Sweden)에서 시작되었다. 1661년 요한 팔름스트루흐(Johann Palmstruch, 1611년~1671년)라는 이름의 네덜란드 상인이 설립한 사설 은행인 스톡홀름 방코(Stockholms Banco)이다. 이 은행은 최초의 종이 은행권(paper banknote)을 발행한 것에서 시작된다. 이후 30년간 독점권을 얻어 스웨덴에서 은행업을 하는 대신, 은행 이윤의 반은 스웨덴 왕실로 가게 되었다.

[스톡홀름은행 은행권(17C)]

팔름스트루흐는 단기 예금을 받아 장기 대부해 줄 자금을 마련했지만 예금자가 상환을 요구할 때면 문제가 발생했다. 은행의 자금 유동성을 개선하기 위해 그는 다양한 액면 금액으로 약속어음을 발행하였으며 이는 엄청난 인기를 끌게 되었다. 하지만, 너무 많은 어음을 발행하는 바람에 은행은 3년 후 1664년 영업을 중단하였다. 이후 1668년 스웨덴 왕립 재정은행(Riksens Standers Bank)이 이 특권들을 이어받아 의회의 직접 감독 아래 공무원이 관리를 맡게 되었다. 처음에는 개인을 상대로 예금을 받고 대부를 해주었지만, 18세기 초 전쟁이 발발하자 정부를 상대로 커다란 액수를 빌려 주게 된다. 1701년부터 일종의 신용장을 발행하기 시작했고, 위조를 줄이기 위해 특수 제지 공장을 설립했다. 또한, 일반 은행에 은행권을 발행할 수 있게 허가했고, 발행한 은행권 액수를 충당할 만한 예금을 보유하게 되었다. 1866년 은행의 이름이 스웨덴 국립은행(Sveriges Riksbank)으로 바뀌었다. 1897년에는 중앙은행(central bank)이 되었으며, 이는 오늘날에는 세계에서 가장 오랜 역사를 지닌 국립중앙은행(National Central Bank)이다.

르네상스 시대를 거치면서 국가간 무역의 발달은 대항해 시대(Age of

Discovery)를 열었을 뿐만 아니라 은행업의 발달을 가져왔다. 환전업과 대금업을 중심으로 발달된 초기의 은행들은 다시 업무의 대량화와 효율성을 추구하면서 대형화된다. 이 과정에서 새로운 화폐시장이 출현하게 된다. 즉, 화폐시장이 기존의 금화와 은화, 또는 금괴나 은괴와 같은 귀금속 화폐시장에서 증서(certificate)나 노트(note)와 같은 지폐를 통한 초기 단계의 신용화폐(credit currency)로 변혁을 가져오게 된다. 이는 곧 지폐(paper currency) 시장의 출발점이 되었다. 그리고, 새로운 화폐시장에서 주도권을 잡은 것은 은행(bank)이었다. 발권력을 통한 시뇨리지 수익뿐 아니라 금 세공업자들의 대출 수익, 그리고 환전업자들의 외환 수익을 모두 흡수했기 때문이다. 그리고 국가가 원하는 자금의 조달 업무도 은행의 수익성 높은 사업이 되었다.

중국 원(元)나라의 지폐 발행

기존에 사용하던 금속화폐들이 점차 지폐(paper currency)로 대체되어 가기 시작하였다. 물론, 금속화폐들이 당장 사라진 것은 아니다. 이러한 현상은 중국에서도 마찬가지였다. 중국에서 금속화폐가 널리 주조되어 이용되기 시작한 것은 기원전 10세기인 주(周)나라 때부터이다. 초기에는 삽 모양이나 칼 모양을 본뜬 철전(鐵錢)들이 기원전 5세기인 전국시대(戰國時代) 여러 나라에서 만들어져 유통되었다. 진(秦)의 시황제(始皇帝)는 중국을 통일한 후 도량형을 통일하였다. 그리고, 동시에 화폐의 통일도 추진하였다. 기원전 221년 진시황은 가운데 네모난 구멍이 뚫린 청동 동전을 제국의 통일 화폐로 삼았다. 이것은 반량전(半兩錢)이다. 이제까지 통용되던 다른 나라의 주화는 모두 모아 녹여버렸다. 반량전은 이름과는 달리 무게가 일정하지 않아 가치에 혼란이 왔던 것으로 보인다. 한(漢)나라 무제(武帝) 때에는 오수전(五

[중국의 철전(鐵錢)]

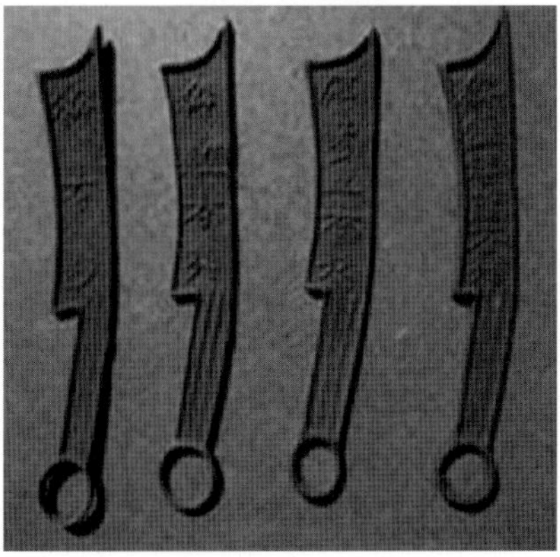

銖錢)을 만들어 새로운 통일화폐로 삼았다. 오수전은 약 700년 동안 계속 사용되다가 서기 621년 당(唐)나라 고종(高宗) 때의 개원통보(開元通寶)에게 자리를 넘겨주었다. 개원통보는 기존의 오수전이 형태와 동의 함량이 일정하지 않은 단점을 보완하였다. 엄격한 규격을 정하여 주조하고 유통시켰다. 당은 한반도와 일본, 중앙아시아와 밀접한 교류를 가진 국제적 제국이었다. 당의 개원통보는 동아시아 지역에서 주화의 모델 역할을 하였다. 조선시대 최초의 동전이라 불리는 조선통보(朝鮮通寶) 역시 당나라의 개원통보를 모방해서 주조한 것이다. 중국은 이러한 엽전이 통화의 주축을 이루었다. 하지만 가치가 너무 낮아 고액거래에는 적합하지 않았다. 고액거래에는 금이나 은이 사용되었는데 금화나 은화로 주조되지 않고 덩어리째 사용되는 칭량(秤量)화폐였다. 그리고, 중국 대륙은 일찍부터 통일국가가 발전되어 왔기에 화폐에 대한 국가의 통제가 처음부터 강하게 작용하였다. 유럽과는 달리 제국에 의해 화폐가 통치 수단으로 먼저 사용되었고 이후 화폐시장이 발달하는 순서였다.

[당나라 개원통보(좌) vs 조선의 조선통보(우)]

중국은 종이 자체가 먼저 발명됐을 뿐 아니라 상업이 발달했기 때문에 세계 최초의 지폐인 교자(交子)를 사용하였다. 이는 10세기 말 북송(北宋, 960년~1127년) 시대에 상인들 간에 사용된 예탁증서(預託證書)였다. 당시는 철전(鐵錢)을 사용했는데 비단 한 필을 사는데 130근을 지불해야 할 정도로 가격이 너무 낮아 불편했다. 그래서 16개의 대형점포가 연합해 철전을 함께 저장하고 등가의 예탁증서인 교자를 발행했다. 수년간 교자의 광범위하고 편리한 사용에 의해서 1023년 왕권은 교자를 법정화폐로 지정하였다. 그리고 중앙관청에서 이를 발행했기에 명칭이 관교자(官交子)라 불렸다. 정부가 발행한 관교자는 수수료 3%를 제하고 지불되었는데 동전에 비해 원거리로 운송에 편리하였기 때문에 널리 이용되었다. 훗날 남송(南宋, 1127년

~1270년) 시대에도 왕권에 의해 회자(会子)라는 지폐가 발행되었다.

[원나라 교초]

그 후 원(元, 1271년~1388년) 나라 시대에는 동전의 유통을 금지하고 지폐만 사용하도록 해 지폐 유통이 활발하게 이루어졌다. 지폐를 유통시키는 데 방해가 되는 자는 죽음을 각오해야 했다. 지폐 유통을 장려하기 위해 모든 금과 은을 지폐로 값을 치루고 몰수했다. 외국 상인들이 가져온 것이라도 예외가 없었다. 송나라의 교자가 당나라 초에는 철화 교환권 역할을 했던 것에 비해 교초(交鈔)는 처음부터 통화로서 발행되었다는 특징이 있다. 뽕나무 껍질을 섬유 모양으로 만든 내피에 아교를 섞어 얇게 펴서 세로로 자르고, 동판화로 인쇄하여 황제의 옥새를 날인하였다. 새로운 동전을 대거 발행하여 제국의 통화체제를 수립하기에는 시간적으로나 재정적으로 어려웠기 때문이다. 1260년 발행되기 시작한 교초는 단번에 원의 재정문제를 해결해 주었다. 원은 지폐의 남발이 지폐의 가치저하를 가져올 것임을 분명히 인식하고 발행량을 조절하려 노력했다. 하지만, 결국 전쟁에 따른 지폐 남발로 인플레이션을 맞이하게 되었다. 당시 마르코 폴로(Marco Polo, 1254년~1324년)는 중국의 효율적인 지폐 제도에 깊은 인상을 받아 그의 책 동방견문록(Divisament dou monde, The Description of the World, 東方見聞錄)에서 지폐에 대해 자세히 설명했다. 그래도 유럽인들은 아무 가치도 없는 종이가 돈 구실을 한다는 걸 도저히 이해할 수 없었다.

명(明, 1368년~1644년) 나라 시대에 들어서도 지폐는 계승되었다. 명의 태조(太祖)는 대명보초(大明寶鈔)라는 지폐를 발행하였는데 이는 홍무통보(洪武通寶)

라는 동전과 병행해서 사용되었다. 동전은 소액거래에 주로 사용되었고 대명보초는 고액거래에 이용되었다. 그러나 명나라 초기 시대의 대명보초는 그 가치가 차츰 하락하였다. 무역과 상업에서는 광범하게 은이 결제 수단으로 이용되고 있었기 때문이다. 결국 명나라 정부도 조세의 은납을 허용하지 않을 수 없었다. 1570년대 스페인이 필리핀을 점령한 후 아메리카(America)의 은이 중국으로 광범위하게 유입되었다. 중국의 은 보유량은 지속적으로 증가하였다. 그리고, 중국으로 유입된 스페인 은화는 그대로 통용되었다. 이에따라 명은 전세(田稅), 공납(貢納), 및 요역(徭役)을 모두 하나로 통합하여 은으로 납부할 것을 규정한 일조편법(一條鞭法)을 시행하게 되었다. 은이 지폐를 몰아내고 공식 화폐의 지위에 오른 것이다.

[건륭통보(좌) vs 은원(우)]

명나라의 뒤를 이어 등장한 청(淸, 1636년~1912년) 나라도 은납을 계승하였다. 청나라는 건륭제(乾隆帝, 1711년~1799년)가 건륭통보(乾隆通寶)라는 동전을 발행하였다. 반면, 은납제를 사용했지만 명나라와 청나라에 사용된 은은 은괴거나 외국의 주화 그대로였다. 중국은 오랫동안 은을 화폐로 사용하면서 은화를 주조하지 않았던 것이다. 중국에서 공식적으로 은화가 주조된 것은 광서제(光緒帝, 1871년~1908년) 때인 1889년이었다. 서양의 기계식 주조법을 도입하여 은원(銀元)을 발행했다. 인공적인 화폐주조에서 기계적인 주조의 형식으로 바뀌면서 현재의 동전과 유사한 형태를 가졌다. 은원 1문(文)에 대해 위안(元)이라는 단위를 부여했고, 동전 1문(文)에 대해서는 쟈오(角)라는 단어를 부여했다. 이 화폐 단위를 현재까지 이어오고 있다.

유럽과 중국의 지폐 발전과정은 다소 차이가 있다. 유럽은 금화와 은화의 시스템이 일정기간 지속된 후 상업의 발달에 의해 편리성을 도모하고자 뱅크노트(bank note)를 통해 공식적인 지폐로 발전되었다. 특히, 초기에 지폐는 금이나 은으로 바꿀 수 있는 태환성으로 화폐의 가치를 보증 받았다. 유럽 최초의 지폐를 발행한 스톡홀름 은행의 요한 팜스트루흐는 통화 남발로 인해 태환이 불가능해지자 결국 사형을 선고 받았다. 물론, 나중에 징역형으로 감형돼 간신히 목숨을 건질 정도였다. 하지만, 중국의 경우 철로 만든 엽전을 사용하다 왕국이 통치의 필요성으로 인해 지폐를 발행했다. 이는 태환성이 제대로 보증되지 않은 상태에서 대중들의 지지를 받지 못하고 다시 은본위제로 되돌아 가는 모습을 나타냈다. 중요한 점은 지폐가 발행되기 시작하면서 국가의 화폐 발행권, 발행량, 유통, 그리고 가치의 안정에 대해 국가가 독점을 하려는 성향이 강해진다는 점이다. 이는 현대사회로 접어들면서 중앙은행(central bank)의 설립과 그 맥락을 같이 하게 된다.

중앙은행(central bank)의 설립

통화주권(currency sovereignty)

19세기에 들어서면서 전세계는 산업화, 도시화, 세계화라는 발전을 보이며 현대 사회로 접어들게 된다. 특히, 기존의 왕국들은 그 한계를 다하고 제국이나 국가라는 시스템으로 탈바꿈하기 시작하였다. 국가는 주권(sovereignty)을 가지며 영토 내 국민들의 보호뿐만 아니라 부의 증대도 책임을 지게 된다. 이 중에는 통화주권(currency sovereignty)도 포함된다. 이는 국가가 화폐를 발행하고 그 총량을 관리하게 된다. 그리고 이를 통해 물가를 안정시키고 지속적인 성장을 이룩하여 국민 전체의 부를 향상시키는 역할이 중요해진다. 그 기능을 위해 권한을 가진 기관을 필요로 하는데, 이는 각국이 중앙은행(central bank)을 설립하는 계기가 되었다. 기존에는 왕이나 영주의 명령에 의해 화폐가 통제되었다. 이제 전문적이고 독립적인 기관의 역할을 통해서 화폐시장이 변화와 발전을 이룩해 가는 과정이 시작되었다. 각국마다 중앙은행의 설립이 다른 배경과 목적을 가질 수 있다. 하지만, 공통된 점은 국가 주권에 의한 화폐시장의 통제와 강화를 목격하게 되었다는 점이다. 지폐의 발행과 이를 통한 거시경제 관리를 추구한다는 점이다. 주요국들이 어떤 배경하에서 중앙은행을 설립하고 이를 활용했는지 비교하여 살펴볼 수 있다.

세계 중앙은행의 효시인 스웨덴 국립은행(Sveriges riksbank)은 1668년 설립되었다. 전신은 1656년 요한 팔름스투루흐가 설립한 스톡홀름은행(Stockholms Banco)으로 스웨덴 국왕이 관할하던 은행이었다. 이 은행은 1661년 유럽에서 처음으로 지폐(paper money)를 발행하였으며, 현재에는 스웨덴 크로나(kronor)의 동전과 지폐를 발행하는 업무를 담당한다. 1688년 스톡홀름은행의 업무는 법률에 의해 스웨덴 왕립 재정은행(Riksens Standers Bank)이 승계하였고, 1866년 스웨덴 국립은행으로 명칭을 변경하였다. 이후 1897년 스웨덴 의회가 스웨덴 국립은행법을 제정하면서 스웨덴 국립은행은 중앙은행으로서의 역할을 맡게 되었다. 즉, 유럽의 최초의 중앙은행인 스웨덴 국립은행은 왕실 업무 담당에서 법률에 의해 중앙은행으로 전환된 사례로 볼 수 있다.

잉글랜드은행(Bank of England)의 설립

이러한 스웨덴 국립은행의 영향으로 잉글랜드은행(Bank of England)이 1694년 설립되었다. 이 은행도 처음에는 왕실과 정부의 금융업무를 처리해 주고, 뱅크노트(bank note)를 발행하는 기능을 지닌 상업은행 중 하나였다. 중앙은행이란 명칭이 붙여진 것은 한참 후에나 이루어진다. 잉글랜드 왕국의 윌리엄 3세(William III, 1650년~1702년)는 9년 전쟁으로 프랑스에게 대패한 뒤 강력한 해군 육성의 필요성을 절감하였다. 이를 위해 요구되는 기금은 120만 파운드에 달했지만 이미 재정이 바닥난 상태였다. 이러한 상황에서 스코틀랜드인 상인 윌리엄 패터슨(William Paterson, 1658년~1718년) 주도로 상인들이 윌리엄 3세에게 잉글랜드은행(Bank of England) 설립을 제안하였다. 왕과 상인들의 이해관계가 맞아 떨어졌다. 1694년 잉글랜드은행법(Bank of England Act)이 공표되자 왕립 면허청으로부터 사업면허를 받았다. 잉글랜드은행 지주회사가 설립되었고 주식을 발행하여 주주를 모집하였다. 이로 인해 잉글랜드은행은 정부 산하 기관이 아닌 주식회사로 설립되었지만, 뱅크노트 발행의 권한을 부여 받았다. 은행은 왕에게 금전을 제공하고 이에 상응하는 지폐를 발행하게 된 것이다. 발행된 뱅크노트는 지폐와 같았으며 대출업무에 사용되었다. 이를 통해 120만 파운드의 기금이 조성되었고, 1707년에 잉글랜드 왕국과 스코틀랜드 왕국이 합병하여 결성된 그레이트 브리튼 왕국(Kingdom of Great Britain)은 강력한 해군을 보유할 수 있게 되었다. 잉글랜드은행의 사업면허는 1742년, 1764년, 그리고 1781년 갱신되었다. 18세기에 영국 정부의 국채(sovereign bond)가 발행되기 시작하였고, 잉글랜드은행에서 이를 관리하였다. 1781년 사업 면허 갱신에서 은행은 발행된 화폐의 지급에 충분한 금을 보유하여야 한다는 조건이 있었다. 하지만, 프랑스 혁명에 대항한 제2차 동맹의 전쟁으로 금 보유고가 이를 감당할 수 없게 되었다. 1797년 영국 정부는 은행의 금 반출을 금지하는 은행규제법(Bank Regulation Act)을 공표하였다. 이 규제법은 1821년까지 이어졌다.

[잉글랜드은행 지폐(1887년, 좌) vs 파운드(현재, 우)]

1844년 은행승인법(Bank Authorization Act)은 잉글랜드은행(Bank of England)에게 독점적인 지폐발행 권한을 부여하였다. 동시에 금 보유고와 화폐 발행을 연동하는 금본위제(gold reserve system)를 실시하도록 하였다. 이로써 이전까지 각자의 은행권을 발행해오던 시중은행들은 발권 권한을 상실하였다. 영어로 중앙은행인 central bank란 말은 1873년 당시 경제잡지 이코노미스트의 편집장인 월터 배젓(Walter Bagehot)이 처음 썼다. 영국의 잉글랜드은행이 은행권을 독점적으로 발행하면서 영국의 수도인 런던에 본점이 있다는 의미로 중앙은행

(central bank)이란 단어를 만들었다. 중앙은행이란 말이 생긴 19세기 유럽은 금본위제(gold reserve system) 시대였다. 금본위제 아래에선 돈이 곧 금의 교환권이므로 중앙은행이 돈의 양을 쉽게 조절할 수 없었다. 금이 많이 생산되거나 해외에서 금이 유입되면 통화량이 늘어 물가가 올라갔다. 반대로 경기가 너무 좋아 금이 모자라면 화폐 부족 현상이 나타나 경기가 움츠러드는 일이 반복되던 때였다. 중앙은행의 입장에서는 발행하는 지폐에 대중의 신용을 유지하기 위해서 발행량을 적절히 통제 하는데 주의를 기울였다. 1930년대에 들어 스코틀랜드(Scotland)와 북아일랜드(Northern Ireland)의 일부 시중은행들만 발권 권한을 승인받았다. 현재 잉글랜드은행은 영국내의 발권 은행 8곳 가운데 하나로 잉글랜드와 웨일스(Wales) 지역에서는 유일한 발권 은행이다. 스코틀랜드와 북아일랜드에서는 다른 발권 권한을 지닌 상업은행들도 지폐를 발행하고 있다. 1866년 공황이 발생하자 잉글랜드은행은 처음으로 최종 대출자(lender of last resort)의 역할을 수행하였다. 영국은 1931년까지 금본위제를 유지하였다. 이때까지 영국 재무성에서 금 보유고를 관리하였다. 하지만, 금본위제가 폐지된 이후에는 잉글랜드은행이 금 보유고의 관리 업무를 수행하고 있다. 1920년대와 1940년대를 거치면서 잉글랜드 은행은 상업은행에서 벗어나 중앙은행으로서의 역할을 하게 되었다. 노동당(Labor Party) 정부는 1946년 은행법을 통해 잉글랜드은행을 국유화하였다. 1945년 이후 잉글랜드은행은 케인즈주의(Keynesism) 경제학에 바탕을 두고 금융완화와 화폐 총량 관리와 같은 다양한 정책을 유지하고 있다. 그리고, 신용과 환율 조정을 통해 인플레이션과 파운드 스털링(pound sterling) 안정화에 적극적으로 개입하고 있다.

[영국중앙은행 전경]

일본은행(Bank of Japan)의 설립

스웨덴, 영국, 네덜란드 등 서유럽 국가들에서는 뱅크노트를 발행하는 상업은행들이 설립되었다. 이러한 상업은행들은 이후 국가의 독점적 권한을 부여 받으면서 현대에 와서는 중앙은행으로서 역할을 하게 된 것을 살펴보았다. 하지만, 이와 달리 독일과 일본에서의 중앙은행은 처음부터 국가의 필요에 의해 설립되었다. 일본은 1853년 미국 페리(Mattew Calbraith Perry, 1794년~1858년) 제독에 의해 개항되었다. 1871년 폐번치현(廃藩置県), 1876년 메이지 유신(明治維新), 1889년 대일본제국헌법(大日本帝國憲法) 제정 등을 통해 근대화의 길을 걷기 시작한다. 이 과정에서 근대식 상업은행들이 설립되어 산업 발전을 위한 자본의 제공과 축척을 하게 되었다. 하지만, 민간부문에서 자생적으로 상업은행이 자본을 축척도 하기 전에 이미 국가의 필요에 의해 1882년 6월 일본은행조례(日本銀行條例)가 공표되었다. 같은 해 10월 자본금 1000만 엔으로 일본은행(Bank of Japan, BOJ)이 설립되었다. 1883년에는 정부 예금 및 국고를 취급하며 업무를 개시하였으며, 1884년에는 당좌거래 업무를 시작하였다. 1885년에는 일본은행권을 태환 은화로 발행하는 발권업무를 시작하였다. 은본위제(silver reserve system)를 채택하였다. 1899년 12월에는 기존의 국립은행 및 정부 지폐의 통용이 금지되면서 통화가 일본은행권으로 일원화되었다. 1930년에는 국채 보관업무를 개시하고 1943년에는 내국환 결제 사무를 시작하였다. 1952년에는 외환관리 등을 위임 받았다. 1998년 시행된 개정 일본은행법에서 중앙은행의 업무 목적을 명확히 규정하고 있다. 첫째, 중앙은행으로서 은행권을 발행하고, 둘째, 통화조절을 통하여 물가의 안정을 꾀함으로써 경제의 건전한 발

[일본중앙은행 1900년]

전에 이바지하며, 셋째, 금융기관 간의 원활한 결제의 안정성을 확보함으로써 신용질서의 유지에 기여하는 것 등으로 되어 있다. 일본은행과 같이 국가의 필요에 의해 설립된 중앙은행의 경우 국가로부터의 독립성이 약하다. 반면 화폐 시장에 대한 통제를 통해 국가의 경제발전을 안정적으로 달성하고자 하는 목적이 더욱 강하게 나타난다.

노벨 경제학상 수상자인 폴 사무엘슨(Paul Anthony Samuelson, 1915년~2009년) 교수는 인류 3대 발명품에 불, 수레바퀴, 그리고 중앙은행을 지정하였다. 1656년 요한 팔름스투루흐가 설립한 스톡홀름은행(Stockholms Banco) 이후 유럽에서 무수히 많은 상업은행들이 출현하였다. 시작은 상업과 무역업자들을 위한 환전과 자본대여, 그리고 결제를 위한 뱅크노트와 같은 증서를 발행하여 화폐 시장을 발달시켰다. 17세기에는 왕실이 재정을 관리하게 하고 화폐의 발행을 독점하고자 일부 주요 은행을 국립은행(national bank) 또는 중앙은행(central bank)으로 전환시키는 계기가 되었다. 그리고 19세기에 들어서는 국가의 통화주권(currency sovereignty)을 강화하고 통화의 가치를 안정화시키는 기능을 중앙은행에게 부여하게 된다. 무엇보다도 중앙은행이 화폐발행의 독점권을 행사하면서 시뇨리지 수익을 다시 국가에게 귀속시키는 것도 병행하게 된다. 결국 민간에게 맡겨졌던 화폐시장에 대한 일부 통제를 모두 국가에게 귀속시키는 효과도 낳게 된다. 20세기에는 통화정책(monetary policy)을 통해 국가의 거시경제 정책을 관리하고 국가의 성장을 지속화 시키려는 임무를 중앙은행에 부여하게 된다. 화폐시장은 국가에 의해 통제되고 관리되는 상황으로 발전하게 되는 것이다. 이러한 관점에서 본다면 사무엘슨 교수가 언급한 인류 3대 발명품에 중앙은행은 충분한 자격이 있다고 할 수 있다.

연방준비제도(Federal Reserve System)와 달러 발행

서유럽뿐 아니라 주요국들의 화폐시장이 기존의 금속화폐(metal currency)에서 지폐(paper currency)로 넘어오는 과정을 살펴 보았다. 그리고, 그 과정에서 은행(banks)의 발달과 중앙은행(central bank)의 설립이 이를 뒷받침하는 제도라는 것을 확인하였다. 이들은 화폐의 발행시장과 유통시장에서 가장 큰 수혜자이자 이해관계자이기도 하다. 특히, 서유럽과 일본 등에서 중앙은행의 설립은 제국이 재정을 확보하고 통화가치를 안정화시키려는 목적에서 출발하였음도 인지하였다. 마찬가지로 미국도 영국으로부터 독립 이후 은행들이 시장의 요구에 부응하며 발전하기 시작하였다. 하지만, 서구 국가들과는 달리 중앙은행의 필요성은 인플레이션(inflation), 경제공황(economic panic)과 뱅크런(bank run) 등에 따른 금융시스템의 불안을 통제하고자 하는 목적에서 출발하게 된다. 물론, 설립 이후에는 달러를 발행하면서 미국뿐만 아니라 전 세계 화폐시장을 통제하는 전 세계 중앙은행으로 발전하게 된다.

독립전쟁(The Revolutionary War)과 대륙지폐(continental paper)

18세기에 미국 신대륙은 영국의 식민지 상황 하에 놓여 있었다. 본국인 영국으로부터 수입초과에 따라 신대륙에서 금과 은이 계속 유출되고 있었다. 이에 따라 각 식민지 주정부(state government)는 화폐유통량이 부족해지자 토지를 담보로 잡고 지폐를 발행하여 대출해 주었다. 식민지 주정부(state government) 뿐만 아니라 민간은행들도 금, 은, 토지 등을 담보로 뱅크노트(banknote)를 발행하여 지폐의 유통을 도왔다. 이렇게 지폐 발행 특권이 남용되어 물가가 치솟자 식민지 지폐 발행에 대하여 본국의 채권자들 사이에 불만이 높아졌다. 영국 투자자들은 식민지 화폐의 급속한 평가절하로 큰 손실을 입게 되었다. 이들은 런던 의회에 식민지의 화폐 발행을 금지시키라는 압력을 가하였다. 이에 1751년 통화조례(Currency act)를 통과시키기까지 한다. 1751년 영국은 뉴잉글랜드(New England) 지역 식민지 주(colony state)에서 법정 화폐를 발행하지 못하도록 하였다. 1764년에는 해당 금지규정을 확대하여 식민지 주들에서 유통되고 있는 모든 지폐를 회수하였다. 여기에 영국 정부에 내는 세금은 반드시 금이나 은으로만 납부하도록 하였다. 이러한 본국의 고압적인 식민지 경영에 반발하여 1774년부터 대륙회의(the Continental Congress)가 개최되었다. 여기서 미국의 독립과 전비 조달 문제가 논의되었다. 결국 독립군을 창설하여 영국과 독립전쟁(The Revolutionary War, 1775~1783)이 시작되었다. 그리고 독립정부는 대륙지폐(Continental Paper)를 발행하여 전비를 조달하였다. 대륙지폐의 가치는 처음에 은과 액면가 대비 1:1 이었다. 하지만, 1783년 독립전쟁이 끝나기도 전에 이미 지폐의 가치가 168:1까지 하락하는 초인플레이션(hyper inflation)을 경험하게 된다. 독립정부의 대륙지폐를 믿었던

[대륙지폐(1775년)]

※출처 : imaged by Heritage Auctions, HA.com

은행들과 국민들의 손실은 가늠하기 힘들었다. 초인플레이션은 국민들이 가지고 있던 현금을 정부가 세금으로 강탈해 가는 것과 똑 같은 효과가 있었다. 결국 미국 최초로 투기와 초인플레이션을 일으킨 대륙지폐에 대한 반성이 미국 금융시장의 근원적인 출발점이 되었다. 그리고, 이후 나타난 연방준비제도(Federal Reserve System, FRS)에서 화폐의 발행권은 정부가 아닌 의회가 갖게 된다.

1783년 독립전쟁이 미국과 연합군의 승리로 끝나며 이제 미국은 당당한 독립국으로 성장하였다. 대륙지폐 발행에 따른 초인플레이션으로 막대한 피해가 발생하자 국민과 의회가 정부에 지폐 발행권을 주지 않게 된다. 그 결과 독립 이후 연방헌법은 주정부에 의한 지폐 발행을 일체 금지했으며, 연방정부에 의한 지폐 발행도 원칙적으로 금지시켰다. 대신 화폐 가치의 관리는 의회에 위임했다. 미국 내에서는 정부권(government note)이 아니라 은행권(banknote)만 발행이 허용되어 유통되기 시작했다. 그리고 독립정부는 1785년 대륙회의에서 유럽 나라들과 마찬가지로 은본위제를 채택하고 화폐의 단위를 달러(dollar)로 정하였다.

달러라는 명칭은 스페인(Spain) 은화인 다레라(darrera)에서 유래한다. 당시 미국은 스페인 식민지인 중남미에 상품들을 팔면서 주로 다레라 은화를 받았다. 미국에서는 다레라 은화를 미국식 영어 발음인 달러(dollar)라 불렀다. 당시 달러라 함은 스페인 은화를 가리키는 말이었다. 당시 신대륙에서 스페인 은화 다레라가 너무 많이 유통되어 영국의 파운드화를 압도하였다. 이에 독립정부는 이를 기초로 은본위제와 달러를 화폐 단위로 정하게 된 것이다. 이러한 시스템은 얼마 가지 않아 문제점을 노출하게 된다. 당시 대부분의 상품은 영국에서 수입되고 있었다. 영국 무역업자들은 믿을 수 없는 미국 은행권보다는 공정 가치를 지닌 금이나 은으로 받기를 원했다. 그리고 미국에서는 너무나 많은 민간 화폐인 은행권이 발행되었다. 일부 은행가들은 자신들이 발행한 은행권을 귀금속으로 교환해 주지 않았을 뿐만 아니라 은행이 망하는 일까지 발생하였다. 수많은 민간은행들이 각자 방식대로 화폐를 발행케 하지 말고 잉글랜드은행과 같이 중앙은행을 설치하여 화폐의 발행을 독점토록 하자는 의견이 제시되기 시작했다.

미국중앙은행(The Bank of the United States) 제도

중앙은행 설립에 대해 연방주의자(Federalist)인 알렉산더 해밀턴(Alexander Hamilton, 1755년~1804년)과 공화주의자(Republican)인 토머스 제퍼슨(Thomas Jefferson, 1743년~1826년)의 의견 대립은 치열했다. 중앙은행 설립 타당성에서 발권 주체, 그리고 발권량의 통제 등에 대한 논쟁을 이어갔다. 결국 상원과 하원 모두 연방주의자가 우세했던 덕분으로 해밀턴의 중앙은행 설립 법안이 1791년 2월 의회를 통과하게 되었다. 해밀턴은 의회에 제출한 보고서에서 국가의 신용을 안정화하고 연방정부의 금융 업무 처리를 개선하기 위해 국립은행이 필요하다는 의견을 제시했다. 이로써 제1미국은행(The First Bank of the United States)이 설립되었다. 자본금은 1천만 달러로 당시 미국 최대 규모의 은행이었다. 주당 4백 달러씩 총 2만 5천주를 발행하였다. 은행의 면허 기간은 20년으로 1791년부터 1811년까지였다. 이는 반연방파(Anti-Federalist)를 누그러뜨리기 위한 고육책이었다. 화폐에 대해서는 금은양본위제도(gold-silver dual reserve system)를 채택하였다. 교환비율은 금 1.7g과 은 2.7g이 동일하게 정해진 1:1.59의 비율이었다. 즉, 금 1온스의 값은 18.3달러였다. 조폐소(mint bureau)가 만들어지고 2.5달러 이상은 금화로 발행하였다. 1달러 이하 동전은 은화로 제조되었다. 제1미국은행 은행권도 달러 지폐로 발행되어 유통되었다. 전체 발행 지폐의 20%는 제1미국은행이 담당했지만 나머지는 주법 은행들(state banks)에서 발행한 은행권이 사용되었다.

하지만, 면허 만기가 되자 제퍼슨을 포함한 중앙은행 반대파에 의해 제1미국은행의 연장은 거부되었다. 이후 유럽대륙에서 나폴레옹 전쟁이 발발하였다. 이 기간 동안 미국의 무역이 영국에 의해 제지를 당했다. 결국 1812년부터 1815년까지 미국과 영국 사이에 전쟁이 발발하였다. 전쟁 중 불환지폐가 남발되어 인플레이션이 심해져 결국 경제공황이 나타나게 되었다. 이로 인해 다시 중앙은행 설립이 추진되었고, 1816년 의회의 승인으로 제2미국은행(The Second Bank of the United States)이 탄생하였다. 이번에도 유효 기간은 1816년부터 1836년까지 20년이었다. 설립 시 자본의 20%는 단일 최대 주주인 연방정부(Federal Government)였으며, 나머지 80%는 4천여명의 개인 투자자가 소유했다. 제2미국은행의 주요 역할은 연방정부의 재정 업무를 통해 민간 은행기관에서 발행한 공적 신용을 규제하는 것이었다. 아울러 건전하고 안정적인 국가 통화를 설정하는 것도 포함되어 있었다. 즉, 주법 은행(state bank)의 은행권을 관리 감독하고 자체적으로 전국 유통이 가능한 은행권을 발행할 수 있는 권리가 부여되었다.

새롭게 시작된 제2미국은행도 정치적으로 위기를 맞기 시작하였다. 중앙은행 시스템을 싫어하는 앤드류 잭슨(Andrew Jackson, 1767년~1845년)이 1828년 대통령이 되자 그는 중앙은행을 없애겠다고 공약했다. 그는 은행을 화폐 권력이라 부르며 혐오했고, 이는 대중의 지지를 얻었다. 또한, 당시 은행들은 연방정부 채권을 은행권을 발행하는 보증수단으로 사용하고 있었다. 그는 화폐 발행이 국가 채무와 연결되어 있는 방식을 이해할 수 없었다. 그리고 이를 폐지하기 위해 1835년 미국 역사상 처음으로 국채를 전부 상환하기까지 했다. 이어 제2미국은행 계좌에서 정부자금을 전액 인출하여 23개 주의 은행에 분산 예치시켰다. 정부 예금이 빠져나가자 제2미국은행은 빠른 속도로 늘어나는 주법 은행들(state banks)을 규제할 힘을 상실하게 되었다. 그리고, 1836년 제2미국은행 연장 안을 거부하기에 이른다. 잭슨 대통령은 대중들이 은행을 지배하고 통화 공급 결정권을 쥐는 민주적인 화폐경제를 원했다. 이후 자유은행법(Free Banking Act)을 채택하여 인가 없이 누구나 은행을 개설할 수 있게 만들었다.

자유은행시대(Free Banking Era)

1836년 자유은행법(Free Banking Act) 시행부터 1864년 국책은행법(The National Banking Act)이 시행되기 전까지 시기를 자유은행시대(Free Banking era)라고 부른다. 중앙은행이 없어지자 주정부 면허 은행(state licensed banks)과 인가 없이 세워진 은행들이 각자 은행권을 발행하였다. 은행권들은 금이나 은으로 태환할 수 있었으며, 은행은 요구불 예금을 만들어 이를 기초로 수표나 약속어음을 발행했다. 수표거래량이 늘어나자 1853년 뉴욕청산거래소(New York Clearing House)를 만들어 은행들이 여기서 수표를 교환하고 거래를 청산했다. 이로써 자금 유통이 빨라지자 시중 유동성이 급격히 증가했다. 중앙은행 폐지로 통화조절 기능이 상실되고 통화량이 많아지자 실물경기는 호황을 가져왔다. 하지만, 이는 자산가치를 끌어올렸고 서부에서 땅 투기 열풍을 불러왔다. 설상가상으로 위조지폐의 급증도 유발하였다. 이에 놀란 잭슨 대통령은 1837년 정화유통령(Specie Circular)을 실시하였다. 공유지 구매 대금은 반드시 금이나 은과 같은 정화(正貨)로 지불해야 한다는 행정명령이다. 땅투기를 억제하고 유통 지폐의 증가를 방지하기 위한 방책이었다. 하지만, 서부에서 금과 은과 같은 정화 수요가 급격히 늘어나면서 동부 은행들로부터 금과 은이 급속히 유출되기 시작하였다. 이에따라 유동성 부족에 빠진 서부 은행들이 위기를 맞고 대출금을 회수하자 채무자들이 파산하였다. 채무자들의 파산은 결국 서부 은행들의 연이은 도산으로 이어졌다. 서부에서 시작된 은행 도산은 동부로 번져 미국 경제는 불황으로 이어지게 되었다. 이 행정명령은 지폐의 유통을 지나치게 차단함으로써 심각한 디플레이션을 초래하였다. 뒤이어 금융긴축과 1837년 공황이라 불린 경제위기의 원인으로 작용하였다. 1838년 상원과 하원의 공동결의로 정화유통령(Specie Cirular)은 결국 폐지되었다.

자유은행시대에는 은행 패닉(bank panic)이 빈번했다. 1837년 은행 패닉, 1839년 은행 패닉, 그리고 1857년 은행 패닉이 대표적이었다. 유통화폐 부족으로 발생한 1837년 은행 패닉은 캘리포니아(California)에서 거대한 금광이 발견

[1857년 불황을 묘사한 그림]

※출처 : 위키피디아

되어 유동성이 증가하면서 끝을 맺었다. 캘리포니아에서 골드러시(gold rush)로 호황이 지속되자 철도주식과 국공채의 수요증가로 다시 자산의 가치가 폭등하기 시작했다. 그러나 이러한 호황은 1857년 최초의 세계공황으로 물거품이 되었다. 1857년 8월 직원의 횡령으로 대형금융회사인 오하이오 생명보험 신탁회사(Ohio Life Insurance and Trust Company) 뉴욕지점이 파산하였다. 이 소식이 전해지자 뉴욕에서 먼저 예금인출 소동(bank run)이 일어났다. 주가는 폭락했고 뉴욕에 있는 900개 이상의 상업 기업이 운영을 중단해야 했다. 이어서 미국 전역의 은행들이 연쇄적으로 무너지기 시작했다. 뉴욕시장의 혼란으로 겁먹은 해외투자가들도 자금을 인출하기 시작했다. 당시 연방정부채권의 46%, 주정부 채권의 58%, 철도주식의 26%를 보유한 영국이 먼저 미국에서 자금을 인출했다. 결국 연말까지 뉴욕증시의 주가가 3분의 1 토막이 나고 6천여 개의 기업이 문을 닫았다. 1857년 은행 패닉(bank panic)도 이후 1861년 발생한 남북전쟁(The Civil War)에 의해 마무리 되었다.

남북전쟁(The Civil War)과 그린백(Greenbacks)

자유은행시대(Free Banking Era)에 은행과 이에 해당하는 은행권의 수가 급증하였다. 1860년에는 1,562개의 은행이 있었으며, 모두 은행권을 발행하였다. 귀금속이나 주정부에 예치한 유가증권을 기초로 9천 종이 넘는 은행권이 유통되었다. 여기에 위조지폐가 통용되었고 중앙은행도 부재한 상태였다. 그래도 전반적인 시스템은 그럭저럭 운영되었다. 그 무렵 미국 경제가 급속히 팽창하고 있었기 때문이었다. 하지만, 남북전쟁(The Civil War)이 다가오며 상황은 급변했다. 남북전쟁은 중상주의(mercantilism)와 중농주의(physiocracy)의 갈등 그리고 보호무역(protectionist)과 자유무역(free-trader)에 대한 대립으로 발생한 미국의 내전이다. 상공업이 발전한 북구는 중상주의와 이에 따른 보호무역주의를 지지하였다. 면화 수출이 주력인 남부는 중농주의와 자유무역을 선호하였다. 이러한 갈등과 대립은 노예제도 금지를 두고 양측이 첨예하게 맞서면서 내전으로 분출되었다. 노예제 금지를 옹호하는 공화당의 아브라함 링컨(Abraham Lincoln, 1809년~1865년)이 대통령에 당선되자, 1861년 4월 노예제를 지지하던 남부의 7개 주들이 유니온(Union)을 탈퇴하였다. 남부연합(Southern Confederacy)을 형성하며 미합중국으로부터 분리를 선언하게 된다. 1861년 4월 남부연합은 사우스 캐롤라이나(South Carolina) 찰스턴 항(Charleston Port)의 섬터(Sumter) 요새 포격으로 남북전쟁은 시작되었다.

[그린백(Greenbacks, 앞면/뒷면, 1762년)]

링컨 대통령에게는 전비 조달이 문제였다. 금으로 교환해주지 않아도 되는 지폐인 불태환 지폐를 정부가 발행할 수 있도록 권한을 의회에 요구

하였다. 의회는 전쟁 수행을 위해 재무부가 담보 없이 20년 동안 5%의 이자가 붙는 국채를 발행하도록 승인했다. 마침내 금이나 은의 담보 없는 불환지폐를 정부지폐(government note)로 발행하는 법정화폐(fiat money)가 출현하게 되었다. 1861년 발행된 새 화폐는 기존의 다른 은행권들과 구별하기 위해 녹색 도안을 사용하였다. 링컨 대통령의 초상화가 인쇄된 10달러 지폐로 색상 때문에 그린백(Greenbacks)이라 불렀다. 1861년 이래 발행된 모두 미국 화폐는 오늘날에도 여전히 그 가치가 유효하며 액면가 그대로 전액 상환 받을 수 있다. 그랜백이 미국 화폐시장에서 금을 대체하면서 전비 관련 자금사정이 순식간에 해결되었다. 그리고 부분지급준비금제도(fractional reserve requirement system)를 통한 은행의 화폐 창출 작업이 더해져 시중에 돈이 급격하게 풀렸다. 이 자금들은 군수산업이나 철도, 도로 건설 등으로 흘러 들어가 북부가 남부를 누르고 전쟁에 승리하는 데 지대한 역할을 하였다. 그린백은 인플레이션을 초래했지만 전쟁 전에 각 주와 은행들이 임의대로 발행한 1만여 종의 개별 은행권들을 시장에서 사라지게 하고 화폐의 통일이라는 효과를 낳았다. 그리고 1862년 위조방지 수단으로 화폐 도안에 재무부 인장과 서명이 들어갔다.

전쟁 중에도 은행권의 남발로 사태가 심각해 지자 1863년 국립통화법(National Currency Act)이 제정되었다. 의회는 재무부가 국가 은행업무 시스템을 확립해 국책은행권 발행을 감독하도록 승인했다. 이 법은 주정부가 인가해 준 주립은행(state bank)에 대응해 연방정부 통화감독국이 전국구 은행인 국책은행(national bank) 설립을 지원하는 것이었다. 전국적 영업으로 면허 받은 국책은행은 일반 상업은행으로 국가보증채권을 매수하여 이를 담보로 은행권을 발행할 수 있도록 허가 받았다. 국책은행들이 발행한 은행권은 재무성이 보증하는 최초의 표준통화가 되었다. 1864년 국책은행법(National Bank Act)이 제정되면서 국책은행의 은행권은 신뢰를 얻게 되었다. 이로서 미국의 은행 시스템은 주정부가 면허를 준 주립은행(state bank)과 연방정부가 면허를 준 국책은행(national bank)의 이중 시스템(dual-system)이 발전하게 되었다. 이들은 모두 민간 상업은행들이었다. 특히, 이법으로 국책은행들이 납입자본금의 3분의 1만큼 정부채권을 구입할 것과 이를 재무성에 예치하면 채권 시장가치의 90%에 해당하는 은행권을 공급하도록 규정했다. 이 조치로 많은 주립은행들이 국책은행으로 전환하였으며 자유분방하던 자유은행시대는 막을 내렸다.

금본위제(gold reserve system)와 은본위제(silver reserve system)의 대립

이와 같이 화폐시장이 은행권이나 정부권과 같은 지폐 중심으로 대체되어 가는 분위기였다. 하지만 아직까지 지폐에 대한 대중의 불안감은 여전했다. 1850년대를 전후에 미국 캘리포니아와 오스트레일리아에서 대규모 금광이 발견되고 비슷한 시기에 미국 네바다에서 대규모 은광이 발견되었다. 이로 인해 금과 은의 공급이 글로벌 차원에서 크게 증가하게 된다. 이전에 주요국들은 금과 은의 가격비를 고정시켜 화폐를 발행하는 금은 양본위제를 채택하고 있었다. 이 시기에 금의 공급량 증가 폭이 은보다 더 크면서 각국은 은의 가치가 상대적으로 높게 평가된다. 따라서 은은 해외로 유출되고 자국 내에는 주로 금이 남게 되면서 미국을 비롯한 프랑스, 벨기에, 스위스, 이탈리아, 독일 등 국가들이 1870년대 금본위제로 이행하게 된다. 기존의 금과 은 두 금속 사이의 균형이 무너져 은본위제가 퇴출되고 주요국들이 금본위제로 전환하게 된 것이다. 미국에서도 캘리포니아 등에서 대량의 금광과 네바다 등에서 대량의 은광이 발견되

[골드러쉬 포스터]

었다. 금이 많이 생산되는 주(state)는 금본위제를, 은이 많이 나는 주(state)는 은본위제를 주장하였다. 이것이 정치문제로 비화되어 서로 첨예하게 대립했다. 결국 1873년 세계적인 대세에 따라 미국도 은화를 폐지하는 화폐주조법(Coinage Act of 1873)을 통과시켰다. 은본위제를 폐지하고 금본위제를 채택하게 된 것이다. 유통중인 달러를 회수해 금화로 환전해 주는 금본위제를 부활하려 했다. 이에 따른 화폐량의 감소는 디플레이션(deflation)을 유발하였고 은행 도산과 금융공황의 상황을 야기했다. 1878년에는 미국 의회가 블랜드-앨리슨법(Bland-Allison Act)을 통과시켜 보조화폐로서 은을 부활시켰다. 재무부가 2백만에서 4백만 달러어치의 은을 매입해 금화와 1:16의 비율로 교환되는 은전을 주조한다는 내용이었다. 이는 금융과 국제무역, 그리고 제조업 중심지인 북동부와 농업, 광산업이 주력인 서부와 남부 간의 해묵은 갈등이 금과 은의 대결구도로 표출된 것이다. 산업화된 북동부는 금본위제를 시행해야 인플레이션을 억제하고 국제적 신용도를 높이는 방법이라고 주장하였다. 남부와 서부의 농부와 광산업자들은 은화 공급 확대를 통해 농산물 가격 상승을 초래하는 인플레이션을 선호하는 입장을 발표했다. 그 절충점이 블랜드-앨리슨법(Bland-Allison Act)에 반영된 것이었다. 미국 내에서 지폐의 사용은 확대되고 있으나 이는 아직 신용(credit)이나 주권(sovereignty)에 의한 것이 아니었다. 주로 금과 은 등의 담보에 의한 대중의 신뢰감에 의존하는 형태였다.

이러한 시대적 갈등을 적절히 반영한 것이 오즈의 마법사(The Wizard of OZ)라는 유명한 소설이다. 이 소설은 1900년에 프랭크 바움(Lyman Frank Baum, 1856년~1919년)이 쓴 이야기이다. 이를 1990년에 경제학자인 휴 록오프(Hugh Rockoff)가 통화 우화로서의 오즈의 마법사(The Wizard of Oz as a Monetary Allegory)라는 논문을 발표해 경제적으로 재해석하였다. 당시 미국에서는 금본위제를 채택했는데 이 소설은 서민을 위해 은본위제가 필요하다는 내용을 담고 있다는 주장이다. 논문에서 보면 주인공 도로시(Dorothy)는 미국의 전형적인 서민을 의미하며, 오즈(Oz)는 금 단위인 온스(Ounce)의 약자로 금본위제를 뜻한

[오즈의 마법사(1900년)]

다. 도로시가 걷는 노란 벽돌 길도 금본위제를 의미한다. 도로시는 험난한 여정을 거치는데, 금본위제로 인해 혼란을 겪는 미국 사회라고 한다. 에메랄드성은 수도 워싱턴 DC(Washington D.C.)다. 에메랄드 빛은 화폐를 상징한다. 에메랄드성에 사는 마법사는 당시 무능한 존재로 평가된 클리브랜드 대통령(Stephen Grover Cleveland, 1837년~1908년)이다. 허수아비는 순진한 농민을, 양철 나무꾼은 인간성을 상실해가는 산업노동자이다. 사자는 용기 없던 대선후보인 윌리엄 제닝스 브라이언(William Jennings Bryan, 1860년~1925년)이다. 남쪽과 북쪽의 착한 마녀는 금본위제와 은본위제를 동시에 사용하는 지역이다. 동쪽과 서쪽의 나쁜 마녀는 금본위제만을 지지했던 지역이다. 그렇다면 도로시가 신고 있던 은구두(silver shoes)는 무엇을 의미할까? 바로 은본위제이다. 마법사(대통령)도 해결해주지 못했던 문제를 풀어주는 열쇠가 은으로 만든 구두에 있었다는 것이다. 의미심장한 해석이다.

1907년 금융공황(Panic of 1907)

1870년대부터 미국은 영토적으로 산업적으로 폭발적인 확대와 성장을 이룩하였다. 이미 1803년 프랑스로부터 루이지애나(Louisiana) 매입, 1810년 서부 플로리다(West Florida) 편입, 1819년 동부 플로리다(East Florida) 편입, 1842년 캐나다와 국경선 확정, 1845년 멕시코 영토인 텍사스(Texas) 합병, 1867년 러시아로부터 알래스카(Alaska) 매입, 1872년 오리건(Oregon) 편입, 1898년 하와이(Hawaii) 병합, 1898년 스페인으로부터 필리핀(The Philippines) 할양,

1902년 쿠바(Cuba) 독립 등으로 미국의 영토와 영향력은 먼로주의(the Monroe Doctrine) 하에서 아메리카 모든 지역 뿐만 아니라 아시아까지 이어졌다. 산업도 철도, 철강, 운송, 제조, 금융업에서 비약적인 발전을 이룩하였다. 하지만, 반대급부로 미국의 경제는 빈번히 경제공황과 맞닥뜨렸다. 남북전쟁 이후 1873년부터 1879년까지 장기 불황(Long Depression)이 이어졌다. 철도의 과도한 건설과 불안정한 재정으로 1884년 공황(Panic of 1884)과 1893년 공황(Panic of 1893)이 발생하였다. 그리고 금융기관의 파산으로 발생한 1907년 공황(Panic of 1907)이 대표적이다. 이중에서 1907년에 발생한 은행 패닉인 니커보커 위기(Knickerbocker Trust Crisis)는 이후 1913년 미국연방준비제도(Federal Reserve System)가 설립되는 데 중대한 영향을 미쳤다.

1900년대 초 치렀던 전쟁 때문에 자본이 부족했던 유럽 국가들이 자본을 유입시키기 위해 금리를 인상하였다. 이로 인해 자본부족을 겪고 있던 신흥시장 미국에서 자본이 빠져나가기 시작했다. 이와 같이 불안한 상황에서 유나이티드 구리회사(United Copper Company) 사건이 발생하였다. 몇몇 영향력 있는 금융인들이 해당 회사의 주식을 매점매석하여 차익거래를 시도했으나 큰 손실을 보았다는 소문이 퍼졌다. 관련된 1개의 상업은행과 2개의 투자은행에서 예금 인출 사건이 일어났다. 이러한 손실은 투자자들에게 빠르게 알려지고 파산한 앞의 3개 이외의 금융기관에서 예금을 인출하려는 패닉(panic) 상태로 이어졌다. 특히, 니커보커 신탁회사(Knickerbocker Trust Company)는 갑작스러운 대규모 예금 인출로 인해 영업정지를 당하고 파산하였다. 위기가 본격적으로 증폭되었다. 불

[1907년 금융패닉 후 뉴욕증권거래소]

안을 느낀 예금자들은 모든 은행에서 현금을 인출하려 했다. 지방은행은 시중은행에서, 전국의 시중은행은 뉴욕의 은행에서 예금의 회수를 시도하였다. 이 때문에 전국적으로 대부분의 은행에서 지급을 제한하였고, 많은 은행들이 준비금 고갈로 파산했다. 특히, 트러스트(Trust)라는 신탁회사에서 문제가 크게 증폭되었다. 이는 과거 20년간 해당 회사들의 자산이 매우 크게 늘어났는데도 관리가 부실하고 제대로 된 금융 규제가 없었던 탓이었다. 이 신탁회사들은 변변찮은 지급준비금(payment reserve)으로 다양한 머니 게임을 벌였고 심지어 벤처 투자에도 많은 비율의 금융자산을 배분할 수 있었다. 여기에 신탁회사 관련 법적 규제가 아예 없었다. 이런 허약한 금융시스템 상황에서 뱅크런(bank run)이 일어난다면 도미노처럼 대량으로 매우 쉽게 파산하게 된다. 1907년부터 1908년 까지 1년 사이에 총생산액은 5% 감소했고, 수출은 마이너스 26%로 크게 하락했다. 실업률은 8%까지 상승했으며, 철강생산량도 40%가 감소했다. 이러한 위기를 해결하고자 나선 사람은 존 모건(John Pierpont Morgan, 1837년~1913년) 이었다. 당시에는 미국 내에 중앙은행이 없었기에 금융 자본가였던 그는 개인 재산을 제공하고 뉴욕의 은행과 신탁회사를 설득해 머니풀(money pool)을 만들어 구제금융을 지원하였다. 여기에 퍼스트내셔널은행(First National Bank)의 조지 베이커(George F. Baker, 1840년~1931년), 내셔널시티은행(National City Bank)의 제임스 스틸먼(James Jewett Stillman, 1850년~1918년), 철도와 석유 재벌인 존 록펠러(John Davison

[1907년 금융패닉의 해결사들]

※왼쪽부터 John Pierpont Morgan, Goerge F,Baker, James Jewett Stillman, John Davison Rockefeller

Rockefeller, 1839년~1937년)가 협조하면서 공동구제금융이 형성되었다. 지원하여 살릴 수 있는 금융기업은 적극적으로 구제하고 못 살리는 기업은 파산을 유도하는 식으로 금융위기를 막는데 일조를 하였다. 여기서 유럽 각국과 미국의 은행제도의 가장 큰 차이점은 유럽은 통화 공급량을 관리하는 중앙은행이 존재했고, 미국에는 존재하지 않았다는 것이었다. 이는 이미 이전부터 지적되어 온 문제였다.

연방준비제도(Federal Reserve System)의 설립

이런 가운데 1910년 의회에서 국가화폐위원회(National Monetary Commission)라는 특별위원회가 신설되었다. 상원의원 넬슨 앨드리치(Nelson Wilmarth Aldrich, 1841년~1915년)가 금융정책과 금융제도에 대해 논의하기 위해 회의를 주도하였다. 연방정부 재무부 차관, 내셔널시티은행(National City Bank) 은행장, 제이피모건 컴퍼니(JP Morgan Co.) 파트너, 뉴욕퍼스트내셔널은행(New York First National Bank) 은행장, 벙커트러스트(Bunker Trust Co.) 대표 등이 회의에 참석하여 국가준비은행(National Reserve Bank) 구상을 논의했다. 국가 화폐위원회의 보고서는 1911년 발표되었다. 보고서의 주요 내용은 중앙은행이 달러의 독점 발행권을 차지하여, 금의 뒷받침 없이 신용을 근거로 화폐를 발행하도록 하는 것이었다. 특히, 통화량을 탄력적으로 조정하여 은행의 공황상황, 즉 뱅크런(bank run) 문제를 해결하고자 하는 의도도 숨어 있었다.

[연방준비제도 설립(1913년)]

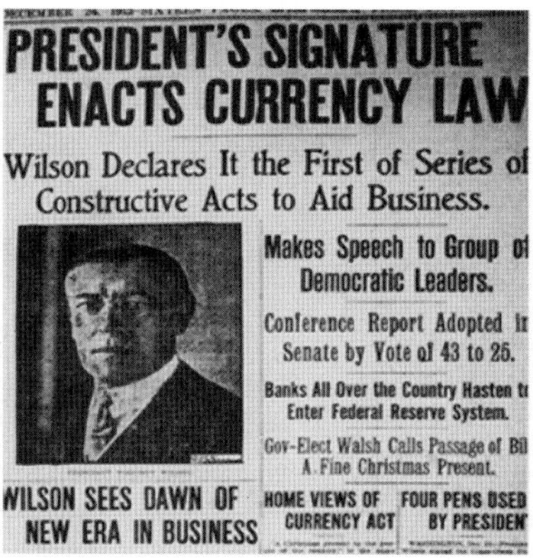
PRESIDENT'S SIGNATURE ENACTS CURRENCY LAW

Wilson Declares It the First of Series o Constructive Acts to Aid Business.

Makes Speech to Group o Democratic Leaders.

Conference Report Adopted ir Senate by Vote of 43 to 25.

Banks All Over the Country Hasten t Enter Federal Reserve System.

Gov-Elect Walsh Calls Passage of Bil A Fine Christmas Present.

VILSON SEES DAWN OF NEW ERA IN BUSINESS

HOME VIEWS OF CURRENCY ACT

FOUR PENS USED BY PRESIDEN

2년간의 다양한 논의를 거쳐 1913년 연방준비법(Federal Reserve Act)이 의회에 제출되어 가결되었다. 토머스 윌슨(Thomas Woodrow Wilson, 1856년~1924년) 대통령이 이 법에 서명하여 연방준비제도(Federal Reserve System, FRS)가 설립되었다. 연방준비제도의 탄생은 화폐시장에서 가장 기념비적인 일이 되었다. 영국으로부터 독립 이후 제1미국은행, 제2미국은행, 자유은행시대, 그리고 국책은행법을 통해 새로운 시도와 실패를 반복해온 미국이 마침내 중앙은행을 설립하게 된 것이다. 이로 인해 국제 사회에서 패권적 지위(hegemonic status)와 함께 화폐 시장에서도 통합을 주도할 수 있는 기반을 마련하였기 때문이다.

세가지 측면에서 그 의의를 살펴볼 수 있다. 첫째, 달러가 연방준비제도(FRS)에 의해 독점적으로 발행되고 통화량이 조정 받게 되었다. 미국 내 화폐의 통일화가 이루어진 만큼 달러의 대중적 신뢰도가 강해졌다는 것이다. 그리고, 이는 이후에 달러가 글로벌 기축통화(key currency)로 역할을 하는데 초석이 되었다.

둘째, 공권력에 의해 금과 은의 담보 없이도 화폐를 발행하여 유통시킬 수 있는 권한을 확보하였다. 달러는 연방준비이사회(The Board of Governors)의 결정에 따라 발행된 정부의 채무를 의미한다. 즉, 연방정부의 차입증서(certificate of indebteeness, Federal reserve note, 연방준비권)로 간주되었다. 달러 발행권은 의회의 승인을 받아 연방준비제도 내 12개 지역연방준비은행들(The Federal Reserve Banks)에 위임되었지만 절차는 매우 복잡했다. 연방준비이사회의 결정을 토대로 재무부가 인쇄한 연방준비권(달러, 연방정부의 채무증서)이 그대로 지역연방준비은행들에 무이자로 양도 및 대부 된다. 지역연방준비은행들은 이 연방준비권으로 정부의 국채를 인수한다. 지역연방준비은행들이 은행의 자산으로 연방준비권의 채무를 보증한 형태가 된다. 그리고, 지역연방준비은행들은 연방준비권으로 국채를 인수하는 대가로 이자를 얻게 된다. 신흥국이었던 미국에는 잉글랜드은행처럼 금이 충분히 비축되어 있지 않았다. 지역연방준비은행들 또한 달러를 발행할 목적으로 민간은행들이 모여 만들어진 은행이었으므로 달러와 금의 태환에 관해서는 모호한

태도를 보였다. 달러는 지역연방준비은행들의 자산을 담보로 하는 까닭에 금 또는 금화에 태환이 보증된 파운드(Pound)와는 달리 가치가 불명확한 통화였던 것이다. 이 과정에서 정부는 달러 발행에서부터 철저히 배제되었다. 이러한 발전은 신용지폐(credit money) 또는 법정지폐(fiat money)의 단계로 이전되는 것을 의미했다. 동시에 중앙은행이 거시경제 상황에 맞추어 화폐의 양을 세심하게 조절해야 하는 통화정책(monetary policy)의 발전을 가져오게 되었다는 점이다.

셋째, 미국의 연방준비제도(FRS)가 전세계 중앙은행의 롤 모델(role-model)로 작용하게 되었다. 사실상 연방준비제도는 미국 내부의 정치적 타협의 산물이었다. 하지만, 이후 많은 선진국 또는 신흥국가들이 연방준비제도의 독립적이고 효율적인 기능을 채택하여 자국의 화폐시장을 관리하는데 유용하게 활용하게 된다. 연방준비제도의 통화정책뿐 아니라 금융시스템의 감독 기능, 그리고 소비자 보호제도까지 전반적으로 금융에 대한 전반적인 중앙은행으로서의 역할을 보여주는 표준적인 모델이 되어 왔다. 이러한 측면에서 살펴본다면 미국 연방준비제도(FRS)의 확립과 발전은 전세계 화폐 시장이 통합되고, 화폐 시장이 글로벌화가 되는 것과 같은 것으로 파악할 수 있다.

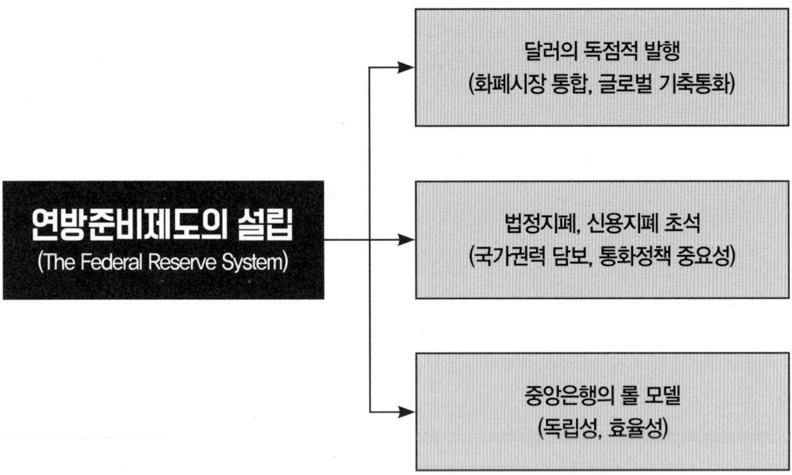

달러(Dollar), 글로벌 화폐시장 통합

1914년 발발한 제1차 세계대전(The First World War)은 강대국간 총력전이 되었다. 막대한 전쟁 비용이 부담으로 작용해 전후 유럽의 시대는 급격히 붕괴되었다. 또한, 영국의 파운드(pound)가 세계 경제를 견인하던 시대 또한 국채의 과잉 발행으로 영국 재정이 파탄을 맞으면서 무너져 갔다. 미국은 산업력을 총동원해 군수 물자를 유럽에 수출하여 세계 최대 채권국으로 급부상한 나라가 되었다. 그러자, 금이 무서운 기세로 유럽에서 미국으로 유입되기 시작하였다. 미국은 1921년에는 영국의 세 배, 1932년에는 여섯 배의 금을 보유하게 된다. 유럽의 통화와 달리 금과 태환할 의무가 없는 달러가 점차 세계 화폐의 중심으로 떠올랐다.

전후 복구(postwar recovery)와 1929년 대공황(Great Depression)

이러한 상황 속에서 승전국인 영국과 프랑스는 패전국 독일에게 천문학적 배상금을 압박하여 전쟁 전의 번영을 되찾으려 했다. 전쟁에서 황폐해진 독일은 상환을 연체했고 추가적으로 지폐를 발행하면서 대규모 인플레이션을 초래했다. 반년 만에 불환지폐가 된 마르크(Mark)의 가치가 전쟁 시의 1조분의 1로 떨어지는 전무후무한 초

인플레이션(hyper-inflation)이 발생한 것이다. 독일의 재무장관은 1조 마르크(Mark)를 1렌텐마르크(Rentenmark)로 교환하는 화폐개혁을 통해 위기를 극복하고자 했다. 이때 유럽 채권을 다량으로 보유한 월스트리트(Wall Street)의 대형 은행들은 유럽 경제가 혼란에 빠지는 것을 원치 않았다. 재정가 찰스 도스(Charles Dawes, 1865년~1951년)를 회장으로 하는 특별위원회를 만들어 해결책을 제안했다. 이 도스안(Dawes Plan)은 독일의 배상금 지급을 완화하고 월스트리트(Wall Street)가 독일에 투자함으로써 배상 문제의 완화를 실현하고자 했다. 즉, 미국 월스트리트(Wall Street)가 독일에 자금을 빌려주면, 독일은 이 자금으로 영국과 프랑스에게 배상금을 지급하게 된다. 그리고, 영국과 프랑스는 전쟁 중에 미국에게 빌린 채무를 상환하게 되는 자금의 순환 계획이다. 이 도스안 덕분에 유럽 정세는 일시적으로 안정을 되찾지만, 유럽 경제는 점차 미국 달러에 의해 움직이게 된다.

미국은 1920년대를 시작하면서 대중소비사회로 진입하게 된다. 자동차, 라디오, 가전제품 등을 중심으로 대량 생산과 대량 소비가 가능해지면서 경제 합리주의를 만들어 내게 된다. 이러한 산업의 발달로 투자 열기가 비정상적으로 달아올랐다. 결국 주식 버블(bubble) 붕괴가 금융 공황으로 이어지는 대공황(Great Depression)이 1929년 발발하여 1934년까지 지속되었다. 1929년 10월 24일 목요일 뉴욕증권거래소(New York Stock Exchange)에서 주가가 대폭락하였다. 이는 검은 목요알(Black Thursday)로 호칭되었다. 하지만, 대통령 자리에 오른

[1929년 대공황 모습]

지 얼마 안 된 허버트 후버(Herbert Hoover, 1874년~1964년)는 미국 경제의 회복력을 전적으로 신뢰한 나머지 신속하게 대처하지 못했다. 결국 디플레이션 스파이럴(deflation spiral)이 진행되었다. 만성적인 물가 하락에 따른 부의 악순환이 발생하며 두 달도 안 돼 주가가 반 토막이 났다. 그리고 전체 은행의 절반이 넘는 4,305개의 은행이 도산하였다. 은행이 도산하자 자금 융통에 어려움을 겪은 기업들까지 잇달아 파산 하면서 대공황(Great Depression)으로 진입하였다. 1929년부터 1933년까지 4년간 미국의 공업 생산량은 절반으로 떨어졌다. 1933년 공황이 절정에 달했을 때는 미국 인구의 4분의 1이 실업 상태에 있었다. 이 상황에 놀란 미국 의회는 1930년 스무트-할리 관세법(Smoot-Hawley Tariff Act)을 제정해 수입품의 관세를 대폭 인상하여 이를 극복하려 했다. 높은 관세에 따라 물가는 상승하고 수출이 감소하면서 상황이 악화되었다. 마찬가지로 미국에 많은 투자를 하고 있던 유럽의 은행들에게도 파산이 이어졌다. 대부분의 국가들이 관세를 급격히 인상시키는 보호무역주의를 채택하면서 세계경제대공황(Global Great Depression)으로 이어지게 되었다.

세계경제대공황을 극복하기 위해 영국과 프랑스 등 주요 강대국들은 광대한 식민지를 이용해 블록경제(Bloc Economy)를 추진했다. 여기에 금본위제를 포기하고 관리통화제도(managed currency system)를 채택하였다. 이는 통화를 금의 제약으로부터 자유롭게 하고 통화량 증감을 중앙은행 등 정책당국이 재량으로 통제하고 관리하는 시스템이다. 즉, 불환지폐의 발행이 크게 늘어나게 되고 각국은 인플레이션이 진행되었다. 상황이 악화되는 가운데 미국의 달러는 금이 아닌 연방준비권으로 담보를 갖고 발행되기에 타국에 비해 화폐 발행량을 증가시키는 데 유리한 입장이었다. 국채를 공공 투자에 활용해 유효 수요를 창출하여 경제위기에서 벗어나야 한다는 케인즈주의(Keynes Principle)를 채택하는데 무리가 없었다. 이렇듯 세계적 규모의 자금과 물자의 질서가 무너진 1930년대와 1940년대에 전 세계는 다시 전쟁에 휘말리게 된다. 세계경제대공황의 원인 제공자인 미국은 제2차 세계대전(The

Second World War)이 시작되자 지정학적 우위를 활용해 연합국에 무기와 식량을 수출함으로써 가장 먼저 공황에서 탈출하였다.

브레튼우즈체제(Bretton Woods System)

제2차 세계대전(The Second World War)이 종결되고 글로벌 화폐시장은 달러(dollar)를 중심으로 재편하게 된다. 세계 각국은 제1차 세계대전과 제2차 세계대전 동안 국가간 경쟁적인 통화가치 평가절하 때문에 국제통화제도가 붕괴되었다고 판단하였다. 따라서 전후 새로운 국제통화질서를 모색했다. 제2차 세계대전이 막바지로 접어들고 있던 1944년 미국 뉴햄프셔(New Hampshire)의 브레튼우즈(Bretton Woods)에서 44개국 대표가 모였다. 그리고 새로운 환율제도와 그 환율제도를 뒷받침하고 국제교역을 도울 수 있는 새로운 글로벌 금융체제를 시행하기로 합의하게 된다. 이듬해인 1945년 12월에 30개국이 서명함으로써 협정이 효력을 발휘하였다. 브레튼우즈체제(Bretton Woods System)가 정식으로 출범하게 된다. 이 협정의 주요 내용은 다음과 같다. 미국은 금 1온스(Ounce, 31.1g)를 35달러로 고정하는 금본위제를 채택한다. 그리고 달러를 기축통화(Key Currency)로 하고 각국은 달러에 대하여 환율을 고정하지만 1% 범위 안에서 이를 조정할 수 있다. 각국에는 자국 통화가치가 기준환율로부터 1% 범위를 벗어날 경우 통화정책수단을 활용하여 원래 수준으로 되돌려야 하는 의무가 부과되었다. 각국이 고정환율제를 유지하기 위해 유동성이 부족하거나 무역 결제 등에서 어려움을 겪

[브레튼우즈체제(Bretton Woods System)]

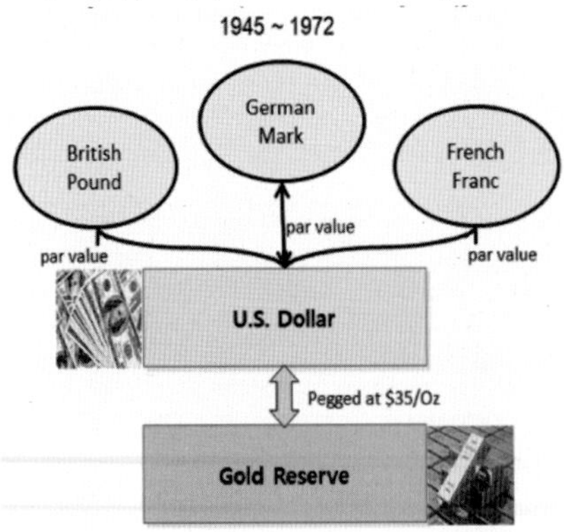

을 때 필요한 달러를 공급하는 기구로 국제통화기금(International Monetary Fund, IMF)을 설립하였다. 전후 복구 및 부흥, 후진국 개발을 위한 국제부흥개발은행(International Bank for Reconstruction and Development, IBRD)도 동시에 출범하였다. 이로써 달러 중심의 국제경제 및 무역체제가 구축되었고, 영국의 금융패권이 공식적으로 미국에게 이양된 셈이다.

2차 세계대전 이전에는 영국이 파운드(Pound)를 발행하면서 금본위제를 유지하였다. 많은 신흥국들이 영국의 파운드에 연동시키려는 노력을 하였다. 영국 파운드가 글로벌 통화로 강력하기는 했으나 프랑스, 독일, 이태리, 미국 등도 자국 통화를 금본위제로 태환을 유지하며 다극통화체제(Multipolar currency system)을 형성했었다. 하지만, 이제 달러 만이 금본위제로 태환을 유지하고 다른 국가 통화들은 달러와 고정환율제를 유지하면서 그 신용도를 보증 받는 단일통화체제(Unipolar currency system)로 변화되었다.

주요국들은 자국이 보유하고 있던 금 보유량 중 일정 분량을 미국으로 보내고 달러를 받아서 외환보유고에 편입시키는 일을 하였다. 물론 미국은 그 금을 받는 대신 달러를 발행해 주었으며, 해당국가들이 요구하면 언제든지 35달러를 1온스의 금으로 교환해 주는 의무를 갖게 되었다. 그리고, 무역에서 결제도 달러로 하는 것으로 통일하였다. 각국은 달러를 최대한 많이 보유해야 국고가 유지되고 무역에서도 유리한 입장에 놓이게 되었다. 만약 무역에서 수출보다 수입이 많을 경우에는 달러의 유출이 심해지게 된다. 해당국가의 국민계정(national balance account)에서 무역수지가 적자를 기록하고 해당국가의 환율은 1%의 고정 범위를 벗어나게 된다. 이미 충분한 달러를 보유하고 있을 경우에는 문제없지만 달러가 부족할 경우에는 상황이 달라진다. 이럴 경우에는 회원국들은 국제통화기금(IMF)과 협의하여 단기적으로 달러의 차입과 상환을 할 수 있다. 이를 통해 각국의 고정환율이 유지 가능하도록 시스템이 설계된 것이다. 결국 전 세계에서 달러의 수요가 높아지면서 미국의 달러 발행도 크게 확대되었다.

글로벌 기축통화 효과(key currency effect)

이처럼 특정 통화가 국제거래서 표시통화 또는 거래의 지불수단으로 사용되는 것을 통화의 국제화라 말한다. 한 나라의 통화가 국제통화가 되면 이를 기축통화(key currency)라고 한다. 2차 세계대전 이후 달러는 가장 강력한 기축통화로 발전했다. 이러한 달러의 강력한 기축통화화는 자국에 편익을 가져다 주기도 하고 불리한 영향을 미쳐 사회적 비용을 유발하기도 한다. 그러나 어떤 나라의 통화가 국제통화가 되면 비용보다는 편익이 더 큰 것이 일반적이다. 여기서 글로벌 기축통화의 효과를 몇가지 알아 볼 수 있다.

첫째, 비용절감효과(cost saving effect)를 제공한다. 무역거래시 자국통화의 사용이 가능하게 되면 환위험 헤지(hedge) 비용을 절약해 줄 수 있다. 뿐만 아니라 외국통화를 사용할 경우 수반되는 통화교환 및 금융중개 비용을 절감해 줌으로써 추가적인 비용 절약의 효과를 가져다 준다.

둘째, 글로벌 시뇨리지 효과(seigniorage effect)를 얻을 수 있다. 화폐 발행을 통하여 발행자가 얻는 화폐 발행 차익을 일컫는다. 이미 시뇨리지 효과는 고대부터 왕국이나 영주가 금화와 은화를 주조하면서 발생하고 있다는 것을 언급했다. 마찬가지 원리로 한 나라의 통화가 기축통화가 되면 그 나라는 국제적으로 화폐 발행 차익을 얻게 된다. 즉, 통화의 국제화로 외국에서 자국 통화를 보유하는 금액만큼 자국의 경상수지 이익이 되는 것이다. 이는 경상수지 적자가 발생할 경우에는 자국통화를 발행하여 보충할 수 있게 된다는 뜻이다. 원래 화폐 발행 차익이란 정부가 새로운 통화공급을 통하여 얻을 수 있는 수익을 말하는데 이 차익이 국제적으로 까지 실현되는 것이다. 화폐 발행 차익은 인플레이션을 통한 조세수익과 일국과 일국 경제의 실질 화폐 잔고 변화분의 합계이다. 일국 통화의 국제화는 해외 유출분 만큼 통화를 더 발행할 수 있게 하여 보다 큰 화폐 발행 차익을 실현케 하는 효과가 있다. 브레튼우즈체제(Bretton Woods System)가 시작되면서 각국은 외환 보유고에 달러를 채우기 위해 자국이 보유하고 있는 금을 미국으로 보내게 된다. 미국은 이 금을 받아 저장하고, 대신 제조하는데 몇 푼 들지 않는 종이 화폐인 달러를 발행하여 건네주며 엄청난 발행 차익을 얻었다. 그 금은 지금까지 프랑스를 제외하고 해당 국가에 태환으로 반환된 적이 없다. 미국으로서는 브레튼우즈체제가 시작하면서 엄청난 국제 시뇨리지 효과를 본 셈이다. 그리고 달러가 국제통화인 이상 미국은 국제유동성을 공급해야 할 책임이 있어 국제 시뇨리지 효과를 지속적으로 얻게 되었다.

셋째, 기축통화를 가진 정부는 통화정책(monetary policy)의 유연성과 독립성을 얻을 수 있다. 이미 앞에서 화폐의 지속적인 발행이 국가의 부를 증대시키지만 동시에 인플레이션을 유발하여 화폐가치를 악화시키는 것을 보았다. 그 인플레이션을 극복하기 위해 발행된 화폐를 거두어 들이거나 아니면 여분의 화폐를 다른 지역으로 이전시키는 방법이 있었다. 달러는 글로벌 기축통화가 되면서 미국 정부로서는 통화정책을 추진하는 데 매우 유연해 졌다. 신흥국들은 통화의 유통이 줄어들 경우 디플레이션(deflation) 현상이 발생한다. 반대로 통화의 발행이 갑작스레 늘어날 경우 인플레

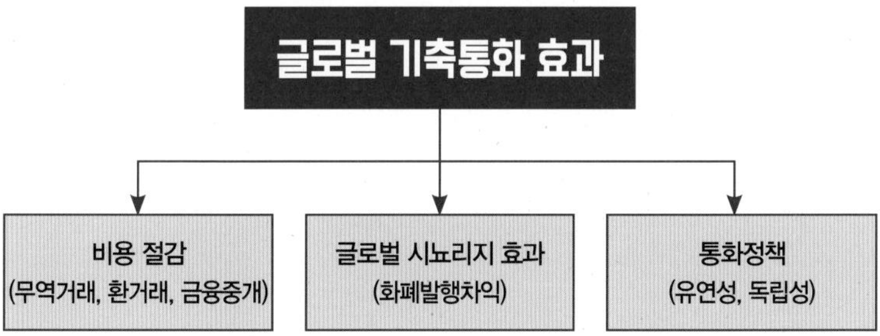

이션(inflation)이 발생하며 제약적 조건을 안고 있다. 하지만, 달러의 경우 경제발전을 위해 통화완화정책(easing monetary policy)을 하면서 통화량이 증가할 수 있다. 이럴 경우 자국뿐 아니라 해외에서 달러를 바로 흡수하기에 효과적이고 독립적인 통화정책을 실시할 수 있다. 신흥국 통화와는 차원이 다른 혜택을 얻게 되는 것이다. 그리고, 세계각국은 미국 중앙은행의 달러 발행 물량, 시기, 금리, 통화정책에 대해 모두 신경을 곤두세우게 된다. 이는 곧 자국의 통화정책 조정과 연관되기 때문이다.

이러한 달러의 국제통화 효과에 편승하는 국가도 발생하였다. 국가의 기본통화를 달러로 교체하는 것이다. 미국과 가장 가까운 국가인 캐나다의 경우, 1935년에 이미 캐나다 달러(Canada Dollar, CAD)로 통화를 교체하였다. 미국과 교역 및 정치적 영향력이 가장 큰 국가이다 보니 달러 시스템을 사용하는 게 더 유리한 상황이었다. 홍콩도 1937년 홍콩 달러(Hong Kong Dollar, HKD)로 통화 명칭을 변경하였다. 기존에는 영국의 관리 하에서 파운드(pound)를 직접 사용했었다. 하지만, 중일전쟁(the Sino-Japanese War, 1937년~1945년)을 거치면서 이 지역에서 미국의 영향력이 크게 작용하였다. 동시에 국제무역에 있어서 달러의 편의성을 미리 확인하게 된 것이 동기가 되었다. 이후 1967년 싱가폴이 국가를 설립하면서 싱가폴 달러(Singapore Dollar, SGD)를 공식적으로 채택하였다. 1966년에는 호주 파운드(Australia Pound)를 사용하고 있던 오스트레일리아가 호주 달러(Australia Dollar, AUD) 시스템으로 변경하였다. 1967년에는 마찬가지로 파운드를 사용하고 있던 뉴질랜드도 뉴질랜드 달러(New Zealand Dollar, NZD)로 달러 시스템을 채택하였다. 초기에는 모두 미달러와 고정환율제를 채택하여 미국의 정치적 경제적 안정성에 따른 화폐의 안정성이라는 혜택을 공유하게 된다.

이러한 달러의 패권체제에 불안감도 발생하였다. 1971년 8월 15일 닉슨 쇼크(Nixon Shock)로 기축통화 달러가 위기감을 맞았다. 닉슨(Richard Milhouse Nixon, 1913년~1994년) 대통령이 달러 매도 압력에 한계를 느끼며 달러와 금의 교환을 정지한다는 성명을 발표하였다. 즉시 국제통화 시장은 공포에 사로잡혔다. 이제 달러가 금으로 가치를 담보 받지 못하게 되면서 전 세계 모든 통화가 가치를 담보 받지 못하는 불환지폐로

[닉슨쇼크 1971년]

The New York Times

NIXON ORDERS 90-DAY WAGE-PRICE FREEZE, ASKS TAX CUTS, NEW JOBS IN BROAD PLAN; SEVERS LINK BETWEEN DOLLAR AND GOLD

A WORLD EFFECT

REACTION MIXED

SPEAKS TO NATION

Hate Pursues British Troops in Ulster

Highlights of Nixon Plan

변하게 된 것이다. 여기에 달러의 안정성도 보장하지 못하는 상황에 처하게 되었다. 이러한 위기를 타개하고자 1974년 미국과 사우디아라비아(Saudi Arabia) 사이에서 페트로 달러(Petro Dollar) 논의가 비공식적으로 확정되었다. 원유에 대한 모든 판매, 거래, 결제와 관련하여 달러로 사용하는 것을 약정하였다. 미국은 사우디아라비아에 대한 군사적 지원을 아끼지 않는 대신, 사우디아라비아가 석유를 달러로 거래할 것을 합의한 것이다. 1차 오일 쇼크(First Oil Crisis, 1973년~1974년)와 2차 오일 쇼크(Second Oil Crisis, 1979년~1981년)를 거치면서 원유 수요뿐 아니라 달러의 수요도 폭증하게 된다. 이러한 이벤트는 다시 기축통화로서 지위를 굳건히 유지케 만들었다. 1973년 설립된 국제은행간통신협회(Society for Worldwide interbank Financial Telecommunication, SWIFT)도 달러의 글로벌 패권을 강화시키는 역할을 하고 있다. 유럽과 미국 시중은행들이 국가 간 자금거래를 위해서 설립한 시스템으로 벨기에(Belgium)에 본부를 두고 있다. 전 세계 200여 국가 1만 1천개의 금융기관이 매일 이 시스템을 통해 국제금융거래를 하고 있다. SWIFT 회원 금융사는 숫자와 알파벳으로 된 코드를 받아 SWIFT를 이용해 다른 금융사와 거래할 수 있다. 현재는 달러와 유로가 거래의 대부분을 차지하고 있다. 특히, 달러의 경우 이 시스템 하에서 전 세계 금융사간 거래는 미국 뉴욕의 외환시장을 거쳐 이루어지도록 되어 있다. 만약 미국에 의해 금융제재가 이루어지는 국가들은 이 시스템에서 퇴출되기에 경제적으로 커다란 어려움에 직면할 수 있다. 달러를 확보하기 어려울뿐 아니라 자국내 기업과 금융회사들에게 달러 관련 비즈니스를 하기에 커다란 어려움을 겪을 수 있기 때문이다. 2017년에 북한(North Korea) 은행들이 이 시스템에서 완전 퇴출되었으며, 2018년에는 이란(Iran) 은행들이 서비스 중단 통보를 받았다. 러시아(Russia)는 시스템에 가입되어 있지 않다. 기존의 국제통화기금(IMF)과 국제부흥개발은행(IBRD) 이외에도 미국은 달러의 패권적 지위를 유지하기 위해 다양한 방법을 유지하고 있음을 알 수 있다.

연방준비제도(Federal Reserve System), 세계의 중앙은행으로 발전

연방준비제도(Federal Reserve System)는 미국이 전 세계 패권(hegemony)을 차지하고 달러의 보급이 전 세계로 확대되면서 세계의 중앙은행으로서 역할을 담당하기 시작한다. 어떤 방식으로 역할을 하고 있는 지는 연방준비제도의 발달 과정과 기능적 측면을 살펴보면 쉽게 이해할 수 있다.

연방준비제도의 설립목적은 화폐인 달러를 독점적으로 발행하여 화폐 시스템을 통일하고 적절한 통화량을 관리하여 안정적인 물가를 유지하는데 우선 의무가 부과되었다. 하지만, 달러를 발행할 때는 연방준비제도의 독자적 판단이 아니라 의회의 승인을 받아야 한다. 이는 발행권의 독점을 막기 위한 의회의 견제 장치이다. 이후 1929년 대공황(Great Depression)을 거치면서 거시경제의 발전을 위한 안정적인 통화정책(monetary policy)을 유지하도록 역할이 부과되었다. 그리고 1980년대 저축대부조합(Savings & Loans Association, S&L) 파산 사태, 1990년대 부실금융기관 정리, 2008년 글로벌 금융위기(Global Financial Crisis)를 거치면서 금융시스템의 안정성과 건전성을 확보하기 위해 은행과 금융기관들에 대한 적절한 관리 감독 기능도 요청되었다. 이러한 기능들이 확대되면서 달러를 중심으로 구축된 글로벌 화폐 시장도 영향을 받게 되었다.

연방준비제도는 다른 중앙은행과는 달리 표면상 정부 기관이 아닌 국가기업과 사기업의 중간적인 형태로 구성된 특성을 지니고 있다. 연방준비제도에는 12개의 연방준비은행(Federal Reserve Bank)이 있다. 미국 전체를 12개의 연방 지역구로 나누고 그 12곳의 가장 중요한 도시에 지역연방은행이 설치되었다. 보스턴(Boston), 뉴욕(New York), 필라델피아(Philadelphia), 클리블랜드(Cleveland), 리치몬드(Richmond), 애틀란다(Atlanta), 시카고(Chicago), 세인트루이스(Saint Louise), 미니애폴리스(Minneapolis), 캔자스시티(Kansas City), 댈러스(Dallas), 샌프란시스코(San Francisco)로 총 12곳에 위치해 있다. 그리고 지역 연방준비은행은 해당지역 내 회원 은행들에 대한 책임을 지고 있다. 이 연방준비은행들은 연방준비이사회(The Board of Governors, BOG)와 연방공개시장위원회(The Federal Open Market Committee, FOMC)에서 결정된 사항들을 집행하는 역할을 한다. 특히, 뉴욕 연방준비은행, 시카고 연방준비은행, 그리고 샌프란시스코 연방준비은행은 전체 연방준비제도 자산의 50%를 담당하고 있어 중요성이 높다. 각각의 지역 연방준비은행들은 해당 지역 내에서 연방준비제도에 가입된 회원 은행들(member banks)이 자본금을 출자하여 설립되었기에 법인의 성격이 준공공적(quasi-public)이다. 이 회원 은행들은 지역 내 연방준비은행의 지분을 소유하고 있으며, 그리고 매년 법적으로 6% 이내의 배당을 받고 있다. 또한, 회원 은행들은 지역 연방준비은행의 이사회 위원 9명중 6명을 선출할 수 있다. 나머지 3명은 연방준비이사회(BOG)가 지명을 한다. 이 부분에서 유대인(Jewish

[12개 연방준비은행 구역]

※출처 : Frederic S.Mirshkin and Stanley G.Eakins, Financial Markets and Institututions,8th,2018

people)에 대한 음모론이 제기되고 있다. 연방준비제도 내에서 뉴욕 연방준비은행의 영향력이 가장 큰 만큼, 월스트리트(Wall Street)를 중심으로 하는 미국 내 유대인 소유의 대형 시중 은행들이 연방준비제도의 탄생과 이후 정책을 시행하는데 있어서 막대한 영향력을 행사하였다. 그리고 미국뿐 아니라 전 세계 금융과 통화시장을 좌지우지하고 있다는 의견이다. 특히 영국의 로스차일드 가문(Rothschild Family) 관련 대형 은행들의 연방준비은행 내의 주식 지분과 유대인들의 금융 인맥에 대한 분석을 근거로 제시하고 있다. 2015년을 기준으로 보면, 뉴욕 연방준비은행의 지분 중 시티은행(City Bank)이 15%, 체이스 맨해튼은행(Chase Manhattan Bank)이 14%, 모건 개런티 트러스트(Morgan Guarantee Trust of New York)가 9%, 매뉴팩처러스 하노버(Manufacturers Hanover Corporation)가 7% 수준의 유대계 자금으로 추정되고 있다. 그리고, 역대 연방준비제도이사회 의장인 폴 볼커(Paul Volker, 1979년~1987년 재임), 앨런 그린스펀(Alan Greenspan, 1997년~2006년 재임), 밴 버냉키(Ben Bernanke, 2006년~2014년 재임), 재닛 옐런(Janet Yellen, 2014년~2018년 재임)이 유대인으로 알려져 있다. 이러한 현상은 19세기 말에서 20세기 초에 유대인들이 대거 뉴욕(New York)으로 이주를 하게 된 사연과도 일맥 상통한다. 일부는 러시아와 동유럽의 유대인 추방에 의해서 이주하게 되기도 하였다. 일부는 영국과 프랑스에서 새로운 투자 기회를 찾아 뉴욕으로 이주를 하였다. 1920년까지 250만명이 이주한 것으로 추정된다. 이들 중 많은 사람들이 뉴욕의 금융계에 종사하며 유럽과 미국 간 자본의 이동에 관여한 것은 사실이다. 그리고, 초기에 연방준비제도의 탄생에 많은 관여를 한 것도 부인할 수 없다. 하지만, 이는 단편적인 측면만 부각된 것이다. 이후 조직적인 측면을 좀 더 본다면 음모론에 대한 생각은 부식될 수 있다.

두번째는 연방준비이사회(The Board of Governors)의 중요성을 살펴볼 수 있다. 7명의 이사들(governors)로 구성되며 모두 대통령이 지명하고 의회 상원의 인준을 거쳐 임명된다. 임기는 14년 단임제이다. 이중에서 의장(Chairman)을 선출하게

[연방준비제도 조직과 역할]

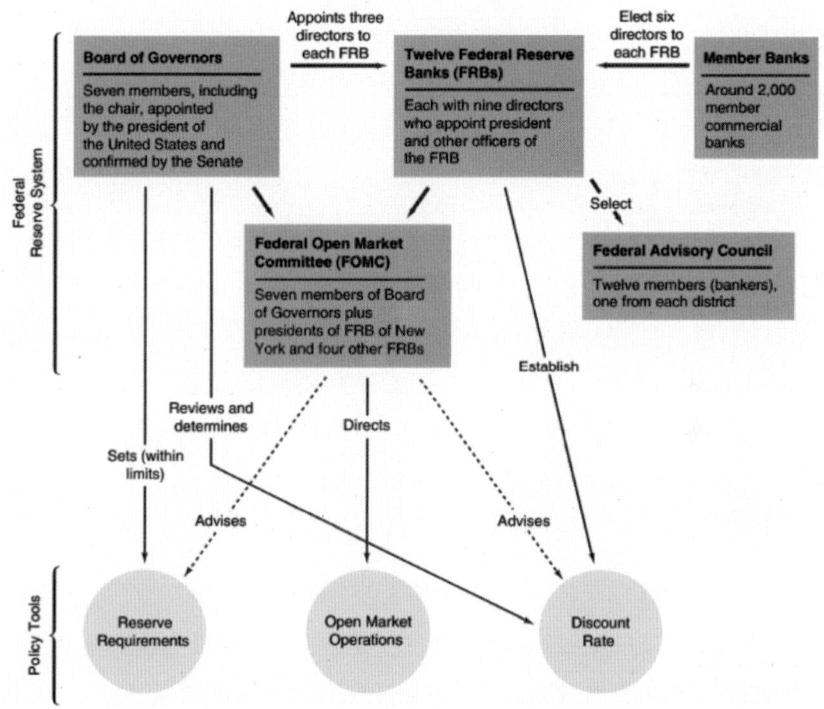

※출처 : Frederic S.Mirshkin and Stanley G.Eakins, Financial Markets and Institututions,8th,2018

된다. 의장은 임기 4년으로 연임이 가능하고 임기가 끝나면 이사의 14년 임기와 상관없이 업무를 마치게 된다. 의장은 연방준비제도를 대표하며 회의를 주재한다. 이사들의 의견을 취합하며 대외 발표하고 이를 국회에 보고하고 책임진다. 그리고 이사회는 각 지역 연방준비은행들에 대해 3명의 이사를 지명할 수 있다. 이사회의 기능은 지급준비율(reserve requirement)과 재할인율(discount rate)을 결정하며, 이는 각 지역 연방준비은행에 의해 시행된다. 비록 지명은 대통령이 하지만, 임기 보장과 국회에 대한 보고는 해당 이사회가 독립적으로 통화정책을 결정할 수 있는 기회를 제공한다.

세번째는 연방공개시상위원회(The Federal Open Market Committee,

FOMC)이다. 이곳에서 통화량과 기준금리를 조절한다. 연방공개시장위원회(FOMC)는 12명의 위원으로 구성된다. 7명은 연방준비이사회(The Board of Governors) 멤버가 모두 포함되며, 1명은 뉴욕 연방준비은행의 의장이, 그리고 4명은 지역 연방준비은행의 의장들이 순번대로 참여하게 된다. 의장은 이사회 의장이 맡게 되며, 회의는 6주 정도의 간격으로 1년에 8번으로 정해져 있다. 역할은 연방기금금리(federal fund rate)를 조절하며 이를 통해 통화량을 관리하는 게 목적이다. 이 금리는 은행간 단기 대여금리가 된다. 특히, 금융시장에서 국공채의 매수와 매도를 통해 금융완화정책(easing of monetary policy)과 금융긴축정책(tightening of monetary policy)을 실행하게 된다. 결정에 대한 시행은 뉴욕 연방준비은행이 담당하게 된다. 뉴욕 월스트리트(New York Wall Street)에 주요 대형 상업은행들이 몰려있기에 해당 업무를 전담하게 되었다.

마지막으로 연방준비제도의 자문 기능이다. 연방자문위원회(The Federal Advisory Council)는 12명의 위원으로 구성되어 있으며, 각각 지역 연방준비은행에서 임명된다. 이들이 고용하는 리서치 위원은 1,000여명이 넘는 경제학자와 전문가들로 구성되어 있다. 데이터를 기반으로 경제 상황과 향후 전망을 예측하는 리포트를 제공하고 있다. 이들이 제공하는 방대한 자료는 미국 내에서 뿐만 아니라 전 세계에서 가장 큰 리서치 조직으로 분류된다. 연방준비제도는 겉표지 색깔로 구분되는 3종류의 보고서를 발간한다. 베이지북(Beige Book)은 연방공개시장위원회(FOMC)에서 발간하며 회의를 진행하기 2주 전에 대외 발표된다. 이 보고서에는 각 연방준비은행 지역별 기업 활동, 고용 및 고용 여건, 상품 가격, 인플레이션, 환율과 같은 지역 경제 상황을 정리해서 준비한 개괄적인 보고서이다. 그리고, 그린

[베이지북]

북(Green Book)은 연방준비제도 조사통계국이 발간한다. 미국 경제의 현황과 전망을 담고 있다. 블루북(Blue Book)은 연방준비제도 금융정책국장이 제시한 금융정책의 방향을 정리한 것이다. 두 보고서의 전문은 5년 뒤에나 공개되기 때문에 일반인이 접근하기 어렵다.

추가적으로 뉴욕 연방준비은행(New York Federal Reserve Bank)의 특별 기능에 대해 알아볼 필요가 있다. 뉴욕은 글로벌 대형 은행들이 즐비한 월스트리트(Wall Street)가 위치해 있어 그 중요성이 남다르다. 첫째, 월스트리트는 글로벌 대형 상업은행들이 주로 본사를 두고 있기에 이들의 안전성과 건전성은 미국 금융시스템의 효율성을 나타내게 된다. 그래서, 해당 연방준비은행의 정밀한 감독과 감시 기능을 요구하고 있다. 둘째로 이 지역은 전세계 채권 및 외환 시장과 긴밀한 관계를 유지하고 있다. 공개시장조작정책과 외환거래가 이 연방준비은행을 통해 이루어 지고 있기 때문이다. 셋째로 뉴욕 연방준비은행은 국제결제은행(The Bank of International Settlement)의 회원이기 때문이다. 뉴욕 연방준비은행 의장은 연방준비제도 이사회 의장과 함께 회의에 참석하여 전 세계 외환시장과 결제시장의 발전을 위한 노력을 하게 된다. 마지막으로 뉴욕 연방준비은행 의장은 연방공개시장 위원회(FOMC)의 유일한 상임 위원이며, 위원회의 부의장을 맡게 된다. 이는 그만큼 월스트리트(Wall Street)와 뉴욕이 글로벌 금융 시장과 화폐 시장에서 차지하는 중요성을 시스템에 반영한 것으로 볼 수 있다.

[월스트리트에 위치한 뉴욕연방준비은행 전경]

이와 같이 미국 연방준비제도(FRS)의 조직과 기능에 대해 알아봤다. 즉, 연방준비제도는 달러 통화량의 공급을 조절하여 금리와 달러 가치의 안정성을 확보하는 데 있다. 이러한 통화정책(monetary policy)은 당연

히 전 세계 중앙은행들의 집중적인 관심의 대상이 된다. 연방준비제도의 정책에 따라 자국 내 통화량, 금리, 통화정책을 조절해야 하기 때문이다. 즉, 글로벌 화폐시장에서 연방준비제도의 정책은 곧 전 세계 국가들의 정책적 반응을 이끌어 가는 지위에 있다. 연방준비제도에게 커다란 혜택은 달러 발행을 통한 글로벌 시뇨리지 효과(seigniorage effect)를 거의 독점하고 있다는 점이다. 그리고 전 세계에서 달러와 유로 만이 유일하게 독립적인 통화정책을 유지 관리할 수 있다는 특권을 누린다는 점이다.

브레튼우즈체제(Bretton Woods System) 붕괴와 변동환율제(Floating Exchange Rate System)

2차 세계대전 이후 글로벌 금융시스템을 유지해 오던 브레튼우즈체제(Bretton Woods System)는 1971년 닉슨 쇼크(Nixon Shock)로 붕괴되었다. 해당 시스템은 미국 달러의 주도하에 글로벌 화폐 시장을 안정화시켜 왔다. 하지만, 시간이 지나면서 벨기에 경제학자 트리핀(Robert Triffin, 1911년~1993년)이 지적한 트리핀의 딜레마(Triffin's Dilemma)라는 유동성 문제를 노출하기 시작했다. 즉 기축통화가 준비통화로서 국제 경제에 원활히 쓰이기 위해 충분히 공급되려면 준비통화 발행국의 무역 적자가 늘어나고, 반대로 준비통화 발행국이 무역 흑자를 보면 준비통화가 덜 공급되어 국제 경제가 원활해지지 못한다는 역설이다.

달러 헤게모니의 역설(paradox of hegemony)

브레튼우즈체제 하에서는 전세계에서 금과 교환할 수 있는 통화가 달러 밖에 없으므로, 세계 경제 확대에 부응하려면 미국은 달러의 공급량을 늘려야만 한다. 이런 까닭에 다음과 같은 세 가지의 모순이 순차적으로 커지게 된다. 첫째, 미국은 대규모의 국채를 발행해 달러 발행액을 늘리나 이로 인해 재정 적자가 누적되어 달러의 신용도는 계속 하락한다. 전후 폐허가 된 서유럽 동맹국을 중심으로 국가 재건과 경제 부흥을 위해 유럽부흥계획(European Recovery Program, ERP)이 시행되었다. 마샬 플랜(Marshal Plan)으로 명명된 이 원조는 1947년 6월부터 4년간 16개국에 총 130억 달러가 투입되었다. 이어서 발발한 한국전쟁(Korean Civil War, 1950년~1953년)에 참전하면서 엄청난 규모의 전비를 미국이 감당하게 되었다. 이 전쟁은 첨예한 이데올로기 대립으로 한반도(Korean Peninsula)에서 발생한 내전이었다. 미국은 국제연합(The United Nations)을 대표하여 연합군을 이끌고 3년간 참전하였다. 소련, 중국공산당, 유엔연합군 등의 참전으로 내전은 국제전 양상을 띠었으며 전비도 엄청난 규모가 되었다. 미국 국방정보국(Defence Intelligence Agency, DIA)이 발표한 통계치에 따르면 당시 한국전쟁에 투입된 미국의 전비는 670억 달러에 이르는 것으로 집계되어 있다. 이후 지속된 냉전(The Cold War)에 따른 미국의 군사비용 지출은 엄청난 규모로 이어졌다. 제2차 세계대전 이후부터 1991년 소련이 해체되기 까지 미국과 소련을 비롯한 양측 동맹국 사이에 갈등, 긴장, 경쟁 상태가 이어진 시기이다. 냉전 주축 국가의 군대가 직접 서로 충돌한 적은 없었다. 하지만, 양 세력은 군사 동맹, 재래식 군대의 전략적 배치, 핵무기, 군비 경쟁, 첩보전, 대리전(proxy war), 그리고 최종적으로 우주 진출과 같은 기술 경쟁의 양상을 보이며 대립했다. 1946년 그리스 내전, 1948년 베를린 봉쇄, 1946년 중국 국공 내전, 1961년 베를린 위기, 1961년 쿠바 미사일 위기, 1965년 베트남 전쟁을 통해 구체화 되었다. 미국이 이러한 냉전을 위해 45년간 지출한 군사비용은 심각했다. 2019년 세계 방산시장 연감에 따르면 미국의 국방비 지출은 7,320억 달러로 세계 1위이다. 이는 전 세계 국방비 지출의 38%로 2위부터 11위까지 국가의 국방비 지출 총액보다 큰 금액인 것으로 조사됐다. 미국 국내총생산(GDP)의 3.4%에 달하는 수치이다. 이미 냉전이 끝난 지 30년이 지났음에도 불구하고 미국의 국방비 지출이 매년 어느 정도인지 짐작이 간다. 그리고, 미국은 베트남 전쟁

[2019년 세계 국방비 지출]

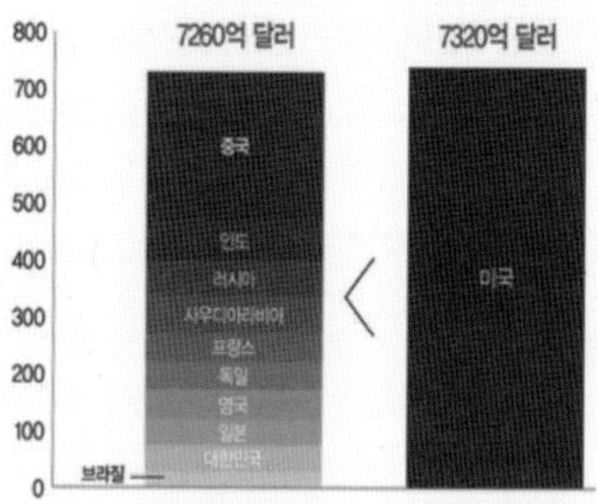

※출처 : SIPRI, Trends in World Military Expenditure, 2019에서 재구성

(Vietnam War)에 개입하면서 국방비 지출이 절정에 다다른다. 1964년 8월부터 개입해 1973년 3월 철수할 때까지 미국이 지출한 비용은 6,500억 달러에 달했다. 여기에 미국의 무역수지(trade balance)도 1960년대 후반 들어 계속 적자로 전환하게 되었다. 독일, 일본, 영국 등 기존의 열강들이 경제를 복구하고 생산과 수출을 늘리게 되었다. 이로 인해 미국은 무역수지 적자폭이 높아지고 산업이 점차 경쟁력을 잃게 되는 상황도 벌어졌다. 재정수지와 무역수지 모두 약세로 전환된 상태가 되자 달러에 대한 신용도는 하락하기 시작하였다.

둘째, 달러의 신용도가 하락하게 되면 각국에서 보유한 달러를 금으로 교환하려는 요구가 강해진다. 미국 달러의 금본위제가 위협을 받게 된다. 금 1온스는 35달러로 고정된 상태에서 달러의 공급량은 증가되었다. 이에 따라 달러도 고평가 되기 시작하였다. 1950년대 말 미국의 무역적자가 상당한 규모에 이르게 되자 달러를 외환으로 보유하고 있던 많은 나라에서 금을 선호하는 경향이 생겼다. 더구나 달러화 가치가 앞으로 더 떨어질지도 모른다는 생각에 금을 보유하고자 하는 환투기적 성격의 금 수요도 크게 늘어났다. 이에 따라 시장에서 금 가격이 크게 오르게 되었다. 1960년부터 미국을 비롯한 서구의 선진국들은 공동으로 금 시장에 개입해 금 가격을 안정시키고자 금 풀(gold pool)을 형성하였다. 글로벌 경제와 무역 규모는 커지는데 기축통화인 달러의 공급이 부족한 상황이 지속되었다. 이를 고려하여 국제통화기금(IMF)의 출연금을 1959년에는 추가로 50%를 1966년에는 추가로 25%를 늘리는 작업도 하였다. 뒤늦게 1969년에 국제통화기금(IMF)은 특별인출권(Special Drawing Right, SDR)을 발행하여 이를 하나의 통화로 인정하였다. 특별인출권의 가치는 금 1온스당 35SDR로 정해졌으며, 금 1온스당 35달러와 같은 수준이었다. 하지만 1967년 영국은 파운드화의 평가절하를 단행했다. 금본위제를 지지하던 프랑스의 드골(Charles de Gaulle, 1890년~1970년) 대통령은 브레튼우즈체제를 비난하고 1965년과 1966년에 대규모로 보유 달러를 금으로 태환해서 본국으로 가져갔다. 1966년에 미국 이외의 나라들은 각국의 중앙은행에 140억 달러 상당의 금을 보유하고 있었으나 미국은 단지 132억 달러 수준을 갖고 있었다. 프랑스는 1967년 금 풀(gold pool)에서 탈퇴하였다. 그리고 1968년 영국이 일시적으로 금 시장의 거래를 중지시키면서 사실상 금 풀(gold pool)은 폐기되었다. 당시 서독(West Germany)도 더 이상 달러에 자국통화의 가치를 고정시키기를 거부하자 독일 마르크화는 달러에 대해 큰 폭의 가치상승이 이루어졌다. 이로서 글로벌 금융시장에서 미국의 위치는 약화되고 반대급부로 런던의 유로통화시장(Euro currency market)이 급성장하는 결과를 초래했다. 유로금융시장은 자금의 대차거래가 금융기관 소재국 이외의 통화로 이루어지는 역외금융시장(off-shore market)을 의미한다. 여기서 유로란 미국 밖으로 유출된 달러가 초기에 영국의 런던금융시장(London financial market)을 중심으로 주로 유럽에 유치된 데서 유래된다. 오늘날에는 유로시장이 유럽뿐 아니라 전 세계적으로 확산되어 있다. 거래표시통화도 유로달러 뿐만 아니라 유로엔, 유로파운드 등 넓은 의미로 사용된다. 유로금융시장은 각국의 금융 규제를 벗어나 다양한 금융 거래가 이루어지고 있는 초국가적인 금융시장으로 볼 수 있다.

[중앙은행 금 보유량]

순위	국가/단체	금 보유량 (미터톤)	외환보유고 중 금의 비중
1	미국	8,133.5	78.6%
2	독일	3,362.4	75.7%
3	국제 통화 기금	2,814.0	
4	이탈리아	2,451.8	70.7%
5	프랑스	2,436.3	66.1%
6	러시아	2,295.4	23.2%
7	중화인민공화국	1,948.3	3.5%
8	스위스	1,040.0	5.8%
9	일본	765.2	3.3%
10	인도	687.8	6.9%
11	네덜란드	612.5	68.9%
12	터키	515.2	36.8%
13	유럽 중앙은행	504.8	

※출처 : 2021. 4월말 기준. World Gold Council

셋째, 달러와 금이 활발하게 태환되어 미국의 금 준비가 감소하게 되면, 달러에 대한 신뢰도는 위험에 처하게 된다. 이로 인해 브레튼우즈체제는 위기를 맞게 된다. 이미 많은 나라들이 달러를 금으로 바꾸기를 원했으며, 이는 미국 정부에 전달되었다. 1971년 7월 스위스가 5천만 달러를 금으로 바꾸었고, 프랑스는 1억 9100만 달러를 금으로 태환하였다. 8월에는 달러의 가치가 유럽의 통화들에 비해 가치가 떨어지자 스위스는 브레튼우즈체제(Bretton Woods System)를 탈퇴하였다.

브레튼우즈체제(Bretton Woods System) 붕괴가 가져온 신질서

1971년 미국의 물가상승률은 5.84%였다. 8월 기준으로 실업률은 6.1%였다. 여기에 각국은 미국을 압박하고 있었다. 1971년 8월 13일 닉슨 대통령과 경제 자문역들은 비밀리에 회동을 갖고 이 문제들을 해결하고자 했다. 결국 8월 15일 일요일에 닉슨 대통령은 텔레비전 연설을 통해 달러와 금 사이의 태환 제도를 중지함으로써 브레튼우즈체제의 포기를 선언했다. 또한 잠재적인 물가 상승 영향을 억제하기 위해 임금과 가격을 90일 동안 동결하였다. 그리고 달러의 부족을 막고 미국 경제를 안정시키며 실업률과 물가상승률을 떨어뜨리기 위해 수입품에 10%의 수입 과징금을 부과했다. 제2차 세계대전 이후 처음으로 미국 정부가 임금과 가격을 통제했다. 이튿날 미국의 주가지수는 일일 사상 최대 상승폭인 33포인트가 올랐고, 언론과 대중들은 이러한 정책에 지지를 보내게 된다. 12월에는 스미스소니언 협정(Smithsonian Agreement)에 따라 주요국들의 통화들이 절상으로 수입 과징금이 철폐됐다. 1973년 3월에는 기존의 고정환율제가 변동환율제가 됐다. 환율은 더 이상 정부가 통화정책을 집행하는 주요 수단이 아니게 됐다.

브레튼우즈체제(Bretton Woods System)의 폐지로 이제 그 동안 미국의 달러 금본위제와 고정환율제도에 의지하던 국제통화 시스템은 커다란 변화를 맞게 되었다. 첫째, 이제 모든 화폐는 금이나 은과 같은 어떠한 자산을 담보로 하거나 교환을 받을 수 없는 불환지폐(inconvertible paper money) 또는 신용화폐(credit currency)로 전환되었다. 지폐를 발행하고 유통시키는 힘은 국가의 권력에 의해서 유지되는 법정화폐(fiat money)가 대부분이 되었다. 그리고, 정부가 금(gold)의 제약에서 벗어나 자유롭게 통화의 공급량을 통제하는 관리통화제도(managed currency system)로 주요국들이 완전히 전환되었다. 둘째는 국가간 지폐의 교환비율을 나타내는 환율제도가 변동환율제(floating exchange rate system)로 전환되었다. 금본위제가 아닌 이상 달러에 환율을 고정해서 정책을 유지할 필요성이 없어진 것이다. 이제 달러는 각국 중앙은행에게 외환보유고 중 하나의 선택으로 되었다. 그리고 중앙은행은 안정적인 환율을 유지하기 위해 다양한 정책을 시행해야 할 필요성이 생겼다. 기존에는 재정정책(fiscal policy)에 맞추어 통화정책(monetary)이 수립되었으나, 이제는 재정정책과 통화정책의 중요성이 거시경제에서 미치는 영향이 비슷해지기 시작했다. 달러 고정환율제도 하에서는 통화의 공급이 절대적으로 중요했다. 그러나 이제 새로운 화폐시장의 환경 하에서는 통화의 공급뿐 아니라 수요도 파악하여 일정한 균형점을 찾는 게 중요해 졌다. 이를 통해 물가를 안정시키고 거시적 경제성장을 이룩할 수 있도록 통화정책이 뒷받침 되어야 한다는 상황이다. 셋째, 금이 화폐로서의 기능을 상실했다. 금본위제가 모든 나라에서 폐지된 이상 금은 실제 거래나 화폐 제도를 위해 존재할 필요가 없어졌다. 상품화폐(commodity currency)와 같은 운명으로 돌아갔다. 그래도 각국 정부와 중앙은행은 외환보유고와 국고에서 금을 일정 비중 보유하고 있다. 즉, 최종 안전자산으로서의 기능이 아직도 가능하기 때문이다. 1971년까지 1온스당 35달러로 고정되어 있던 금값은 2021년 5월말 1,905달러로 5,442%가 상승했다.

이제 미국을 포함한 주요국들의 화폐시장은 새로운 국면을 맞아 변화를 해야 하는 상황에 직면했다. 기존과 같은 방법으로는 적절한 통화정책을 유지하기에는 역부족이었다. 많은 경제학자들과 금융가들이 새로운 대안을 제시하고 정책을 시도하고자 하였다. 이는 화폐 시장뿐 아니라 전반적인 금융 시장(financial market)의 급격한 발달을 가져오게 된다. 선물계약(futures contract)을 비롯한 파생금융상품(financial derivatives) 시장, 이와 관련된 금융거래소(financial exchange), 그리고 여기에 단기금융시장(money market)과 장기금융시장(capital market)의 혁신적인 발달을 가져오게 된다. 동시에 역설적인 현상도 나타났다.

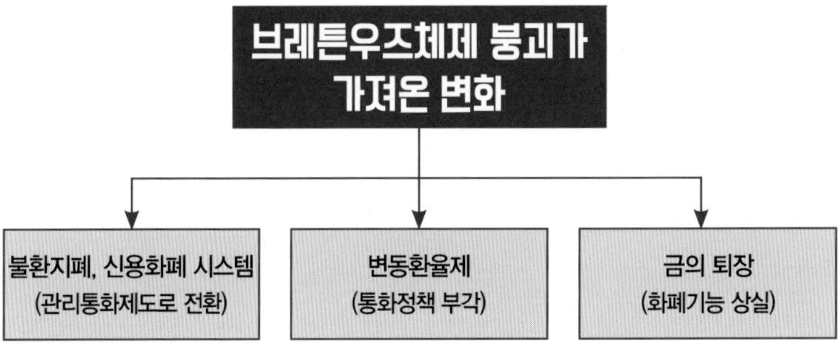

각국의 달러에 대한 의존도가 더 커졌다는 것이다. 기존에는 달러에 고정하여 자국의 화폐가 안정성을 확보했다. 하지만, 변동환율제에 의하면 모든 화폐들이 상대적으로 가치를 평가받게 되었다. 이러한 상황은 상대적으로 자국 화폐에 비해 달러의 가치를 더욱 높게 형성하는 상황으로 발전하였다. 국제통화기금(IMF)에 따르면 2019년 기준 전세계 명목GDP 중 미국이 차지하는 비중이 24.42%이다. 1971년, 1985년, 2001년에 31%를 넘게 차지했던 것에 비해서는 현재 많이 약화되었다. 하지만, 미국의 전체적인 국력으로 감안한다면 달러는 상대적으로 가장 안전한 자산이라는 역설적인 현상을 가져왔다.

통화정책(monetary policy), 본원통화(monetary base), 그리고 이자율(interest rate)

통화정책(monetary policy) 또는 화폐정책(currency policy)이란 중앙은행이 통화 공급량을 통제하고 거시경제적 목표 달성을 통해 지속적인 경제성장을 이룩하는데 필요한 정책들을 일컫는다. 따라서, 통화정책은 크게 공급량을 증가시키는 확장정책(expansionary policy)과 공급량을 축소하는 긴축정책(contractionary policy)으로 구분된다. 정책적 방법으로는 공개시장 조작(open market operations), 은행 직접 대출(direct lending to banks), 은행 지급준비율(bank reserve requirements), 긴급 대출 프로그램(unconventional emergency lending programs), 그리고 시장 기대심리 관리(managing market expectation) 등으로 구분할 수 있다.

논쟁의 시작, 케인즈(Keynes)의 화폐수요이론

이러한 통화정책의 기반은 케인즈학파(The Keynesians)와 통화주의학파(The Monetarist)의 논쟁을 통해 발전하였다. 우선, 양자의 의견을 살펴보면 최근의 화폐시장이 어떻게 움직이고 있는지를 이해할 수 있을 것이다. 케인즈는 1930년대의 대공황을 계기로 등장하였다. 각국 정부가 재정정책과 금융정책을 통하여 경제에 적극 개입하여 경제성장과 완전고용 가까운 수준에 도달할 수 있다는 의견이다. 이러한 경제정책은 1930년 대공황 이후 세계경제를 움직이는 논리였고 오랜 기간 동안 효과적이었다. 하지만, 2차 세계 대전과 베트남 전쟁을 거치면서 세계는 높은 인플레이션에 시달리게 되었다. 그 결과 통화가 중요하다는 인식이 경제학자들 사이에서 다시 일어났다. 통화를 중시하는 이러한 견해는 밀턴 프리드만(Milton Friedman, 1912년~2006년)이 신통화수량설(New quantity theory of money)에 입각한 통화수요함수를 발표하면서 더욱 힘을 얻게 되었다. 이후 신케인즈학파와 신통화주의학파 간의 논쟁으로 이어지면서 통화정책은 더욱 새롭게 발전을 이어간다.

먼저 케인즈의 통화정책 이론은 고전학파의 화폐수량설(quantity theory of money)의 문제점을 제기하면서 시작되었다. 화폐수량설은 어빙 피셔(Irving Fisher, 1867년~1947년)의 교환방정식으로 대표된다. 화폐수량설에 따르면 물가수준은 통화량의 크기에 의해 결정된다는 기본 명제에서 시작한다. 교환방정식은 화폐가 일반적인 교환의 매개 수단이기 때문에 일정 기간 동안 생산물의 총거래액은 화폐의 총지불액과 항상 같게 된다는 것이다. $P \times Y = M \times V$ 로 나타난다. 여기서 P는 물가를, Y는 실질국내총생산을, M은 통화량을, 그리고 V는 화폐의 거래유통속도를 의미한다. 화폐의 거래유통속도(transaction velocity of money)는 일정기간 동안에 일어난 모든 생산물 거래에서 화폐의 각 단위가 평균적으로 몇 번씩 사용되었는가 하는 횟수를 말한다. 여기서 화폐의 거래유통속도(V)는 일정하기에 화폐의 수요(M)는 국내총생산(Y)에 비례해서 결정된다고 보고 있다. 그리고, 화폐의 공급을 증가시키면 통화수요보다 통화공급이 많아져서 초과공급된 통화량은 생산물에 대한 초과수요로 나타나 물가(P)의 상승을 초래한다고 보았다. 따라서, 이자율은 화폐의 수요와 관련이 없으며, 정부는 경제규모에 맞추어 통화량을 공급하면 모든 일이 자연스럽게 해결된다는 구조이다. 이러한 고전학파의 논리는 여러 문제점을 노출하였다. 특히, 이자율이 화폐의 수요량에 영향을 미치고, 통화유통속도가 안정적이지 않으며, 물가수준이 통화공급에 역으로 영향을 준다는 현실을 제대로 설명하지 못했다.

이에 대해 케인즈(John Maynard Keynes, 1883년~1946년)가 유동성선호이론(liquidity preference theory)을 제기하며 케인즈학파의 화폐수요이론이 제시되었다. 1936년 발간한 대표적인 저서 고용 이자 및 화폐의 일반이론(The General Theory of Employment, Interest rate and Money)을 통해 완전고용을 실현하기 위해서는 자유방임주의가 아닌 소비와 투자, 즉 유효수요를 확보하기 위한 정부의 보완책이 필요하다고 주장하였다. 특히, 그의 유동성선호이론은 화폐 보유의 동기를 분석하면서 시작한다. 사람들은 유동성을 확보하기 위해 유동성이 가장 큰 화폐를 수요하게 된다고 보았다. 여기서 유동성이란 자산이 가치의 손실 없이 얼마나 빠르게 교환의 매개수단으로 교환될 수 있는가 하는 정도를 말한다. 이러한 유동성을 선호하는 동기를 거래적 동기(transaction motive), 예비적 동기(precautionary motive), 그리고 투기적 동기(speculative motive)로 구분하여 설명하였다. 거래적 동기의 화폐수요는 가계와 기업은 일상적인 거래를 위하여 어느 정도의 화폐를 보유하고자 한다. 이는 소득이 증가하여 거래규모가 커지게 되면 증가하게 되고, 소득이 감소하면 거래적 동기의 화폐수요도 감소하는 특징이 있다. 예비적 동기의 화폐수요는 가계나 기업은 장래에 돌발적으로 일어날지 모르는 지출을 위하여 어느 정도의 화폐를 예비적으로 보유하고자 하게 된다는 것이다. 예비적 동기의 화폐수요도 거래적 동기의 화폐수요와 마찬가지로 소득이 증가할수록 더 많은 화폐수요가 나타나게 된다고 보고 있다. 소득이 많은 사람이 비상사태를 대비해 더 많은 현금을 비상금으로 갖고 있게 된다. 투기적 동기의 화폐수요는 기회를 보아 채권과 같은 좋은 투자상품에 투자하기 위해 보유하게 되는 화폐수요를 말한다. 일상적인 경제활동에서 거래적 동기와 예비적 동기에 의한 화폐보다 더 많은 화폐를 보유하게 된다. 사람들이 일상생활에 필요하기 때문에 보유하는 화폐를 활성잔고(active balance)라 하고, 활성잔고 이외에 더 많이 보유하고 있는 화폐를 유휴잔고(idle balance)라고 한다. 케인즈는 이 유휴잔고를 사람들이 채권과 같은 수익성 증권에 투자하기 위한 기회를 노려서 보유하게 된다고 설명하고 있다. 투기적 동기의 화폐수요에서 채권의 구매는 채권가격이 쌀 때 구매해서 비싸게 팔아야 매매차익을 얻게 된다. 따라서 현재시점에서 채권가격이 높으면 낮아지기를 기다려 일시적으로 화폐를 보유하게 된다고 보았다. 케인즈는 이러한 투기적 동기의 화폐수요는 이자율과 역의 관계에 있다고 설명한다. 챠트를 보면, 이자율(r, rate)이 높으면 채권을 매입하여 투기적 화폐수요(L, liquidity)는 감소하고, 반대로 이자율이 낮으면 채권을 매각하여 투기적 화폐수요는 증가하게 된다고 보고 있다.

[투기적 화폐수요]

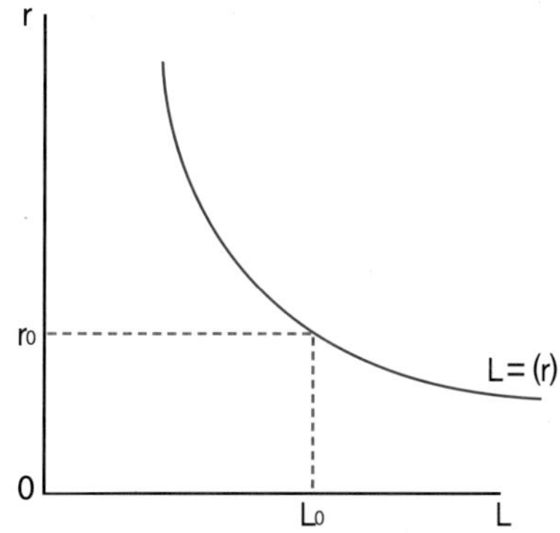

즉, 물가(P)와 실질국민소득(Y)이 주어져 있을 때 이자율(r)이 상승하면 화폐수요(M)가 감소하고, 이자율이 하락하면 화폐수요가 증가한다고 보았다. 위의 세 가지 동기를 합쳐 실질통화수요가 이자율과 역의 관계이고 실질국민소득과 플러스 관계를 갖는다는 유동성선호함수(liquidity preference function)를 제시하였다. Md = P · L(Y, r)로 정의하였다. 챠트를 보면 화폐의 수요는 우하향하는 화폐수요곡선(Md)으로 표시

[케인즈학파의 이자율 결정이론]

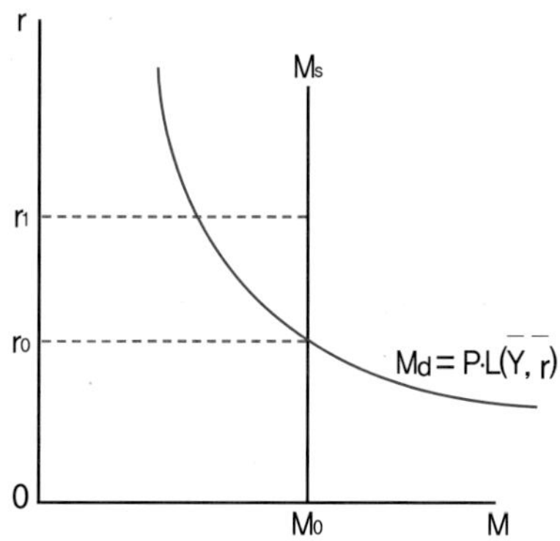

된다. 화폐의 공급은 이자율에 관계없이 국민경제 수준에 맞게 공급되어지기 때문에 화폐공급곡선(Ms)은 수직으로 표시된다. 케인즈는 이자율이 화폐시장에서 화폐의 수요와 공급에 의해 결정되는 화폐적 현상이라고 보았다. 국민경제에서는 화폐의 수요곡선과 공급곡선이 일치하는 점에서 균형을 이루게 되고, 균형이자율이 r_0로 결정될 것이다. 만약 이자율이 r_1으로 r_0보다 높다면, 화폐의 수요보다 공급이 많이 되어있음을 알 수 있다. 반대로 이자율이 r_0보다 낮게 형성되어 있다면 이는 공급에 비해 초과수요를 나타내고 있음을 알 수 있다. 만약 이자율(r)이 0에 가깝게 이미 낮은 구간에 있을 경우 화폐수요곡선은 평탄한(flat) 형태를 나타낸다. 이러한 상황에서 화폐의 공급을 늘려 화폐공급곡선을 우측으로 이동시켜도 균형 이자율은 변하지 않게 된다. 이를 유동성 함정(liquidity trap)에 빠지는 것으로 표현할 수 있다. 대표적인 현상은 일본의 통화정책에서 찾아 볼 수 있다. 1990년 버블 붕괴 이후 일본

[화폐수요곡선의 이동]

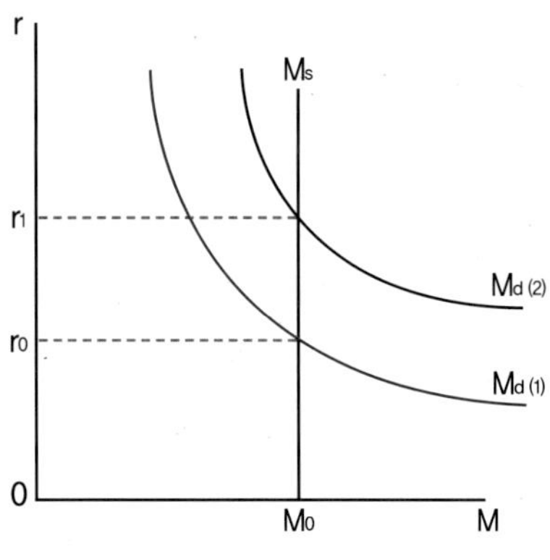

은행(BOJ)는 지속적인 통화완화정책을 통해 경기 부양을 시도하였다. 이미 기준금리는 0%대를 유지하고 있는 상황이다. 이러한 상황에서 지속적으로 본원통화를 공급하여도 유동성 함정에 빠져 시장금리는 변하지 않게 되어 정책의 효과가 상쇄되는 현상을 수년간 지속적으로 겪고 있다. 화폐시장에서 실질국민소득(Y)이 상승하면 화폐에 대한 수요도 증가하게 되어 화폐수요곡선(Md(1))을 우측으로 이동시키며 이자율이 r_1으로 상승하게 된다. 차트를 보면 쉽게 이해될 수 있다. 결국 통화량이 아니라 이자율이 신뢰하는 지표로 제시된다. 케인즈가 보는 통화정책의 파급경로는 통화량 증가 → 화폐 초과보유 → 채권구입 → 채권가격 상승 → 이자율 하락 → 투자 증가 → 국민소득 증가로 정리할 수 있다.

통화주의자들의 신화폐수량설(new quantity theory of money)

이러한 케인즈 학파의 정책적 시도도 이후 2차 세계대전과 베트남 전쟁을 거치면서 인플레이션에 대한 문제를 해결하지는 못했다. 각국 정부가 재정정책과 금융정책을 통하여 경제에 적극 개입한 결과 경제성장과 완전고용에 가까운 수준의 안정을 달성할 수는 있었다. 반면, 높은 인플레이션에 시달리게 된 것이다. 그 결과 다시 이자율 보다는 통화량이 중요하다는 인식이 학자들 사이에서 일기 시작하였다. 이들은 통화주의학파(The monetarist)로 호칭되었다. 대표적인 학자로는 밀턴 프리드만(Milton Friedman, 1912년~2006년), 앨런 멜처(Alan Meltzer, 1928년~2017년), 그리고 칼 부르너(Karl Brunner, 1916년~1989년) 등을 들 수 있다. 이들은 신화폐수량설(new quantity theory of money)을 제시하며, 이자율보다는 화폐공급의 중요성을 다시 강조하였다. 신화폐수량설은 정형화된 이론이라기보다는 화폐 분석의 시각을 제시한 것이다. 고전적 화폐수량설은 화폐유통속도와 실질생산량이 대체로 일정하다고 보았다. 그리고 통화량의 변화와 가격의 변화가 비례한다고 간주하였다. 이에 비해, 프리드만 교수는 양자가 일정하다는 가정을 포기하고 화폐를 하나의 자산으로 보았다. 화폐의 수요에 결정적 영향을 미치는 것은 이자율이 아니라 실질소득이나 부(Wealth)의 정량(stock)이라는 것이 기본시각이다. 통화량의 변화가 명목국민소득에 미치는 영향이 여타 소득결정요인보다 결정적이라고 한다. 다만 통화량의 변화가 영향을 미치는 데는 6개월~9개월의 시차가 필요하다고 보았다. 화폐수용함수는 $Md = P \cdot f(Yp, rb - rm, re - rm, \pi e - rm)$으로 정의하였다. (Md)는 명목통화수요, (Md/P)는 실질통화수요, (Yp)는 부의 측정(항상소득), (rb)는 채권의 기대수익, (rm)은 통화의 기대수익, (re)는 주식의 기대수익, (πe)는 기대 인플레이션율(breakeven inflation rate, BEI)이다. 이 식에서 보면 화폐수요는 개인의 총 부(wealth)와 각종 자산수익률의 함수이다. 케인즈는 화폐수요 중 투기적 동기를 중요시했고 그렇기에 화폐수요의 이자율 탄력성이 높다고 했다. 하지만, 이와 달리 통화주의자들은 화폐수요의 이자율 탄력성이 낮다고 제시하였다. 또한, 화폐시장의 안정성, 즉 화폐유통속도에 대해 케인즈는 매우 불안정하게 보았다. 반면, 프리드만 교수는 상수는 아니지만 매우 안정적으로 보았다. 통화주의자들이 제시하는 기본 명제를 정리해 보면 다음과 같이 크게 아홉 가지로 정리할 수 있다. 구체적으로 나열하면, ①통화는 하나의 자산으로서 매우 중요하다, ②인플레이션은 어디까지나 통화적 현상이다, ③통화수요함수는 안정적이다, ④인플레이션률과 실업률 간에 역의 상관관계가 단기에는 존재하지만 장기에는 존재하지 않는다, ⑤경제는 기본적으로 안정적이다, ⑥통화정책지표로는 통화량이 적절하다, ⑦정책 수립과 시행, 정책 효과 사이에 시차가 발생한다, ⑧정부 실패의 해악이 시장 실패의 해악보다 크다, ⑨인플레이션의 해악이 실업의 해악보다 크다 이다. 결국 통화주의자들이 보는 통화정책의 파급경로는 통화량 증가 -> 상품에 대한 지출 증가 -> 국민소득 증가 -> 물가 상승으로 매우 간단하게 나타난다. 이와 같은 이론적 배경하에 통화정책이 실행되고 있다는 점을 인지할 필요가 있다.

IS-LM 모형의 효용성

화폐시장에 대한 이론적 내용을 확인했다면 이제는 거시경제에서 통화정책이 어떠한 의미를 갖는지를 알아볼 필요가 있다. 이러한 분석틀을 제시해 주는 게 IS-LM 모형이다. 이 모형은 거시경제에서의 이자율과 국민소득과의 관계를 분석하는 경제모형이다. 현재 물가(P)가 고정되어 있다는 가정하에 한 경제 주체의 국민소득(Y)을 구하는 데 목적이 있다. IS곡선(investment and saving curve)이란 생산물과 재화 시장의 균형을 달성하는 소득과 이자율의 조합을 (Y, r) 평면에 나타낸 것을 말한다. 재화 시장의 균형은 유효수요(=소비+투자)와 공급이 일치하는 것이다. 총수요는 I(투자) + C(소비) + G(정부지출) + NX(순수출)의 합산이기에 총수요가 증가하면 IS곡선은 오른쪽으로 이동한다. 이러한 IS곡선은 정부의 재정정책(fiscal policy)에 관여하게 된다. 반면 LM곡선(liquidity preference and money supply curve)은 화폐시장의 균형이 달성되는 국민소득(Y)과 이자율(r)의 조합을 나타낸 것이다. 화폐의 공급량은 중앙은행이 관리하는 본원통화의 크기뿐만 아니라 은행의 신용 창출 정도에 따라 결정된다. 반면, 화폐의 수요량은 물건을 살 때 사용하기 위한 거래수요(국민소득의 증가함수)와 채권 보유에 따른 손실을 막기 위해 화폐를 보유하려는 투기적 수요(이자율의 감소함수)로 구성된다. 화폐공급과 화폐수요가 균형을 이루는 것은 L(Y, r) = **거래수요**(L_1) + **투기적 수요**(L_2)가 성립하는 곳이다. 국민소득이 늘어나면, 거래 수요에 따른 화폐의 수요가 높아진다. 이때, 정해진 화폐 공급량에서 화폐의 공급과 수요를 일치시키면, 투기적 수요에 따른 화폐의 수요를 감소시켜야 한다. 이는 채권 가격이 떨어져, 이자율이 올라가게 함으로써 달성된다. 이때 국민소득과 이자율의 조합을 IS곡선과 같이 세로축에 이자율을 가로축에 국민소득을 두고 그리면 우상향하는 곡선이 된다. 이는 중앙은행의 통화정책(monetary policy)을 수행하는 데 기초가 된다. 만약 경제가 LM곡선 좌측에 있다면, 이자율이 높아져 화폐의 투기적 수요가 줄어들거나 국민소득 수준이 낮아져 거래 수요가 줄어들기 때문에 화폐의 초과공급이 발생한다. 반대로 경제가 LM곡선의 우측에 있는 경우에는 화폐의 초과수요가 발생하는 것이다. 또한, 화폐 수요의 이자율 탄력성이 커질수록 LM곡선의 기울기는 완만해진다. 실질 화폐공급량의 증가는 LM곡선을 오른쪽으로 이동시킨다.

[IS-LM 모형]

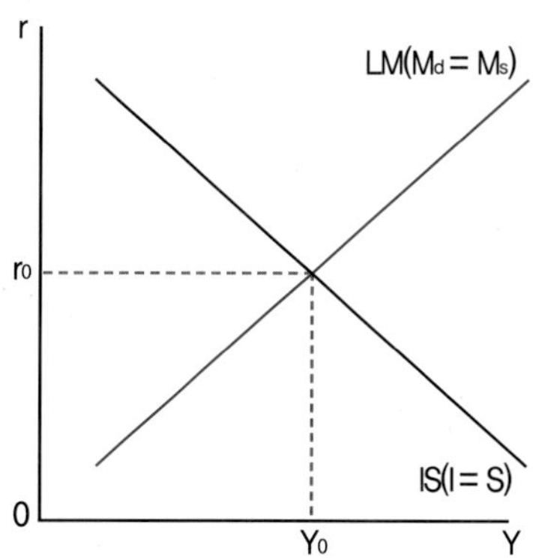

IS-LM모형을 통해 통화정책의 효과를 알아볼 수 있다. 다른 조건이 일정할 때, 중앙은행이 통화공급량을 증가시키면 LM곡선은 LM_1에서 LM_2로 이동한다. 그

결과 통화시장에 초과공급이 발생하여 이자율이 하락한다. 만일 실물부문을 고려하지 않는다면, 즉 국민소득수준이 Y_1으로 유지된다면 이자율은 r_3 까지 하락할 것이다. 그런데 통화량의 변화는 실물시장에도 영향을 미친다. 이자율의 하락이 투자 수요를 증가시킴으로써 국민소득을 증가시키게 된다. 국민소득의 증가는 한편으로 실물시장의 초과수요를 해소시키고, 다른 한편으로는 통화수요를 증가시킴으로써 통화의 초과공급분을 상쇄시킨다. 이자율은 일시적으로 r_3까지 하락하지만 실물시장의 제약으로 다시 r_2로 상승한다. 결과적으로 이자율은 r_2까지 하락하고 국민소득은 Y_2까지 증가한다. 반대로 중앙은행이 통화공급을 감소시키면 LM 곡선이 왼쪽으로

[확대통화정책의 효과]

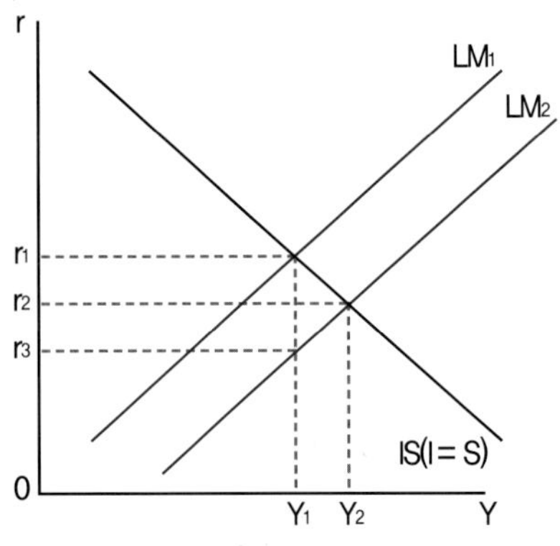

이동하고 이자율은 상승하며 국민소득은 감소한다. 통화정책으로 인해 금리가 일시적으로 내리거나 오르는 현상을 오버슈팅(overshooting)이라고 한다. 그림에서 통화공급을 증가시킬 때 금리가 일시적으로 r_3까지 하락하는데, 이 현상이 바로 오버슈팅이다. 급격한 통화정책은 오버슈팅을 초래하여 금융시장을 교란시킬 수 있다.

통화정책(monetary policy)의 수단

현대 거시경제에서 중앙은행이 어떻게 화폐시장에 개입해서 통화정책을 추구하는지 살펴보았다. 특히, 화폐의 공급은 본원통화(monetary base)를 기준으로 조정하게 된다. 그리고, 이자율은 정책금리(policy interest rate)를 통해 조절하게 된다. 이러한 관리는 궁극적으로 물가의 안정, 고용의 안정, 국민생산의 증대를 이끌어 가는 방법이다. 미국 연방준비제도(FRS)가 취하는 구체적인 통화정책을 살

펴보겠다. 왜냐하면 결국 이러한 본원통화와 정책금리를 통한 통화정책은 달러의 강세 또는 약세를 유도하는 원인이기 때문이다. 본원통화(monetary base, high-powered money)란 중앙은행으로부터 발행되어 유통되는 일차적인 화폐 공급을 뜻한다. 본원통화는 현금통화(cash)와 은행의 지급준비금(bank reserve)의 합계액으로 계산된다. 현금은 중앙은행이 실제로 발행하여 시장에 유통되는 돈이다. 그리고 은행의 지급준비금은 시중은행이 중앙은행에 예치한 일정량의 현금과 자산을 일컫는다. 은행이 예금자의 예금인출에 대비해서 예금액을 전액 대출하지 않고 예금액의 일정비율을 중앙은행에 준비금으로 보유한 것을 말한다. 이 지급준비금은 은행의 신용창조 과정을 거쳐서 몇 배나 되는 크기의 통화량으로 증가하기 때문에 몇 %의 금액을 지급준비금으로 예치해야 하는지를 결정하는 지급준비율(reserve ratio)

[미국의 본원통화 추이]

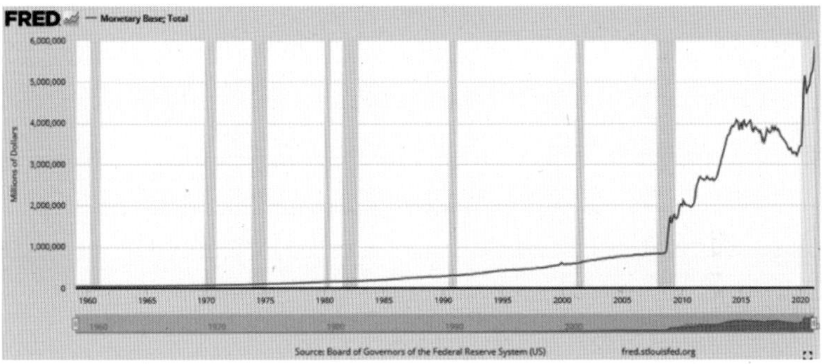

은 본원통화에 중요한 변수로 남게 된다. 차트는 미국의 본원통화를 나타낸 것이다. 본원통화가 증가할 때는 통화완화정책이 시행되고 있음을 알 수 있다. 반대로 본원통화가 감소하는 구간은 통화긴축정책을 실행되고 있는 상황이다. 본원통화가 증가할 때는 주로 정부의 재정확대정책에 따른 화폐발행이 증가하는 구간이다. 또는 경제위기가 발생했을 때 정부가 금융기관을 구제하기 위해 대출 프로그램(lending program)을 실행하고 있는 경우이다. 중앙은행이 공개시장조작을 통해 국채를 매수하거나 또는 시장에 유동성이 부족하여 중앙은행이 시중은행에 지급준비금을 일괄적으로 증가시켜주는 경우 등도 포함될 수 있다. 시기적으로 보면, 2000년 닷컴

버블(dot-com bubble), 2008년 서브프라임 모기지 위기(subprime mortgage crisis), 2020년 코로나 팬데믹 위기(Covid19 Pandemic)에서 본원통화의 양이 급격히 증가한 것을 목격할 수 있다. 결국 이러한 달러의 공급에 따라 달러가 대외적으로 약세와 강세를 반복하게 된다.

또한, 중앙은행은 정책금리를 조절하여 통화정책을 시행하게 된다. 미국 연방준비위원회(Fed)의 경우 장기금리 보다는 단기금리에 중점적으로 개입하고 있다. 연방기금금리(federal fund rate)와 환매조건부채권(repurchase agreement, RP)가 대표적이다. 연방기금금리는 예금취급 금융기관이 연방준비은행에 예치되어 있는 지급준비금을 상호간에 1일간(overnight) 조달 및 대출할 때 적용되는 금리이다. 연방공개시장위원회가 정기적으로 검토하고 조정하게 된다. 그리고 환매조건부채권은 금융기관이 일정 기간이 지난 후 되사는 조건으로 발행하는 채권을 말한다. 주로 중앙은행과 시중은행을 포함한 금융기관들 사이의 유동성을 조절하는 수단으로 활용된다. 중앙은행이 다량의 환매조건부채권을 지속적으로 발행하여 단기 금융시장에 유통시킬 경우 통화량이 증가하고 자금이 여유가 생긴다.

[미국의 연방기금금리 추이]

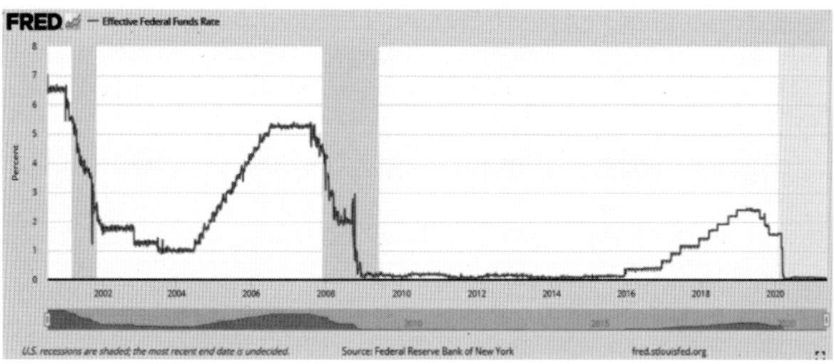

이뿐만 아니라 중앙은행은 은행의 지급준비율(Reserve ration)과 재할인율(rediscount rate)도 관리하고 있다. 지급준비율은 은행의 대출통화승수를 결정하기에 지급준비율이 높을수록 은행의 신용창출은 감소한다. 반대로 지급준비율이

낮을수록 은행이 신용창출이 확대되어 통화량이 증가할 수 있다. 재할인율은 일반은행이 중앙은행으로부터 대출할 경우 적용되는 금리를 일컫는다. 경기가 침체되고 디플레이션 경향이 있을 때 재할인율을 낮춤으로써 은행들이 보다 쉽게 중앙은행을 통해 통화를 조달할 수 있기에 통화량 증가로 이어질 수 있다. 이와 같은 거시경제적 통화정책들은 중앙은행 제도가 발달하고 화폐시장이 불환지폐, 신용화폐, 법정화폐 시스템으로 넘어오면서 탄력을 받게 되었다. 그리고, 이와 같은 변수들이 달러뿐 아니라 각국의 주요통화의 가치의 등락에 영향을 미치게 되었다.

유로화(Euro)의 도전은 진행 중

달러가 다른 통화들의 도전 없이 화폐시장에서 글로벌 패권을 누리는 것은 아니다. 일국의 통화는 그 국가의 국력과 경제력을 표현하는 것이기에 국제 상황에 따라 달러 패권에 대한 도전은 지속되어 왔다. 닉슨 쇼크 이후 1970년대에는 전 세계에 중동 산유국을 중심으로 페트로 달러(petro dollar)가 넘쳐 나면서 한때 미국의 금융시장을 위협하는 것처럼 보였다. 하지만, 이내 오일 머니(oil money)는 미국 달러로 흡수되어 종속화되었다. 이후 1960년대와 1970년대 급격한 산업화와 경제성장으로 독일 마르크(Mark)와 일본 엔(Yen)이 달러에 대항하며 글로벌 기축통화로 입지를 다졌다. 패권자인 달러에 대한 도전자로서 마르크와 엔은 저평가된 상황을 이용하여 경상수지에서 지속적인 흑자를 기록하며 달러를 위협하였다. 1979년부터 연방준비위원회(Fed)를 맡기 시작한 폴 볼커(Paul Adolph Volcker, 1927년~2019년) 의장은 금리를 인상해 1970년대 발생한 미국의 스태그플레이션(stagflation) 위기를 방어하였다. 하지만, 금리인상은 미국 달러의 가치를 높여서 세계 시장에서 미국산업의 경쟁력을 악화시키는 상황을 만들었다. 당시 미국의 레이건(Ronald Wilson Reagan, 1911년~2004년) 행정부는 대외 무역수지 적자와 대내 재정적자라는 쌍둥이 적자(Twin Deficit)에 시달렸다. 일본 자동차의 수입으로 말미암아 일자리를 잃은 미국 노동자들이 일본 차량을 부수며 시위를 하기도 하였다. 미국의 경상수지 적자는 국내총생산(GDP)의 3.5%에 달하기도 했다. 이러한 상황에서 미국의 경상수지 적자를 감소시키고 경제의 급작스러운 경기침체를 벗어나기 위해 금리인하를 통한 통화완화정책이 논의되었다. 그러나 레이건 행정부는 이를 거부하였다. 대신, 1985년 9월 22일 미국 뉴욕에 있는 플라자 호텔(Plaza Hotel)에서 프랑스, 서독, 일본, 미국, 영국의 재무장관과 중앙은행총재들이 모임을 갖고 향후 새로운 환율에 관한 합의를 하게 되었다. 이를 플라자 합의(Plaza Accord)라 한다. 합의에 따라 미국 달러화 가치를 내리고 일본 엔화와 독일 마르크화 가치를 높이는 정책을 채택하였다. 발표 다음날 달러화 환율은 1달러에 235엔에서 20엔 정도 하락하였고, 1년 후에는 달러의 가치가 반이나 떨어져 120엔으로 거래가 이루어지게 된다. 플라자 합의 이후 일본에서는 급속한 엔고(strong Yen)로 경기침체를 우려하여 저금리 정책을 실행하였다. 이는 부동산이나 주식 투기를 가속화하여 거품경제(bubble economy)를 초래하였다. 또, 엔고(strong Yen)에 의하여 일본 경제의 규모는 상대적으로 급속히 확대되어 미국 자산 사들이기, 고부가가치 상품의 생산, 해외여행의 붐, 임금이 저렴한 국가로 공장 이전 등이 계속

[달러/엔 환율 추이]

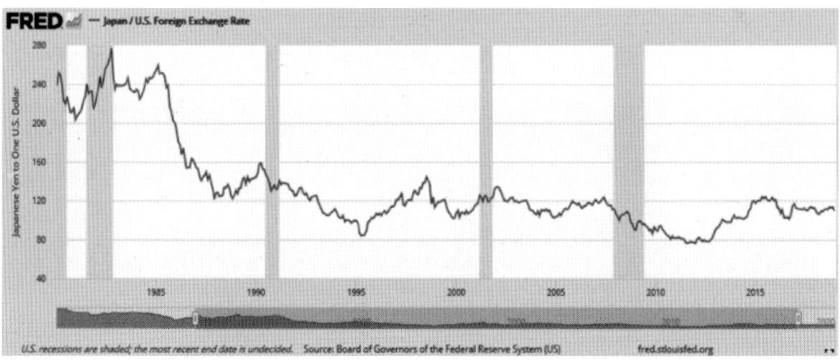

되며 경제 과열을 확대하였다. 그 후 지나쳤던 달러화 하락 현상을 완화시키기 위해 1987년 각국이 환율 안정화를 위해 다시 루브르 합의(Louvre Accord)를 하

게 된다. 일본은 1985년 플라자 합의에서부터 1990년까지 5년간 니케이225지수(Nikkei225 Index)는 1,200에서 3,900까지 상승하였고, 부동산 가치도 평균적으로 3~5배 급등하였다. 엔고의 영향으로 1988년 발표된 시가총액 세계 50대 기업 중 32개를 일본 기업이 차지하였다. 결국, 이러한 거품경제는 일본 정부의 우려에 의해 대출 금지, 개인신용 축소, 금리 인상 등의 통화긴축정책을 불러왔다. 여기에 일본이 고령화 사회로 접어들면서 이후 2010년까지 20년간 장기 불황에 빠지게 되었다. 이와 함께 엔화도 기축통화의 위치에서 한걸음 물러나게 되었다.

유럽중앙은행(European Central Bank)의 탄생

달러에 대한 도전은 유럽지역에서 시작되었다. 1993년 마스트리히트조약(Maastricht Treaty)이 체결됨으로써 유럽연합(European Union)이 출범하였다. 현재 27개 회원국으로 지역 내 국내총생산량(GDP)은 세계 1위이다. 유럽연합의 인구수는 4억 5,000만명으로 전세계 인구의 7.3%를 차지하고 있으며, 2017년 기준 국내총생산(GDP)은 19조 6,700억 달러로 전세계 GDP의 24.6%를 차지한다. 유럽연합(European Union)은 시장을 단일화시키고, 사람, 상품, 자본, 그리고 서비스의 역내 자유로운 이동을 위해 시작되었다. 처음에는 지역간 관세동맹(custom union)과 자유무역지대(free trade area)에서 출발하였다. 이후 공동시장(common market)으로 발전된 후 현재는 경제 통합(Economic union) 수준에 와있다. 향후에는 정치적 통합(political union)까지 추구하는 것을 목표로 하고 있다.

경제 통합을 실행하기 위해 유럽연합은 1997년 10월 암스테르담조약(the Treaty of Amsterdam)을 통해 1998년 유럽중앙은행(The European Central Bank, ECB)을 설립하였다. 그리고 지역 내 새로운 통화로 유로(euro)를

1999년 1월 도입하였다. 유로는 2002년 1월부터 유로존에서 법정통화가 되어 정식으로 지폐와 동전이 발행되어 유통되었다. 참여국들의 기존 통화와 유로의 최초 교환은 유럽중앙은행(ECB)이 정한 비율에 따라 일정 유예기간을 거쳐 실행되었다. 유럽중앙은행(ECB)이 추가적으로 유로를 발행하여 각국에게 공급할 경우에도 정해진 비율에 따라 공급된다. 각국의 실물 경제 상황, 재정적자, 인플레이션 등을 반영하는 것으로 알려져 있다. 교환비율이 낮을수록 해당 국가가 더 많이 유로를 받을 수 있는 구조이다. 2001년 당시 독일 1.955마르크(Mark)가 1유로(Euro)로 교환되었다. 프랑스의 6.55프랑(Franc)은 1유로(Euro)를 받았다. 그리스는 340.75드라크마(Drachma)를 내고 1유로(Euro)를 교환하였다. 교환 직전까지 환율은 1유로당 320드라크마 수준이었기에 6% 정도의 손해를 본 셈이다. 즉, 새로운 유로(Euro)의 발행은 금이나 은과 같은 실물자산을 그 보증으로 하는 것은 아니다. 유럽연합의 정치적 경제적 영향력을 보증으로 발행하는 법정화폐(fiat money) 또는 신용화폐(credit money)로 간주할 수 있다. 그리고 활동은 유럽의회의 승인과 의회에 대한 보고로 이루어져 있다. 이는 미국의 연방준비제도(FRS)와 유사한 시스템으로 시작되었음을 알 수 있다.

[유로존 현황]

유럽연합 회원국들이 모두 유로를 사용한 것은 아니다. 현재 19개국이 가입해서 유로를 사용하고 있다. 이들은 유럽연합과 구분하여 따로 유로존(Eurozone)으로 불리고 있다. 유럽중앙은행(ECB)은 설립 당시에는 유로를 독립적으로 발행하여 관리하고 유로존(Eurozone) 지역 내 물가를 안정화시키는 것을 목적으로 시작하

였다. 설립조항 (127-1)에서 이를 명확히 명문화하고 있다. 둘째, 지역 내 인플레이션을 안정화시키고 경제정책을 지원하기 위해 다양한 통화정책을 실행하는 것을 추가적인 업무로 명시했다. 이를 위해 환율관리, 국채 매수와 매도를 통한 공개시장 조정, 기준금리 관리, 통화량 조정 등을 조항 (3)에서 제시하고 있다. 특히, 2013년 5월에 유럽중앙은행(ECB) 정책위원회(the Governing Council)는 지역 내 인플레이션율을 중장기적으로 2%를 넘지 않게 관리하도록 명시하고 있다. 마지막으로 2008년 미국 금융위기가 글로벌 경기침체와 금융시스템의 붕괴를 유발하자 금융시스템에 대한 감시와 감독 기능도 추가되었다. 국제결제은행(BIS) 자기자본비율(capital adequacy ratio) 유지, 대형금융기관들의 스트레스 테스트(stress test)와 시나리오 분석(scenario analysis), CAMEL 분석시스템(CAMEL rating system), 여기에 소비자 보호 장치까지 도입하도록 회원국의 중앙은행들과 협의를 하였다.

유럽중앙은행(ECB)의 기능과 역할

조직 구성도 미국 연방준비제도와 유사한 측면이 있다. 운영이사회(Executive Board)는 통화정책을 주도하며 전반적인 은행의 운영을 관리한다. 매주 화요일에 미팅을 가지며 총재, 부총재, 운영이사 4명 등 모두 6명으로 구성되어 있다. 현재 총재는 프랑스의 크리스틴 라가르드(Christine Madeleine Odette Lagarde, 1956년~)가 맡고 있다. 정책위원회(Governing Council)는 유로통화 시스템의 정책결정을 담당하고 있다. 총재와 부총재를 포함한 6명의 운영이사회 인원과 유로존 19개국 중앙은행 총재로 구성되어 있다. 2015년부터 은행은 정책위원회의 활동을 요약한 보고서를 발표하고 있다. 일반이사회(General Council)는 회원국들이 유로 시스템에 적응하는데 자문을 제공하고 있다. 그리고 감독위원회(Supervisory Board)는 유럽중앙은행의 금융기관에 대한 감독업무를 수행하는데 필요한 제반 사항들을 책임진다. 이러한 시스템을 통해 유럽중앙은행은 독립성을 유지하며 유럽연합(European Union) 의회에 대해 보고를 하게 된다. 이미 살펴본 미국의 연방준비제도(FRS)와 거의 유사한 시스템과 기능을 가지고 있다. 차이점이 있다면 미국 연방준비제도(FRS)는 결정된 정책에 대해 직접 시행에 옮기지만, 유럽중앙은행(ECB)은 결정된 정책을 각 회원국의 중앙은행에 시행을 위임한다는 것이다.

유럽중앙은행(ECB)은 구조상 의사결정에서 독일의 입김이 가장 크게 작용하고 있다. 유럽중앙은행 설립 시 27개국 중앙은행들이 출자를 하였다. 이중 독일 중앙은행(Deutsche Bundesbank)의 납입자본금이 21.44%로 가장 크기 때문이다. 그리고 프랑스 중앙은행(Bank of France)이 16.61%로 그 뒤를 잇고 있다. 이태리 중앙은행(Bank of Italy)은 13.82%를 차지하고 있다. 3개국이 납입자본금에서 차지하는 비중이 50%가 넘기에 절대적인 영향력을 행사하게 된다. 기존에는 사실상의 세계 경제 대통령은 미국의 연방준비제도(FRS) 의장 1인 이었다. 그러나, 유럽중앙은행(ECB)이 탄생하면서 유럽중앙은행 총재는 세계 2대 경제 대통령으로 불리고 있다.

[유럽중앙은행 납입자본금 비율(2020.2.1기준)]

NCB	Capital Key (%)	Paid-up Capital (€ million)	Euro Area	NCB	Capital Key (%)	Paid-up Capital (€ million)	Euro Area
National Bank of Belgium	2.96	276.29	O	Oesterreichische Nationalbank	2.38	221.97	O
Deutsche Bundesbank	21.44	1,999.16	O	Banco de Portugal	1.90	177.50	O
Bank of Estonia	0.23	21.36	O	Bank of Slovenia	0.39	36.52	O
Central Bank of Ireland	1.38	128.42	O	National Bank of Slovakia	0.93	86.85	O
Bank of Greece	2.01	187.59	O	Bank of Finland	1.49	136.01	O
Bank of Spain	9.70	904.32	O	Bulgarian National Bank	0.98	3.99	X
Bank of France	16.61	1,548.91	O	Czech National Bank	1.88	7.63	X
Bank of Italy	13.82	1,288.35	O	Danmarks Nationalbank	1.76	7.14	X
Central Bank of Cyprus	0.18	16.32	O	Croatian National Bank	0.66	2.68	X
Bank of Latvia	0.32	29.55	O	Hungarian National Bank	1.55	6.29	X
Bank of Lithuania	0.47	43.89	O	National Bank of Poland	6.03	24.49	X
Central Bank of Luxembourg	0.27	24.98	O	National Bank of Romania	2.83	11.48	X
Central Bank of Malta	0.09	7.95	O	Sveriges Riksbank	2.98	12.09	X
De Nederlandsche Bank	4.77	444.43	O	Total	74.2278	7,656.15	

*출처: ECB

유로가 출범된 지 20년이 흘렀지만 아직까지 달러의 지배력을 넘지는 못하고 있다. 실질적으로 유럽 연합의 전체 GDP 규모는 미국보다 크다. 하지만, 전세계 중앙은행들의 외환보유고 포트폴리오 구성에서는 차이가 있다. 국제통화기금(IMF)에 따르면 2018년 기준 전세계 국가의 공식 외환 보유액의 화폐 구성은 달러가 62.7%, 유로는 20.2%, 일본 엔이 4.0%, 영국 파운드 4.5%, 중국 위안화는 1.2%로 나타났다. 유로존(Eurozone)의 정치적 경제적 규모와 영향력을 감안한다면 유로가 전 세계 최고의 기축통화로 위치하는 게 응당 합리적으로 보인다. 하지만, 현실은 아직 달러의 지위에 못 미치고 있다. 이는 유로화 사용에 따른 장단점이 분명히 부각되고 있기 때문이다. 장점을 먼저 살펴보면, 첫째 지역 내 물가상승률과 인플레이션 취약성이 하향 안정세를 보였다. 국가간 인플레이션 차이는 여전히 존재한다. 이는 회원국별 노동시장과 제품에 대한 규제가 상이하기 때문에 나타나고 있다. 유로존 출범 이후 지역내 전체적인 인플레이션은 매우 안정적임을 보여주고 있다. 둘째, 단일통화 사용은 거래비용의 감소와 환율 불확실성을 제거함으로써 역내 단일시장화를 가속화 시키고 있다. 이로 인해 개별 국가가 더욱 효율적이고 안정적인 거시경제 운영을 할 수 있는 여건을 형성해 줄 수 있다. 이는 역내 무역과 투자를 촉진시켜 실물경제 통합의 촉매제 역할을 하며, 통화의 총량을 획기적으로 증가시켜 환율 안정 및 통화의 국제화에서 기인한다. 셋째, 지역 내 국가 간의 상호투자를 늘리는 데 기여하는 것으로 나타났다. 유로 기업들의 인수합병뿐 아니라 국가간 직접투자(foreign direct investment, FDI)의 증가 형태로 나타났다.

반면, 단점으로는 첫째, 회원국 간의 불균형의 심화이다. 19개의 서로 다른 통화가 유로라는 1개 통화로 통합된 만큼 유로의 가치는 19개 국가의 가중평균된 경제력을 반영하게 된다. 독일, 프랑스, 네덜란드의 입장에서는 지금 사용하는 유로의 가치가 자국의 경제력에 비해서는 상대적으로 저평가되어 있는 것이다. 즉, 저평가된 통화를 통해 수출이나 산업발전에 유리한 입장에 있게 된다. 반면, 그리스(Greece), 슬로바키아(Slovakia), 에스토니아(Estonia) 같은 국가의 입장에서는 고평가된 통화를 사용해야 하는 불리한 입장에 놓이게 되었다. 둘째, 통화정책과 재정정책 간의 괴리가 발생하였다. 각국은 독립된 주권(sovereignty)을 행사하며 재정정책을 추진한다. 반면, 통화정책에 있어서는 유럽중앙은행(ECB)의 통제를 받기에 독립성을 확보할 수 없다. 이러한 이유로 영국과 스웨덴이 유럽연합(European Union) 회원국이지만 유로존(Eurozone)에는 가입하지 않고 자국의 통화를 고집한 이유이다. 이러한 이중성의 문제는 2012년에 발발한 유럽재정위기(European Sovereign Debt Crisis)에서 부각되었다. 회원국은 재정위기가 발생할 경우 기존에는 금리를 낮추고 화폐발행액을 증가시켜 자국통화를 평가절하 시키는 방법으로 위기를 극복할 수 있었다. 하지만, 유럽중앙은행(ECB) 체제하에서는 이러한 독립성이 없기 때문이다. 결국 PIIGS로 명칭된 포루투갈(Portugal), 이탈리아(Italy), 아일랜드(Ireland), 그리스(Greece), 스페인(Spain)의 피해가 크게 나타났다. 마지막으로 금융환경이 불균등화 되었다. 단일 화폐를 사용하게 되자 이머징 국가들은 자국 경제의 기초 여건을 넘어서는 저금리의 자금 조달이 가능해졌다. 예를 들면 그리스 국채 경우 1990년대에 10% 넘는 금리로 발행되고 거래되었었다. 그러나, 이후 유로존에 편입되고 유로의 보증 아래 3%~4%의 낮은 금리로 자본의 조달이 가능한 상태가 되었다. 이러한 저렴한 돈(cheap money)은 자산 버블(asset bubble)을 형성시키는 원인으로 작용하였다. 특히, 스페인, 그리스, 그리고 아일랜드에서 심하게 나타났다. 이들 국가들은 자국 실물경제가 제공하는 금리보다 낮은 금리로 차입을 조달할 수 있었다. 유럽중앙은행(ECB)이 제공하는 금리는 당연히 기존에 자국이 사용하던 금리보다 저렴했기 때문이다. 이렇게 조달된 저렴한 돈(cheap money)은 국가 재정을 메우는데 사용되거나 부동산 등의 자산 버블을 유발하는 상황으로 몰고 갔다. 결국 2012년 유럽 재정 위기의 시발점이 되었다.

2008년 미국의 서브프라임 모기지 사태(The Subprime Mortgage Crisis)로 유럽 내 주요 금융기관이 타격을 입은 상태에서 유럽 재정 위기(The European Sovereign Debt Crisis)가 시작되었다. 그리고 2012년 절정에 다다랐다. 이로 인해 유로 화폐시장은 커다란 위기에 봉착했고, 이를 해결하는 과정에서 유럽중앙은행(ECB)의 역할이 필요했다. 유럽 재정 위기는 2008년 아일랜드(Ireland)의 은행시스템이 붕괴되면서 시작되었고, 이후 포루투갈, 이탈리아, 그리스, 그리고 스페인으로 확산되었다. 그리고 2010년과 2012년 사이에 위기가 절정에 다다랐다. 유로존 회원국들의 국가재정 상태와 금융시스템이 위기를 겪게 되는 일련의 사건이었다. 유로존 출범 이후 회원국 중에서 대다수의 국가들은 유로가 가져다 주는 값싼 이자를 무분별하게 활용하였다. 그리고, 2008년 미국에서 금융위기로 전세계 금융시장에 위기에 닥쳐오자 유럽의 주요 금융기관들도 이를 감당하지 못하고 파산위기에 내몰렸다. 이는 경제활동을 위축시켰고 정부의 주 수입원인 세금의 규모를 축소시키게 된다. 여기에 유럽 각국은 금융기관들의 구제에도 자원을 쏟아 부어야 했기에 결국 적자 재정이 눈덩이처럼 불어났다. 결국 각국의 재정 상태가 파산 위기까지 몰리게 되었다. 이를 방어하기 위해 유럽중앙은행(ECB)이 적극 개입하였다.

유럽중앙은행(ECB)은 지역 내 기준금리를 완화하고 유동성을 충분히 공급하는 양적완화정책(quantitative easing policy)을 통해 정부의 재정 파산을 막기 위해 적극적으로 개입하였다. 2010년 5월 증권시장 프로그램(Securities Market Program, SMP)을 출시하여 정부가 발행한 국채와 유통시장의 채권의 매수를 시작하였다. 그 매수 규모는 2012년 2월에 2,195억 유로 규모에 달했다. 이를 통해 정크본드(junk bond) 수준으로 떨어진 이태리 국채의 부담을 완화시켰다. 유럽중앙은행(ECB)은 2011년 7월에 유럽 내 90여개 주요 은행들에 대해 파산 테스트 결과에 대해 발표하고 자기자본비율(capital ratio)을 확대하도록 권고했다. 12월에는 유로존 은행 시스템 역사상 최대 규모의 저금리 대출을 금융기관에게 공급하였다. LTROs(Long Term Refinancing Operations, LTROs)라는 대출프로그램을 통해 지역 내 523개 은행에 3년 만기 1%의 저금리 유동성 4,890억 유로를 공급하였다. 이중 3,250억 유로는 그리스, 아일랜드, 이태리, 그리고 스페인에게 집중되었다. 그리고 2012년 2월에는 다시 LTROs2를 통해 지역 내 800개 은행에게 5,295억 유로의 저금리 대출프로그램이 집행되었다. 유럽중앙은행(ECB)은 주요 은행들에 대한 대출프로그램을 통해 유동성을 공급했을 뿐만 아니라 금융시장에서 채권의 매수를 통해 시장의 부담감을 완화시켜줬다. 2012년 9월 OMTs(Outright

Monetary Transactions, OMTs) 프로그램을 통해 낮은 신용등급의 정부 관련 채권들을 매수하였다. 2013년 11월에는 지역 내 기준금리를 역사상 가장 낮은 0.25%로 인하시켰다. 그리고, 2014년 6월에는 예금금리를 -0.10%로 낮추는 초강수를 두었다. 이러한 마이너스 금리는 역사상 유례를 찾아보기 힘든 일이었다. 유럽중앙은행(ECB)의 노력으로 2014년 말에 유럽 금융 시스템은 안정을 찾기 시작했다. 글로벌 금융위기 상황에 대처하면서 유럽중앙은행(ECB)의 역할과 유로 화폐시장의 기능은 더욱 공고해 질 수 있었다.

[유로/달러 환율 추이]

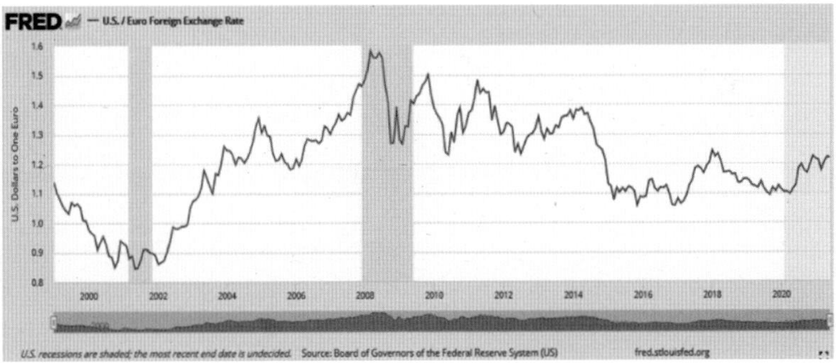

이러한 상황들로 볼 때 아직 유로(Euro)는 유로존(Eurozone)이 가지고 있는 경제적 위상과 정치적 영향력에 비해 저평가되어 있는 상태로 보여진다. 유로/달러 환율 추이를 보면, 유로 출범 당시에는 유로당 1.13달러로 시작했다. 그리고 2008년 미국 금융위기에는 1.6달러까지 치솟는 강세를 보여줬다. 하지만, 이후 유럽도 재정위기를 맞으며 지금은 1.2달러 수준으로 거래되고 있다. 중요한 것은 유로화의 출범과 함께 유럽중앙은행(ECB)은 미국의 독점적 글로벌 시뇨리지 효과를 다시 유럽지역으로 일부 가져오는 기회는 잡았다. 여기에 유럽 내 독립적인 통화정책을 통해 지역 내 지속가능한 발전을 이룰 수 있는 바탕을 마련하였다. 향후 유로존(Eurozone)의 지속적인 발전을 등에 업는다면 유로는 달러의 패권에 도전을 이어갈 수 있을 것으로 보인다.

글로벌 금융위기(Global Financial Crisis), 달러시장의 한계

달러에 대한 유로화의 도전이 이어지는 가운데 미국에서 발발한 서브프라임 모기지 사태(The Subprime Mortgage Crisis)는 전세계의 금융위기(global financial crisis)를 촉발하며 달러의 위상을 심각하게 약화시켰다. 특히, 해당 위기는 미국에서 1929년 발생한 대공황(Great Depression) 이후 최대의 금융위기로 대침체(Great Recession)로 불려지고 있다. 이미 1980년대부터 각국은 금융위기에 지속적으로 노출되어 왔다. 1982년 멕시코는 모라토리엄(moratorium)을 선언하며 대외채무를 갚을 능력이 없음을 자인하였다. 방만한 재정적자를 보전하기 위해 오일달러를 대규모로 도입한 데서 문제가 발생하였다. 하지만 3년 후인 1985년 7월 멕시코 정부가 긴축정책 등의 약속을 이행하지 않았다는 이유로 국제통화기금(IMF)이 지원을 중단하자 페소화(peso)가 폭락하며 2차 외환위기가 발생했다. 1997년에는 동아시아 외환위기(Asia Financial Crisis)가 발생했다. 태국의 바트화(baht) 폭락에서 시작하여 인도네시아, 말레이시아, 필리핀, 그리고 한국까지 이어진 일련의 외환 위기가 발생하였다. 다양한 이유가 있겠지만, 가장 큰 원인은 이머징 국가들이 낮은 금리의 외국자본을 조달하여 사용하고 관리가 부실했던 점이다. 미국을 비롯한 선진국들이 긴축을 위해 금리를 인상하자 기존의 이머징 마켓에 투자했던 자금들이 유출되었다. 이를 감당할 수 없었던 외환시장이 먼저 붕괴되었고 이어서 가계, 기업, 정부가 모두 위기에 직면한 상황이다. 한국의 경우 국제통화기금(IMF)의 구제금융을 통해 위기를 벗어나기도 했다. 1998년에는 러시아가 1999년에는 아르헨티나가 모라토리엄을 선언하였다. 러시아도 마찬가지였다. 저금리의 유혹에 어마어마한 글로벌 자금을 끌어들였다. 이로 인해 러시아의 국내투자는 엄청난 증가를 하였다. 하지만, 글로벌 자금의 회수가 시작되자 이를 방어할 외환이 부족했다. 여기에 낮은 유가로 러시아 정부의 재정상태도 악화되어 있었기 때문이다. 아르헨티나도 군사정권의 경제정책 실패와 막대한 외채 문제로 결국 파산을 선언한 것이다. 당시에 이러한 금융위기들은 지역적인 문제로 글로벌 금융위기로는 확산되지 않았다. 그리고, 국제통화기금(IMF)과 미국을 비롯한 선진국 정부에 의한 달러 원조로 해결책이 제시되었다. 문제가 발생한 신흥국 통화는 폭락을 거듭했지만 달러는 안전자산으로 간주되면서 오히려 가치가 올라가는 현상이 나타났다. 한국도 아시아 금융위기 당시 원/달러 환율이 달러당 900원이던 것이 2,000원까지 순식간에 치솟는 것을 목격하였다.

과대 신용(over-credit) 창출의 결과

하지만, 미국에서 시작된 서브프라임 모기지 사태(subprime mortgage crisis)는 기존의 지역적 금융위기와는 달랐다. 미국 뿐만 아니라 글로벌 금융위기로 발전하면서 달러 위상의 약화를 가져왔다. 사태의 발단은 2000년대 초부터 시작된 저금리에서 시작되었다. 미국이 경기부양책으로 초저금리 정책을 펼치자 이에 따라 주택융자금리가 인하되었다. 이를 기반으로 매수세가 몰리면서 부동산 가격이 상승하기 시작하였다. 부동산 가격이 상승하고 부동산 산업이 활황에 이르면서 신용등급이 높은 프라임 모기지(prime mortgage)뿐 아니라 신용등급이 낮은 서브프라임 모기지(subprime mortgage)도 시장에서 쉽게 용인되었다. 부동산 가격 상승으로 소비자들은 미래가치를 현재로 앞당겨 소비하기 시작했다. 중국에서 수입되는 값싸고 질 좋은 물품들로 소비자물가는 지속적으로 안정을 유지하였다. 2000년 부터 수년간 미국에서는 소비를 중심으로 중국에서는 수출을 중심으로 상호 경제가 지속적인 성장을 나타냈다. 이를 하버드 대학교의 니얼 퍼거슨(Niall Ferguson, 1964년~) 교수는 차이메리카(Chimerica)로 칭하였다. 즉, 저금리와 부동산 가격 상승에 따른 손쉬운 돈(easy money)으로 미국의 소비자들은 과소비를 즐겼다. 동시에 중국은 미국에 대한 수출을 통해 벌어들인 어마어마한 양의 달러 외환보유고로 다시 미국 국채를 사들여 미국의 지속적인 물가안정에 기여를 하였다. 양국이 2000년대 초부터 글로벌 금융위기 발발하기 전까지 전성기를 누렸다는 것이다. 이러한 견해는 예일대학교 스테픈 로치(Stephen Roach) 교수의 저서 불균형(Unbalanced: The Codependency of America and China)에서 비슷한 의견을 나타내고 있다. 미국과 중국이 소비와 수출 그리고 달러의 공급과 미국 국채의 매수라는 상호의존적인 측면이 양국의 2000년대 호황기를 이끌었다는 것이다. 이러한 호경기는 금융시장에도 영향을 미쳤다. 특히, 모기지론(mortgage loan)을 비롯해 기초자산(underlying assets)을 구조화(structured)하여 새로운 상품으로 발행하는 증권화(securitization)가 다양하게 개발되었다. 자산담보부증권(collateralized debt obligations, CDOs)이 상환순위에 따라 슈퍼 시니어(super senior CDO), 시니어(senior CDO), 메자닌(mezzanine), 에쿼티(equity)로 계층화(tranche)된 상품으로 구분하여 개발되면서 시장에서 각광을 받았다. 모기지를 기초자산으로 하는 다양한 파생상품은 미국 주요 은행들뿐 아니라 전 세계 대형 은행들의 주요 투자 상품이 되었다. 특히, 부동산을 담보로 하기에 안전자산으로 분류되었다.

2006년부터 부동산 가격이 거품 논란에 일면서 조정을 받기 시작하였다. 금융시장의 금리도 상승으로 전환되자 가장 취약한 고리인 서브프라임 모기지론(subprime mortgage loan)들이 부도를 맞게 되었다. 이에 따라 부동산 가격은 하락을 지속하고 다시 프라임모기지론(prime mortgage loan)까지 문제가 발생하였다. 여기에 엄청난 금액을 투자하고 있던 전세계 금융기관들이 연쇄부도를 맞게 되었다. 우선, 2007년 4월부터 모기지 대출회사인 뉴센추리 파이낸셜(New Century Financial)이 파산하였다. 8월에는 아메리칸 홈모기지 인베스트먼트

[미국 주거용 부동산 가격 추이]

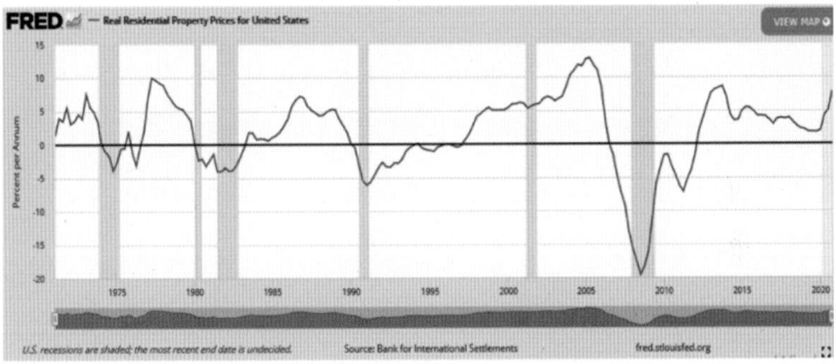

(AHMI)가 법원에 파산신청을 했다. 보험사인 캔 파이낸셜(CAN Financial)이 서브프라임 모기지 투자로 9,100만 달러의 손실을 입었다. 글로벌 최대의 보험사 AIG(American International Group, AIG)는 최악의 경우 23억 달러의 손실을 기록할 것으로 발표되었다. 이어서 이러한 위기는 유럽으로 전파되었다. 2007년 8월 프랑스의 BNP파리바은행(BNP Paribas Bank)이 3개 자산유동화증권(ABS) 펀드에 대한 환매를 중단하고 손실 규모를 발표했다. 2008년 9월 미국 재무부는 주택시장 침체와 모기지 손실로 유동성 위기에 직면한 정부 보증 모기지 업체인 패니매(Fannie Mae)와 프레디맥(Freddie Mac)을 국유화하고 공적 자금을 투입하였다. 일본 은행과 보험사들은 두 회사가 발행한 모기지 채권 보유분이 9조 엔 정도가 된다고 발표했다. 2008년 9월 15일 미국의 투자은행 리먼 브라더스(Lehman Brothers Holdings)가 파산신청을 했다. 위기가 절정에 달하는 시점이었다. 이어서 증권회사인 메릴린치(Merrill Lynch)는 뱅크오브아메리카(BOA)에 매각되었나. 신용부도스왑(credit default swap, CDS) 거래로 엄청난

손실을 기록한 AIG에 850억 달러의 공적자금이 투입되었다. 11월에는 씨티그룹(Citi Group)에도 공적자금이 투입되기까지 하였다. 이러한 피해는 지엠(GM), 포드(Ford), 크라이슬러(Chrysler) 등의 자동차 제조업체에도 이어져 공적자금이 투입되었다. 처음 미국의 모기지 회사들의 파산에서 시작하여, 이후 모기지 채권과 관련 파생상품 등에 투자한 미국 금융기관들의 파산으로 이어졌다. 그리고 다시 미국 내 주요 제조기업들뿐 아니라 유럽과 아시아의 대형 은행들에게도 손실이 파급되었다. 미국의 개인 소비는 폭락했고, 자산 버블은 순식간에 사라졌다. S&P 500 지수는 사태 발행직전 14,000선에서 1년 동안 6,500선까지 하락하며 금융시장의 붕괴를 증명했다. 주택가격지수는 40%가 넘게 조정을 받으며 개인 파산자들도 속출하였다.

이미 미국의 금융시스템에 의해 엄청난 신용(credit)이 화폐시장에 무분별하게 창출되어 있었다. 이후 나타난 신용경색(credit crunch)으로 경제 시스템이 순식간에 불능상태가 된 것이다. 금융가 레이 달리오(Ray Dalio, 1948년~)는 그의 저서 금융위기 템플릿(Big Debt Crises)에서 금융위기는 무분별한 신용의 과대 창출과 축소가 반복되면서 지속적으로 자본주의 금융시장에서 발생하는 현상으로 보고 있다. 즉, 과거부터 지속적으로 제기되어 온 화폐의 초과 발행에 따른 인플레이션 문제의 현대판이다. 달러 신용의 초과 창출에 따른 자산버블이 붕괴한 것으로 이는 같은 맥락으로 간주할 수 있다.

양적완화정책(quantitative easing policy)과 위기의 달러

이러한 사태에 대해 미국 정부는 적자재정(fiscal deficit)을 통해 민간부분에 최대한 유동성을 공급해 주는 방법을 택했다. 연방준비위원회(Fed)도 금리를 인하하고 금융기관에 대한 달러 공급량을 늘리기 시작하였다. 핵심은 중앙은행의 양적완화정책(quantitative easing policy)에 집중되었다. 이 정책은 중앙은행이 금리 인하를 통한 경기부양 효과가 한계에 봉착했을 때 국채 매입 등을 통해 유동성을 시중에 직접 공급하는 정책을 뜻한다. 이미 연방기금금리(federal fund rate)와 같은 정책금리는 0%에 도달했다. 더 이상 금리 인하를 통한 정책적 효과는 없는 상황이었다. 은행뿐만 아니라 전체 금융기관이 보유한 채권 등을 중앙은행이 직접 매수하여 시장에 유동성을 살포하였다. 헬리콥터 벤(helicopter Ben)이라는 별명이 벤 버냉키(Ben Bernanke) 연방준비위원회 의장에게 부여되었다. 중앙은행의 입장에서는 채권이나 다른 자산을 사들임으로써 정책금리를 낮추지 않고도 돈의 흐름을 확대케 하는 효과를 가져올 수 있었다. 2008년 11월 25일 연방준비위원회(Fed)는 1,000억 달러 규모의 정부 보증 모기지채권(GSE direct obligations)과 5,000억 달러 규모의 모기지유동화증권(mortgage-backed securities, MBS)을 매입하였다. 그리고 TALF(Term Asset-Backed Securities Loan Facility)라는 새로운 대출 프로그램에 2,000억 달러를 투입한다고 발표한다. 1차 양적완화정책(QE1)의 시작이다. 12월 16일에는 연방기금금리를 종전의 1.00%에서 0%~0.25%로 낮추고, 국채와 모기지채권을 대규모로 매입해 통화공급량 자체를 늘리는 양적완화로의 전환을 공식 선언한다. 그리고 1차 양적완화는 2010년 1

[미국 기준금리 추이와 연준 양적완화 주요 내용]

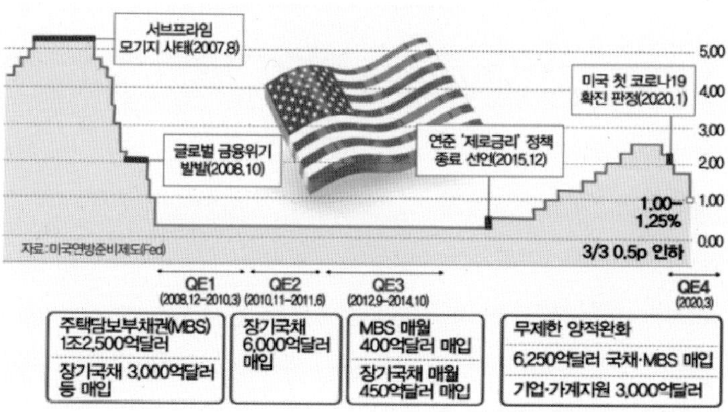

※출처 : 서울경제신문, 2020년 3월 24일자

분기에 종료됐으며 총 1조 7,000억 달러가 투입되었다. 2010년 11월 3일 연방준비위원회(Fed) 회의에서 6개월간 6,000억 달러 규모의 2차 양적완화정책(QE2)을 시행하기로 결정하였다. 3차 양적완화정책(QE3)은 2012년 9월 13일에 시작하여 2015년 중반까지 진행되었다. 연방준비위원회(Fed)는 매달 450억 달러 규모의 미국 국채를 추가로 사들여 채권 매입규모를 850억 달러로 확대키로 결정한 것이다. 시장에는 엄청난 규모의 달러가 다시 투입된 것이다. 이러한 3번의 양적완화정책을 통해 2008년 당시 8,000억 달러 규모의 본원통화량이 양적완화가 사실상 종료된 2015년 중반에는 4조 달러 규모로 확대된다. 이렇게 기하급수적으로 공급된 달러는 다시 자산가격 회복으로 흡수되고 일부는 해외로 유출되어 달러의 가치를 약화시키는 역할을 하였다. 미국은 달러를 활용한 통화정책을 통해 금융위기를 극복하는 혜택을 누리게 된 것이다.

[주요 선진국 통화 대비 달러 인덱스]

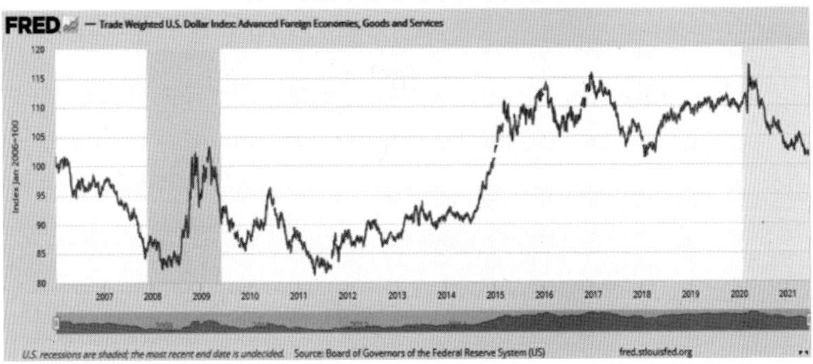

이러한 일련의 금융위기 극복과정에서 달러에 대한 신뢰도는 추락하였다. 3번의 양적완화정책(quantitative easing policy)을 통해 달러의 본원통화는 4조 달러까지 증가하면서 인플레이션 우려와 달러 가치 하락에 시달려야 했다. 그리고, 과거에 수많은 왕국과 국가들이 저질렀던 무분별한 신용창출(credit creation)이라는 실수를 반복한 것에 대한 댓가였다. 이로 인해 달러 화폐시장도 일순간에 위험에 처할 수 있다는 사례를 전세계에 알린 상황이 되었다. 각국 중앙은행들은 외환보유고에서 달

러의 비중을 줄이고 유로(Euro)나 금(gold)으로 대체하려는 경향을 강하게 나타냈다. 달러 인덱스(Dollar Index) 챠트를 보면 보다 명확해 진다. 달러 인덱스는 선진국 주요 6개 통화 대비 달러의 강도를 나타내는 지수이다. 2008년 금융위기 이후 줄곧 달러는 약세를 보이게 된다. 엄청난 양의 본원통화가 시장에 공급되면서 통화가치가 하락했기 때문이다. 하지만, 2015년을 지나면서 달러는 미국 경제의 호황에 힘입어 다시 부활하는 모습을 보였다. 연방준비위원회(Fed)가 공급했던 막대한 양의 본원통화를 점진적으로 감소시키기 시작했기 때문이다. 여기다 상대적으로 유럽 주요국들의 경기침체 및 정치적 불안을 근거로 안전자산으로서 다시 강세로 전환하는 경향을 나타냈다. 즉, 2008년 미국의 서브프라임 모기지 사태(The Subprime Mortgage Crisis)와 이에 따른 글로벌 금융위기는 전 세계에 달러 화폐시장의 한계점을 명확히 표출한 최근 사건으로 봐도 무방할 듯 하다.

화폐 자산(Currency Asset)에 투자하라 - 원유 · 금 · 달러 · 비트코인

투자환경의 변화

화폐시장과 국가권력

화폐자산과 투자

중개인, 딜러, 그리고 거래소

기초자산 현물거래

선물계약, 레버리지와 양방향

증권화로 투자 유연성 강화

전자화폐의 출현

핀테크가 가져온 변화

암호화 화폐, 비트코인

알트코인과 최초코인공개

중앙은행의 전자화폐(CBDC) 도입

화폐시장의 미래

지금까지 화폐와 화폐시장의 발달에 대해 고대부터 오늘날까지 개괄적으로 정리했다. 아직 전자화폐(electronic currency)의 출현에 대해서는 이야기를 시작하지 않은 상태이다. 그럼에도 불구하고 서론에서 논의하였던 화폐와 화폐시장의 역할에 대해서 충분히 논리적으로 설명이 된 것 같다. 화폐시장과 국가권력과의 관계, 그리고 화폐자산의 금융상품으로서의 역할은 명확해진 것 같다.

고대에는 황제의 통제하에 그리고 중세에는 왕과 영주의 독점으로 화폐시장이 관리되었다. 근대에는 왕권과 주권에 의해 그리고 현대에는 국가와 중앙은행을 통해 화폐시장이 관리되고 있다. 여기에 화폐를 금융자산으로 인지하고 개인, 금융기관, 거대자본, 그리고 국가는 경제적 이해관계를 통해 화폐시장에서 부를 축척하려 해왔다.

이제 중요해진 점은 오늘날 새롭게 대두되고 있는 전자화폐(electronic money)와 핀테크(fintech)도 기존의 화폐시장이 발달해온 과정을 동일하게 반복할 것인가의 분석이다. 21세기 들어서면서 나타난 정보기술(information and technology, IT)의 놀라운 발전은 기존에 우리가 인지하고 있던 화폐와 화폐시장의 모습을 분명 다르게 변화시키고 있다. 전자화폐에 의해 지폐는 점점 자취를 감춰가고 있다. 금과 달러에 대한 투자는 주로 고정자본을 보유한 금융기관과 기관투자자들에 의해 행한다는 것이 기존의 생각이었다. 지금은 개인투자자들도 스마트폰(smartphone)을 통해 시간과 공간에 제약을 받지 않고 손쉽게 행할 수 있다는 생각으로 바뀌어 가고 있다. 이러한 흐름을 구체적으로 살펴보고 이해한다면 향후 화폐시장에 다가올 투자환경의 변화를 감지할 수 있을 것 같다.

화폐시장(Currency Market)과 국가권력

화폐(currency)와 화폐시장(currency market)의 발달을 살펴보면서 가장 중요한 특징을 하나 확인할 수 있었다. 새로운 기술의 발전과 함께 새로운 화폐가 출현한다. 그리고 이 화폐는 사회에서 통용을 인정받고 화폐시장으로 수용된다는 것이다. 화폐시장으로 수용되면 권력이나 국가에 의해 독점되고 관리를 받는다는 점이다. 특히, 국가의 독점을 인정받은 화폐는 시장에서 헤게모니를 갖게 되었다. 국가는 이러한 화폐를 통치의 도구로 활용해왔다. 동시에 국가경제의 발전을 위해 화폐시장을 관리하고 통제해 왔다고 볼 수 있다. 이러한 과정을 통해 화폐와 화폐시장은 오랜 세월 동안 생명을 이어왔다.

먼저 상품화폐(commodity currency)를 살펴보면 부족간 또는 도시간 교류를 가능케 한 것은 수레바퀴라는 이동수단의 발달이었다. 이를 통해 대량의 물물교환이 일어났고 이는 상품화폐의 발달을 가져오게 하였다. 상품화폐 시장에서 가장 혜택을 본 세력은 당연히 이들 품목들을 생산하고 유통하는 자들의 독점이었다. 하지만, 왕과 권력은 이를 국가권력의 통제하에 두고 통치를 위한 수단으로 활용하였다. 로마제국 때 소금광산을 국유화하는 경우를 볼 수 있었다. 이러한 화폐 품목들은 왕국의 재정을 증가시켰을 뿐만 아니라 경제의 기본단위를 이루는 품목이었기 때문이다.

로마제국을 거쳐 중세시대, 그리고 르네상스 시대에 이르기까지 금화와 은화와 같은 금속화폐(metal currency)의 시대였다. 주조술의 발달로 가능해졌다. 이를 통해 귀금속 코인(coin)을 보다 정교하고 가치 있게 발행할 수 있었다. 화폐시장이 금속화폐 주도로 재편성되자 왕과 영주들은 이에 개입하였다. 신규 동전의 발행을 통해 시뇨리지 효과(seigniorage effect)를 누렸다. 또한, 동전의 유통을 통해 자신의 왕국과 영토를 통치하는 데 활용하였다. 금화와 은화의 생산에 필수인 금 광산과 은 광산은 왕과 영주들의 소유로 귀속되었다. 금과 은을 대량으로 보유한 상인들과 귀족들은 화폐시장에서 헤게모니를 장악할 수 있었다. 르네상스 시대에는 지중해를 중심으로 국제무역이 발달하였다. 이는 도시마다 발행한 수많은 금속화폐들을 교환해 주는 환전상들의 이해관계가 컸다. 그리고, 금과 은을 보관해주는 금은세공업자들도 부를 축척할 수 있는 기회가 발생하였다.

근대사회로 넘어오면서 지폐(paper currency)가 출현하였다. 종이를 만드는 제지술과 인쇄술이 발달하면서 가능해졌다. 지폐는 내재가치가 낮았기에 금과 은 또는 기타 자산으로 태환을 유지하는 방법으로 시스템이 유지되었다. 은행들이 발행하는 뱅크노트는 지폐시장의 개척자가 되었다. 이는 곧 왕과 국가에 의해 다시 독점되었다. 국가가 금과 은으로 태환을 보장하는 시스템을 화폐시장에 제공했다. 그리고 국가는 발행시장에서 엄청난 시뇨리지 효과를 누릴 수 있었다. 지폐의 무분별한 발행을 통해 전쟁비용이나 국가 재정에 충당하였다. 처음에는 상업은행들이 환전업과 대금업, 그리고 은행권 발행을 독점하며 화폐시장의 헤게모니를 장악했다. 이를 지켜본 국가는 중앙은행을 설립하여 화폐 발행의 독점권을 확보하였다. 그리고 은행들에 대한 관리를 통해 화폐시장을 통제하는 방법으로 시스템을 구축하였다. 화폐시장에서 국가, 중앙은행, 그리고 은행들의 연합이 형성된 것이다.

지폐(paper currency) 시장은 더욱 발전하여 금과 은의 태환을 필요로 하지 않는 법정화폐(fiat money) 또는 신용화폐(credit money) 시장으로 전환되었다. 내재가치가 부재한 지폐를 국가권력으로 보증하는 제도이다. 그리고 2차 세계대전 이후 현대 사회에서 전 세계적 통신의 발달과 금융시장의 글로벌화에 힘입어 미국은 달러를 활용해서 전 세계 화폐시장을 통합하며 헤게모니를 쥐게 되었다. 미국 정부와 연방준비위원회(Fed)는 달러를 이용한 통화정책으로 전세계 금융시장에 영향력을 발휘하였다. 그리고 다른 통화의 도전을 철저히 배제하는 모습을 나타냈다. 미국 연방준비위원회(Fed)는 달러의 발행을 통해 글로벌 시뇨리지 효과를 축척했다. 그리고 화폐시장에서는 통화정책(monetary policy)을 통해 패권국의 지위와 발전을 유지하고 있다. 이러한 화폐시장에서 달러를 외환보유고로 충분히 보유한 중앙은행들의 영향력이 부각되었으며, 금융기관들도 달러를 통한 비즈니스에 적극적으로 합류하였다.

이제 밀레니엄 시대(The Millennium era)로 들어서면서 IT의 급격한 발달과 함께 전자화폐(electronic currency)가 출현하였다. 이 전자화폐는 지폐를 일정 부분 대체하면서 그 범위를 넓혀가고 있다. 사회에서도 그 수용성을 인정받고 있다. 하지만, 비트코인(bitcoin)을 비롯한 암호화 화폐(cryptocurrency)의 경우 이러한 국가 권력의 통제에서 벗어나려는 특성이 강하다. 국가와의 갈등이 크게 발생하고 있는 상황이다. 비트코인이 가지고 있는 분권적(decentralized)이고 절대 익명성(anonymity)을 강조하는 부분은 화폐시장에서 투명성(clarity)과 중앙집권적 통제(centralized control)를 중요시 여기는 국가와 중앙은행의 의도에 정면으로 반기를 든 셈이다. 소비자 주권(consumer sovereignty)과 국가 주권(State sovereignty)이 서로 이해관계가 충돌되는 시점으로 보여진다. 양자의 갈등은 향후 전자화폐의 발전 방향을 가늠하게 할 것이다. 모두들 미래의 화폐시장은 전자화폐가 주도할 것으로 전망하고 있다. 그러나 그 방법과 헤게모니 통화에 대해서는 의견이 분분하다. 앞으로 전자화폐의 출현과 발전과정을 서술하면서 이 부분을 심도 있게 애기할 예정이다. 그리고, 향후에 전망되는 새로운 기술의 발전과 새로운 대안 화폐의 출현도 다룰 예정이다. 새롭게 출현하는 화폐도 결국은 국가권력과의 상호작용에 의해 그 수용 여부와 미래가 결정될 수 있다고 본다.

짧게 정리해 본 바와 같이 화폐자산들은 모두 국가 권력(power) 또는 국가 주권(sovereignty)과 상호작용을 하고 있다. 화폐자산들의 가격을 움직이는 변수에는 항상 지정학적 리스크나 국제정세, 또는 재정정책과 통화정책과 같은 국가의 정책들이 중요하게 자리잡고 있다. 이 부분이 화폐자산의 가격 전망을 어렵게 하는 요소 중에 하나이다. 정권의 교체, 정치적 결단, 경제공황, 지역공동체의 탄생, 쿠데타, 폭동, 테러, 대규모 파업 등과 같은 일은 예측하기 어려울 뿐만 아니라 결과가 어떻게 될지 알기도 힘들기 때문이다.

화폐자산(Currency Asset)과 투자

화폐자산의 투자 매력

화폐와 화폐시장의 역할 중 중요한 다른 하나는 부의 축척 수단으로 사용되어 왔다는 점이다. 즉, 금융자산(financial asset)으로서의 역할이었다. 새로운 화폐와 화폐시장이 출현하고 발달하면서 어떤 세력이 이해관계를 갖고 이를 이용하여 부(wealth)를 축척하는지도 이미 언급을 했다. 화폐자산이 부의 축척수단으로 인기 있는 이유를 이미 서론에서 설명한 바 있다. 가장 중요했던 것은 역사적으로 오랫동안 화폐는 안전자산(lower risk asset)으로 간주되어 왔기 때문이다. 여기서 말하는 안전자산이란 그 자산의 가치가 시간이 지나면서 항상 증가한다는 뜻이 아니다. 은행의 정기예금(time deposit)과 같이 시간이 되면 일정한 수익을 준다는 개념이 아니다. 일반적으로 투자상품들에 내재하고 있는 부도위험(default risk), 유동성 위험(liquidity risk), 그리고 정보 접근의 불평등성 등과 같은 위험으로부터 매우 자유롭다는 뜻이다. 그래서 가격 움직임의 변동성이 낮다는 것으로 해석해야 한다. 이러한 안전자산(lower risk asset)의 특징은 경제와 경기 싸이클(cycle)이 호황에 접어들면 상대적으로 위험자산(higher risk asset)에 비해 성과는 낮게 얻게 된다. 반대로 경제와 경기 싸이클이 불황기나 침체기에는 상대적으로 성과의 하락폭이 낮거나 아니면 수익을 제공해 주는 역할을 한다는 것이다. 그 이유로는 화폐

자체에 가치가 내재되어 있고, 화폐는 국가의 신뢰감이 포함되어 있으며, 그리고 화폐는 글로벌 시스템에 의해서 가치를 상호 보증하기 때문으로 언급했었다.

추가적으로 화폐 자산에 대한 투자가 상대적으로 부의 축척 수단으로 활용하는 이유로 거래비용(trading cost)이 합리적이고 정보의 비대칭성(asymmetric information)이 제거되어 있다는 점도 고려할 수 있다. 화폐자산을 상호 거래하는데 거래수수료가 전부이다. 이를 보관하고 유지하는데 필요한 추가적인 비용이 적거나 거의 없다. 금은 보관하는데 비용이 들어갈 뿐 감가상각이나 품질을 유지하는데 추가적인 비용은 소소하다. 달러를 거래하는데도 추가적인 비용은 없다. 오직 거래수수료만 있다. 주식이나 채권은 부도에 대비해 추가적인 비용이 발생할 수 있다. 과세적인 측면에서도 매매차익은 비과세 혜택을 누릴 수 있다. 비트코인(bitcoin)도 마찬가지이다. 도둑맞을 것을 염려해 추가로 보안경비를 지불해야 할 필요도 없다. 이는 거래 후 자산의 가치 변동을 명확히 하는데 도움이 된다.

여기에 정보의 비대칭성(asymmetric information) 문제도 중요하다. 이는 시장에서의 각 거래 주체가 보유한 정보에 차이가 있을 때 그 불균등한 정보 구조를 말한다. 이에 따라 거래 주체의 이해관계가 심하게 상실되어 효율적인 자원 배분을 불가능하게 할 수 있다. 주식이나 채권의 경우 그 회사 재무정보의 정확성은 내부자들만이 알 수 있다. 과거 2001년 발생한 엔론(Enron Corporation) 파산 사건과 같이 내부자들이 공모하여 회사의 가치를 조작하는 경우에는 일반 투자자들의 경우에는 속수무책이다.

이러한 정보의 비대칭성에는 역선택(adverse selection)이나 도덕적 해이(moral hazard) 등의 문제를 낳을 수 있다. 역선택은 중고차 시장의 경우와 같이 판매자가 파는 물건의 속성에 대해 구매자보다 정보가 많을 때 생긴다. 이런 상황에서는 판매자가 구매자에게 품질이 좋은 물건을 시장에 아예 내놓지 않게 되거나, 구매자가 좋지 않은 물건을 비싸게 사게 된다. 보험시장의 경우에도 사고를 당할 가능성이 낮은 사람들은 보험조건이 자신들에게 불리하기 때문에 아예 보험에 가입하지

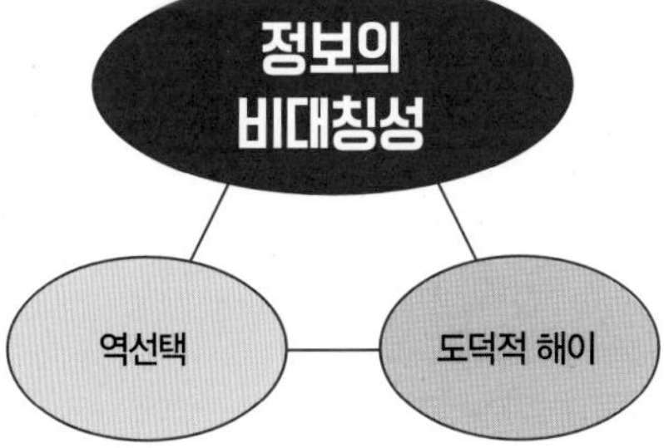

않게 되는 문제가 생긴다. 반대로 사고를 당할 가능성이 높은 사람들은 자신의 상황을 속이고 보험에 가입하려 할 것이다. 이러한 역선택은 계약 체결 전에 발생하게 된다. 반대로 도덕적 해이는 계약이 체결되고 나서 발생한다. 대리인이 사용자를 위해 어떤 임무를 수행할 때 발생하는 문제다. 대리인의 부적절하거나 비도덕적인 행위에 따른 위험을 지칭한다. 자동차보험에 가입한 후 안전운전을 소홀히 하거나, 국민건강보험이 잘 되어 있다고 해서 특별한 이상이 없는데도 병원에 자주 가는 것 등은 도덕적 해이의 예이다. 이러한, 현상은 지분투자, 채권의 인수, 주식의 내부자 정보, 파생상품의 자전거래, 부동산의 매매 등에서 흔히 발생하는 문제이다.

이런 측면에서 본다면 화폐자산들은 정보의 비대칭성 문제가 거의 없어 보인다. 화폐 자체에 불법적인 조작이나 내부자 정보, 상이한 계약조건 등이 포함되어 있지 않다. 국가가 관리하기에 이러한 문제들은 화폐자산과는 먼 얘기이다. 화폐자산의 수요와 공급 등에 관한 정보는 국민이면 누구나 알 수 있는 요소이다. 화폐자산의 가치에 영향을 주는 요소는 내부자 정보와 정보의 비대칭성과는 상관없다. 일반 주식이나 채권 등과 같은 금융상품은 이러한 문제를 해결하기 위해 들어가는 비용이 만만치 않을 경우가 빈번하다.

화폐의 발행시장(primary market)

화폐자산에 투자하여 수익을 얻는 방법은 두 가지 경로를 통해 가능하다. 발행시장(primary market)과 유통시장(secondary market)에서의 투자가 그것이다. 우선 화폐 발행시장에서 혜택을 추구하는 것에 대한 예는 이미 수십번 제시하였다. 바로 시뇨리지 효과(seigniorage effect)이기 때문이다. 중앙은행이나 정부가 화폐를 발행함으로써 얻는 수익은 화폐주조차익이다. 예를 들면, 한국은행이 1만원권 지폐를 하나 찍어내는데 종이값, 잉크, 기계 사용료, 도안비 등 2천원의 비용이 든다고 가정해 보자. 정부 입장에서는 1만원권 지폐를 하나씩 찍을 때마다 차액인 8천원의 이득을 낼 수 있는 것이다. 과거 로마제국 시대와 중세시대 때 왕들과 영주들은 금광에서 캔 금으로 금화를 주조하여 명목가치를 부여하였다. 금 1g이 함유된 금화의 명목가치가 10플로린(Florin)이라고 할 경우 광산에서 금을 캐고 이를 주조하는데 드는 모든 비용이 4플로린이라면 주조권자에게 돌아가는 이익은 금화 1개당 6플로린의 수익이 생기는 것이다. 뿐만 아니라 지금(地金)을 보유한 상인들이 금화의 주조를 의뢰하면 이에 상응하는 주조 수수료를 받을 수 있게 된다. 밀레니엄 시대에 들어서면서 대부분의 중앙은행들은 동전의 발행을 자제하고 있다. 동전에 들어가는 금속 가격이 비싸지면서 동전을 발행하는데 손실이 발생하는 경우가 되었기 때문이다. 그리고 소액권보다는 고액권의 발행을 더 선호하는 현상도 이와 마찬가지이다. 또한, 중앙은행들이 최근 디지털 화폐(digital currency)에 적극적으로 눈을 돌리는 것도 이러한 시뇨리지 효과와 무관하지 않다. 디지털로 동일한 명목가치의 화폐를 발행할 경우 원가나 비용이 거의 없다고 보기 때문이다. 동전에 들어가는 금속을 구할 필요도 없어진다. 시뇨리지 효과를 최대화 할 수 있는 요건이 되기 때문이다.

이러한 화폐발행에 대해 민간부분과 국가가 서로 독점권을 갖기 위해 갈등을 빚어왔다. 은행권(bank note)이 대표적이다. 근대사회로 넘어오면서 은행들은 고객이 맡긴 자산을 담보로 은행권을 발행하여 시뇨리지 효과를 누리고 있었다. 하지만, 이를 중앙은행이 독점하면서 시뇨리지 수익을 모두 뺏기게 되었다. 비트코인(bitcoin)도 비슷한 상황이다. 글로벌 수요자들이 비트코인 채굴에 참여하고 있다. 미국 연방준비위원회(Fed)의 입장에서는 화폐의 시뇨리지를 빼앗기고 있는 모습이 되고 있다. 따라서, 비트코인(bitcoin)에 대한 갈등이 발생한다. 이후 알트코인(altcoin)들은 최초코인공개(Initial Coin Offering, ICO)와 선채굴(pre-mining)를 통해 코인을 발행한다. 중앙은행의 입장에서는 또 시뇨리지를 빼앗기게 된다. 정부의 입장은 코인공개(ICO)에 대해 불편함을 느낀다. 이것이 현재 암호화 화폐들이 정부와 불편한 관계를 지속하는 이유 중 하나이다. 현재 암호화 화폐의 발행으로 최대의 수익을 보고 있는 것은 거래를 통한 단기 투자자들이 아니다. 코인을 발행 또는 공급하는 자들이다. 이들은 대부분 기술자들(engineers)이다. 그리고 비트코인의 경우에는 중국과 러시아에 있는 채굴회사들이다. 이들도 대부분 기술자들(engineers)이다.

화폐의 유통시장(secondary market)

이제 화폐유통시장(secondary market)에서 수익 추구는 어떻게 이루어지고 있는지 알아보자. 이미 역사적으로 매점매석, 환차익, 차익거래(arbitrage), 레버리지(leverage) 등에 대해 예를 제시했었다. 오늘날에도 주로 세가지 유형의 금융방법이 유용하게 활용되고 있다. 첫째, 현물거래(spot trade)이다. 이는 가격

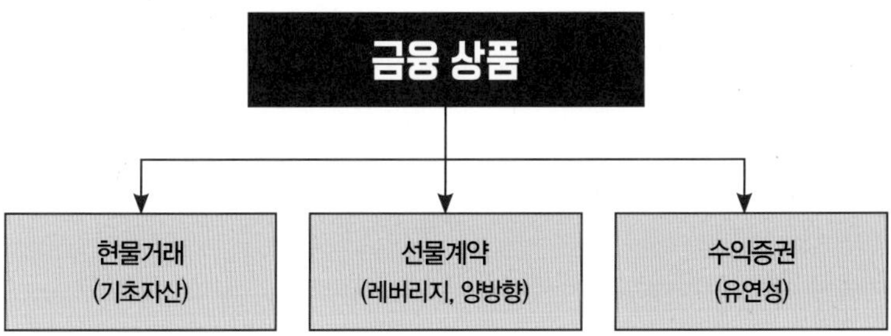

의 방향성을 전망하여 수익을 내는 방법이다. 둘째, 선물계약(future contract)이다. 이는 증거금을 통해 레버리지 효과를 추구할 수 있는 방법이다. 그리고 매수 포지션(long-position)과 매도 포지션(short-position)을 모두 구축할 수 있어 양방향 투자(bidirectional investment)가 가능하다. 셋째, 수익증권(note, securities, certificate)을 활용하는 방법이다. 최근 들어 금융상품들의 증권화(securitization) 현황이 이를 활성화하고 있다. 현물거래나 선물계약과 같은 수익구조를 가진 증서(note, certificate)에 투자하여 해당 투자를 쉽게 복제하는 방법이다. 전통적인 수익증권(beneficiary certificate)과 뮤추얼펀드(Mutual Fund)에서 이제는 상장지수펀드(Exchange Traded Fund, ETF)와 상장지수증권(Exchange Traded Note, ETN)까지 다양하게 제공되고 있다. 특히, 레버리지상장지수펀드(leverage ETF)나 인버스상장지수펀드(inverse ETF)와 같은 경우에는 선물계약이 가지고 있는 레버리지와 양방향 투자를 모두 가능케 하고 있다. 물론 추가적으로 옵션(option), 스왑(swap), 파생상품연계증권(derivatives linked note, DLS)과 같이 고도의 수학적 능력을 요구하는 상품들도 있다. 하지만, 이는 주로 기관 투자자들이 활용하는 방법이고 화폐자산의 투자의 개념과 어긋나는 경우가 많아 이 책에서는 논외로 할 예정이다.

이러한 다양한 금융상품을 가지고 다양한 투자전략도 살펴 볼 수 있다. 매수(long position), 매도(short position), 헤지(hedge), 차익거래(arbitrage)가 대표적인 투자전략이다. 매수 포지션은 가장 기초적인 방법이다. 현물이든 선물계약이든 수익증권이든 우선 매수를 해서 보유하는 방법이다. 당연히 기초자산의 가격이 상승하면 보유한 자산의 가치도 올라가는 상황이다. 반대는 매도 포지션이다. 이는 가지고 있던 매수 포지션을 정리하는 것이 아니다. 공매도(short selling)와 같이 기초자산을 가지고 있지 않은 상태에서 우선 매도를 먼저하고 이후에 매수를 통해 포지션을 상쇄(trade-off)하는 방식이다. 먼저 매도를 했기에 기초자산의 가격이 하락하면 수익이 나는 구조이다.

헤지 전략(hedge stragegy)은 이미 보유하고 있는 자산의 가격이 변동하는 데서 오는 위험을 피하기 위해 행하는 거래를 의미한다. 예를 들면 국내 금융시장에서 주식시장이 불안할 때는 원달러 환율이 상승하는 현상을 가져온다. 즉, 원화 가치가 하락하는 현상이다. 이를 이용할 수 있다. 개인투자자는 현재 코스피200지수펀드 1억원어치를 보유하고 있는데 향후 주가가 조정을 받을 수 있을 것으로 보인다. 하지만, 해당 포지션을 정리하고 싶지 않다. 그럴 경우 해당 금액만큼 달러를 매수하여 헤지할 수 있다. 만약 예상대로 주가가 하락하면서 손실이 발생하는 부분은 원달러 환율이 상승하여 손실을 상쇄시킨다. 반대로 예기치 않게 주가가 상승하게 되면 주식 가치는 추가적인 수익을 얻게 된다. 그리고 반대로 원달러 환율은 하락하여 환손실이 발생한다. 서로 상쇄하여 손실은 없는 상태가 된다. 이는 수익을 창출하는 기회를 갖는 것이 아니라 리스크를 제거하는 전략이다.

차익거래(arbitrage)는 서로 다른 두 개 이상의 시장 또는 상품간에 나타나는 가격의 불균형을 이용한다. 리스크를 최소화하여 수익을 내는 거래를 말한다. A라는 시장에서 금이 온스당 1,900달러에 거래되는데 B라는 시장에서는 금이 온스당 2,000달러에 거래된다고 가정하자. 거래비용이 없다면 A시장에서 금 1온스를 매수하여 B시장에서 매도한다면 온스당 100달러의 수익을 거둘 수 있다. 이를 이종시장간 차익거래(cross-market arbitrage)라 한다. 다른 예도 볼 수 있다. 시카고상업거래소(CME)에서 거래되는 금 선물가격의 경우 만기가 당장 눈앞에 있는 최근 월물의 가격은 이론적으로 금 현물가격과 거의 동일하게 움직여야 한다. 그런

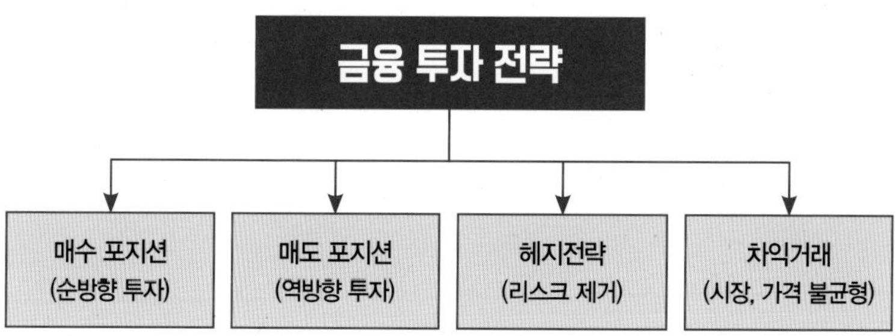

데 갑자기 시장의 수급문제로 선물가격과 현물가격의 차이(spread)가 크게 벌어지는 경우가 있다. 이론적으로 1달러 수준이 되어야 하는데 5달러가 벌어진 것이다. 그러면 저평가된 쪽을 매수하고 고평가된 쪽을 매도하여 스프레드만큼 수익을 미리 확보한다. 만기가 되면 현물과 선물 가격은 동일하게 정산하게 된다. 아니면, 도중에 현물과 선물의 가격차인 스프레드가 정상으로 돌아 오면 반대매매를 통해서 포지션을 정산하면 된다. 그러면 스프레드만큼 수익을 확정하게 된다. 이는 현선물간 차익거래(spot-future arbitrage)로 칭하고 있다. 즉, 차익거래는 투자의 유연성을 확보할 수 있는 수단이다. 언급한 네 가지 투자전략이 금융시장에서 가장 유용하게 활용되고 있다. 위의 상품들과 투자전략은 다시 구체적으로 설명할 예정이다.

중개인(broker), 딜러(dealer), 그리고 거래소(exchange)

이러한 화폐의 발행시장과 유통시장은 대부분 은행과 증권사와 같은 금융기관(financial institution)과 공인된 거래소(exchange)를 통해 기능이 이루어지고 있다. 이들은 대부분 정부가 인가한 거래소이거나 정부에 등록된 금융기관으로 항상 정부와 중앙은행의 엄격한 통제를 받고 있다. 따라서, 현재는 화폐자산을 거래하는데 있어 정부와 중앙은행의 관리하에 있다고 간주할 수 있다. 화폐시장에서 투자는 개인보다는 전문화된 기관투자자들이 주를 이루고 이들이 성과를 가져가는 구조라 볼 수 있다.

금융거래의 중개(mediation)

전통적으로 금융거래는 중개자의 도움을 받아 이루어지는 것이 보통이다. 금융상품의 공급자와 수요자가 직접 만나 거래를 하는 것이 비용이나 만족도 면에서 가장 효율적일 수 있다. 그러나 이러한 공급자와 수요자가 정확히 매칭되기는 현실사회에서 쉽지 않다. 시간과 공간, 그리고 가격 조건 등이 제약적이기 때문이다. 그래서 대부분 중개자의 도움을 필요로 하게 된다. 중개자가 금융거래를 중개하는 방식은 두 가지이다. 하나는 금융거래에 관한 정보를 제공하고 거래 성사 대가로서의 수익을 받는 브로커(broker) 방식이다. 다른 하나는 직접 거래에 참여하여 수익을 얻는 딜러(dealer) 방식이다. 브로커와 딜러는 자금의 제공자와 수요자를 소개하고 정보를 제공함으로써 거래 쌍방의 탐색비용(searching cost)을 감소시켜 거래를 원활하게 해주는 기능을 가지고 있다. 이러한 점은 양쪽이 모두 기능이 비슷하다.

하지만, 차이점도 명확히 존재한다. 브로커(broker)는 금융자산의 거래에서 공급자와 수요자를 연결시켜 거래를 성사시키고 중개의 대가로 수수료(commission)를 받는 것을 목적으로 한다. 금융자산을 소유하거나 보유하는 것이 아니라 단순히 중개만 하게 된다. 이미 익숙해진 거래소(exchange)가 대부분 브로커이다. 거래소에는 회원들이 서로 모여 매수 매도 가격을 흥정하고 조건이 맞는 경우 계약이 체결된다. 거래소는 이러한 매매 행위에 거래 및 지급결제와 관련된 시스템을 제공한다. 공인된 한국거래소(KRX)에서는 금 현물, 금 선물, 금 ETF 등이 거래된다. 달러 선물도 있으며, 달러 선물 ETF도 상장되어 있다. 거래소 자체에는 해당 상품을 보유하거나 소유하고 있지 않다. 양자간의 거래만 중개하고 수수료를 받을 따름이다. 시스템에서 나는 에러를 빼고는 개인적인 사고가 나도 별도로 책임을 지려하지 않는다. 거래는 당사자의 일이기 때문이다.

이에 비해 딜러(dealer)는 금융자산의 거래에서 자기 명의로 물량을 소유하고 보관하여 수익을 얻는 전문중개인이다. 본인이 직접 거래에 참여하여 자기 책임하에 매수 매도하고 매입가격과 매출가격의 차액, 즉 스프레드(spread) 수익을 얻는 것을 목적으로 한다. 딜러는 매도와 매수 주문을 연결해 주는 브로커의 역할도 겸한다. 예를 들면 투자매매중개업을 담당하는 증권회사는 브로커의 역할을 통해 주식을 매매하는 사람을 연결시켜 주고 수수료를 받는다. 동시에 증권회사 스스로 채권을 자기 계산으로 매입하였다가 고객에게 적절한 가격을 부과하여 매각해 수익을 얻는 딜러의 역할을 하기도 한다. 한국에서는 전통적으로 미곡상인(rice store)들이 이러한 역할을 담당해 왔다. 가을철 추수 시즌이 되면 자기 계산으로 쌀을 매수하여 보유한다. 그리고 평상시에는 쌀을 사러 오는 소비자에게 제시하는 매도가격은 비싸게 반대로 쌀을 팔러 오는 농부들에게 매수가격은 상대적으로 싸게 서로 다르게 제시한다. 그리고 그 차액만큼 이문을 남겼다. 공급이 많고 수요가 적으면 공급자에게 더 싼 가격을 부과하여 차액을 유지한다. 반대로 공급이 적고 수요가 많으면 수요자에게 더 비싼 가격을 부과하여 차액을 확보한다. 현대 금융거래에서 딜러 역할의 대표적인 예는 외국환은행의 외환 딜러(foreign exchange dealer)이다. 외환 딜러들은 은행 명의로 이미 달러(dollar)와 유로(Euro)를 보유하고 있으며, 이 외화를 가지고 외화를 매수하는 자와 외화를 매도하려는 자에게 동시에 매입매도호가(bid-offer price)를 제공한다. 예를 들면 달러의 경우 매도자에게는 1,108원으로 매수자에게는 1,112원으로 가격을 제시하는 것이다. 그리고 그 매입매도호가의 차이인 스프레드(spread)를 수익으로 가져간다. 해당 호가에서는 달러당 4원이 스프레드이자 수익이 된다. 이때 자기 계산으로 매매를 하면서 해당상품을 따로 가공을 하거나 변형하여 부가가치를 창출하여 매도하는 것은 아니다. 상품의 변질 없는 상태로 매수하거나 매도하는 것이다.

금융거래소(financial exchange)의 발달과 역할

특히, 역사적으로 금융거래에 있어서 거래소(exchange)의 발달은 수많은 금융거래를 하는데 가장 큰 일조를 하였다. 회원들이 모여서 서로 상품의 매매가 가능한 중개를 제공하고 청산소(clearing house)를 통해 결제의 이행을 보증하는 시스템이다. 중개된 거래에 대해 일방이 불이행하게 되면, 청산소가 이를 대행해서 거래를 완결시켜 주고 불이행을 한 회원에게 차후 불이익(penality)을 주거나 추심(collection)을 하게 된다. 이러한 시스템을 통해 거래자들에게 신뢰감을 제공하고 거래의 안전성을 보장한다. 주식, 채권, 원자재, 외환, 기후 등과 관련된 기초자산(underlying asset) 뿐만 아니라 선물, 옵션, ETF, ETN 등 다양한 파생상품까지 제공하고 있다. 이를 통해 기관투자자들과 개인투자자들은 자유로운 금융거래가 가능해 졌다.

경제학자 로데베이크 페트람(Lauderbake Petram)에 따르면 세계 최초의 거래소는 1602년 8월에 네덜란드에서 동인도회사(East India Co.) 주식의 청약을 받으면서 설립되었다고 전해진다. 1602년 네덜란드(the Netherlands) 의회는 해상 무역의 중심지였던 암스테르담(Amsterdam)에 전국 6개 사무소를 둔 국가 공인의 동인도회사(Verenigde Oost-Indische Compagnie, VOC)를 설립한다. 조선 역사에 등장하는 박연(朴燕, Jan Jansz Weltevree, 1595년~?) 이나 하멜(Hendrik Hamel, 1630년~1692년)이 바로 이 네덜란드 동인도회사 소속의 선원이었다. 네덜란드 동인도회사(VOC)는 의회가 만든 정관에 따라 투자금을 모으기 시작했다. 정관에 따르면 이 나라에 사는 사람들은 누구가 이 회사의 주식을 살 수 있다는 것이었다. 투자액 제한도 없었다. 새로운 방식의 회사이자 공식적인 주식회사가 생겨난 것이다. 1602년 8월 1일부터 한 달간 네덜란드 동인도회사(VOC) 임원의 가정집에서 이루어진 최초의 청약 시 초대 주주로 등록된 사람은 총 1,143명이었다. 이렇게 모인 자본금은 총 650만 길더(guilder)로 오늘날의 가치로 1억 유로 정도였다. 지분 거래는 공증인이 지켜보는 가운데 회계담당자가 주주명부에 이름을 적고 서명하는 것으로 완료되었다. 그러나 21년간 장기 투자는 걱정거리였다. 그래서 청약 당시 지분을 마음대로 팔 수 있는 추가 조항을 넣었다. 회사 지분의 자유로운 거래를 가능토록 하였다. 즉, 회사의 지분을 자유롭게 교환할 수 있도록 증권을 발행한 최초의 회사인 것이다. 그리고 거래를 위해 장소를 지정했으며, 이후 이를 중개하는 브로커와 딜러가 출현하였고, 주주명부의 변경은 일상이 되었다. 사진은 뷰어스플레인 5번가(Beursplein 5)에 위치한 암스테르담 증권거래소(Amsterdam Exchange)의 모습이다. 1602년 네덜란드 동인도회사(VOC)

[세계 최초의 암스테르담 증권거래소]

※출처 : 위키피디아

가 인쇄된 주식과 채권을 거래할 목적으로 설립하였다. 뒤에 암스테르담 증권거래소(Amsterdam Bourse)로 이름이 바뀌면서, 최초로 유가증권 거래를 공식적으로 시작하였다. 현재는 2000년 9월 22일에 브뤼셀 증권거래소(Brussel Exchange)및 파리 증권거래소(Paris Exchange)와 합병하여 유로넥스트 암스테르담 거래소(Euronext Amsterdam Exchange)가 되었다. 이를 본 따 수많은 주식회사가 암스테르담뿐 아니라 유럽전역에 출현하였다. 그리고, 이 많은 증권지분들을 체계적으로 거래할 장소가 필요해지면서 근대적 의미의 증권거래소가 출현한 것으로 전해지고 있다.

이후 대영제국(British Empire)이 거대한 식민지를 관리하면서 런던에 1801년 런던증권거래소(London Stock Exchange)를 설립하였다. 1877년에는 런던금속거래소(London Metal Exchange)를 개설하여 근대적 의미의 거래소를 확립하였다. 또한, 자본주의의 발달과 거래소의 활동이 가장 활발한 곳은 미국이다. 1792년 뉴욕증권거래소(New York Stock Exchange, NYSEX)가 최초로 출범하였다. 이후 1848년에 시카고상업거래소(Chicago Mercantile Exchange, CME)와 시카고상품거래소(Chicago Board of Trade, CBOT)가 설립되었다. 1872년에는 뉴욕상업거래소(New York Mercantile Exchange, NYMEX)가 영업을 개시하였다. 그리고 1882년에는 상품거래소(Commodity Exchange, COMEX)가 설립되어 커머디티, 금, 채권금리, 주가지수, 외환 관련된 각종 파생상품들을 제공하기 시작하였다. 4개 회사는 2008년 CME Group으로 합병하여 세계 최대의 거래소를 운영하고 있다.

우리나라 최초의 거래소는 1896년에 설립된 인천미두거래소이다. 쌀과 콩 등 곡물이 거래되었다. 거래방식의 가장 큰 특징은 쌀과 돈을 현물로 맞바꾸는 현물거래가 아니라 중간에 반대매매로 차익을 실현하는 청산거래 방식이었다. 당시 거래대금의 10%에 해당하는 증거금만 있으면 주문이 가능했기에 투기를 조장한 것으로 기록되어 있다. 1956년 2월 11일에 현대적 거래소인 대한증권거래소가 정식 설립되었다. 3월 3일 개장 이래 주식 16개 종목 및 국채 3개 종목을 정식으로 상장하여 거래를 시작하였다. 이후 자회사로 1974년에는 한국증권대체결제와 1977년 한국증권전산을 설립하였다. 1979년에는 여의도에 본사를 이전하여 여의도 증권가 시대를 개막하였다. 1988년에는 정부소유 지분을 25개 증권사에 팔아 민영화한 뒤 회원제로 전환하고 전산매매를 개시하였다. 1997년에는 주가지수 옵션시장, 1999년에는 부산에 한국선물거래소, 그리고 2002년 개별주식옵션시장과 상장지수펀드(ETF) 시장을 개설하였다. 2005년에 한국선물거래소, 코스닥증권시장, 코스닥위원회와 합쳐져 한국증권선물거래소로 명칭을 전환하였다. 2009년에 다시 한국거래소(Korea Exchange, KRX)로 상호를 변경하여 현재까지 이르고 있다. 2006년에는 엔과 유로 선물시장, 2007년에는 해외ETF 최초 상장, 2008년에는 국채선물시장과 주식선물시장, 그리고 돈육선물시장을 개설하였다. 2010년에는

[한국거래소(KRX) 시스템]

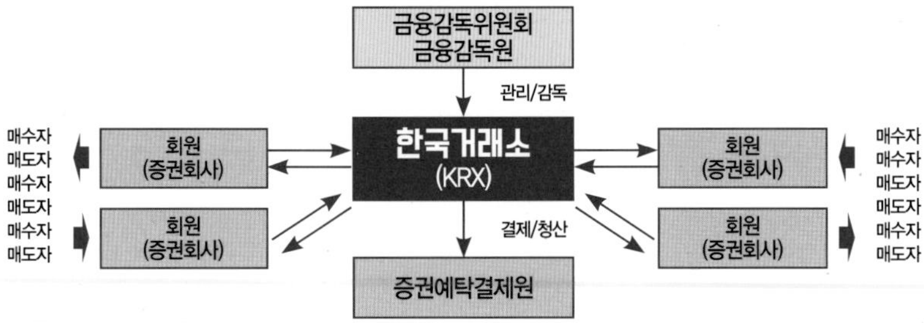

미니(mini) 금 선물시장, 2012년에는 석유전자상거래시장, 2014년에는 KRX 금 시장 등을 추가로 개설하면서 한국에서 거의 모든 금융상품이 거래가 가능토록 시스템을 갖추었다.

전통적으로 금융거래는 브로커와 딜러에 의해서 중개되어 왔다. 이들에게는 수익(profit)이 거래자들에게는 비용(cost)으로 간주되어 왔다. 이러한 거래 비용은 투자자들에게는 큰 부담으로 작용할 수 있다. 국내 금융거래에서 정상적인 수수료와 스프레드는 보통 0.3%에서 1.0% 내외에 달하고 있다. 이는 투자자들이 가져가야 할 성과를 잠식하는 상황을 낳고 있다. 이러한 비용적인 측면뿐 아니라 시간적 공간적 제약도 있다. 해당 금융기관들을 시간적으로 접촉하기도 힘들고 공간적으로도 인근에 있지 않으면 중개를 의뢰하기가 쉽지 않다는 단점이 있다. 주로 개인보다는 기관투자자들을 대상으로 비즈니스가 이루어지고 있기 때문이다.

지금까지 현재 사용하고 있는 화폐 자산에 대한 투자방법을 알아 봤다. 개인들이 투자상품을 이해하기도 힘들고, 중개기관을 통해 접근하기에도 자본력과 이해력 그리고 비용이라는 측면에서 쉽지 않다는 것을 느꼈을 것이다. 이러한 상황을 최근에 변화시키고 있는 것이 핀테크(fintech)의 출현이다. 2010년 이후 특히, IT의 발달을 기반으로 금융기법과 IT의 기술을 접목시킨 것이다. 이는 화폐시장에 커다란 변혁을 가져왔다. 전통적 금융 중개기관을 온라인 거래 플랫폼(platform)으로 전환시키고 있다. 그리고 시간적, 공간적, 비용적 제약을 제거하고 있다. 여기에 자금의 공급자와 수요자를 직접 연결시켜주는 시스템으로 바꾼 것이다. 이러한 변혁을 가져오고 있는 핀테크에 대해 좀 더 자세히 알아볼 것이다. 특히, 핀테크의 흐름과 발전을 명확히 이해하고 현재 진행중인 화폐자산의 투자 방법을 확인한다면 앞으로 다가올 화폐시장의 미래를 좀더 구체적으로 전망할 수 있을 것 같다.

기초자산 현물거래(spot trading)

위에서 언급한 투자방식에 대해 설명할 시간이다. 과거에서부터 가장 기본적인 화폐자산 투자는 현물거래(spot trading)를 통해서 이루어져 왔다. 현물거래는 즉시 또는 거의 즉시 가격의 지불과 인도가 이루어지는 거래이다. 이때 적용되는 가격을 현물가격(spot price)이라 한다. 내가 A라는 금 매도자를 만나 1온스의 금을 1,900달러에 사기로 애기했다. 그리고 그 자리에서 1,900달러를 지불하고 1온스의 금을 받아서 집으로 왔다면 이는 현물거래이다. 이러한 거래는 거의 모든 기초자산(underlying asset)에 적용된다. 휘발유 10리터 짜리 한 통을 주유소에서 돈을 내고 받을 수 도 있다. 콩 한 자루를 농산물 가게에서 바로 돈을 지불하고 사가지고 집으로 온 것도 이에 해당한다.

우선, 원유(crude oil)의 경우에는 개인이 거래소에서 현물로 직접 거래 할 수는 없다. 개인이 원유 1배럴(barrel)을 주문한다 하더라도 그것을 현장에서 운송해 줄 수도 없다. 또한, 그것을 운송하는 비용과 보관하는 비용도 감당이 안된다. 사고의 위험도 매우 높다. 현물거래는 주로 실수요를 필요를 하는 화학기업이나 정유회사들일 것이다. 원유뿐 아니라 과거 상품화폐(commodity currency)로 활용되었던 대부분의 품목이 금융투자에서는 현물거래로 찾아볼 수 없다. 물론 금과 은 같은 귀금속 화폐는 예외이다. 하지만, 거래소에서 해당품목들에 대해 기준이 되는 현물가격

[블룸버그 커머디티 현물가격 모니터]

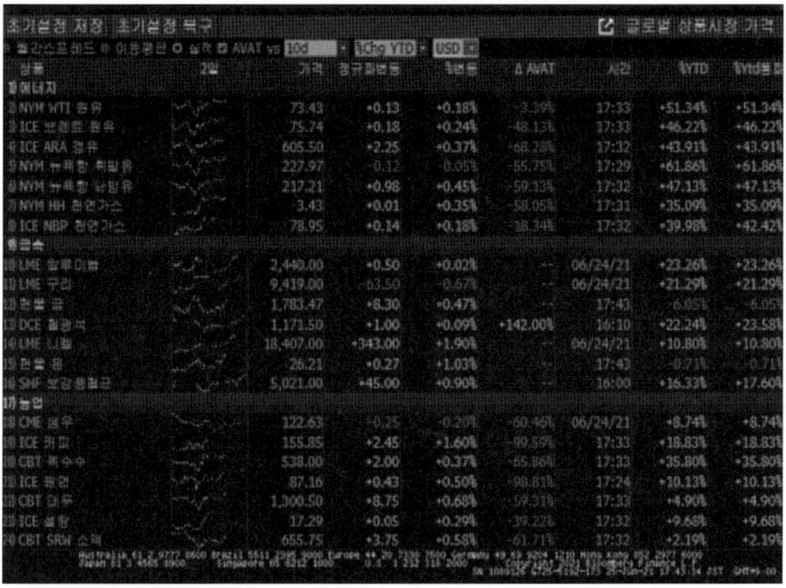

※출처 : Bloomberg, cmdt monitor

을 공시한다. 챠트는 블룸버그에서 공시하는 전세계 대표 상품 품목(commodity)의 현물가격이다. 명칭의 맨 앞은 해당 품목이 거래되는 거래소이다. NYM은 뉴욕상품거래소(New York Mercantile Exchange,NYME)의 명칭이다. 모니터에 나타난 NYM WTI 원유의 현물가격은 미국 서부텍사스중질유(Western Texas Intermediate) 중에서 오클라호마(Oklahoma)주 쿠싱(Cushing) 지역에서 생산되는 원유의 일거래(daily trade) 가격으로 나타난다. 개인투자자들에게 현물거래가 거의 불가능하다는 것에 실망할 필요는 없다. 원유(crude oil)의 경우에는 선물계약(future contract)과 상장지수펀드(Exchange Traded Fund, ETF)를 통해 충분히 투자가 가능하기 때문이다.

최근 개인이 금을 현물로 거래하는 가장 일반적인 방법은 은행에서 골드바(gold bar)를 구입하거나 금거래소(gold exchange)에서 금을 직접 매수하는 방식이다. 신한은행의 경우 골드리슈골드테크통장, 골드리슈금적립통장과 달러&골드테크통

[신한은행 골드리슈통장]

※출처 : 신한은행

장을 통해 개인고객에게 직접 금을 판매하고 있다. 골드리슈골드테크통장은 금의 입출금 거래가 자유로운 통장이며,골드리슈금적립은 금 실물 거래 없이 금을 적립할 수 있는 통장이다. 그리고 달러&골드테크통장은 달러로 직접 금을 매수할 수 있는 통장이다. 물론 통장에 금을 매수하여 입금해 놓거나 매도하여 출금을 할 경우에는 국제 금 시세가 적용된다. 통장에서 본인이 소유한 금의 중량이 g으로 표시된다. 실물로 인출할 경우에는 부가가치세 10%와 실물인출 수수료가 부과된다. 그리고 매매차익에 대해서는 15.4%(2021.5.31 기준)의 배당소득세가 부과된다. 이러한 방식은 주로 통장에 예치해 놓고 투자하는 것이다.

[KRX 금 현물 거래]

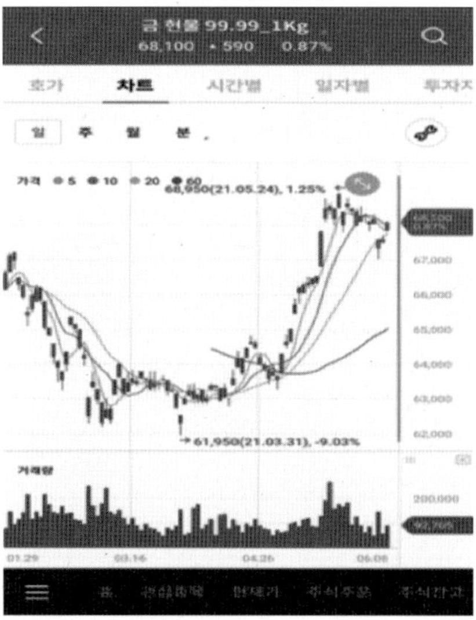

※출처 : 하나금융투자 HTS

한국거래소(Korea Exchange, KRX)는 금 현물시장인 KRX 금시장을 2014년부터 개설하여 운영하고 있다. 그림과 같이 증권사에서 계좌 개설 후 스마트폰의 HTS(home trading system, HTS) 앱을 통해 1kg 골드바(gold bar)와 100g 골드바(gold bar)를 매매할 수 있다. 여기서 거래되는 금은 한국조폐공사가 인증하는 순도 99.99%의 고품질이며, 모두 한국예탁결제원에 안전하게 보관돼 있다. 실물로 인출할 경우에는 해당 증권사에 요청하면 된다. 거래소에서 형성되는 실시간 가격으로 매수 및 매도할 수 있다. 실물로 인출할 경우에는 부가가치세 10%와 실물 인출 수수료가 부과된다. 하지만 매매차익에 대한 배당소득세는 면제된다.

달러의 현물 매매는 주로 외국환 취급 은행을 통해 이루어진다. 은행은 달러를 매수하고자 하는 개인고객들을 위해 매수매도호가(bid-offer spread)를 제공한다. bid 가격은 개인들이 달러를 원화로 팔고자 할 때 가격이다. 반대로 offer 가격은 개인들이 달러를 원화로 구매하고자 할 때 가격이다. 현재 은행간 고시 환율이 1,100원이라면 1,089원-1,111원으로 네고(negotiation)가 나올 수 있다. 딜러는 1% 정도 양쪽에 스프레드를 붙여 호가를 한다. 챠트에서 보면 각 금융기관별 제시되는 원달러 환율 매매호가(bid-offer)이다. 가장 유리한 매매호가를 제시하는 금융기관을 찾으면 된다. 또한, 우량고객은 수수료를 할인 받을 수 있다. 예를 들면, 90% 수수료를 할인 받는 우량 고객이라면 1% 스프레드에서 90%를 할인하여 0.1% 스프레드만 붙여 호가하는 것이다. 1,098.9원-1,101.1원으로 네고(nego)

[기관별 원달러 현물환율 bid-offer 현황]

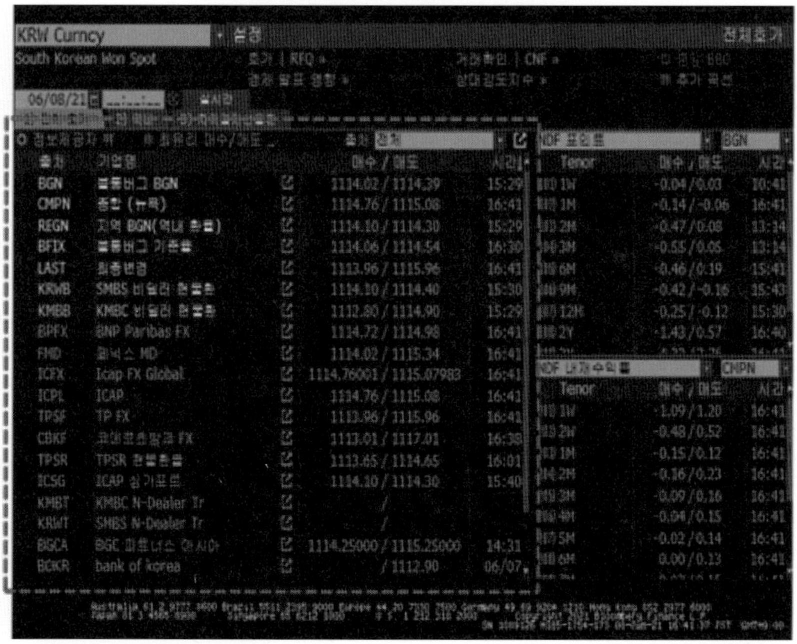

※출처 : Bloomberg, 2021년 6월 8일

가 나올 것이다. 이는 현물을 직접 수령하는 현물환율(spot exchange rate)일 경우와 현물인출이 없는 해외송금이나 통장 적립일 경우의 전신환율(telegraphic exchange rate)에 따라 다를 수 있다. 달러를 보유하면서 이자를 받기 원하면 달러정기예금(dollar time deposit)에 가입할 수 있다. 이럴 경우에는 미국의 금리가 적용된다. 2021년 5월 31일 현재 미국의 기준금리 타겟은 0%~0.25%이기에 실제 정기예금 금리는 0%이다. 2018년에는 시중은행에서 1년 짜리 달러 정기예금에 가입하면 이자율이 대략 연2.5%까지 가능했다. 당시 미국 내 통화긴축정책에 따라 기준금리가 2.5%까지 치솟았기 때문이다. 달러에 정기예금을가입하는 경우에는 미국의 기준금리를 확인하면서 이자율을 전망할 수 있다. 달러의 실물투자에 따른 환차익은 비과세 혜택을 누리고 있다. 이러한 현물거래는 내가 매수한 상품이 가격이 오르면 해당 상품을 다시 되팔아 오른 가격만큼 이익을 볼 수 있다. 그리고, 가격이 내려갈 경우에는 이에 해당하는 만큼 손해를 본다.

선물계약(future contract), 레버리지와 양방향

선도계약(forward contracts)과 선물계약(future contracts)

위의 현물거래(spot trading)는 금융투자 시에는 다소 불편하게 느껴질 것이다. 금의 경우 감가상각 없이 보유해야 한다. 그리고 분실이나 도난 방지에 신경을 써야 한다. 대량의 현물을 이동시키는 데는 비용도 크게 들기 때문이다. 달러도 마찬가지로 현찰을 보유하기에는 불안감이 있다. 이러한 방법을 일부 해소하는 거래가 선물계약(future contract)이다. 화폐 거래에서는 현물 보다 선도계약(forward contract) 또는 선물계약(future contract)이 더 유용하고 활발히 거래되고 있다. 이 계약들은 계약이 체결된 시점에 합의된 가격으로 미래의 지정일에 금융 상품을 거래할 수 있게 하는 두 당사자간의 계약이다. 이러한 계약의 기초 금융상품은 주식, 커머디티(commodity), 통화, 이자 지급 또는 채권과 같은 모든 금융자산이 될 수 있다. 특히, 통화와 관련된 선물계약은 1972년 닉슨 쇼크 이후 전세계 금융시스템이 변동환율제로 변하면서 이에 대처하기 위해서 전 세계 거래소를 중심으로 개발되기 시작하였다. 대표적인 예를 하나 들 수 있다. 금세공업자는 원료인 금의 공급을 일정하게 받기를 원한다. 현재의 재고량으로는 제품을 생산하는 데 문제가 없지만 3개월 후에는 재고가 바닥날 예정이다. 그러면, 지금 시점에서 3개월 후에 양도받을 금을 미리 광산업자와 계약을 하면 문제가 없을 것이다. 현재의 금 가격이 온스당 1,900달러라면 향후 금 공급이 줄 것을 감안하여 3개월 후에 온스당 1,950달러로 매수하기로 현시점에서 미리 계약을 하는 것이다. 이와 같이 일정과 계약조건 등을 양자간의 다양한 합의에 의해 결정하는 계약을 선도계약(forward contract)이라 한다. 여기서 가장 큰 리스크는 아마도 계약이 만기일에 이행되지 않는 일일 것이다. 만약 3개월 후 금 가격이 2,500달러까지 올라서 광산업자가 마음을 바꾸고 인도를 거절할 수 있다. 아니면 금 가격이 1,500달러로 떨어지면 금세공업자가 인수를 거절할 수 도 있다. 그 사이에 광산업자가 파업으로 금을 생산하지 못했을 수도 있고, 생산된 금의 질이 최악일 수도 있다.

이를 해결하고자 한 것이 선물계약(future contract)이다. 즉, 공인된 거래소(exchange)인 장내에서 표준화된 방식으로 계약을 체결한다. 그리고 일정기간이 경과한 후에 실물의 인수도(physical delivery) 또는 현금결제(cash settlement)가 이루어지는 계약이다. 거래소뿐 아니라 청산소(clearing house)가 계약의 이행을 보증하고 강제한다. 특히, 거래 증거금(trade margin) 제도와 일일정산(daily marking to market)을 통해 거래상대방 계약 불이행 위험을 방지하게 된다. 증거금이란 선물거래 시 계약의 이행보증을 위해 선물거래소에 항상 예금으로 유지해야 하는 보증금이라고 볼 수 있다. 이러한 보증금 제도인 선물증거금은 안전한 매매를 위해서 필수적으로 요구된다. 선물증거금의 유형은 개시증거금(initial margin), 유지증거금(maintenance margin), 그리고 추가증거금(additional margin)으로 분류할 수 있다. 개시증거금은 선물거래를 시작할 때에 납입해야 하는 금액으로 거래금액의 15% 내외가 제시되고 있다. 유지증거금은 보유 포지션의 가격변동에 따라 유지해야 하는 최저 수준의 증거금으로 거래금액의 10% 내외가 주로 공지되고 있다. 각각의 증거금율은 거래소마다 또는 상품마다 다르게 적용되고 있으니, 사전에 확인이 필요하다. 그리고 매일매일 가격의 변동

[선도계약과 선물계약의 비교]

구분	선도계약 (forward contract)	선물계약 (future contract)
거래장소	장외에서 거래	거래소에서 거래
거래방법	당사자 간의 직접 거래	청산소가 개입
계약조건	당사자 간의 합의로 결정	계약조건이 표준화되어 있음
증거금	없음	증거금 제도 있음
결제방법	주로 만기일에 현물 인수도 또는 현금결제	일일정산이 이루어지면 만기일 이전에 반대거래로 청산 가능
거래상대방 위험	계약불이행 위험 존재	청산소에서 계약이행 보증

에 따라 이 최저증거금을 만족시키지 못하면 선물증거금 제도에서 추가증거금을 요구하게 된다. 추가증거금을 납부하지 않으면 증권회사에서 해당고객의 선물계약을 반대매매(liquidation)를 통해 강제 처분하게 된다. 일명 마진콜(margin call)과 강제청산(forced liquidation)이라 한다. 일일정산제도란 고객의 미결제약정을 매일의 최종가격으로 재평가하여 선물거래의 손익을 당일 중 고객증거금에 반영하는 것이다. 익일에는 전일까지의 포지션별 손익이 정산된 상태에서 거래를 시작할 수 있다. 예를 들어 개인투자자가 금선물 1계약을 보유하고 있다. 최초 매수가격은 1,800달러라고 하자. 그러면 개시증거금은 거래금액의 15%인 270달러를 이미 계좌에 납부한 상태이다. 해당계약은 8월 21일 만기일로 예정되어 있다. 그리고, 유지증거금은 10%를 유지해야 하기에 계좌는 최소한 180달러의 손실범위 내에 있어야 한다. 오늘은 7월 30일이며 금 선물계약은 1,600달러로 하락 마감하였다. 그러면 투자자는 200달러의 손실을 보며 마감하였다. 벌써 유지증거금 180달러를 모두 상쇄하고 20달러가 더 손실이다. 이럴 경우 마진콜(margin call)이 발생한다. 그리고 투자자는 다음날 증거금 잔고를 다시 개시증거금 수준 이상으로 잔고를 채워야 한다. 현재 계좌에는 개시증거금에서 200달러가 사라지고 70달러만 남아 있다. 다음날 납부해야 할 증거금은 200달러 이상이어야 한다. 그래야 개시증거금 270달러 이상을 계좌에서 유지할 수 있다.

선물거래소(future exchange)의 발달

선물거래소는 증권거래소 보다 다소 늦게 출발하였다. 1848년 미국의 상인들이 중심이 되어 곡물의 수급과 유통의 효율성을 높이기 위해 세계 최초의 근대화된 선물거래소인 시카고상품거래소(Chicago Board of Trade, CBOT)가 설립되었다. 초기에는 주로 귀금속, 농산물, 그리고 축산물 위주의 선물거래였다. 이후, 1970년대 초반 시카고상업거래소(Chicago Mercantile Exchange, CME)에서 금융선물을 최초로 도입하면서 전 세계로 퍼져나갔다. 외환선물을 시작으로 주식선물과 금리선물 등이 도입되기 시작하였다. 이에 따라 미국 정부에서는 1974년 상품선물거래위원회(Commodity Futures Trading Commission, CFTC)를 설립해 선물거래소에 대한 포괄적인 규제권한을 행사하고 있다. CFTC법에 의해 1982년 선물협회(NFA)가 공식적인 자율규제기관으로 지정되었다. 미국 내 시카고상품거래소(CBOT), 시카고상업거래소(CME), 뉴욕상품거래소(NYMEX), 상품거래소(COMEX) 등 4개 거래소가 2008년 말 CME Group으로 합병되었다. 현재는 세계 최대의 표준화된 선물거래(future contract) 거래소로서 역할을 하고 있다. 특히 원유, 귀금속, 곡물, 주가지수, 금리, FX, 암호화 화폐 등 모든 기초자산의 선물과 파생상품을 제공하고 있다. 한국도 1999년 선물거래법에 근거하여 부산에 한국선물거래소(Korea Future Exchange, KOFEX)가 설치되었다. 금리, 환율, 주가지수, 금속 등에 대한 선물과 옵션 상품의 거래를 시작하였다. 2005년에는 한국거래소(KRX)로 합병되고 2009년에는 한국거래소(KRX) 파생상품시장으로 명칭을 변경하여 운영되고 있다. 이러한 선물계약(future contract) 시장의 출현으로 기존의 매입 포지션(long position) 위주의 금융거래에서 매도 포지션(short position)도 가능하고 활발해지는 계기가 마련되었다. 또한, 5%~10% 내외의 증거금만 납부하면 거래가 가능하기에 레버리지(leverage) 투자로 투자성과를 극대화할 수 있는 방법도 제공한다. 10%의 증거금만 지불하면 1계약을 체결할 수 있기에 원래 투자금액으로 계산하면 10배의 레버리지를 쓸 수 있게 된다.

원유, 금, 달러의 선물거래(future trade)

원유(crude oil)의 선물계약은 타의 추종을 불허할 정도로 높은 거래량과 거래대금을 자랑한다. 왜냐하면 모든 나라의 산업들이 원유를 통해 에너지와 화학제품 등의 공급을 받기 때문이다. 실수요기업들은 자신들이 보유하고 있는 원유 현물에 대한 헤지(hedge) 수단으로 선물시장을 활용한다. A정유사는 제품의 생산을 안정적으로 지속하기 위해서는 항상 원유 재고량을 1만 배럴 수준으로 유지해야 한다. 이를 크랙킹(cracking)하여 각종 화학제품을 생산하고 있다. 만약 향후 유가가 상승하게 되면 원유 수급에 문제가 발생할 뿐만 아니라 비용 상승으로 영업에 손실을 볼 수 있다. 이럴 경우에는 원유 선물계약을 매수(short position) 하여 유가 상승에 따른 비용 상승을 방어 할 수 있다. 유가가 오를 경우 현물 수급에서는 비용이 상승하게 되지만, 선물계약에서 수익이 발생하기에 손실이 상쇄된다. 반대로 유가가 하락할 경우에는 현물 수급에서 비용이 감소하지만, 선물계약에서는 손실을 보면서 서로 상쇄가 된다. 개인이나 기관투자자들의 경우에는 레버리지(leverage)와 양방향(bidirection) 투자가 주를 이룬다. 증거금이 10% 수준이기에 우선 레버리지를 활용한 투자가 가능하다. 보유한 현금으로 현물 1계약을 하는 것 보다 선물 5계약을 하게 될 경우 향후 수익 또는 손실이 5배가 되기 때문이다. 또한, 유가가 하락으로 전망되면 매도 포지션을 구축할 수 있기에 전략적 유연성도 충족된다. 개인투자자들과 법인투자자들은 선물계약을 통해 공격적인 투자가 가능하다. 뉴욕상업거래소(NYMEX)에서 거래되는 WTI Crude Oil Future가 가장 많은 인기를 끌고 있다. 계약월물은 5년간 모든 연속월물 및 6년차 이후부터는 반기월물(6월,12월), 최대 9년 후까지 상장되어 있다. 최종거래일은 계약월물 전월 25일의 3영업일 전이다. 계약 단위는 1,000배럴(barrel)이다. 유지증거금(maintenance requirement)은 상품마다 약간씩 차이가 있지만 매수금액의 10%로 나타나고 있다. 그리고, 최종결제일 이후에는 실물 인수도(physical delivery)를 원칙으로 한다. 챠트에서는 미국 내에서 거래되고 있는 다양한 에너지 선불계약을 나타내고 있다. 선물계약시 주

[미국내 에너지 선물계약 시세표]

Name :	Month :	Last	Chg. :	Open	High	Low	Time :	Chart
◆ Crude Oil WTI	Aug 21	74.05s	+0.75	73.32	74.18	72.85	06/25/21	Q / C / O
◆ Heating Oil	Aug 21	2.1515s	-0.0135	2.1660	2.1780	2.0902	06/25/21	Q / C / O
◆ Gasoline RBOB	Aug 21	2.2612s	-0.0188	2.2765	2.2937	2.1928	06/25/21	Q / C / O
◆ Natural Gas	Aug 21	3.520s	+0.083	3.439	3.538	3.430	06/25/21	Q / C / O
◆ Crude Oil Brent	Sep 21	75.38s	+0.57	74.83	75.41	74.17	06/25/21	Q / C / O
◆ Ethanol Futures	Jul 21	2.480s	0.00	0.000	2.480	2.480	06/25/21	Q / C / O
◆ E-Mini Natural Gas	Aug 21	3.520s	+0.083	3.440	3.535	3.430	06/25/21	Q / C / O
◆ ICE Gas Oil Low Sulphur	Aug 21	607.75s	+2.75	606.75	611.00	598.50	06/25/21	Q / C / O
◆ ICE South China Coal	Jul 21	112.90s	+1.00	0.00	112.90	112.90	06/25/21	Q / C / O
◆ ICE CSX Coal	Jul 21	149.625s	+0.190	149.540	149.625	149.440	06/25/21	Q / C / O
◆ Crude Oil VIX	Jul 21	18.25s	-0.20	0.00	18.25	18.10	06/25/21	Q / C / O
◆ E-Mini Crude Oil	Aug 21	74.050s	+0.750	73.350	74.175	72.850	06/25/21	Q / C / O
◆ Crude Oil WTI ICE	Sep 21	73.33s	+0.70	72.79	73.40	72.14	06/25/21	Q / C / O
◆ Crude Palm Oil	Jul 21	840.25s	+23.25	0.00	840.25	840.25	06/25/21	Q / C / O

※출처 : investing.com

의해야 할 사항은 만기결제가 실물 인수도라는 점이다. 만약 최종거래일 마감시간까지 자신이 계약한 포지션을 반대매매를 통해 청산하지 않는다면 선물계약 매수자의 경우에는 직접 거래소에서 실물 원유를 인수해 가야 한다. 매도자의 경우에는 직접 거래소에 실물 원유를 전달해 줘야 하는 일이 발생할 수 있다. 실수요자가 아닌 경우에는 낭패를 당할 수 있다.

금(gold)은 주로 거래소를 통한 금 선물(gold future)이 거래되고 있다. 한국거래소(KRX) 파생상품시장은 2015년 11월 새롭게 금 선물을 출시했으나 2020년까지 1건의 거래에 그치면서 사실상 유명무실해졌다. 그래서 국내 투자가들도 미국의 상품거래소(COMEX)를 통해 금 선물에 투자하고 있는 실정이다. 상품거래소(COMEX)는 티커 GC로 해당 선물을 제공하고 있다. 계약 단위는 100트로이온스(Troy Ounce)이다. 계약월물은 최근 3개월과 2,4,6,8,10,12월이 거래된다. 최종 거래일은 해당 만기월의 마지막 영업일로부터 3번째 영업일 전이다. 초기 증거금은 거래금액의 5%~10% 수준으로 부과하고 있다. 거래 단위가 매우 커 기관투자가들만 참여하고 있는 상황이다. 금 선물 거래를 통해 매입(long position)과 매도 포지션(short position) 모두 계약할 수 있다. 향후 금 가격 하락을 예상할 경우 선물매도 포지션으로 현물 금 보유를 헤지할 수 도 있다.

[상품거래소(COMEX) 금 선물계약]

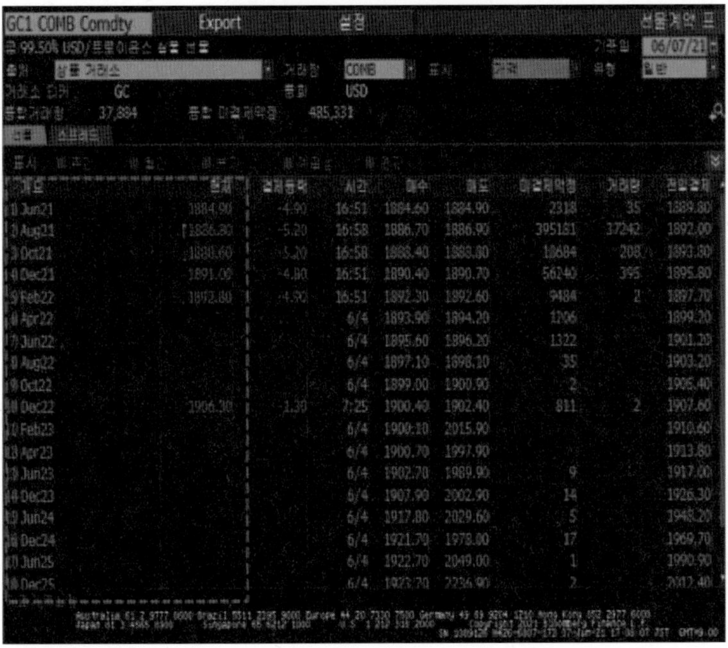

※출처 : Bloomberg

달러는 선도계약(forward contract)과 선물계약(future contract)이 모두 활발히 거래되고 있다. 선도계약은 주로 은행이 개인과 사업자에게 제공하고 있다. 무역과 관련된 외환 실거래 또는 보유중인 외화자산을 헤지할 때 주로 선도환계약을 사용한다. 왜냐하면 선물거래는 계약기간이나 계약금액이 표준화되어 비표준화된 거래조건은 상호 충족하기 힘들기 때문이다. 따라서, 비표준화된 거래조건은 선도계약 같이 장외거래를 선택하는 것이다. 예를 들면 오늘이 5월 20일이라 가정하고 A라는 무역업체가 8월 31일에 백만 달러를 수령 예정이다. 그리고, 그

[은행이 제공하는 달러 선도계약 가격]

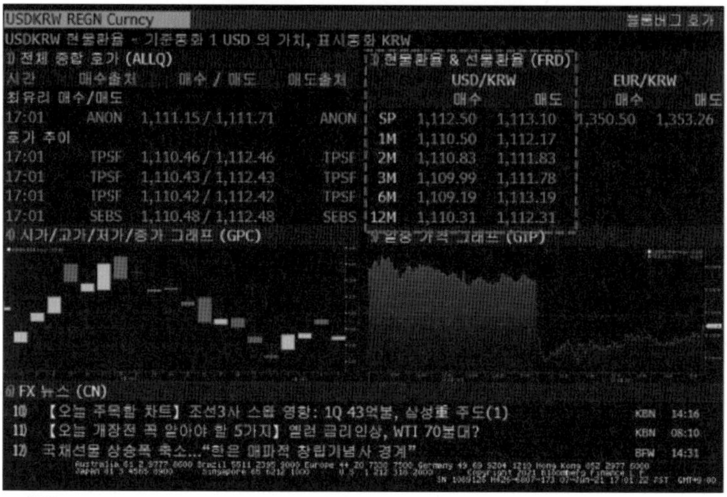

※출처 : Bloomberg

날 당장 이 금액을 원화로 환전하여 상대업체에게 지급해야 한다. 금일 원달러 환율은 1,110원이다. 하지만, 8월 31일에 환율이 어떻게 변동될지 모른다. 이럴 경우 A은행과 선도환 계약을 체결하여 미리 달러를 매도해 두는 계약을 체결할 수 있다. 이때 양국의 기준금리가 미국이 0.25%이고 한국이 1.25%라면 이론적으로 선도환 가격은 원화(KRW)가 1.00% 프리미엄을 받아야 한다. 여기에 은행의 수수료 0.6%를 제외하면 대략 원화가 연 0.4% 프리미엄을 얻는다. 그러면 예상 선도환 환율은 1,110원 × {1+(0.4% × 101일/365일)} = 1,111.2원 수준이 될 것이다. 이 가격으로 백만달러 매도 선물환계약을 체결하면 8월 31일에 보유하게 될 원화 금액을 고정시킬 수 있다. 반면에 똑 같은 거래를 한국거래소(KRX) 미국달러 선물 시장을 통해 선물계약(future contract)으로 처리할 수 있다. 미국달러 선물은 거래단위가 $10,000이며, 현물인수도 결제이다. 매월 세번째 월요일이 최종 거래일이고 최종 거래일로부터 기산하여 3일째 거래일에 청산한다. 하지만 A라는 무역업체는 8월 31일에 정확하게 만기가 되는 선물계약을 찾을 수 없다. 가능하다면 9

월 23일 만기일 상품을 매수하여 처리해야 한다. 거래증거금도 거래금액의 4.5%를 납부해야 한다. 일일정산(daily mark to market)과 유지증거금(maintenance requirement)도 확인해야 한다. 그래서 달러 현물을 헤지하고자 하는 경우에는 주로 은행에서 선도환계약을 활용하게 된다.

반면, 선물환 계약은 주로 개인투자자나 기관투자자들이 사용한다. 일부 증거금만 납부하면 투자가 가능하기에 레버리지를 통한 공격적인 투자가 가능하다. 그리고, 달러의 약세와 강세, 양방향에 모두 투자를 할 수 있기에 전략적 유연성을 가질 수 있다. 만기일 이전에 반대매매를 통해 포지션을 정리하면 현물의 인수도까지 필요가 없게 되기 때문이다. 선물거래는 현물의 수요가 필요 없는 투자자들이 주로 활용하고 있다. 파생상품에 투자하기에 매매차익에 대해서는 배당소득세가 부과된다는 점이 현물투자와 다르다.

이러한 선도계약 또는 선물계약은 실물의 매매가 없다는 편리함이 있다. 선도계약(forward dontract)은 계약의 만기일과 조건 등을 계약 양자가 자유롭게 정할 수 있다는 장점이 있다. 반면, 선물계약(future contract)은 계약의 상품이 표준화되어 있고 결제이행에 대한 불안감이 없다. 그리고 일부 증거금만 제공하면 레버리지(leverage) 효과를 가지고 투자를 할 수 있다는 장점이 있다. 여기에 매수 또는 매도 포지션을 구축할 수 있어 가격이 하락하는 상황에서도 수익을 올릴 수 있다는 전략적 장점도 있다. 하지만, 계약단위가 크고 만기가 존재하며 레버리지(leverage)를 잘못 사용할 시에는 큰 손실을 볼 수 있다는 단점이 있다. 그래서 선도계약과 선물계약은 주로 법인투자자들이 활용하고 있는 실정이다.

선물계약과 롤오버 비용(roll-over cost)

선물계약(future contract)과 관련하여 롤오버 비용(roll-over cost)이라는 개념을 추가적으로 이해하고 넘어가야 한다. 선물가격은 현물가격과 동일하지 않다. 왜냐하면 선물계약은 향후 일정 기간 이후에 실행된 계약을 말하며 항상 만기일이 정해져 있기 때문이다. 따라서, 오늘 현재 선물가격을 산정하는 것은 미래의 현물가격을 오늘 산정하는 것과 같다. 그 기준은 오늘의 현물가격에 미래 만기일까지 현물을 유지하고 보관하는데 발생하는 보유비용(cost of carry)를 고려하여 적정 선물가격을 산출하게 된다. 즉, (적정 선물가격 = 현물가격 + 보유비용)이 되는 것이다. 여기서 보유비용을 좀더 구체적으로 얘기해 볼 수 있다. 현물의 유지, 보관에 드는 비용 중 가장 큰 요소는 역시 자금비용이다. 현물을 만기까지 보유하는데 현물가격에 해당하는 자금에 대한 기회비용이 발생하므로 시중금리 수준의 자금비용을 부담하게 된다. 또한, 현물의 재고 유지에는 보관료와 안전한 보관을 담보하는데 드는 보험료 등의 비용을 고려해야 한다. 즉 (이론 선물가격 = 현물가격 + 자금비용 + 보관비용 + 보험료 등등)이다. 여기서 현물가격과 선물가격의 차이를 베이시스(basis)라고 칭한다. 이론적으로는 선물가격이 현물가격 보다 높아야 한다. 이를 정상시장(contango market, 콘탱고)이라 하고, 반대로 선물가격이 현물가격 보다 낮은 시장은 비정상 시장(backwardation market, 백워데이션)이라 말한다. 그리고, 만기에 따라 7월에 만기가 되는 선물은 7월물, 8월에 만기가 되는 선물은 8월물 등으로 이름을 부르며, 바로 직전에 만기가 예정된 월물을 최근월물, 그 다음번에 만기가 예정되어 있으면 근월물, 차근월물 식으로 이름을 부르게 된다.

여기서 선물은 만기가 있기에 일반 주식이나 현물투자와는 달리, 선물의 만기가 도래할 때마다 끊임없이 그 다음번 월물로 교체해 주어야 지속적인 투자가 가능하다. 이를 롤오버(roll-over)라 부른다. 이때 콘탱고(contango)와 백워데이션(backwardation) 상황에 따라 투자성과가 달라진다. 콘탱고는 현물가격 보다 선물가격이 높은 정상적인 시장이다. 최근월물, 근월물, 차근월물 순서로 비용이 높아지기에 순서대로 가격이 높게 형성된다. 그러면 만기일에 현재의 선물계약을 정리하고 다음월 선물계약으로 갈아탈 경우에는 저평가된 선물계약을 매도하고 고평가된 선물계약을 매수하는 상황이 되어 계약수가 줄어들게 된다. 이러한 상황이 반복되면 선물을 지속적으로 롤오버 할 경우에는 현물 누적수익에 비해 선물 누적수익은 감소하게 된다. 이는 롤오버 시마다 비용이 발생하는 것으로 간주되어 롤오버 비용(roll-over cost)으로 얘기한다. 그렇다면 백워데이션의 경우는 어떠할까? 현물가격에 비해 최근월물, 근월물, 차근월물의 선물가격은 낮은 상황이다. 롤오버를 할수록 비싼 선물계약을 매도하고 싼 선물계약을 매수하는 격이 되어 계약수가 상대적으로 늘어나게 된다. 이러한 백워데이션은 가격 상승 시 수익을 더욱 증가시키는 요인이 될 수 있다.

롤오버 비용이나 수익은 상대적으로 만기일까지 보관이나 유지에 들어가는 비용이 큰 원유(crude oil)나 곡물(crop) 선물계약에서 크게 나타난다. 그리고, 금이나 달러와 같이 상대적으로 비용이 적게 들어가는 화폐자산의 경우에는 효과가 크지 않다.

증권화(securitization)로 투자 유연성 강화

금융의 증권화(securitization) 현상

위에서 언급한 선물계약의 단점을 극복하고 개인들의 투자를 보다 쉽게 만들어 준 것이 금융의 증권화(securitization) 현상이다. 2000년대 초부터 시작된 금융의 증권화 현상이란 미래의 현금 창출 능력을 가진 자산이 불특정 다수간에 용이하게 거래되고 현금화될 수 있는 증권으로 변화되어 가는 것을 말한다. 즉, 기업의 자금조달 측면에서는 기존의 대출 위주의 간접금융방식에서 증권을 매개로 투자자와 연계되는 직접금융방식으로 바뀌어 나가는 것이다. 그리고, 개인들의 투자 측면에서는 기존에 접근이 어려웠던 금융자산을 직접 손쉽게 투자할 수 있는 기회를 제공한다. 이러한 증권화의 구체적인 실례는 미국에서 모기지론(mortgage loan)을 기초자산으로 하는 자산담보부증권(collateralized bond obligation, CBO)에서 활성화 되었다. 금융기관들이 부동산 대출을 하고 보유한 대출채무증서를 유동화시키는 작업이다. 미국의 경우 금융기관들은 대출한 프라임 모기지(prime mortgage loan)를 페니매(Fannie Mae) 등의 모기지 유동화업체에 넘기고 유동화를 하게 된다. 모기지 유동화업체는 이를 인수하여 자산 풀(asset pool)을 구성하고 새로운 자산담보부증권(CBO)을 슈퍼 시니어(super senior), 시니어(senior), 메자닌(mezzanine), 에쿼티(equity)와 같이 상환 우선 순위에 따라 새로운 증권으로 발행하여 유통시키는 작업과 같은 것이다.

이는 금융시장에 다양한 증권(note, certificate)을 공급하고 소비자의 요구를 충족시키게 되었다. 이후 신용부도스왑(credit default swap, CDS)에서 시작하여 상장지수펀드(exchange traded fund, ETF)까지 다양하게 구체화되었다. 상장지수펀드(ETF)의 경우에는 기존에 간접투자 방식으로 주로 활용했던 수익증권(beneficiary certificate) 또는 뮤추얼펀드(mutual fund)가 인덱스화되어 거래소에 상장된 것으로 볼 수 있다. 상장지수펀드(ETF)의 장점은 만기가 없이 언제든 매수와 환매가 가능하다. 그리고 인덱스펀드이기에 벤치마크 지수를 그대로 복제하여 트래킹 에러(tracking error)에 대한 걱정 없이 손익을 전망할 수 있다. 집합투자기구(collective investment vehicle)이기에 수수료가 절약될 수 있으며, 적은 금액으로도 원하는 기초자산(underlying asset)에 투자할 수 있다는 점이다. 언제든지 만기 없이 환매도 가능하다. 그리고 다양한 투자상품을 제공하고 있어 투자전략에 유연성을 제공하고 있다. 대표적으로 인버스상장지수펀드(inverse ETF)와 레버리지상장지수펀드(leverage ETF)를 들 수 있다. 인버스ETF는 기초자산 가격을 역으로 추종하는 펀드이다. 기초자산 가격이 하락할수록 수익을 낼 수 있게 설정되어 있다. 선물계약의 매도 포지션(short position)과 동일하다. 2배레버리지ETF 또는 2배인버스레버리지ETF는 기초자산 가격 움직임의 2배로 정방향 또는 역방향으로 성과를 추종할 수 있게 만들고 있다. 필요한 전략에 맞추어 상품을 선택할 수 있게 하고 있다.

원유, 금, 달러의 상장지수펀드(ETF)와 수익증권(BC)

먼저, 상장지수펀드(ETF)는 금융투자에 현물거래가 쉽지 않은 커머디티(commodity)에 투자하는 것을 보다 쉽게 바꾸어 놓았다. 특히, 원유선물상장지

[KODEX WTI 원유선물(H)ETF 거래]

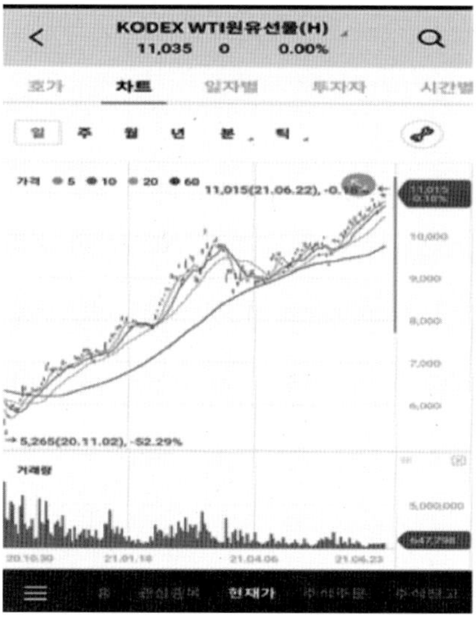

※출처 : 하나금융투자 HTS

수펀드(ETF) 상품의 출시에 따른 거래량 급증은 반대로 원유 현물가격과 선물가격에 대한 변동성을 높이는 효과를 가져왔다. 즉, 원자재 시장에서 개의 꼬리가 몸통을 흔든다(wag the dog)라는 표현이 나올 정도이다. 국내에서는 한국거래소(KRX)에 이미 원유 관련 ETF가 2016년부터 상장되어 있다. KODEX WTI원유선물(H)ETF와 KODEX WTI원유선물인버스(H)ETF가 대표적이다. 기초지수는 S&P GSCI Crude Oil Index(TR)를 활용한다. 전자는 미국의 서부텍사스중질유(WTI) 선물가격의 성과를 정방향으로 추적한다. 후자는 역방향으로 추적한다. 그림에서와 같이 증권사 홈트레이딩(HTS) 서비스를 통해 쉽게 매매 주문이 가능하다. 마찬가지로 전통적인 수익증권 중에서는 블랙록 월드에너지주식펀드($)가 대표적으로 원유가격을 추정하는 상품이다. 원유의 채굴과 수송을 주로 하는 기업들의 주식에 투자하여 원유 가격의 상승을 추적한다. 대표적인 원유회사인 토탈(TOTAL), 로얄더치쉘(Royal Dutch Shell), 쉐브론(Chevron), 코노코필립스(Conocophilips), 엑슨(Exxon) 등과 같은 기업이다. 이들의 경우에는 평상시 유정에서 원유를 채굴하여 재고로 보유하고 있다가 유가에 따라 원유를 시장에 공급한다. 따라서, 회사의 매출과 수익이 유가에 연동되어 움직이는 것으로 나타난다. 따라서, 원유 가격의 성과를 추구하는 데 무리가 없다.

표에 나타나 에너지 투자상품간 상관관계를 보면 명확해 진다. 서부텍사스중질유(WTI) 현물가격을 기준으로 선물가격은 (0.979)의 상관관계를 기록하고 있다.

[애너지 투자상품간 상관관계 분석]

종목	WTI현물가격($)	WTI선물가격($) (Active Contract, $)	Wisdom Tree WTI Crude Oil ETF($)	Blackrock 월드에너지펀드($)
WTI현물가격($)	1.000	0.979	0.962	0.712
WTI선물가격($) (Active Contract, $)	0.979	1.000	0.949	0.700
Wisdom Tree WTI Crude Oil ETF($)	0.962	0.949	1.000	0.738
Blackrock 월드에너지펀드($)	0.712	0.700	0.738	1.000

※출처 : Bloomberg, 주간 단위, 1년간(2020.6.25~2021.6.25)

선물거래의 단점인 롤오버 비용(roll over cost)을 제외하고 현물과 선물은 거의 동일하게 움직인다고 볼 수 있다. 미국에 상장되어 있는 대표적 원유ETF인 위즈덤트리 WTI원유ETF(Wisdom Tree WTI Crude Oil ETF)도 선물가격을 그대로 추종하기에 현물가격과는 (0.962)의 상관관계를 보인다. 블랙록 월드에너지주식펀드($)도 현물가격과 상관관계가 (0.712)를 나타낼 정도면 유가의 영향에 매우 민감하게 반응한다고 볼 수 있다. 상관관계는 1년간 데이터를 사용했으며, 분석단위는 주간 단위 가격 움직임을 입력하였다.

[KODEX 골드선물(H)ETF 거래]

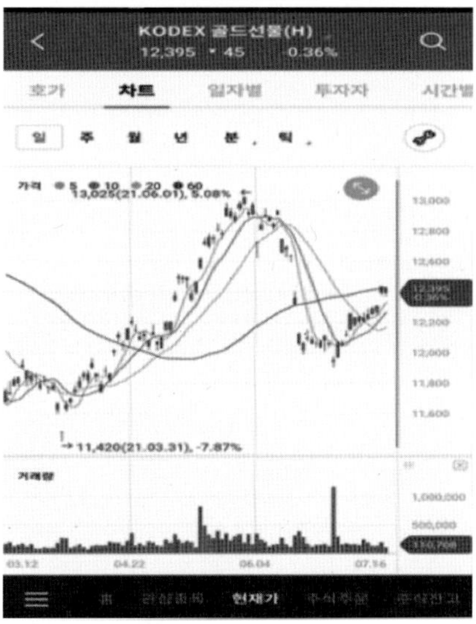

※출처 : 하나금융투자 HTS

한국거래소(KRX)는 KODEX 골드선물(H)ETF와 KODEX 골드선물인버스(H)ETF를 2010년 10월 1일과 2017년 11월 9일에 각각 상장하여 제공하고 있다. 증권사 계좌를 통해 자유롭게 매매가 가능하다. 기초지수는 S&P GSCI Gold Index(TR)를 활용한다. KODEX 골드선물(H)ETF는 금 선물가격의 상승을 KODEX 골드선물인버스(H)ETF는 금 선물가격의 하락을 추종하도록 설계되어 있다. 마찬가지로 수익증권 중에서는 KB스타 골드특별자산펀드(금- 파생형)와 이스트스프링 골드리치 특별자산펀드(금-파생형), 블랙록 월드골드주식펀드($)와 IBK 골드마이닝 주식펀드(주식-파생형) 등이 금 가격을 복제하는 상품이다. 전자는 금 선물가격을 파생상품으로 복제하고, 후자는 금 관련된 광산주(mining equity)에 투자하여 금 가격의 상승을 추적한다. 블랙록 월드골드주식펀드($)의 경우에는 직접 금 광산업을 하는 뉴몬트(Newmont), 배릭골드(Barrick Gold), 킨로스골드(Kinross Gold), 커크랜드 레이크 골드(Kirkland Lake Gold) 등과 같은 회사의 주식에 투자를 한다. 이들 회사들은 금을 채굴하여 보관하고 있다가 금 가격에 따라 시중에 금을 공급한다. 즉, 매출액과 영업이익이 금 가격에 매우 민감하게 작용한다. 아래 상관관계 표를 보면, 금 현물 가격과 KODEX 골드선물(H)ETF는 (0.826)의 상관관계를 KODEX 골드선물인버스(H)ETF와는 (-0.815)의 상관관계를 나타낸다. KB스타 골드특별자산펀드와는 (0.558)의 상관관계를 보인다. 마지막으로 Blackrock 월드골드주식펀드($)와는 상관관계가 (0.820)을 나타내고 있다. 이는 상대적으로 ETF와 골드 관련 주식의 가격 움직임이 보다 현물가격과 밀착관계가 높다는 것을 보여준다. 상관관계는 3년간 데이터를 사용했으며, 분석 단위는 주간 단위 가격 움직임을 입력하였다.

[금 투자상품간 상관관계 분석]

종목	Gold Spot $/Oz	KODEX 골드선물(H)ETF	KODEX 골드선물인버스(H)ETF	KB스타 골드특별자산펀드	Blackrock 월드골드펀드($)
Gold Spot $/Oz	1.000	0.826	−0.815	0.558	0.820
KODEX 골드선물(H)ETF	0.826	1.000	−0.947	0.767	0.725
KODEX 골드선물인버스(H)ETF	−0.815	−0.947	1.000	−0.786	−0.742
KB스타 골드특별자산펀드	0.558	0.767	−0.786	1.000	0.494
Blackrock 월드골드펀드($)	0.820	0.725	−0.742	0.494	1.000

※출처 : Bloomberg, 주간 단위, 3년간(2018.6.7~2021.6.7)

[KODEX 미국달러선물ETF 거래]

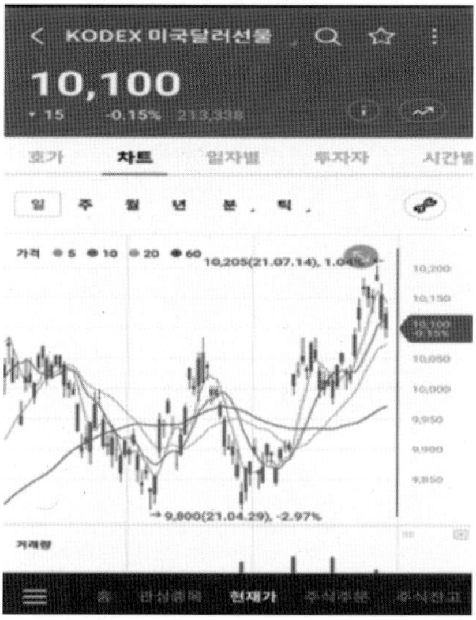

※출처 : 하나금융투자 HTS

달러 관련 ETF도 한국거래소(KRX)에서 활발히 거래되고 있다. KODEX 미국달러선물ETF와 KODEX 미국달러선물레버리지ETF, KODEX 미국달러선물인버스ETF와 KODEX 미국달러선물레버리지ETF가 있다. 모두 미국달러선물지수를 기초자산으로 하고 있다. 전자는 달러 선물가격을 상향과 하향으로 추적한다. 후자의 경우에는 2배의 레버리지로 가격의 상향과 하향을 복제하도록 설계되어 있다. 선물계약이 가지고 있는 양방향 투자와 레버리지 투자를 모두 추구할 수 있도록 ETF가 제공되고 있다. 파생상품에 투자하기에 매매차익에 대해서는 배당소득세가 부과된다는 점이 현물투자와 다르다.

지금까지 화폐의 유통시장에서 화폐자산을 개인투자자들이 어떠한 방식으로 투자하고 있는지 알아봤다. 이러한, 현물거래(spot trading), 선물계약(future contract), 수익증권(securities, note, certificate) 거래는 개인투자자들에게 편리할 수도 있고 복잡할 수도 있는 측면이 다양하게 존재한다. 왜냐하면 시간적 공간적 제약뿐 아니라 정보의 제약도 함께 존재하기 때문이다. 그래서 기관투자자나 법인투자자들이 보다 쉽게 접근하고 성과의 대부분을 가져간 것이 사실이다. 하지만, 최근의 암호화 화폐(cryptocurrency)를 중심으로 한 전자화폐(electronic currency)의 출현과 정보기술의 발전에 힘입은 핀테크(fintech)의 발달은 기존의 투자환경을 바꾸고 있다. 보다 개인투자자들을 위한 직접금융(direct financing) 방식으로 전환시키고 있는 상황이다. 지금부터는 해당 사항에 대해 좀 더 구체적으로 알아볼 계획이다.

전자화폐(electronic money)의 출현

21세기 밀레니엄 시대로 접어들면서 글로벌 정보기술(Information and Technology) 산업은 엄청난 속도로 발달하기 시작하였다. 이러한 정보기술의 발달은 화폐시장(currency market)에 크게 두 가지 변화를 가져왔다. 화폐 측면에서 본다면 전자화폐(electronic money)의 출현과 발달을 가져왔다. 그리고 화폐가 기본 단위가 되는 금융시장에서는 핀테크(fintech)의 발전을 이룩하였다. 또한, 양측이 상호보완적으로 발달과정을 공유하고 있다.

전자화폐(electronic currency)

우선, 전자화폐의 출현이 갖는 의미가 중요하다. 전자화폐(electronic currency)란 전자적으로만 교환되는 돈(money)이나 증서(certificate)이다. 초기에는 IC 칩이 내장된 플라스틱 카드, 또는 컴퓨터 등과 같은 디지털 전자적 매체에 화폐가치를 디지털 숫자로 변환하여 저장하였다가 상품 구매 등에 사용하는 전자결제 수단으로 정의되었다. 즉, 컴퓨터 네트워크, 인터넷, 디지털 선불카드 시스템 등에서 통용된다는 내용이었다. 이머니(e-money), 전자캐시(electronic cash),

디지털 화폐(digital currency), 사이버 화폐(cyber-currency), 가상 화폐(virtual money), 암호화 화폐(cryptocurrency) 등과 유사한 단어로 쓰인다. 하지만, 엄밀히 분류한다면 해당 화폐들을 모두 포함하는 광의의 개념이다.

전자화폐(electronic currency)는 동전(coin)이나 지폐(paper money)의 물리적 존재를 전자 데이타(electronic data)로 바꾼 것이다. 그리고 비접촉 지불 시스템(contactless payment system)을 사용하는 특징을 가졌다. 이를 가능케 한 것이 정보기술(IT)의 발달이다. 기술적으로 본다면 전자화폐는 기존의 현금카드나 신용카드 시스템을 온라인(on-line)으로 구현한 것이 될 수 있다. 왜냐하면 같은 시스템이나 이종 시스템간에 화폐를 교환하는 방식으로 거래가 이루어지고 있기 때문이다.

교환 시스템적으로 본다면 전자화폐는 두 가지 방식으로 구분된다. 하나는 제공자(provider)가 교환의 과정과 정보를 통제하는 중앙집권적 체제의 전자화폐가 있다. 동시에 다른 하나는 소비자(consumer)들이 각각의 서버를 통해 상호 교환의 과정과 정보를 공유하는 탈집권적 체제의 전자화폐로도 분류가 될 수 있다. 전자의 경우에는 페이팔(PayPal), 캐시유(CashU), 웹머니(WebMoney)가 대표적이며, 후자의 경우에는 리플통화시스템(Ripple monetary system)이나 비트코인(bitcoin) 방식이 될 수 있다.

스마트 전자카드(smart electronic card)

전자화폐로 분류될 수 있는 초기의 단계는 스마트 전자카드(smart electronic card) 형태이다. 1990년말에 홍콩(Hong Kong)이나 마카오(Macau)를 방문한 분들은 당시 옥토퍼스 카드(Octopus card)를 경험했을 것이다. 1997년 9월부터 홍콩특별행정구의 공공교통기관 등에 있이 사용할 수 있는 IC칩을 탑재한 비접촉형

[홍콩 옥토퍼스 카드]

일반 옥토퍼스 카드 투어리스트용 옥토퍼스 카드

선불카드였다. 이후 교통 기관뿐 아니라 편의점, 슈퍼마켓, 패스트푸드점, 주차 미터, 자판기 등에서도 사용할 수 있는 다기능 카드로 발전하였다. 충전은 지하철, 매표소, 편의점 등에 설치된 충전소에서 언제든지 충전하여 사용할 수 있었다. 이 비접촉식 스마트 카드 결제 시스템은 2006년 세계 IT 우수상을 수상하여 혁신적인 기술을 인정받았다. 이외에도 2003년에 영국 런던 교통국은 런던 시내의 모든 지하철, 버스, 트램링크(tram link), 오버그라운드 (over-ground)에서 사용이 가능한 비접촉 선불 여행 카드로 오이스터 카드(Oyster card)를 발행하였다. 싱가포르도 공공 교통체계에 소니사(Sony Co.)가 개발한 비접촉 IC카드인 펠리카(FeliCa)를 사용하였다.

한국에서는 티머니(T-money) 카드가 스마트 전자카드의 대표적 모델이다. 티머니는 (주)티머니에서 2004년부터 발행한 교통카드이다. 한국에서 교통카드 및 전자화폐로 사용할 수 있는 스마트 카드이며, 캐시비(cashbee)와 함께 서울 및 수도권 지역이 주 사용지역이다. 티머니의 발급자는 서울시에서 35%, LG CNS에서 30%를 출자하여 (주)한국스마트카드를 설립하여 운용되는 방식이다. 교통비 결제 이외에 교통 마일리지 서비스, 유통 결제 서비스 등 부가 서비스를 단계적으로 확대하고 있다. 초기 단계의 전자화폐는 비접촉 방식의 IC칩이 내장된 카드를 통해 자유롭게 충전하고 이를 지정된 서비스에 사용하는 방식으로 활용되기 시작하였다. 그리고, 최근에는 개인 스마트폰(smart phone)의 발달로 이러한 IC칩 형태의 전자카드는 어플리케이션(Application, App)으로 변화되어 스마트폰에 내재되어 사용되고 있다.

서비스 머니(service money)

전자카드에 이어 온라인(on-line)에서는 서비스 머니(service money) 형태의 화폐가 사용되기 시작하였다. 대표적인 화폐가 마일리지(mileage)와 포인트(point), 그리고 게임 머니(game money)이다. 마일리지와 포인트는 각종 상품의 구입 금액, 또는 점포의 방문 횟수 등에 따라 특정 조건에서 계산된 점수를 통해 고객에게 제공되는 서비스이다. 고객은 마일리지와 포인트를 온라인에서 물건을 구

[OK 캐쉬백]

입할 때 비용의 일부를 충당하거나 상품과 교환할 수 있다. 한국에서는 OK캐쉬백이 대표적인 마일리지 서비스이다. SK그룹 계열사 SK플래닛에서 운영하는 마일리지 시스템이다. 1997년부터 엔크린 보너스 카드로 시작됐다. SK그룹 계열사의 상품과 서비스를 소비하는 경우 마일리지와 포인트가 적립되는 형태이다. 이후 가맹점이 많아지면서 다양한 수단으로 마일리지와 포인트를 적립할 수 있도록 발전되었다. 해당 포인트로 SK그룹이 제공하는 상품과 서비스를 구매할 수 있으며, 온라인(on-line)과 오프라인(off-line) 마켓에서 상품을 구입할 때 사용할 수 있다. 또한, 현금으로 돌려받을 수 있으며, 전화요금의 납부에도 이용될 수 있다. 최근에는 어플리케이션(App)을 설치하면 편리하게 사용될 수 있도록 되어 있다. 사용처가 한정적이기는 하지만 화폐와 똑 같은 역할을 하고 있다. 특히, 은행에서 제공되는 마일리지와 포인트는 한 단계 발전되어 있다. 고객 요청 시 현금으로도 전환이 가능하고, 펀드 매수 금액으로 쓰일 수 있다. 항공사 마일리지를 구매할 수도 있고, 공과금을 납부하는데도 사용할 수 있다. 단 은행 상호간 포인트와 마일리지는 교환이 안된다는 단점이 있다.

게임 머니(game money)도 동일한 구조이다. 특히, 온라인 게임(on-line) 내에서 통용되는 화폐를 말한다. 롤 플레잉 게임(role- playing game, RPG)

[스타크래프트의 미네랄과 가스]

의 경우 골드(gold)라는 것을 가지고 각종 무기나 아이템 등을 구입한다. 스타크래프트(StarCraft) 게임에서는 미네랄(mineral)과 가스(gas)라는 자원을 이용하여 군사를 생산하거나 건물을 짓는다. 이러한 아이템(item)들은 현금을 주고 구매하거나 현금을 받고 매도를 할 수 있다. 네트워크 게임(network game)에서 게임 머니는 일반적으로 게임을 하면서 얻는 것이다. 또한, 자신이 게임 제공자에게 돈을 기부하고 그 대가로 일정한 양의 게임 머니를 받기도 한다. 양자는 별개로 사용하도록 되어 있는 경우가 많다. 카트라이더(Kartrider) 게임에서는 기부의 대가로 얻은 게임 머니를 캐쉬(cash)로 칭한다. 그리고, 게임 중에 얻은 게임 머니를 루찌(luzzi)로 구분한다. 하지만, 이 두가지 게임 머니는 서로 교환할 수 없도록 되어있다.

지역전자화폐(community electronic money)

이와 같이 민간에서 주로 사용하던 전자화폐는 정책적인 측면으로 발전하였다. 최근 지방정부나 지역공동체들이 발행하는 지역전자화폐(community electronic money)가 관심을 받고 있다. 앞에서 설명된 전자카드나 네트워크 기반의 전자화폐는 주로 기능적인 측면에서 중요성을 갖는다. 반면, 지역공동체(local community), 시정부(city hall), 타운(town), 지방자치단체(local governments)가 특정 멤버를 대상으로 지역 내에서 사용할 수 있는 지역전자화폐를 개발하여 활용하고 있다. 이러한 지역전자화폐는 정책적으로 활용되기에 정책전자화폐(policy electronic currency)라고도 할 수 있다. 국내에서는 2019년부터 도입된 경기지역화폐와 서울시의 서울사랑상품권을 꼽을 수 있다. 경기지역화폐는 경기도 각 시와 군에서 사용할 수 있는 충전식 카드(rechargeable card) 및 앱(App) 형태의 지역화폐이다. 경기도민들에게 복지 수당을 지급하는 수단으로서 경기 지역자치단체에서 지역경제 활성화를 위해 충전 시 인센티브를 제공하고 있다. 또한, 경기도 내 소상공인 매장에서 결제 시 할인을 지원하고 있다. 정책적으로 지원해야 할 대상에게 현금을 은행통장으로 지급하는 것이 아니라 관할 지방자치단체가 직접 카드나 앱 형태로 대상자가 사용할 수 있게 한 방식이다. 앱으로 사용시에는 본인인증을 통해서 지역 내 가맹점에서 어디든지 사용이 가능하다. 서울시는 2020년

[서울사랑상품권 사용]

부터 모바일 상품권인 서울사랑상품권을 한정하여 발행하고 있다. 제로페이(zero-pay) 시스템을 통해 앱과 QR코드로 사용이 가능한 구조이다. 적극적 사용을 통해 지역경제를 활성화하기 위해 다양한 인센티브를 제공하고 있다. 상시 7% 할인 구매, 연말정산 소득공제 30% 혜택, 그리고 선물하기 기능의 사용 등이 가능하다. 이러한 지역전자화폐 시스템은 지방정부가 지원대상을 선정과 동시에 은행을 통해 현금의 지급이라는 시스템을 사용하지 않고 직접 대상자에게 전자화폐를 사용할 수 있는 권한을 주는 방법이다. 대상자가 된 회원들도 간편 이동 결제를 통해 다양한 혜택을 받으면서 손쉽게 사용할 수 있다. 즉, 모바일 전자화폐(mobile electronic money)의 사회적 수용이다. 국가가 정한 법적 화폐 이외에도 미국, 일본, 캐나다, 독일 등 세계 각국 3,000여 곳에서 지역화폐가 소비된다. 국내의 지역화폐는 모바일 전자화폐 시스템을 채택하고 있으며 지역사회의 경제를 활성화하기 위한 지역 중심 실물 가치 화폐로 소비생활 습관을 바꾸고 있다.

암호화 화폐를 제외한 일반적으로 사용되고 있는 전자화폐에 대해 알아보았다. 이

들 전자화폐가 시장에서 인기를 끌기 시작하면서 다양한 장점과 단점을 노출하고 있다. 우선, 전자화폐는 서비스(service)와 상품(goods)의 구매와 소비라는 가치에 연동되어 보증을 받고 있다. 해당 전자화폐를 보유함으로써 일상생활에서 상품을 구매하거나 서비스를 소비하는데 전혀 문제가 없다. 또한, 사용자들의 입장에서는 거래비용과 시간을 절약할 수 있는 특징이 있다. 이는 은행 시스템이 아니라 모바일(mobile)과 인터넷(internet)을 기반으로 하고 있기 때문이다. 지방자치단체의 측면에서는 정책적 효율성과 편리성을 확보할 수 있다. 반면, 문제점도 노출하고 있다. 세금을 어떻게 부과하고 돈 세탁을 방지할 것인가에서부터 거시경제적으로 화폐의 총량을 어떻게 관리할 것인가의 문제를 낳는다. 여기에 컴퓨터 범죄도 문제이다. 전자화폐를 훔치기 위해 데이터베이스(data base) 또는 계정의 전자화폐 총액을 조작할 수 있기 때문이다.

핀테크(fintech)가 가져온 변화

핀테크(fintech)

핀테크(fintech)는 금융(finance)과 기술(technology)의 합성어로 모바일(mobile), 빅 데이터(big data), 소셜 네트워크(SNS), 암호화 기술(encryption) 등 첨단 정보기술을 기반으로 한 금융서비스 및 산업의 변화를 일컫는다. 즉, 금융서비스를 모바일 인터넷(mobile on-line) 환경으로 옮기는 것을 말한다. 구체적으로 핀테크는 두가지 측면에서 화폐시장에 영향을 미치고 있다. 하나는 오늘날 필수 사항이 된 전자화폐(electronic currency)의 지속적인 발전을 가능케 하고 있다. 블록체인(blockchain) 및 분산원장기술(distributed ledger technology)을 활용하여 암호화 화폐(cryptocurrency)를 가능케 하고 있다. 즉, 전자화폐의 가장 큰 장점인 개인 사생활 보호와 비접촉 거래의 안정성을 확보해 준다. 다른 하나는 새로운 거래 플랫폼(platform)을 출현시켜 화폐자산의 거래방식을 변화시킨다는 것이다. 구체적으로는 클라우드 컴퓨팅(cloud computing)을 통해 직접 전산설비를 구축하지 않고 전문업체로부터 인터넷을 통해 IT 자원을 제공받아 화폐의 흐름을 보다 유연하게 하고 있다. 그리고, P2P 시스템(peer-to-peer network system)을 통해 온라인상에서 자금공급자와 자금수요자 간 금융회사의 중개 없이 자금중개가 이루어지도록 하고 있다. 기존의 은행이나 금융기관을 통해 해오던 간접금융 방식에서 벗어나 개인소비자에게 화폐자산 거래의 주도권을 되돌려 주고 있다.

지급결제와 크라우드 펀딩

[핀테크 영역]

이러한 핀테크의 영향력은 새롭게 부각되고 있는 금융 영역들을 살펴봄으로써 이해할 수 있다. 해당 영역에서 어떠한 변화가 일어나고 있고 어떻게 발전되어 갈 것인가를 살펴보는 것이 중요하다. 우선, 핀테크는 지급결제와 송금 산업에서 스마트폰 등 모바일 기기의 급속한 확산에 힘입어 가장 먼저 빠르게 발달했다. 미국 페이팔(Paypal), 애플 페이(ApplePay), 중국의 알리페이(Alipay), 그리고 한국의 카카오 페이(KakaoPay)와 토스(Toss)가 대표적이다. 특히, 이커머스(e-Commerce) 회사들을 중심으로 플랫폼을 구축하여 서비스를 제공하고 있다. 기존의 지급결제와 송금은 은행 및 금융기관을 통해서 이루어졌다. 하지만, 마그네틱 보안 전송 방식(MST)과 근거리 무선통신 방식(NFC) 기술이 스마트폰에 도입되면서 편리하고 간단한 인증으로 모바일 결제와 송금이 쉽게 이루어지게 되었다. 중국의 알리페이는 알리바바 그룹(Alibaba Group)의 전자상거래 부문 중 전자금융거래를 담당한다. 앱에 은행 계좌를 연결한 후 QR코드 등을 제시하면 바로 해당 계좌에서 결제되는 방식이다. 2004년에 중국 항저우(Hanzhou)에서 알리바바 그룹의 창시자인 마윈(Jack Ma, 1964년~)에 의해 설립되었으며, 2013년에 세계 최대의 모바일 지급 플랫폼인 페이팔을 앞질렀다. 현재 중국 내에서 텐센트(Tecent) 계열의 위챗페이(WeChat Pay)와 지급결제시장을 독점하고 있다.

크라우드 펀딩(crowd funding)은 온라인 플랫폼(on-line platform)을 통해 다수의 소액 투자자로부터 자금을 조달하는 기법이다. 자금 수요자가 은행 등 전통적인 금융중개기관을 거치지 않고 직접 자금 공급자를 모집하는 새로운 방식이다. 후원이나 기부를 받기 위해 초기 단계에는 활용되었다. 이후에는 신생 기업 및 소자본 창업자를 대상으로 엔젤투자(angel investment) 형식으로 자금을 지원하는 지분투자 형식의 수익 창출로 목적이 바뀌었다. 그리고 가장 진화된 것은 P2P 금융(peer to peer finance)과 온라인 마이크로 크레딧(on-line micro credit)을 통한 대출형 크라우드 펀딩이다. 자금 수요자가 온라인 플랫폼을 통해 대출을 신청하면 다수의 투자자들이 자금을 빌려주게 된다. 그리고 대여자들은 정해진 기간 동안 이자를 수취하고 만기에는 원금을 상환 받는 형태이다. 기존의 금융기관 대출과 기본적인 구조는 비슷하지만 대출을 해주는 주체가 금융회사가 아니라 다수의 일반 투자자라는 점이다. 그리고 전통적인 중개기관 없이 투자자와 대출 신청인을 온라인 플랫폼이 직접 연결시켜 준다는 점이 특징이다. 이 과정에서 빅데이타(big data)를 이용한 신용평가(credit rating) 등 디지털 기술이 활용된다. 따라서, 그간 은행 등으로부터 대출을 받기 어려웠던 저신용자 등이 주요 고객이 되고 있다. 2005년 영국의 조파닷컴(www.zopa.com)이 최초로 P2P 대출을 시작하였다. 미국에서는 2008년 후원형 플랫폼인 인디고고(Indiegogo)가 크라우딩 펀드 서비스를 시작하였다.

특히, 렌딩클럽(LendingClub)은 P2P 대출에서 핀테크의 진수를 보여줬다. 2007년 페이스북(Facebook)의 앱(app) 형태로 비즈니스가 출발하였다. 이베이(ebay) 창업자이자 렌딩클럽의 공동창업자인 피에르 오미디야르(Pierre Morad Omidyar, 1967년~)는 은행권의 고금리에 위화감을 느끼고 인터넷을 이용하고자 하는 새로운 수요를 위해 저리 융자를 고안해 냈다고 밝혔다. 2007년 미국에서 사업을 시작한 뒤 2014년에 뉴욕증권거래소(NYSE)에 상장하였다. 2015년 3월 말까지 누적 대출금 92억 5천만 달러를 취급할 만큼 큰 금융 플랫폼으로 자리를 잡았다. 그림에서 보듯이 렌딩클럽은 자금을 지원하는 투자자들에게는 자본증권(note, certificate)을 발행하여 이자지급과 원금상환을 보증했다. 그리고 이 증권을 증권거래위원회(Securities and Exchange Commission, SEC)에 등록하고 2차 시장에서 대출거래를 제공하는 구조이다. 즉, 증권거래위원회에 등록된 자본증권을 바탕으로 대출전문은행이 신청자들에게 대출을 지급하도록 하는 시스템이다.

[렌딩클럽(Lending Club) 비즈니스 모델]

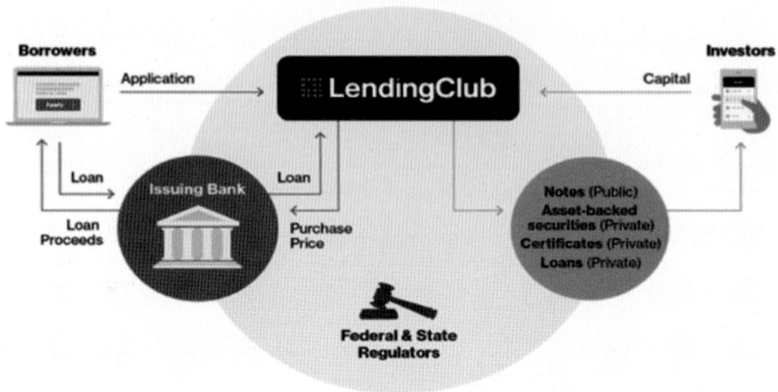

※출처 : www.lendingclub.com

일반 상업은행을 통하지 않고 투자자와 대출 신청자를 연결시켜주는 플랫폼을 제공하였다. 저신용자도 대출 신청이 가능했으며 투자자들에게는 은행보다 높은 금리를 약속하였다. 일반 은행의 대출 구조로는 운용비용이 인건비를 중심으로 5%~7% 수준으로 높게 나타난다. 하지만, 렌딩클럽 시스템은 모든 과정이 IT로 이뤄지므로 운용비용을 2% 이내로 감소시켰다. 2014년을 기준으로 렌딩클럽의 3년 만기 신용대출의 평균이자율은 11.4%로 일반 금융기관보다 낮았다. 그리고 투자자의 수익은 연 7%~8%로 역시 일반 예금상품 보다 높았다. 그리고, 연체율도 의외로 연 3.7%로 나타난 것으로 기록되었다. 이러한 수치는 기존 금융기관과 명확한 차이를 나타냈다. 하지만, 한계점도 나타냈다. 2007년 설립된 이후 핀테크의 상징이 된 세계 최대의 P2P 대출기업인 렌딩클럽(LendingClub)은 2016년 이후 부적절한 대출상품 판매, 개인신용 관련 이슈, 그리고 임원들의 자금 유용 등과 관련하여 곤욕을 치르고 있다. 그리고, 자금수요자들이 이자와 원금을 갚지 못하는 부도율이 상승하고 있다. 여기에 담보 자산의 회수율도 낮아지며 비즈니스의 신뢰도가 많이 하락한 상태이다. 2020년 2월에는 대형 인터넷은행 래디어스뱅코프(Radius Bancorp)를 1억 8500만 달러에 인수한다고 발표하며 부활의 신호를 알리고 있다.

한국에서는 2016년부터 법적 제도가 완비되면서 투자형 크라우드 펀딩이 시작되었다. 와디즈(Wadiz), 유캔스타트(UCANSTART), 오픈트레이드(Opentrade) 등이 등록을 하였다. 주로 영화와 게임 산업 등 스타트업(Startup) 회사에 투자자를 모집하였다.

로보어드바이저와 인터넷 전문은행

온라인 자산관리(asset management) 분야에서는 자산관리 앱(App) 뿐만 아니라 로보어드바이저(Robo-advisor)에 관심이 몰리고 있다. 로보어드바이저는 로봇(robot), 즉 인공지능(artificial intelligence, AI)과 조언가를 뜻하는 어드바이저(advisor)의 합성어이다. 인공지능(AI) 기술이 급속도로 발달한 몇 년 동안 금융권에서는 로보어드바이저를 활용해 빅데이터를 분석하고 수익율을 예측하려는 시도가 주요해졌다. 고도화된 알고리즘(algorithm)과 빅데이터(big data)를 통해 인간 프라이빗 뱅커(private banker) 대신 모바일 기기나 PC를 통해 포트폴리오 관리를 수행하는 온라인 자산관리 서비스이다. 직접 사람을 마주하고 상담하지 않고도 비접촉 환경에서 자산배분전략을 짜주기 때문에 수수료가 저렴하고 낮은 투자금 하한선을 설정할 수 있다. 국내에서는 파운트(Fount)와 에임(AIM)이 독보적인 활동을 보이고 있다. 2020년 9월말 기준으로 업계 운용자산 규모가 1.2조원에 이르는 것으로 집계되었다.

[로보어드바이저]

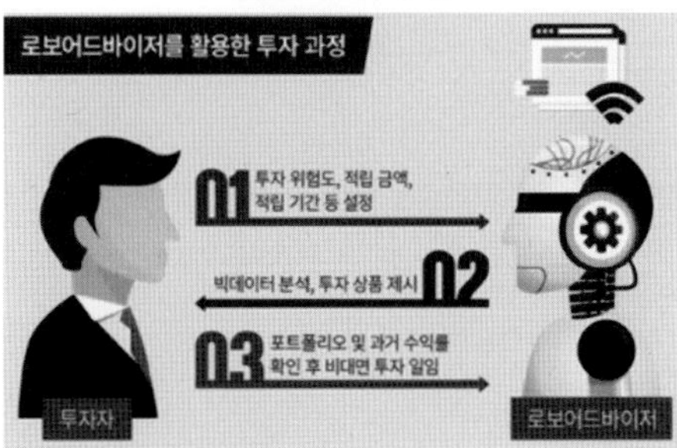

※출처 : www.hyosungfms.com

기존 상업은행의 뱅킹 서비스 독점은 인터넷 전문은행(Online-only Bank, Digital Bank, Virtual Bank, Direct Bank)

이 설립되면서 약화되고 있다. 인터넷 전문은행은 모든 금융서비스를 온라인(on-line) 상에서 제공하는 은행이다. 브랜치(branch)라는 오프라인(off- line)과 중앙 집권적 시스템, 그리고 대규모 인력을 토대로 하고 있는 기존 은행과는 차별화를 두고 있다. 인터넷 은행은 모바일을 중심으로 운영되고 있다. 미국에서는 인터넷의 활성화와 금융규제 완화 등의 영향으로 2000년 말까지 40개가 넘는 인터넷 전문은행이 설립되었다. 하지만, 낮은 인지도, 투자실패, 과도한 마케팅 비용으로 대부분 실패를 하였다. 2010년을 지나면서 비즈니스 모델 차별화 전략으로 성장을 거듭하며 기존 은행들을 위협하는 수준까지 도달하였다. 미국에서는 2003년에 챨스 스왑(Charles Schwab)이 최초로 설립되었다. 그리고 2009년에는 심플(Simple)을 필두로 2010년에는 앨리(Ally)가 그리고 2011년에는 캐피탈원(Capital One)이 설립되어 거대 인터넷 전문은행으로 발전하였다. 일본은 인터넷 전문은행의 경쟁이 활발하게 진행 중이다. 2000년 재팬넷은행(Japan Net Bank)이 설립되었다. 2001년에는 라쿠텐은행(Rakuten Bank)과 소니은행(Sony Bank)이 출범하였다. 그 뒤를 이어 2006년 이온은행(Aeon Bank)과 2007년의 SBI넷은행(SBI Net Bank), 그리고 2018년 로손은행(Lawson Bank)으로 설립이 이어졌다. 일본의 경우 이미 편의점이나 우체국에 ATM이 잘 설치되어 있어 인터넷 전문은행의 시작이 용이하였다. 시중은행과 달리 저렴한 수수료를 주요마케팅으로 적극 활용하고 있다.

[인터넷 전문은행의 특징]

	기존 은행	인터넷전문은행
장소	영업점, ATM, 인터넷뱅킹	모바일, PC, 앱, ATM
시간	평일 오전 9시~16시	365일 24시간
특징	대면 서비스 중심 상담	개인 IT기기 중심, 금리·수수료 우대
계좌개설	신분증 지참, 지점 방문	스마트폰, PC통한 비대면 인증
결제	체크·신용카드 이용	모바일 결제
대출	재무 정보 기반의 신용평가	소비·생활 정보 금리에 반영
자산 관리	지점 직원의 상담	로보어드바이저의 추천

※출처 : 중앙일보, 2016년 7월 19일

한국의 경우 2015년 6월 금융위원회의 인터넷 전문은행 도입방안 발표를 통해 본격적으로 사업을 허용하였다. 2016년에 KT그룹 계열의 케이뱅크(K-Bank)가 자본금 2,500억원에 사업 승인을 받아 2017년 4월부터 업무를 개시하였다.

[국내 인터넷 전문은행 현황]

회사	kakaobank	K bank	toss
가입자 수(명)	1360만	220만	1월 금융위원회 본인가 신청, 7월 영업 시작
여·수신 잔액(원)	20조3133억 · 23조5393억	2조9900억 · 3조7500억	
순이익(원)	859억	−703억	

※출처 : 이투데이, 2021년 1월 15일, 순이익은 2020년 기준

카카오 그룹 계열의 카카오뱅크(Kakao Bank)도 자본금 3,000억 원에 인가를 받아 2017년 7월부터 영업을 시작하였다. 그리고, 2021년 6월에는 토스뱅크(Toss Bank)가 본인가를 승인 받았으며 2021년 10월 중으로 영업을 시작할 예정이다. 특히 카카오뱅크는 영업이 급성장하였으며 2021년 8월 6일 코스피에 상장을 하였다. 이들 인터넷 전문은행은 전통 은행이 제공하는 서비스와 동일하다. 하지만 비접촉 채널을 활용하고 24시간 365일 언제든지 서비스 제공과 뱅킹 이용이 가능하다. 즉, 시간과 장소에 구애받지 않는 편리성을 지녔다. 또한, 그 동안 고금리 적용을 받았던 중급 신용의 금융소비자들과 금융거래 부족으로 소외 받았던 뱅킹 소외계층이 혜택을 받을 수 있을 것으로 보인다. 이들을 대상으로 빅데이터를 활용하여 보다 낮은 금리로 대출 서비스가 이루어지고 있다. 여기에 저렴한 거래 비용뿐 아니라 핀테크 기술을 적극 활용하여 일대일 고객 맞춤 서비스도 제공하고 있다. 하지만, 은행의 건전성 여부, 서비스 차별성의 지속적 확보, 비대면 거래의 불안정성 등이 단점으로 지적되고 있다.

핀테크 공룡, 앤트그룹(Ant Group)

핀테크와 관련하여 중국의 앤트그룹(Ant Group)의 기업공개(Initial Public

[앤트그룹 비즈니스 모델]

※출처 : Fintech Insight

Offering, IPO) 실패 사건이 빠질 수 없다. 앤트그룹은 핀테크 회사로 알리바바 그룹(Alibaba Group)의 계열사이다. 이전에는 알리페이(Alipay)라는 이름으로 알려졌으나 종합 핀테크 회사로 탈바꿈하였다. 2014년에는 앤트파이낸셜(Ant Financial)로 2020년에는 앤트그룹(Ant Group)으로 리브랜딩(rebranding)했다. 현재 세계 최대의 핀테크 유니콘(Unicorn) 기업이다. 그리고 2019년 기준 매출액이 1,200억 위안을 넘고 있다. 지급 및 결제에서는 세계 최대 지급결제 시스템인 알리페이(Alipay)가 2004년부터 비즈니스를 담당하고 있다. 자산관리 분야에서는 현재 세계 최대 머니마켓펀드(Money Market Fund, MMF)를 운용하는 위에 빠오(Yu'e Bao)를 2015년에 출시했다. 금융상품 판매와 관리가 가능한 재테크 플랫폼인 앤트포춘(Ant Fortune)은 2017년에 시작하였다. 보험 분야에서는 건강보험 상품인 시앙 후 빠오(Xiang Hu Bao)가 2018년 10월에 사업을 시작하였다. 인터넷 전문은행인 마이뱅크(MYbank)가 텐센트 계열의 위뱅크(WeBank)와 함께 인가를 받아 2015년부터 영업을 시작하였다. 마이뱅크는 일반적인 인터넷 뱅킹뿐만 아니라 P2P 대출을 통해 중소기업 대출(SME lending)에 집중하고 있다. 상대적으로 개인 소매대출(consumer lending)은 앤트 크레딧 페이(Ant Credit Pay)와 앤트 캐쉬 나우(Ant Cash Now)가 담당하고 있다. 쯔마신용(Zhima Credit)은 개인신용평가 서비스를 제공한다. 개인별로 신용점수가 부여된다. 일정한 신용점수 이상의 이용자는 보증금 없이 공유 자전거, 호텔, 렌터카 등을 이용할 수 있고 이를 토대로 개인간 P2P 소액대출도 진행한다. 일화로 결혼정보업체에서 신랑의 평가기준으로 쯔마신용점수를 요구하기도 했다 한다. 중국 최대 전자상거래 기업 알리바바의 핀테크 부문 자회사인 앤트그룹은 세계 9억 명 이상의 이용자를 확보한 알리페이를 보유하고 있다. 기업가치도 2,000억 달러에 이르는 것으로 평가를 받았다. 이를 기반으로 2020년 11월 5일 홍콩과 상하이 증시에 동시 상장할 예정이었다. 이 기업공개(IPO)를 통해 300억 달러에 달하는 자금을 조달할 것으로 전망되었다. 이는 사우디아라비아의 국영 석유회사 아람코(Aramco)가 2019년에 기록한 256억 달러를 제치고 세계 최대 규모의 기업공개(IPO)가 될 것으로 예상했다. 하지만, 기업공개 하루 전인 11월 4일 중국 증권감독관리위원회는 이 일정을 중단시켰다. 그 이유에 대해서는 언론에서는 10월 24일 상하이에서 열린 포럼에서 마윈이 중국 금융당국의 낡은 규제를 비판한 것을 문제 삼은 것으로 얘기되고 있다. 이후 중국 금융당국은 앤트그룹의 사업구조가 공정한 경제질서에 위배되고 독점의 제한에 해당된다는 이유를 명시하였다. 그리고 이듬해 2021년 4월 11일 알리바바에 대해 반독점 위반으로 3조 원대의 과징금을 부과하였다. 이후 시장 독점에 해당하는 주요 이커머스(e-commerce) 업체와 플랫폼(platform) 회사인 텐센트(Tecent), 바이두(Baidu), 메이투안(Meituan), 제이디닷컴(JD.com)에 대한 금융당국의 과징금 부과 전망이 나온 상태이다. 마윈의 사건도 있지만 중국 당국의 입장에서는 앤트그룹이 향후 가져올 플랫폼 독점을 통한 국가의 권력에 대한 도전이 가장 클 수도 있다. 2019년을 기준으로 중국 내 금융산업의 30% 정도를 핀테크 산업이 주도하였다. 이중 플랫폼 지급결제시장의 55%는 앤트그룹이 38.9%는 텐센트가 독점하고 있었다. 이러한 상황에서 금융산업의 통제를 앤트그룹과 같은 민간회사의 독점에 빼앗길 수 있다는 우려감이 작용된 것으로 보인다. 이는 향후 핀테크의 발전에 있어서 중요한 사항을 암시한다.

핀테크가 가져온 변화

삼정KPMG가 발표한 2020 상반기 핀테크 동향 보고서에 따르면 글로벌 핀테크 시장 규모는 모바일 전자결제시장을 기준으로 산정했을 경우 1,000조 원에 이르는 것으로 나타났다. 어마어마한 사업으로 성장하면서 사회변혁을 가져온 것은 사실이다. 특히, 2016년부터 시작된 4차 산업혁명을 만나면서 그 기능과 발전이 한층 더 향상되었다. 이러한 핀테크가 화폐시장에서 가져온 변혁을 크게 두 가지로 분류해서 볼 수 있다. 하나는 화폐시장의 국가 독점으로부터 탈중앙화(decentralization) 현상이다. 이미 내용에서 언급했듯이 핀테크의 비즈니스는 전통적인 간접금융 방식인 은행과 금융기관의 시스템에서 탈피하여 금융공급자와 금융소비자를 직접 연결시켜주는 방식으로 제공되고 있다. 국가가 화폐시장을 간접적으로 통제해 온 금융시스템과 규제방식에서 벗어나기 시작한 것이다. 또 다른 하나는 금융시스템이 금융기관 주도에서 플랫폼(platform) 비즈니스로 전환되면서 탈중개화(disintermediation) 되고 있다는 점이다. 플랫폼은 일정한 물리적 공간과 시간을 필요로 하지 않는다. 그리고 인터넷 상에서의 참여자는 제약을 받지 않는다. 수많은 참여자들이 동시에 거래를 할 수 있는 사이버 공간이다. 이를 통해 중앙집권적 거래

[글로벌 핀테크 시장 규모]

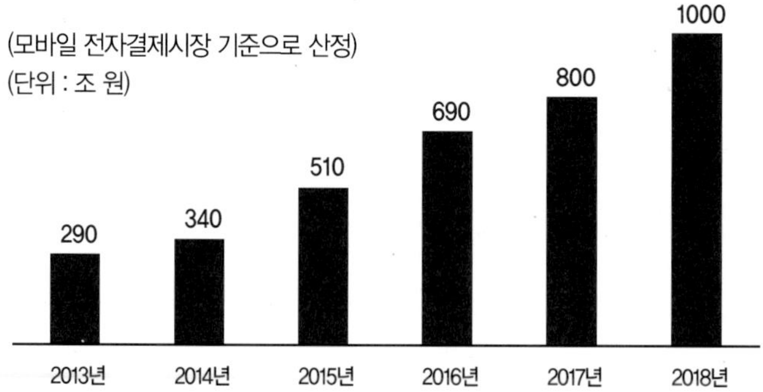

※출처 : KPMG, 2020년 상반기

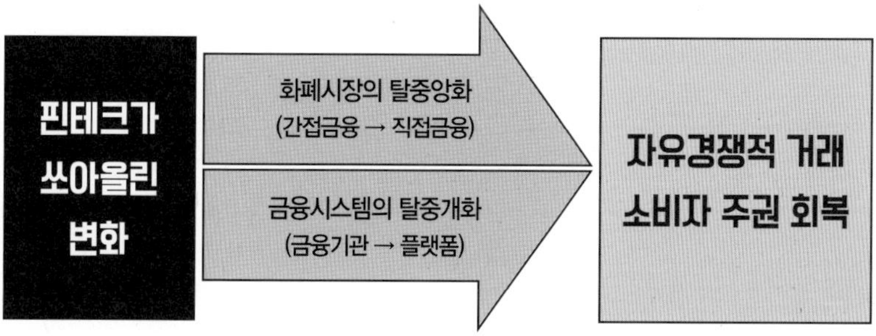

보다는 자유경쟁적 거래가 더 유용하게 활용될 수 있는 기회가 되었다. 이는 금융 소비자 주권을 다시 회복하는 기회이기도 하다. 이러한 탈중앙화, 규제완화, 그리고 탈중개화는 암호화 화폐에서 가장 극대화되어 나타나게 된다.

암호화 화폐(cryptocurrency), 비트코인(bitcoin)

암호화 화폐(cryptocurrency)의 정의는 암호화라는 뜻을 가진 crypto와 화폐란 뜻을 가진 currency의 합성어이다. 기술적으로 얘기하면 분산 장부(distributed ledger)에서 공개 키 암호화를 통해 화폐를 안전하게 전송하고, 해시 함수(hash function)를 이용해 쉽게 화폐의 소유권을 증명해 낼 수 있는 디지털 자산(digital asset)이다. 일반적으로 암호화 화폐는 블록체인(blockchanin)이나 DAG(directed acyclic graph)을 기반으로 한 분산 원장(distributed ledger) 위에서 동작한다. 이렇게 정의된 암호화 화폐를 이해하기에는 너무 힘들어 보인다. 여기에 지금까지도 진정한 화폐로 받아들여야 하는지에 대한 논쟁이 진행 중이다. 참고로 2010년 5월 22일 프로그래머 라즐로 헨예츠(Laszlo Hanyecz)는 당시 40달러 수준의 피자 두 판을 주문하는데 1만 비트코인을 지불하였다. 이는 비트코인으로 구매가 이루어진 첫 사례이다. 당시 비트코인의 화폐 개념으로 주목을 받았다. 하지만, 지금은 비트코인은 주로 거래소에서 투자 목적으로 거래된다. 지급결제 기능은 거의 찾아볼 수 없고 주로 코인 거래소에서 매매차익을 얻기 위해 당사자들간 거래되고 있다. 이러한 논쟁을 보다 더 잘 이해하기 위해 우선 최초의 암호화 화폐인 비트코인(bitcoin)의 발행과 유통에 대해 먼저 살펴 보는 게 중요하다.

비트코인(bitcoin)의 생성과 채굴

비트코인은 2008년 10월 사토시 나카모토(Satoshi Nakamotho)라는 익명을 사용한 프로그래머 또는 프로그래머들에 의해 Bitcoin: A Peer-to-Peer Electronic Cash System이라는 제목의 9쪽짜리 논문이 https://bitcoin.org/bitcoin.pdf에 공개되면서 시작되었다.

[사토시 나카모토 논문]

Bitcoin: A Peer-to-Peer Electronic Cash System

Satoshi Nakamoto
satoshin@gmx.com
www.bitcoin.org

Abstract. A purely peer-to-peer version of electronic cash would allow online payments to be sent directly from one party to another without going through a financial institution. Digital signatures provide part of the solution, but the main benefits are lost if a trusted third party is still required to prevent double-spending. We propose a solution to the double-spending problem using a peer-to-peer network. The network timestamps transactions by hashing them into an ongoing chain of hash-based proof-of-work, forming a record that cannot be changed without redoing the proof-of-work. The longest chain not only serves as proof of the sequence of events witnessed, but proof that it came from the largest pool of CPU power. As long as a majority of CPU power is controlled by nodes that are not cooperating to attack the network, they'll generate the longest chain and outpace attackers. The network itself requires minimal structure. Messages are broadcast on a best effort basis, and nodes can leave and rejoin the network at will, accepting the longest proof-of-work chain as proof of what happened while they were gone.

1. Introduction

Commerce on the Internet has come to rely almost exclusively on financial institutions serving as trusted third parties to process electronic payments. While the system works well enough for most transactions, it still suffers from the inherent weaknesses of the trust based model. Completely non-reversible transactions are not really possible, since financial institutions cannot avoid mediating disputes. The cost of mediation increases transaction costs, limiting the

※출처 : www.bitcoin.org

2009년 1월 3일에 비트코인이 제네시스 블록(genesis block)에 의해 처음 발행되었다. 그리고, 2009년 2월 11일에 Bitcoin Core v0.1 프로그램이 오픈 소스(open source)로 공개되었다. 이는 1998년 웨이따이(Wei Dai)의 비-머니

(b-money) 제안과 닉 재보(Nick Szabo)의 비트골드(bit gold) 제안을 P2P로 최초로 구현한 것 중에 하나이기도 하다. 출발점은 블록(block)의 생성이다. 블록은 데이터를 저장하는 하나의 매체이다. 비트코인 회사는 한 개의 블록을 1MB 이내로 한정하고 있다. 여기에는 비트코인의 발행과 거래내역이 기록된다. 이러한 블록을 지속적으로 생성시키는 것이 회사의 지속을 위한 목적이 된다. 각각의 블록 생성에는 누구든 참여할 수 있다. 단, 이를 위해서는 제공되는 해시 퍼즐(hash puzzle)을 풀어야 가능하다. 이 함수 문제를 풀기 위해서 초기에는 개인용 PC로도 가능했다. 하지만, 블록이 추가로 생성될 때마다 난이도가 어려워지도록 설계되어 있기 때문에 고성능 GPU(graphic processing unit)를 탑재한 컴퓨터가 대량으로 사용된다. 2017년 이후 블록 생성과 채굴(mining)에는 GPU보다 성능이 9만배가 더 나은 ASIC(application-specific integrated circuit, 주문형직접회로)나 FPGA(field-programmable gate array)를 이용한 전용 채굴기가 등장하며 채굴 경쟁이 한층 치열해 진다. 블록들은 생성된 순서대로 먼저 만들어진 블록 뒤에 일렬로 보관된다. 이런 식으로 만들어진 모든 블록은 마치 체인에 묶인 것처럼 일렬로 죽 늘어서서 논리적으로 저장되는데 이 모습을 묘사하기 위해 블록체인(blockchain)이라는 말이 생겼다.

[블록 체인]

블록체인=데이터 Block이 Chain 형태로 연결, 저장

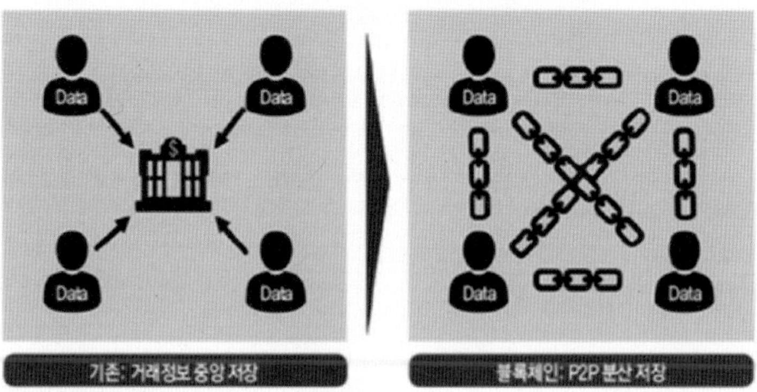

※출처 : 미래창조과학부, T-Plus Database, T-Plus 분석

블록을 생성하기 위해서는 일정시간 이상 계산된 자원을 소비해야하는 의도적으로 설계된 단계를 반드시 거쳐야 하는데 이를 작업증명(proof of work)이라 한다. 이 과정에는 대용량 하드웨어 또는 채굴기(miner), 인력, 막대한 전기, 문제 풀이 등 엄청난 자원의 투자가 필요하다. 따라서 누군가 작업증명을 통해 블록을 만들어 주길 기대하려면 굉장히 많은 자원을 투입할 만한 적절한 동기부여가 필요하다. 그것이 바로 보상금 즉 비트코인(bitcoin)을 지급하는 것이다. 비트코인은 오직 블록이 새로 생성될 때만 발행되고 블록을 만든 사람에게 지급된다. 통상 채굴(mining)이라고도 표현하는 블록 만들기는 마치 금광에서 금을 캐듯 비트코인 발행을 통해 보상금을 확보하기 위한 행위인 것이다. 익명인 사토시 나카모토가 이 시스템을 최초로 시작하면서 만든 0번째 블록인 제네시스 블록(genesis block)에는 50비트코인(BTC)이 지급되었다. 그리고 21만개의 블록이 만들어질 때마다 보조금이 절반으로 줄어들도록 설계돼 있다. 즉, 1번 블록부터 210,000번 블록까지는 블록마다 50BTC가 지급된다. 210,001번 블록부터 420,000번 블록까지는 블록마다 25BTC가 지급된다. 420,001번 블록부터 630,000번 블록까지는 블록마다 12.5BTC가 지급되는 설계 방식이다. 또한, 비트코인 시스템은 하나의 블록 생성에 평균 10분 정도가 소요되도록 2,016개의 블록이 만들어 질 때마다 주기적으로 해시 퍼즐(hash puzzle)의 난이도를 조절한다. 210,000개 블록마다 보조금이 반으로 줄어들고 평균 10분에 하나씩 블록이 늘어나므로 계산해 보면 총 누적

[비트코인 예상 발행 잔액]

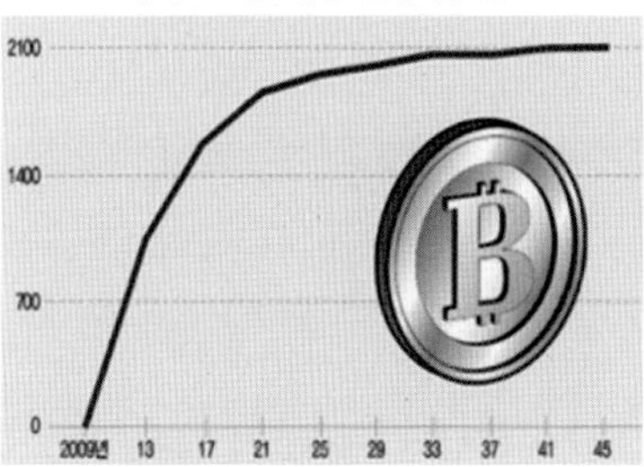

※출처 : 한국은행, 단위 : 만BTC

[비트코인 반감기 그래프]

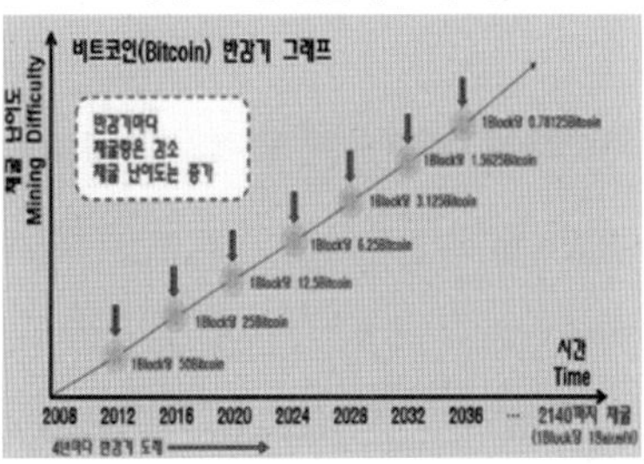

※출처 : Coindesk Korea by 한겨레

생산량을 계산할 수 있다. 이론적으로 마지막 보조금은 6,929,999번 블록이 생성되는 2140년 4월18일로 예상된다. 그리고 마지막 보조금은 고작 1사토시(satoshi)가 될 것으로 예상되고 있다. 마지막 블록의 생성과 함께 누적 비트코인(bitcoin)은 20,999,999.9796BTC가 발행될 것으로 예정되어 있다. 2021년 6월 27일 현재 발행량은 18,713,700BTC가 발행된 것으로 나타나고 있다. 하지만, 실제적으로는 처음 24년 동안 전체 발행량의 99%가 생산되고 나머지는 107년 동안 고작 전체의 1%만 생산되는 구조이다. 사실상의 고갈은 2140년이 아닌 2033년을 기점으로 볼 수 있다. 그리고, 채굴에 들어가는 비용이 생산되는 비트코인 가격보다 너무 낮을 경우에는 누구도 비트코인을 생산하려 들지 않을 것이다. 또한, 개인 채굴이 힘들어지면서 채굴 전문회사들이 독점을 하고 있다. 2020년 4월을 기준으로 비트코인 채굴 능력 글로벌 점유율은 65.08%는 중국이, 7.24%는 미국에서, 6.90%는 러시아가, 그리고 6.17%는 카자흐스탄이 점유하고 있다. 이들 국가들이 전체 채굴 능력의 85.39%를 독점하고 있다. 대부분이 중국과 러시아의 회사이다. 특히, 전기료가 저렴한 중국의 쓰촨성(四川省)이 높은 점유율을 나타내고 있다. 하지만, 중국 정부가 비트코인을 비롯한 암호화 화폐의 발행과 거래를 금지하고 2021년 5월 20일에는 채굴까지 금지하였다. 쓰촨성이 6월 18일에는 관내 26개 비트코인 채굴 업체에 폐쇄 명령을 내림에 따라 현재 중국에 있는 채굴 업체 90%가 폐쇄되었다고 보도되고 있다.

비트코인(bitcoin)의 거래

그러면 왜 비트코인을 만들게 되었을까? 1980년대 말을 기점으로 프라이버시(privacy) 보호 운동이 점점 사회현상화 되기 시작했다. 이때, 전산학자이자 암호학자인 데이비드 차움(David Chaum)은 금융영역에서 개인들의 프라이버시를 보호하려는 시도로 1983년 e- cash라는 이름의 새로운 캐시 시스템을 구상하였다.

프라이버시(privacy) 보호를 위해 금융기관과 제휴해 모든 거래 내용을 암호화하는 것을 목표로 했다. 그리고 이를 통해 제3자가 거래 내역을 추적할 수 없도록 하는 것이 목적이었다. 이러한 시도는 실패했지만 이후 개발된 비트코인은 명백히 금융거래에서 개인정보를 보호하려는 목적으로 탄생되었다. 방식은 금융기관을 배제하고 모든 거래내역을 암호화하여 어떤 경우도 신원을 특정할 수 없도록 절대 익명 방식인 어노니머스(anonymous) 형태로 설계된 것이다. 즉, 블록은 디지털 잠금장치가 달린 장부(ledger)와 같아진 것이다. 여기서 암호 키는 소유자 본인만 갖고 있기에 경찰이나 검찰이 와도 열수 없다. 그리고, 블록들로만 연결되어 있기에 중앙통제시스템(centralized control system)이 존재하지 않는다. 개인 키를 분실하거나 도난당할 경우 문제를 해결해 줄 수 있는 방법이 없다. 은행에 예치한 돈은 계좌의 비밀번호를 잃어버리면 은행이 이를 다시 확인해 주거나 변경해 준다. 하지만, 비트코인은 아무도 확인해 줄 수 없다. 백업이 필수 사항이다. 미국의 포춘(Fortune)은 암호화 키 분실로 인해 영원히 사용할 수 없는 비트코인이 2017년 말 기준으로 약 380만 개로 추정된다고 하였다. 이는 당시 비트코인 총 수량의 23%에 이른다. 이와 같은 현상이 발생하는 것은 비트코인이 금융중개기관을 배제한 탈중앙화된 시스템(decentralized system) 방식으로 분산된 원장(distributed ledger)을 사용하기 때문이다.

거래방식도 기존 시스템과는 매우 상이하다. 거래내역의 진정성을 확인 받기 위해서는 모든 블록의 내역과 대조해 봐야 한다. 중앙통제시스템이 없기 때문이다. 이를 위해 브로드캐스팅(broad casting) 이란 방식을 사용한다. 이는 네트워크에서 상대방을 특정하지 않고 모든 접속자에게 데이터를 전송하는 통신 방식을 일컫는다. 분명 중앙통제방식에 비해 많은 시간이 소모된다. 상업용으로 쓰는데 걸림돌이 되는 상황이다. 이는 비트코인의 운영 방식이 중앙통제방식에 비해 절대 효율적이라고 하기 힘든 부분이다. 비트코인을 상대방과 거래 또는 사용하기 위해서는 지갑(e-wallet)이라는 사용자 프로그램을 쓴다. 지갑은 거래에 필요한 주소(address)라는 계정을 생성하고 나만의 암호 키를 생성해 늘 안전한 거래를 가능하게 해준다. 그리고 트랜잭션(transaction)을 작성하고 제출하며 여러 블록에 흩어져 있는 비트코인을 논리적으로 한데 모아 전체를 합산한 금액을 기록하고 보여주는 역할도 제공한다. 비트코인 주소는 1YOURbEAcoIN09MYWalLetlDaDdRes72와 같이 26~35자리의 영문 대소문자와 숫자의 무작위한 문자열이며 1 또는 3으로 시작한다. 그리고 비트코인 송금에 필요한 개인 키(private key)는 영문 대소문자와 숫자 51자이다. 비트코인 입금 수단은 문자형 주소에 비트코인을 보내거나 QR코드로 송금하는 두 가지 종류가 있다. 지갑을 만드는 데는 이름이나 전화번호, 이메일(e-mail) 등의 어떠한 개인정보도 필요하지 않는다. 이용자들은 156아승기(asamkhyeya)개의 지갑을 만들 수 있기 때문에 전 세계 사람들이 모두 사용해도 주소가 부족하지 않다. 지갑 주소는 계좌번호와 같으며 이를 상대방에게 알려주어 송금을 할 수 있다. 개인 키는 비밀번호로 이것을 알면 비트코인을 다른 지갑으로 가져가버릴 수 있다. 따라서 개인 키 관리를 잘 해야 하며 혹시 개인 키를 분실할 경우 절대 비트코인에 접근할 수 없다. 은행이라면 개인이 비밀번호를 분실하면 확인해 주거나 새로 발행해 준다. 하지만, 비트코인에는 은행이라는 개념이 없다. 지갑은 네트워크와 사용자를 연결해주는 수단일 뿐이고, 지갑이 없어져도 돈은 네트워크 자체에 기록되어 있다. 이를 접근할 수 있는 수단이 개인 키이다. 비트코인을 지갑과 지갑 사이에 이동시키는 것을 거래라고 칭한다. 보통 몇 분에서 최장 10시간 이상 걸릴 경우도 있다. 왜냐하면 비트코인은 디지털로 이루어져 있기 때문에 얼마든지 복사나 변조가 발생할 수 있다. 이를 막기 위해 기존의 거

[비트코인 지갑]

래 내역과 새로 만들어진 내역을 서로 검증하는 승인(confirmation) 작업을 거치기 때문이다. 3~6번의 승인을 거친 뒤에 정상적인 거래로 인정하는 것이 일반적이나, 늘어난 비트코인 거래에 비해 승인 속도가 따라잡지 못하고 있어 속도가 계속 느려지고 있다.

비트코인 거래 시에는 수수료를 지불해야 한다. 기본적으로 두 종류가 있다. 거래수수료(transaction fee)와 송금수수료(transferring fee)이다. 거래수수료는 비트코인 거래 시 코인거래소에서 부과하는 수수료로 비트코인을 팔거나 살 때 모두 부과된다. 거래소마다 차이가 있으나 대략 0.5% 이내로 적용하고 있다. 송금수수료는 비트코인을 다른 지갑이나 계좌로 전송 시 채굴자에게 주는 수수료이다. 거래소를 안 통하고 electrum이나 Bitcoin Core를 사용해서 직접 송금해도 내야 하는 수수료이다. 이 수수료는 블록을 만든 채굴업자가 보상금 형태로 가져간다. 이는 매수자가 자신의 지갑으로 비트코인을 가져올때 발생한다. 수수료는 정해져 있지는 않다. 채굴기는 수수료가 높게 걸린 거래 요청을 우선 처리하게 되는 성향을 지닌다. 결국 당연히 수수료를 높게 제시한 거래가 더 빨리 처리된다. 전 세계적으로 거래 총량이 낮을 경우에는 0을 제시해도 되는 구조이다. 따라서 다양한 비트코인의 클라이언트 소프트웨어(client software)는 사용자에게 일정 판단 루틴(rountine)을 통하여 권장 수수료를 제시하게 되는데 이는 장소와 시간 등 상황에 따라 달라질 수 있다. 비트코인에 너무 많은 거래가 요청되어 지체되고 사용자 입장에서는 결제가 확정이 안 된 상황이 반복될 수 있다. 이러한 불편함은 생활화폐로써 사용 가능성을 점차 사라지게 될 수도 있다. 예를 들면, 3만원짜리 책을 비트코인으로 주문하는 경우에는 매수자가 책판매업자의 지갑에 3만원어치 비트코인을 직접 이전시킨다. 그리고 동시에 송금수수료로 0.1% 책정되었다면 30원을 추가로 채굴자에게 납부해야 한다. 그래야 거래의 결제가 처리된다. 보다 빠른 결제 속도를 원하면 송금수수료를 더 지급해야 한다. 비효율적인 거래이다.

비트코인(bitcoin)의 특징

이렇게 발행되어 유통되는 비트코인의 특징을 몇 가지로 나누어 볼 수 있다. 우선, 비트코인은 개인의 프라이버시(privacy) 보호에 가장 큰 장점을 갖게 되었다. 암호화된 블록 원장(encoded block ledger)과 분산화된 시스템(distributed system)을 통해 자신의 거래내역을 절대 익명으로 관리할 수 있기 때문이다. 하지만, 이러한 어노니머스(anonymous)는 반대로 금융의 건전성에 정면으로 반하는 속성이기에 탈세와 자금세탁 등 각종 지하자금을 위한 효과적인 도구로 사용될 수 있다는 단점을 내포한다. 마약 밀매자금이나 돈세탁 자금의 출처는 경찰이나 검찰이 와도 해당 계좌의 내용을 확인할 수 없다. 불법 상속이나 증여가 있어도 이를 추적할 수 없게 되었다. 또한, 불법 외환자금 거래도 확인이 불가한 상태이다. 이러한 불법적인 범죄의 악용은 최근 해킹 몸값으로까지 쓰이고 있을 정도이다. 2021년 5월 7일에는 미국 송유관 회사 콜로니얼파이프라인(Colonial Pipeline)이 러시아와 연계된 것으로 의심되는 해커 집단(hacker group) 다크사이드(DarkSide)의 랜섬웨어(ransomware) 공격을 받아 440만 달러 어치의 비트코인 몸값을 뜯겼다. 그리고 5월 31일에는 랜섬웨어(ransomware) 공격을 받은 세계 최대 정육회사 JBS가 해커(hacker)에 1,100만 달러 상당의 비트코인을 보냈다고 전해졌다. 미국연방수사국(FBI)이 일부를 회수했지만 실제 인질, 납치 범죄의 몸값이 범죄자에 넘겨지면 돈의 흐름과 경로를 단서로 범죄자를 추적하는 데 암호화 화폐는 추적이 쉽지 않다. 여기에 미국의 제재로 국제 금융거래가 제한된 북한(North Korea)과 이란(Iran)이 가상화폐에 관심을 두고 있는 것도 이 때문이다.

그러나 완벽하지도 않다. 단지 실제 거래자와 비트코인 주소 간의 연관성을 찾으면 애기는 달라진다. 거래자의 비트코인 주소를 찾기만 하면 언제 얼마만큼의 돈을 누구에게로 보냈는지 경찰이 아니라도 https://blockchain.info 등에서 누구나 손쉽게 조회해 볼 수 있다. 다만 여러 주소를 사용하는 경우 이 거래자와 비트코인 주소 사이의 연관성을 찾기 힘들어진다. 실제로 지난 수년간 범죄조직들이 송금용으로 비트코인을 이용하는 경우 이런 식으로 여러 주소를 이용하는 방식을 대부분 쓴다는 소문이 많이 있다. 사실상 대량의 검은 돈(black money)을 먼 나라로 운반하고 환금하기 굉장히 쉽다. 따라서, 여러 지갑을 써서 현금화를 하면 양이 적어 눈에 띄지 않게 되며 유리하다는 것이다. 그리고, 비트코인을 현금화하려면 이를 달러나 원화로 교환해주는 코인거래소를 거쳐야 한다. 거래소는 이용자의 실명 확인을 강제하고 있기에 해외로 이전하거나 은닉한 비트코인이 현금화되는 과정에서 범죄 현장이 노출될 수 있다. 즉, 지갑주소나 암호화 키 등이 개인적으로 소유될 경우에는 다른 사람들이 나의 비트코인 보유 현황과 거래내역을 추적하지 못한다는 얘기이지 거래자와 지갑 주소의 연관성이 확인되면 추적이 가능하다는 얘기이다. 국내 검찰이 2017년 4월 불법 음란물 사이트 운영자로부터 범죄 수익으로 몰수한 비트코인이 있었다. 당시 운영자 안씨로 부터 비트코인 지갑 계좌를 확인하여 해당 191BTC를 검찰 지갑계좌로 몰수해 놓은 것이었다. 관련 법령이 여의치 않아 검찰은 몰수한 비트코인을 보관만 하고 있었다. 이후 2021년 3월 관계 법령에 따라 결국 국고로 귀속시킨 사례가 있다. 해당 비트코인의 가치는 2017년 4월 당시 2억 7천만원이었으나 2021년 3월 15일 매각 대금은 122억 9400만원으로 국고에 귀속시킨 것이다.

둘째는 화폐로 인식되기에는 매우 불편함(inconvenience)을 내포하고 있다. 우선, 발행하는 데 많은 비용과 시간이 들어간다. 이는 몇몇 채굴회사들이 비트코인 발행을 독점을 하는 데서 나타나고 있다. 블록도 오직 1MB 이내로 생성 가능하기에 엄청난 숫자의 블록을 필요로 한다. 데이터 베이스의 역할을 하기에는 불명확하다. 여기에 중앙통제시스템을 배제하고 있기에 거래의 승인을 받는데 너무 오랜 시간이 걸린다. 외국의 모 암호화 화폐 박람회에서 입장료를 비트코인으로 지불하는 것을 이벤트로 선정하였다. 하지만, 입장객들이 입장료를 비트코인으로 결제하는데 시간이 너무 걸려 도중에 포기했다는 일화도 있다. 1명당 10분이 넘게 걸렸다고 전해진다. 비트코인으로 물품 가격 지급시 송금수수료도 불합리하다는 것을 이미 확인하였다. 이러한 비효율성은 비트코인이 원래 지급과 결제라는 화폐의 기능적 요소를 염두에 두고 설계된 것이 아니라, 금융 거래내역을 추적 불가능하도록 하는 시스템 구축이 주목적이었기 때문이다.

셋째는 비트코인에는 내재가치가 없는 것으로 간주된다. 금화와 같이 그 자체가 구매력을 갖는 상품도 아니다. 법정화폐(fiat money)와 같이 국가의 권력에 의해 명목가치를 증명 받는 것도 아니다. 그저 디지털 숫자에 불과하기에 내재가치는 0이다. 지지자들은 비트코인의 가치는 발행을 위해 들어간 비용 또는 작업증명(proof of work) 비용으로 측정되어야 한다고 말한다. 하지만, 주식과 채권 같이 청산 시 잔여가치(residual value)를 가지고 있지도 않다. 그래서, 비트코인의 가격 변동성이 매우 크며 안전자산이라고 하기에 애매모호한 위치에 있다. 2021년 6월 15일 영국중앙은행(Bank of England)의 총재 앤드류 베일리(Andrew Bailey)도 연례회의 연설에서 "비트코인과 같은 암호자산은 돈이 아니며 내재가치가 없다"라고 언급했다. 단지, "스테이블 코인(stable coin)은 내재가치를 가질 수 있다"고 말했다. 한국은행(Bank of Korea)의 이주열 총재도 2021년 2월 23일 여의도 국회에서 열린 기획재정위원회 업무보고에서 태생적으로 암호자산은 내재가치가 없다며 향후 가격 하락을 전망하였다. 미국 재무장관 재닛 옐런(Janet Yellen)도 2021년 2월 22일 뉴욕타임즈(NYT) 주최 콘퍼런스에서 "비트코인이 거래 메커니즘으로 널리 쓰일 것이라고 생각하지 않는다"며 의견을 전달했다. 그리고, 종종 불법 금융에 사용된다는 점을 걱정했다. 비트코인은 거래를 수행하기에 극도로 비효율적인 수단이며 그 과정에서 소모되는 에너지의 양은 믿을 수 없을 정도라고 비판하였다. 현실에서 디지털 숫자가 가치를 가질 수 있는 유일한 방법은 누군가 현금을 사용해 계속 매매를 시도할 때뿐이다. 여기에서 굳이 내재가치를 찾자면 절대 익명성(absolute anonymity)에 대한 지속적인 수요이다. 즉, 전세계에서 누군가는 자신의 금융 거래 내역인 프라이버시의 절대적 보장을 원할 것이다. 그리고 그러한 수요를 지속적으로 확인하고 있다. 이러한 익명성 제공에 대한 수요와 공급이 일치하는 점에서 매매가 지속되면서 가치가 증명될 것이다. 이미 논쟁화된 암호화 화폐는 알트코인들

(altcoins)이 발행되고 유통되면서 더욱 단점을 노출하고 복잡해진다.

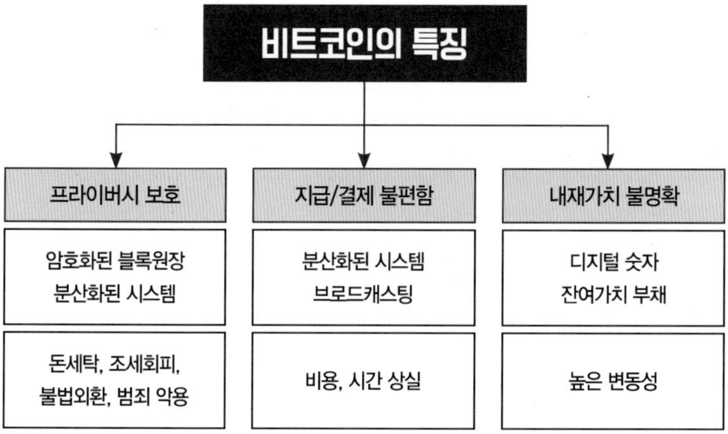

알트코인(alternative coin)과 최초코인공개(initial coin offering, ICO)

알트코인(altcoin)의 발행

알트코인(altcoin, alternative coin)은 비트코인 이후 발행된 새로운 암호화 화폐를 총칭한다. 2017년 6월이 지나면서 비트코인은 이미 반감기를 넘어섰다. 가격 변동성이 감소하여 큰 수익을 기대하기 힘들었다. 하지만, 상대적으로 알트코인들은 아직 신생이기에 큰 수익률을 기대할 수 있다는 이유로 관심을 받기 시작했다. 가장 유망하고 시가 총액이 높은 알트코인으로 알려져 있는 것은 이더리움(Ethereum)이다. 그 뒤를 리플(ripple), 라이트코인(litecoin), 모네로(monero), 이오스(EOS) 등이 이어가고 있다. 2018년 초 암호화 화폐 시장에서 비트코인의 시가 총액 비중이 60%를 넘어섰으나 2021년 5월 말에는 43%까지 하락해 있다. 그리고 전세계 암호화 화폐 거래소에 상장된 암호화 화폐 개수는 10,000여 개가 넘는 것으로 전해진다. 15분에 한 개꼴로 새로운 암호화 화폐가 생겨나고 있다. 알트코인들의 중요성이 기존에 비해 매우 높아졌다. 특히, 해외 투자자들은 비트코인을 주로 거래하지만, 한국은 알트코인 거래가 가장 많은 시장으로 분류되고 있다. 국내 암호화 화폐 투자예탁금은 2021년 2월말 기준 약 4.6조원인

데 이중 90% 이상이 알트코인에 몰려 있다. 코인마켓캡(CoinMarketCap)의 데이터에 의하면 2021년 5월 31일자로 한국은 전 세계 암호화 화폐 거래의 약 10%를 차지하고 있는 것으로 집계 됐다. 그리고, 국내의 경우 비트코인 거래 비율이 6%에 불과하고 나머지 94%는 알트코인에 투자하는 것으로 나타났다.

이처럼 비트코인 이후 알트코인들이 엄청난 숫자로 급증한 것은 대표적인 암호화 화폐인 비트코인과 이더리움을 쉽게 복제하는 방식으로 만들기 때문이다. 블록체인 송금 시스템을 완전히 갖춘 기존 가상 화폐에 일부 기능을 덧붙여 다른 이름으로 내놓기 때문이다. 리플(ripple)의 경우 은행과 은행간의 전송을 목표로 나온 코인이다. 라이트코인(litecoin)은 간편한 채굴이 장점이다. 모네로(Monero)는 개개인에게 프라이빗 코드를 부여하여 익명성 문제를 해결하였다. 이오스(EOS)와 네오(NEO)는 중국자본에 의해 개발된 코인으로 분류된다. 아이오타(IOTA)는 블록체인 대신 탱글(tangle)을 이용하여 사물 인터넷에 초점이 맞춰진 코인이다. 알트코인도 가격으로 명칭이 분류되기도 한다. 1,000원 이상은 지폐로, 100원~1,000원 사이는 동전으로 불리운다. 100원 미만은 엽전으로, 그리고 시총이 순위권에 들지 않는 낮은 것은 잡코인으로 분류된다.

코인 거래소(coin exchange)와 최초코인공개(ICO)

이러한 알트코인의 활성화는 암호화 화폐 거래소(cryptocurrency exchange)와 최초코인공개(initial coin offering, ICO)의 급증을 가져왔다. 암호화 화폐 거래소는 암호화 화폐 거래를 알선하고 그 대가로 수수료를 취하는 것을 업으로 하는 자들을 말한다. 스스로는 거래소(exchange)라는 명칭을 사용한다. 하지만, 법률이 정한 바에 따라 거래 주문을 단일가로 통일해 제공하는 공인된 거래소와는 다르다. 달리 각기 다른 사자와 팔자 주문을 매치하는 개별 브로커로 기능하기에 거래 가격도 거래소별 서로 다르다. 비트코인 열풍이 있었던 2018년 초 우리나라의 비트코인 가격은 미국 거래소보다 무려 30%나 더 비싸게 거래돼 김치 프리미엄이라는 비난을 받았다. 초기에는 주로 메신저나 게시판을 이용한 직거래가 유일한 방법이었다. 대개 구매자가 현금을 먼저 송금하면 판매자는 구매자가 지정한 비트코인 주소로 비트코인을 이전하는 방식이었다. 2010년 3월 최초의 비트코인 중개 사이트로 알려진 BitCoinMarket.com이 출범하였다.

[암호화 화폐 거래소 사이트(CoinMarket Cap)]

이후 스스로 거래소라는 명칭을 사용한 중개 사이트가 우후죽순처럼 등장했다. 2021년 5월말 기준으로 전세계 암호화 화폐 거래소는 2만개가 넘는 것으로 알려져 있다. 국내에도 최소 390여 개가 있는 것으로 추정되고 있다. 그리고, 국내 코인거래소를 통해 하루에 약 1.5조원대의 거래가 이루어지는 것으로 추정되고 있다. 2021년 3월 25일부터 시행된 특정금융거래정보의 보고 및 이용 등에 관한 법률(특정금융정보법)에 따라 소비자 보호를 위해 금융당국에 가상자산사업자(VASP) 신고를 9월까지 마쳐야 한다. 8월15일 현재까지 업비트(UPbit), 빗썸(bithumb), 코인원(Coinone), 코빗(korbit) 4곳이 사업자 신고서를 제출한 상태이다. 이러한 거래소들은 암호화 화폐의 특징인 프라이버시(privacy) 보호가 있는 시스템이 아니

다. 일반 중앙통제시스템을 통해 거래를 주선하기에 사고가 날 가능성을 다분히 내포하고 있다. 아직 규제와 소비자 보호가 이루어지고 있지 않아 시세조정과 같은 불법이 발생할 가능성도 충분하다.

최초코인공개(initial coin offering, ICO)도 논란의 중심에 있다. 이는 새로운 암호화 화폐를 발행하기 위해 불특정 다수의 투자자들로부터 초기 개발자금을 모집하는 과정을 말한다. 크라우드 펀딩(crowd funding)을 통해 일반인들 대상으로 백서(white paper)와 영상을 공개하여 자금을 모집하게 된다. 그리고, 이에 대한 대가로 최초코인공개(ICO)를 통해 투자자들에게 자신이 발행한 코인을 나누어 주게 된다. 주식공개모집(initial public offering, IPO)의 방법을 모방한 것이다. 비트코인 등 초창기 암호화 화폐는 반드시 채굴로만 암호화 화폐를 얻을 수 있었다. 그러나 이더리움(Ethereum) 개발자인 부테린(Vitalik Buterin, 1994년~)이 이 방법으로 손쉽게 거액을 버는 것이 목격되었다. 이후 현재는 대다수의 알트코인 개발자들이 채택하고 있는 방법이다. 이는 선채굴(pre-mining)과 같은 편법을 낳게 된다. 선채굴은 개발자가 개발 초기에 채굴 과정 없이 그냥 코인을 찍어낸 것을 의미한다. 이더리움의 제네시스(0번) 블록을 살펴보면 무려 8,893개의 트랜잭션이 들어 있다. 이를 통해 7,200만 개의 이더리움을 발행했다. 발행된 이더리움이 부테린을 비롯한 관계자들의 주머니로 들어간 것은 명확했다. 이더리움이 만들어지고 5년이 지난 2020년 8월까지 누적 발행된 코인이 1억 1,200만 개에 불과하다. 즉, 전체 물량의 65%는 선채굴로 찍어 낸 셈이다. 역사적으로 보면, 엄청난 시뇨리지 효과(seinorage effect)로 간주할 수 있다.

스테이블 코인(stable coin)의 내재가치

암호화 화폐의 가격 변동성은 매우 높아서 가늠하기 힘들 정도이다. 이는 비트코인의 내재가치가 0이므로 그 가치의 적정성을 판단할 기초자산이 존재하지 않기 때문에 발생한다. 이러한 단점을 극복하고자 기초자산을 가진 코인에 대한 아이디어가 꾸준히 이어져 왔다. 그리고 스테이블 코인(stable coin)이라는 이름이 등장하기 시작했다. 스테이블 코인이란 기초자산이 없는 디지털 숫자에 불과한 이전 코인과 달리 기초자산을 가진 코인이다. 디지털 자산이 아닌 디지털화된 자산인 셈이다. 스테이블코인은 크게 법정화폐 담보(fiat- collaterized), 암호자산 담보(crypto-collaterized), 그리고 무담보(non-collaterized) 코인으로 분류될 수 있다. 법정화폐 담보 코인은 특정 기관에게 법정화폐를 예치하고 예치금에 상응하는 가치의 코인을 발행 받아 사용하는 방법이다. 테더(Tether)와 USD코인(USD Coin)이 대표적이다. 이들은 1코인당 1달러를 태환한다고 공시하고 있다. 암호화자산 담보 코인은 이더리움과 같은 기타 암호화자산을 스마트 콘트랙트(smart contract)에 맡기고 프로토콜(protocol)의 담보대출비율에 따라 대출받아 사용하는 코인이다. 비트셰어스(BitShares)와 메이커(Maker)가 있다. 그리고, 무담보 코인은 아무런 담보없이 발행되어 사용하는 코인이다. 베이스코인(Basecoin)과 코와라(Kowala)를 언급할 수 있다.

[스테이블 코인]

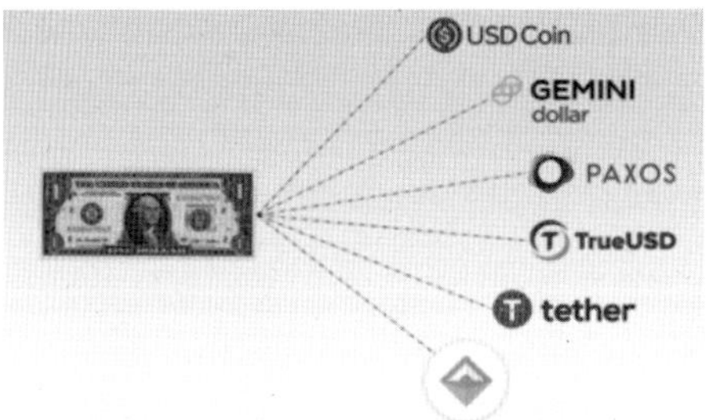

※그림출처 : Wes Levitt

대표적인 스테이블 코인인 테더(Tether)에 대해 알아 보자. 테더는 2014년 10월 16일 홍콩의 비트파이넥스 거래소(Bitfinex exchange)가 발행을 시작하였다. 발행하는 1테더당 1달러를 연동시키고 있다. 금본위제(gold reserve system)

와 같이 화폐의 속성을 미국 달러와 연동할 목적으로 만든 코인이다. 테더의 티커는 USDT로 표시된다. 이후 추가적으로 유로에 연동된 테더 코인인 EURT로 역외 인민폐(Renminbi)에 연동된 테더 코인을 CNHT로 발행하고 있다.

[테더 가격 차트($)]

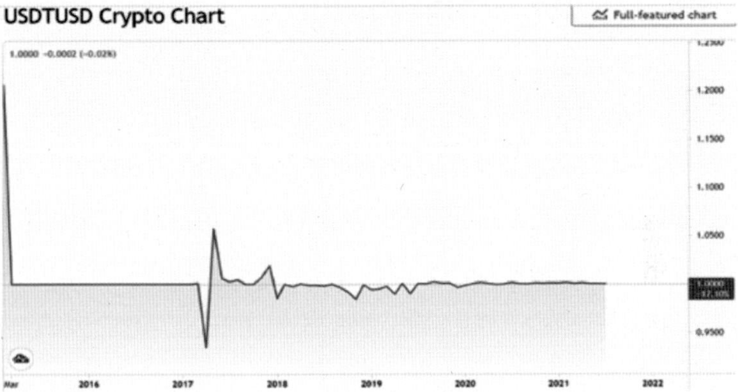

※출처 : Bitfinex

하지만, 대부분이 달러에 연동된 USDT가 거래되고 있다. 즉, 언제든 구매자가 원할 경우 1테더를 다시 1달러로 교환해 준다는 것으로 미국 달러에 태환된 코인이라 할 수 있다. 테더를 교환하는 방법은 직접 테더사(Tether Co.)에 달러를 입금하고 교환받거나 자회사인 비트파이넥스를 통해 입금 후 교환 받을 수 있다. 또는 자국의 법정화폐를 통해 비트코인을 매수한 후 이를 테더 마켓에서 교환하여 얻을 수 있다. 2021년 5월 30일 테더의 가격은 1.001달러로 있다. 차트를 보면 항상 1달러에만 머물고 있어 시세차익은 기대하기 힘들다. 그런데 왜 스테이블 코인을 발행하고 다른 한쪽에서는 이를 매수할까? 테더를 매수하는 쪽은 달러에 접근할 수 있기 때문이다. 예를 들면 테러국 리스트에 올라있어 미국의 제재를 받고 있는 이란과 북한의 경우에는 달러를 보유하고 싶지만 불가하다. 이들은 테더를 통해 달러에 접근할 수 있다. 또한, 중국 본토에서 해외로 자산을 유출하여 보유하고 싶은 자산가들도 규정을 피해서 달러를 해외에 은닉할 수 있다. 발행하는 측면에서는 시뇨리지 효과를 얻을 수 있다. 1테더를 1달러로 교환해 주기 위한 준비금은 100% 유지할 필요가 없다. 은행의 지급준비율 제도와 마찬가지이다. 테더로 발행된 만큼의 달러 보유고를 유지할 필요는 없다. 그러면, 나머지는 발행자의 시뇨리지 수익이 된다. 테더사가 충분한 달러 현금을 보유하고 있는지에 대한 의구심이 소문으로 퍼지기 시작했다. 하지만, 테더사는 회계감사를 거부하다 2021년 3월말 기준으로 준비자산 내역을 공개하였다. 3월말 현재 USDT의 시가 총액은 423억 5000만 달러이다. USDT 발행량의 75%에 해당하는 달러 현금 및 현금성 자산을 보유하고 있는 것으로 나타났다. 달러 기업어음이 65%로 대다수를 차지하였고, 신탁예금은 24%를 차지하였다. 실제 달러 현금 비율은 3.87%에 불과했으며, 나머지 1.64%는 암호화 화폐로 보유중인 것으로 나타났다. 테더 보유자들에게 다소 충격적인 내용이다.

세계 최대 소셜 네트워크 서비스사인 페이스북(Facebook)은 2019년 6월 18일 리브라(Libra)라는 이름의 암호화 화폐를 발행할 것이라고 공식 발표한다. 1리브라는 1달러에 연동될 것이며 구매자가 원할 경우 언제든 1달러로 교환할 수 있다고 덧붙였다. 페이스북의 전세계 이용자가 24억명이라는 점을 감안할 시 화폐로서의 기능을 단숨에 발전시킬 수 있을 거라 시장은 예상했다. 그러나 리브라의 계획은 블록

[가상통화 리브라(Libra) 구조]

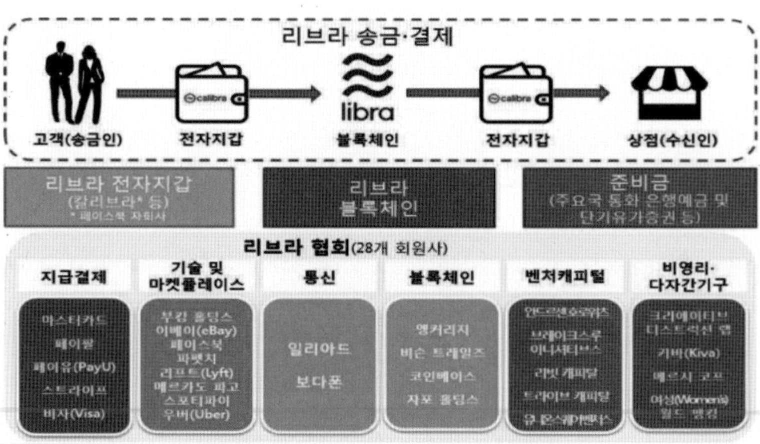

※출처 : 금융감독위원회 보고서, 2019년 7월 5일, 리브라(Libra) 이해 및 관련 동향

체인이 아니라 외부에 개방되지 않는 폐쇄형 시스템으로서 위임 지분 증명을 사용한 중앙화 시스템이었다.그리고, 블록 생성은 스위스에 소재를 둔 리브라 협회(Libra Association)의 내부 서버가 담당한다. 이러한 페이스북의 계획에 심각한 우려를 표한 미국 금융감독 당국이 강하게 반대하였다. 2019년 9월 18일 의회 청문회를 마친 후 페이스북(facebook) CEO 마크 저커버그(Mark Elliot Zuckerberg, 1984년~)는 허가를 얻기 전까지 리브라의 발행은 없을 것으로 발표하였다. 이후 암호화 화폐 시장은 긴 침체기에 들어갔다. 리브라 연합은 결국 붕괴되었다. 그러나, 다시 페이스북의 주도하에 2021년 4월 20일 명칭을 디엠(Diem)으로 변경하고 소재지를 미국으로 이전하여 연내 암호화 화폐를 발행하기로 발표하였다. 방식은 기존의 통화 바스켓에 연동되는 방식이 아닌 단일 통화에 연동되는 방식의 스테이블 코인을 발행할 것으로 전망되고 있다. 알트코인은 2020년 하반기 전 세계 코로나 팬데믹(Corona Pandemic) 상황에서 엄청난 규모의 유동성 공급이 이루어지자 다시 급등을 하게 된다.

중앙은행의 전자화폐(CBDC) 도입

암호화 화폐의 시장 진입

암호화 화폐가 시장에 인식되면서 몇몇 국가에서는 비트코인을 공식적인 화폐로 인정하려는 분위기가 있다. 2012년 9월에 비트코인재단(Bitcoin Foundation)이 결성되었다. 그리고 같은 해 12월에는 유럽에서 처음으로 비트코인 거래소가 은행업 허가를 취득하였다. 2013년 3월 경제위기로 인해 구제금융을 받게 된 키프러스(Cyprus) 정부가 은행의 고액 예금 계좌를 최고 40%까지 강제 징수한다고 발표하였다. 이에 반응하여 비트코인 가격이 30달러에서 250달러까지 폭등하는 현상이 나타났다. 2013년 6월에는 미국 정부가 11.02BTC를 압류하였다. 같은 해 8월에는 독일 재무부가 비트코인을 합법적인 화폐로 인정한다고 공식적으로 발표하였다. 2013년 10월 캐나다의 밴쿠버(Vancouver)에서 비트코인 현금자동입출금기(ATM)가 설치되었다. 하지만, 2013년 12월 중국 인민은행은 금융기관의 비트코인 취급을 금지하였고, 한국 정부도 비트코인을 화폐로 인정하지 않는다고 발표하였다. 2014년 2월에는 일본 도쿄에 있는 세계 3대 비트코인 거래소인 마운트곡스(https://www.mtgox.com)가 파산신청을 하였다. 이렇듯 암호화 화폐에 대한 각국의 반응은 이해관계에서 확연히 차이를 나타냈다.

다시 추는 비트코인 쪽으로 기울기 시작했다. 영국은 2014년 8월 오스본

(George Osbonrne, 1971년~) 재무장관이 영국을 비트코인 및 다른 유사 디지털 화폐의 글로벌 중심지로 만들 수 있는지 알아보기 위해 디지털 화폐의 잠재력을 연구할 정부 차원의 프로그램을 가동하겠다고 밝혔다. 스웨덴의 경우 이미 2015년부터 비트코인 ETN(Exchange Trade Note)을 상장하여 거래할 수 있도록 하고 있다. 여기에 2017년 10월부터 법인세를 비트코인으로 납부하는 것을 허용하였다. 반면 2015년 1월 유럽의 거래소인 비트스탬프(Bitstamp)가 해킹(hacking)을 통해 지갑이 털렸다고 밝혔다. 같은 해 9월 미국 상품선물거래위원회(CFTC)는 비트코인 및 다른 가상 통화를 원자재로 규정한다고 발표하였다. 미국이 본격적인 규제를 시작하기 위한 단계로 인식되었다. 2016년 8월 홍콩의 비트코인 거래소인 비트피넥스(Bitfinex)에서 약 12만 비트코인이 해킹당했다. 약 6,500만 달러 규모였다. 반면, 2016년 9월 일본의 전력 소매회사가 전기요금 결제가 비트코인으로 가능하다고 발표했다. 같은 달 미국 뉴욕 맨해튼 연방지방법원의 앨리슨 네이슨(Alison Nathan) 판사가 JP모간체이스를 비롯한 회사에 대한 해킹 관련 형사 기소 사건에서 비트코인을 돈에 해당한다고 판결하였다. 이러한 우호적인 분위기는 얼마 가지 못했다. 2017년 7월 한국 내에서 점유율이 가장 높은 거래소인 빗썸(bithumb)에서 해킹 사고가 발생했다. 같은 달 동유럽의 거래소 BTC-e의 운영자가 돈세탁 혐의로 체포되었다. 도메인(domain)은 미국 법무부에 의해 압류되었다. 이 거래소를 통해 세탁된 랜섬웨어(ransomware) 몸값이 최소 300만 달러에 달한다고 전해졌다. 2018년 1월 한국 거래소에서 거래되는 비트코인의 가격이 약 30% 비싼게 확인되어 김치 프리미엄이 기정 사실화되면서 가격이 10일 동안 50% 가량 폭락하였다. 2019년 4월부터는 브라질이 물가폭등으로 헤알화(BRL) 가치폭락이 이어지자 비트코인이 대체 수단으로 인식되면서 거래량이 폭증하였다.

캐나다와 호주의 경우에는 비트코인의 거래와 사용에 대해 특별한 규제를 하고 있지 않다. 그리고 2021년 4월에는 비트코인 ETF(Exchange Traded Fund) 상장을 허가하였다. 베네수엘라(Venezuela)의 니콜라스 마두로(Nicolas Maduro,

1962년~) 대통령은 극심한 인플레이션에 대한 대비책으로 자국 생산 원유를 담보로 하는 가상 자산 페트로(petro)를 2018년부터 발행하고 있다. 엘살바도르(El Salvador)에서는 2021년 6월 9일에 세계 최초로 비트코인을 법정통화로 지정하고 9월 7일 부터 사용을 시작하였다. 엘살바도르 정부는 자국내 초인플레이션 문제를 해결하고 비싼 해외송금 및 환전 수수료와 같은 비합리적인 금융비용을 감소시킬 것으로 기대하고 있다.

암호화 화폐와 중앙은행의 갈등 구조

하지만, 전자 화폐(electronic money) 중 새롭게 부상한 암호화 화폐(cryptocurrency)에 대한 주요 국가들과 중앙은행들의 시선은 전반적으로 곱지 않은 상태이다. 이와 같은 상황이 된 것은 암호화 화폐가 갖는 내재적인 이유가 가장 크다. 암호화 화폐와 중앙은행이 겪는 주요 갈등은 다음과 같다. 첫째는 암호화 화폐가 진정한 화폐로 간주될 수 있는가의 문제이다. 암호화 화폐를 거래한다고 생각하는 대부분의 사람은 실제로 암호화 화폐를 제대로 실생활에서 지급 결제를 위해 사용해본 적이 없다. 그들은 단지 코인 거래소라 이름 붙인 중개소에서 상대방 은행 사이의 가상 계좌를 통한 인터넷 뱅킹만 부지런히 하고 있는 실정이다. 초창기 피자를 주문했던 사례나 음식점에서 사용한 사례만 일부 찾을 수 있다. 최근에는 테슬라(Tesla)의 CEO 일론 머스크(Elon Reeve Mask, 1971년~)가 자사의 자동차 구매에 비트코인을 사용할 수 있도록 하겠다고 발표했다가 취소한 적도 있다. 하지만, 화폐로서의 기능인 교환의 매개수단과 지불수단은 매우 약한 것이 사실이다. 아직 대중적으로 받아들이기에는 갈 길이 멀다. FATF(Financial Action Task Force)는 G7 회의에서 자금세탁의 방지를 위해 국제 협력을 수행하자는 차원에서 1989년에 설립된 국제기구이다. FATF는 2018년 10월에 암호화 화폐에 있는 화폐라는 단어가 대중들에게 잘못된 인식을 주지 못하도록 가상자산(virtual asset)이란 단어를 사용토록 예시했다. 그리고, 각국은 가상자산이 갖고 있는 자금세탁과 공중협박자금 조달의 위험성을 식별하고 이해하며 평가한 다음 파악된 위험을 완화할 수 있는 조치를 취하도록 권고했다. 대다수 국가는 그 예시를 따라 암호화 화폐 또는 가상 화폐라는 단어 대신 가상자산이라는 단어를 사용하고 있으나, 일본의 경우 암호자산(crypto asset)이라는 다른 용어로 대체했다.

국내는 2020년 3월 5일 특정금융정보법의 개정안이 국회를 통과하면서 가상자산(virtual asset)으로 명칭을 통일하였다. 시행은 2021년 3월 25일부터 효력을 발휘하고 있다. 화폐로 규정할 것인가의 문제는 세금 문제와 연관된다. 화폐(currency)나 통화(money)일 경우에는 상호 교환에 따른 차익에 대해 세금이 부과되지 않는다. 하지만, 자산일 경우에는 매매 차익에 대해 양도소득세(transfer tax)가 부과되기 때문이다. 2021년 1월 6일 기획재정부가 입법 예고한 2020년 세법 개정 후속 시행령 개정안에 따르면 비트코인 등 가상자산에 대한 과세를 2022년부터 시행할 것으로 예정되어 있다. 가상자산(virtual asset)을 팔아 얻은 기타소득은 1년 단위로 통산해 20% 세율로 분리과세 될 예정이다. 단, 연간 소득이 250만원 이하면 과세대상에서 제외된다. 가상자산을 상속하거나 증여할 때에도 역시 세금이 부과된다. 가상자산 과세 방식은 일반 소득세와 마찬가지로 해당 납세자가 연간소득을 신고 납부해야 한다. 국내 비거주자나 외국법인이 가상자산을 양도, 대여, 인출할 경우에는 가상자산 사업자가 원천징수해 납부하게 된다. 즉, 한국 정부는 비트코인 등을 화폐라기 보다는 자산으로서 공식적으로 인정한 것으로 볼 수 있다.

두번째는 금융시장의 건전성의 문제이다. 암호화 화폐의 발행 동기가 개인 거래내역의 철저한 보호와 절대 익명성을 목표로 시작된 것이기 때문이다. 이는 자금세탁, 해외 불법 송금과 지하자금의 온상이 될 수 있다. 중국 정부의 경우 2017년 최초코인공개(ICO)를 금지하고 암호화 화폐 거래소를 폐쇄했다. 2018년에는 중국 내 암호화 화폐 채굴업자에게 전기 공급을 차단하고 암호화 화폐 P2P 거래도 금지했다. 2021년 5월에는 중국 내 비트코인 채굴도 불허하였다. 여기에 금융기관들이 암호화 화폐를 활용하는 것을 전면 금지시켰다. 특히, 중국의 경우 암호화 화폐가 해외 자본 유출의 수단이 될 수 있다는 경계심을 갖고 있다. 2020년에는 500억 달러 규모의 암호화 화폐 자산이 중국에서 국외로 이전됐다고 블룸버그(Bloomberg) 통신이 보도했다. 테더(Tether)처럼 달러 등 실제 통화에 연동된 스테이블 코인(stable coin)을 이용해 자금이 빠져나갔다는 것이다. 미국의 경우도 마찬가지이다. 2021년 4월 28일 미국 국세청(IRS)이 다크넷(darknet)에서 비트코인 믹싱 서비스(bitcoin mixing service)를 운영하며 10여 년 동안 비트코인 129만 개 이상을 자금 세탁한 서비스 운영자를 자금세탁과 불법 송금 혐의로 체포했다. 특히, 미국은 남미의 마약 중개상과 카르텔, 그리고 국제 테러리스트들의 자금세탁을 차단하는 데 집중하고 있다. 한국도 2018년부터 최초코인공개(ICO)는 금지된 상태이다. 그리고 2021년 4월부터는 암호화 화폐 거래소에 대한 제재를 가하고 있다. 금융당국은 투자자 보호 관점에서 현재 200개가 넘는 가상자산 거래소를 9월 말까지 등록하도록 독려하고 있으며 기한을 넘길 경우 폐쇄조치를 할 것으로 발표하였다. 금융감독위원회에 따르면 2021년 5월말을 기준으로 국내 4대 암호화 화폐 거래소 가입자 수가 총 587만 명으로 확인되고 있다. 특히, 금융당국은 소비자 보호와 불법 상속 및 증여 등에 관심이 높은 상태이다.

[암호화 화폐와 중앙은행의 갈등 구조]

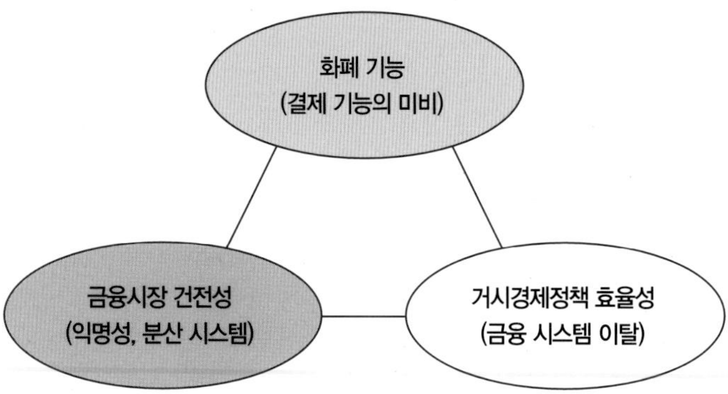

세번째는 국가와 중앙은행의 거시경제정책(macro economy policy)의 효율성을 감소시킬 수 있다. 암호화 화폐는 기존의 전자화폐와는 분명히 다른 형태이다. 특히, 중앙집권화된 금융기관의 통제에서 벗어나 있다. 어마어마한 양의 코인이 시중에 유통될 수도 있다. 이럴 경우 중앙은행과 정부가 거시경제 통제를 위해 주로 사용하는 재정정책(fiscal policy)과 통화정책(monetary policy)의 효율성은 급감할 수 밖에 없다. 중앙은행의 통화정책은 주로 이자율과 본원통화를 조절하며 이는 은행을 비롯한 금융기관과의 연계하에 이루어진다. 이미 국가와 금융기관의 통제를 받지 않는 엄청난 코인이 시중에 유통되고 해외 자본 유출을 주도한다면 이러한 정책들의 효과는 장담할 수 없게 된다. 국가의 재정정책도 기본적으로 국민으로부터 세금을 거두어 들여 이를 바탕으로 재정 지출을 하게 된다. 대부분의 세금 수입원이 암호화 화폐를 통해 은폐되고 자취를 감춘다면 정부의 재정정책도 무용지물이 될 수 있다.

중앙은행의 전자화폐 도입

결국, 이러한 갈등 상황에서 각국 정부와 중앙은행의 대응은 비슷하게 이루어지고 있다. 암호화 화폐는 화폐(currency)가 아니라 자산(asset)으로 간주하고 관리하려

[가상 통화, 중앙은행 디지털화폐 및 기존 법정화폐 비교]

구분	가상 통화	중앙은행 디지털화폐	현금
형 태	전자정보		실물
관리주체	없음	중앙은행	
발행규모	알고리즘에 의해 사전 결정	중앙은행 재량	
법적지위	없음	법정화폐	
화폐단위	독자 단위	기존 법정화폐 단위	
통용범위	이용자 간 합의 필요	비은행 금융기관, 기업, 개인 등	무제한
거래기록	참가자	참가자(분산원장기술 기반 발행) 또는 중앙은행(중앙집중형 발행)	불필요

※출처 : 한국은행, 한국의 통화정책 (2017)

한다. 그리고 투자 자산인 만큼 소비자 보호를 위한 법률과 규정을 대거 도입하려 하고 있다. 여기에 전자 화폐의 흐름은 거스를 수 없는 상황으로 인지하고 중앙은행이 전자 화폐를 도입하려는 움직임으로 나타나고 있다. 하지만, 중앙은행이 도입하려는 전자 화폐는 사실 블록체인이나 암호화 화폐 방식과는 아무런 관련이 없다. 논의되는 중앙은행 전자화폐(Central Bank Digital Currency, CBDC)는 법정 화폐로서 지급과 동시에 결제가 완료된다. 그리고 암호화 화폐와 달리 당사국 법정 화폐 단위를 그대로 사용한다. 실제로 중앙은행이 전자 화폐를 발행한다면 실물 화폐가 전자적 형태의 화폐로 대체될 뿐만 아니라 중앙은행의 거래 대상이 기존의 은행 중심에서 비은행금융기관, 기업, 개인 등으로 확장될 수 있다. 즉, 중앙은행 전자 화폐가 실물 화폐를 대체할 경우 통화정책의 효율성이 더 높아질 수 있다. 중앙은행 전자 화폐가 현재와 같이 금융기관을 거치지 않고 가계, 기업 등의 경제주체에 직접 유동성을 공급할 수 있기 때문에 화폐의 조절과 통제가 더 효율적으로 바뀔 수 있다는 의견이다.

[중국인민은행의 디지털위안화]

이러한 중앙은행 전자화폐(CBDC)에 가장 적극적인 곳이 중국의 인민은행(The People's Bank of China, PBOC)이다. 2020년 9월 중국정부는 인민은행을 통해 전자화폐 전자결제(Digital Yuan)에 대한 시험을 마치고 주요 이커머스(e-commerce) 플랫폼을 통해 디지털 위안화(Digital Yuan) 서비스를 시작했다. 이는 중국의 중앙은행인 인민은행에 의해 발행되고 운영되는 디지털 위안화 결제 시스템을 의미한다. 향후 본격적으로 시행되면 중국 은행들은 보유한 위안화의 일정 부

분을 디지털 위안화로 전환해 통용해야 한다. 2020년까지는 쉔젠(深川),쑤저우(苏州), 청두(成都), 베이징(北京) 일대에서 시범 테스트를 진행했으며 디지털 2억 위안을 시민들에게 배포하여 사용을 장려하였다. 2021년에는 베이징(北京), 상하이(上海), 광쩌우(广州) 등으로 실생활 사용 테스트를 확대 실시하고 있다. 2022년 북경 동계 올림픽을 기점으로 본격 시행할 것으로 알려지고 있다. 2021년 3월 중국은 국제결제은행(BIS)에 중앙은행전자화폐(CBDC)의 글로벌 기준을 제안했다. 그리고 4월에는 인민은행(PBOC)이 역외결제를 위해 중국과 홍콩 간 디지털 위안 결제의 기술 시험을 시작했다. 5월에는 인민은행 산하 디지털화폐연구소가 비트코인과 비슷한 전자지갑(e- wallet) 시스템을 도입하여 개인 정보가 전자상거래 플랫폼에서 접근이 불가능하도록 익명성을 보장하는 방법을 강구 중인 것으로 알려졌다. 2020년 5월 4개 도시에 시범으로 사업을 시작한 중국인민은행(People's Bank of China)은 이제 일반 기업으로까지 시범 사업을 확대하고자 준비 중에 있다. 이러한 중국 인민은행의 행보는 달러 패권을 쥐고 있는 미국을 긴장하게 하고 있다. 미국 연방준비위원회(Fed)도 내부적으로 디지털 달러(Digital Dollar)를 검토하고 있다. 유럽중앙은행(ECB)도 자체 디지털 유로화(Digital Euro) 발행 준비에 나섰고, 영국, 일본, 스위스, 스웨덴, 캐나다 등 5개국 중앙은행과 연구그룹을 구성하고 있다.

알리페이(AliPay)나 위챗페이(WechatPay) 등 각종 모바일 결제 도구가 보편적으로 보급된 중국에서 디지털 위안화가 과연 어떤 역할을 할 수 있을까 의문이 들기도 한다. 이미 전자화된 법화를 매우 편리하게 사용하고 있는 사람들에게 그보다 더 편리한 사용이 가능한 전자 거래가 가능할 것인가는 매우 중요한 과제이다. 하지만, 화폐시장에서 중요한 것은 인류가 실물로 물물교환을 하다가 종이돈으로 진화해온 과정을 생각해 보면, 이제 그 종이마저 버리려는 단계로 진화하는 실험이 시작된 것으로 보인다. 중앙은행 전자화폐(CBDC)의 장점은 세가지로 얘기되고 있다. 첫째는 돈의 과정을 모두 추적할 수 있다는 것이다. 모든 거래의 추적이 가능해진다는 것은 정부와 금융감독 당국 입상에서는 가장 큰 장점이지만 프라이버시 보호라는 측면에

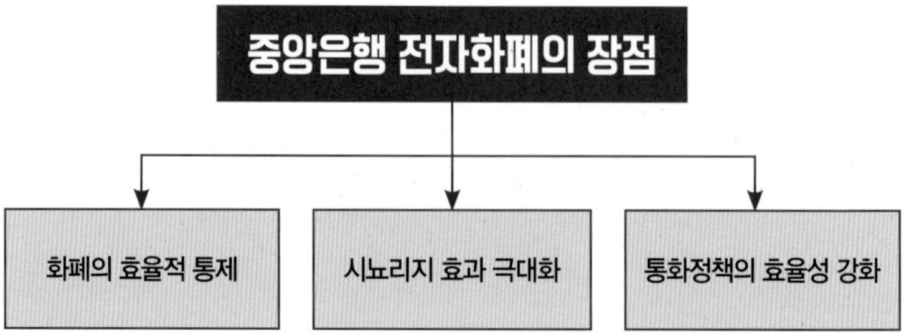

서는 가장 큰 단점으로 작용할 것이다. 즉, 화폐를 보다 더 효율적으로 통제할 수 있게 되었으며, 기존 화폐시장의 투명성과 중앙집권적 통제를 더욱 강화할 수 있다는 측면이다. 둘째는 시뇨리지 효과(seigniorage effect)의 극대화이다. 디지털 숫자를 발행하는 데 드는 비용은 거의 제로에 가깝다. 기존의 종이와 동전에 들던 비용까지도 감소시킬 수 있게 된다. 셋째는 통화정책(monetary policy)의 효율성을 더욱 강화할 수 있다. 기존에는 통화정책이 효과를 발휘하기 위해서는 금융기관들을 통한 대리 정책이었다. 하지만, 전자화폐 시스템 하에서는 중앙은행이 유동성이 필요한 곳에 직접적으로 정책을 시행할 수 있기에 시간적 공간적 유연성을 가질 수 있다. 이러한 관점에서 본다면 중앙은행 전자화폐(CBDC)를 발행하는데 있어 가장 유리한 조건을 가진 나라는 IT 선진국인 한국일 것이다. 특히, 특수목적으로 제한된 디지털 화폐(digital currency)는 이미 한국에서는 다양한 지역전자화폐 등의 도입으로 충분한 잠재력을 보유하고 있다. 그 후 국가차원에서 점차 보편적인 목적으로 확대되도록 진화해 나갈 수 있을 것이다.

화폐시장(currency market)의 미래

긴 이야기를 통해 화폐와 화폐시장의 발달과 현재 상황에 대해 다루었다. 서론에서 미리 설명했던 분석적인 틀은 그 동안 화폐와 화폐시장의 발달과정에서 어느 정도 확인되었다. 그리고, 현재 화폐와 화폐시장의 현황에서도 충분히 설득력 있게 얘기되고 있다. 이를 다시 한번 정리해 볼 수 있다.

화폐시장(currency market) 발달의 특징

인류의 역사에서 새로운 기술의 발달로 새로운 화폐가 출현하게 된다. 화폐는 단독으로 존재하는 게 아니라 여러 다양한 화폐가 모여서 상호 작용을 하고 생성과 번영과 소멸을 되풀이하는 과정을 거친다. 이러한 과정은 화폐시장(currency market)을 통해 이루어진다. 그래서 화폐시장을 중심으로 이야기를 전개하였다. 새롭게 출현한 화폐는 시장에서 수용되어야 한다. 기본적인 화폐의 기능인 교환, 지급결제, 가치척도, 가치축척이 가능한 역할을 해야 한다. 시장에 수용된 화폐는 다양한 화폐와 경쟁을 하게 되고 이 과정에서 국가권력에 의해 독점이 발생하게 된다. 이러한 화폐는 당연 화폐시장에서 헤게모니(hegemony)를 갖게 되고 권력의 도구가 된다. 이러한 헤게모니는 처음에는 지역적이었으나, 향후에는 국가간, 그리고 현대에는 글로벌 통합 단계로 발전하였다. 국가권력의 입장에서는 경제의 기본단위가 되는 화폐와 화폐시장을 독점하고 통제함으로써 다양한 혜택을 누릴 수 있었다. 이러한 화폐, 화폐시장, 국가권력의 상호작용이 화폐시장 발달의 원동력이었다. 동시에 화폐와 화폐시장의 발달은 다양한 이해관계를 내포하고 있다. 발행시장에서 누가 화폐를 발행하는가의 독점적인 문제, 그리고 화폐의 유통시장에서 누가 헤게모니를 잡고 가장 큰 부를 축척하는가의 이야기이다. 여기서 이해관계의 정점에 있는 주체가 결국 그 시대의 부를 최대한 가져가게 된다. 이러한 이해관계의 역동성도 화폐시장의 발달을 전망하는 데 중요한 요소가 된다.

이러한 분석틀로 다시 한번 그 동안 이야기를 짧게 정리해 볼 수 있다. 우선, 가장 오래된 상품화폐(commodity currency)이다. 초기에 부족간, 지역간 교환경제는 수레바퀴의 발명에 의한 대량 수송이 가능해지면서 중요해 졌다. 이를 위한 화폐가 사용되기 시작했으며, 다양한 상징물, 곡식, 소금, 철 등과 같은 1차 생산물에서 시작하였다. 이러한 상품화폐는 오랫동안 경화(硬貨)의 부족을 보조하며 근대까지도 사용되었다. 부족간 또는 지역간 상호 수용에 의해 화폐시장이 형성되었으며, 지역 영주와 왕이 이를 통제하였다. 왕국의 경우 세금의 납부와 관리의 급여 등으로 사용되는 품목은 권력의 공식적인 상품화폐로 인정을 받았다. 그 시장에서 주도권을 쥐게 되었다. 발행시장에서는 영주나 왕들이 해당 품목을 생산하는 시설을 독점하였다. 유통시장에서는 해당 품목을 매점매석하여 유통량과 가격을 조정하는 자본이 최대의 이해관계자였다.

금화와 은화가 주력인 금속화폐(metal currency)의 출현으로 화폐시장이 변혁을 맞게 된다. 주조기술의 발달은 기존의 금속을 칭량(秤量)으로 사용하던 것에서 규격화하고 화폐의 기능을 충분히 수행하는데 일조하였다. 역사상 가장 오래 사용되었다. 화폐시장에서는 편리성, 내구성, 동질성 등으로 무장한 금화와 은화를 수용하였다. 그리고, 각각의 왕국과 영주는 금화와 은화를 독점적으로 서로 발행하면서 권력을 부여하였다. 금화와 은화가 화폐시장에서 헤게모니를 잡았으며, 왕국은 이를 이용하여 부를 축적하고 경제규모를 증가시킬 수 있었다. 발행시장에서는 금화와 은화를 주조한 왕과 영주가 시뇨리지 효과를 가져갔고, 광산을 독점적으로 소유한 귀족, 왕, 영주도 엄청난 부를 축적할 수 있었다. 유통시장에서는 환전업자들이 이해관계가 빨랐다. 많은 수의 금화와 은화가 사용되었기에 지역이나 국가간 무역이나 교환을 위해서 환전이 필수적이었다. 특히, 중세시대를 거쳐 르네상스 시대에 이르러 국제무역이 급증하자 이들의 역할은 절대적이었다. 해당 왕국이나 도시국가의 금화와 은화의 가치는 정치력과 경제력에 좌우되었기에 이들의 흥망성쇠를 미리 잘 예측한 환전상들은 엄청난 부를 축적할 수 있었다.

이제 제지술의 발달과 함께 지폐(paper money)시대로 접어들었다. 근대에는 새로 발행되는 지폐에 내재가치가 없다는 이유로 시장에서 담보를 원했다. 금이나 은을 담보로 지폐를 발행하였다. 금본위제(gold reserve system)와 은본위제(silver reserve system)이 그것이다. 이를 바탕으로 먼저 은행들이 은행권(bank note)을 발행하며 시장의 수용을 받았다. 이를 근대 국가도 채택하여 금과 은을 담보로 지폐를 발행하였다. 이후 국가는 지폐 발행을 시장에서 은행을 배제하고 독점하기 시작하였다. 담보를 갖고 발행된 지폐가 시장에서 헤게모니를 장악하였다. 이해관계를 본다면 발행시장에서 지폐의 발행을 독점하는 국가는 최대의 시뇨리지 효과를 얻을 수 있었다. 유통시장에서는 당연 은행이 경제권력을 장악하였다. 기존의 환전업뿐 아니라 무한한 신용 창출을 통해 엄청난 수익을 가져다 주는 대금업도 은행의 손아귀로 들어갔다. 은행들의 무분별한 화폐시장 수익 창출은 금융패닉(financial panic)을 자주 유발시켰다. 은행의 힘이 너무 커지자 국가가 유통시장에 개입하였다. 중앙은행(central bank)을 설립하여 이를 통제하였다.

1차와 2차 세계대전을 거치면서 각국은 금과 은으로 담보하는 지폐 시스템(paper money system)의 비효율성에 직면하였다. 금과 은의 공급이 너무 한정적이었기 때문이다. 국가는 중앙은행에 금과 은 보다는 채권과 같은 다양한 담보를 맡기고 지폐를 발행하는 시스템으로 전환하였다. 법정화폐(fiat money) 또는 신용화폐(credit money) 시스템으로 전환하였다. 즉, 지폐의 발행이 국가권력을 담보로 하여 유지되는 것이다. 화폐시장에서 지폐의 헤게모니는 유지되었다. 특히, 달러는 미국의 정치적 경제적 영향력에 힘입어 글로벌 화폐시장을 통합하였다. 하지만, 지폐의 남발은 항상 인플레이션이라는 문제에 직면해야 했다. 중앙은행의 최우선 목표가 화폐시장에 개입하여 통화정책을 통해 물가를 안정시키는 것이 되었다. 미국은 글로벌 통화시장에서 달러를 발행하여 글로벌 시뇨리지 효과를 얻을 뿐만 아니라 화폐 유통시장에 개입하여 물가안정을 꾀하고 지속적인 경제발전을 추구하려는 목적으로 움직였다. 유통시장에서는 은행을 포함한 금융기관이 가장 큰 수혜를 받았다. 중앙은행의 관리 하에 진입장벽을 최대한 높이고 금융산업을 독점한 것이다.

이제 밀레니엄 시대로 접어들면서 IT(Information and Technology)의 발달에 힘입어 전자화폐(electronic currency)와 핀테크(fintech)의 도입을 가져왔다. 이 전자화폐와 핀테크가 향후 화폐시장의 미래를 결정할 가장 중요한 요소이다. 전자화폐는 현재 화폐시장의 수용 검증을 받고 있는 과정에 있다. 특히, 특수 기능이 내재된 전자결제 카드, 사기업이 발행하는 마일리지와 포인트, 게임머니, 그리고 지역정부나 시청들이 발행하는 지역전자화폐 등이 그것이다. 이들은 시장에서 검증을 거쳐 중앙은행의 전자화폐(Central Bank Digital Currency, CBDC)로 편입되는 과정에 있다. 반면, 암호화 화폐(cryptocurrency)는 자체에 내재된 익명성(anonymity)과 프라이버시(privacy) 보호라는 목적이 중앙은행이 추구하는 금융거래의 투명성, 공정성, 그리고 중앙통제화에 위배되면서 갈등을 겪고 있다. 특히, 비트코인을 비롯한 암호화 화폐가 세금 회피, 자금세탁, 자본 피난처, 자본의 해외도피, 상속증여의 회피, 범죄의 이용과 같은 음성적 경로에 사용될 수 있는 소지가 분명해 보이고 있기 때문이다. 그렇다면 암호화 화폐는 국가의 권력이 약화되어 있는 남미 국가들과 동유럽 국가들에서 향후 지속적으로 발전할 가능성이 커 보인다. 여기에 캐나다, 호주, 북유럽 국가들과 같이 지방분권적인 지역에서는 암호화 화폐에 대해 호의적이다. 암호화 화폐는 국가의 통제를 최대한 배제하고자 하는 목적으로 쓰이고 있기 때문이다. 반면, 미국과 같이 달러를 통해 글로벌 화폐시장에서 헤게모니를 잡고 있는 국가와 한국, 중국, 일본과 같이 국가의 중앙집권적 시스템이 잘 발달된 국가에서는 현재의 암호화 화폐에 대한 부정적인 반응이 향후에도 지속될 것으로 보인다. 아니면, 비트코인이 국가가 원하는 요구조건을 수용하면서 현재 국가가 추구하는 전자화폐 시스템으로 편입되어야 하는 수순에 와 있다. 일례로 한국의 경우에는 최초코인공개(ICO)를 금지하고 있다. 그리고 국제기준에 따라 암호화 화폐를 가상자산(virtual asset)으로 분류하여 과세를 할 예정이다. 새로운 암호화 화폐의 발행이나 코인 거래소의 운영에 일정한 조건을 부과하여 소비자의 보호와 거래의 투명성을 확보하는 방법이다. 즉, 암호화 화폐의 기능은 인정하되 금융제도의 테두리 안에서 역할을 하도록 유도하는 방법이다. 향후에 미국과 중국도 이와 같은 방향으로 움직일 것으로 전망되고 있다. 즉, 암호화 화폐는 향후 거래(transaction)는 감소할 수 있으나 수요(needs)는 상대적으로 증가할 수 있을 것으로 예상할 수 있다.

새로운 이해관계자, 엔지니어(engineer)

[엔지니어(engineers) 전성시대]

화폐 시장에서도 새로운 이해관계가 형성될 것으로 판단된다. 발행시장에서는 전자화폐 시스템에서도 중앙은행들의 시뇨리지 효과는 지속될 것으로 보인다. 새롭게 도입될 것으로 보이는 중앙은행 전자화폐(CBDC)도 화폐 단위가 기존과 동일하고 명목적 가치도 모두 동일하기 때문이다. 하지

만 하나의 변화가 보인다. 최근 5년 동안 암호화 화폐들이 발행을 통해 시뇨리지 효과를 누려왔다. 비트코인을 발행하는 자는 작업증명(work of proof)을 통해 발행하는 비용에 비해 비트코인의 명목가치가 치솟으며 많은 부를 축적할 수 있었다. 알트코인들도 최초코인공개(ICO)나 선발행(pre-mining)을 통해 발행자들이 엄청난 수익을 챙길 수 있었다. 또한, 테더(Tether)와 같은 스테이블 코인(stable coin)들도 달러 가치에 연동하여 발행하면서 시뇨리지 효과를 본 것이 확실하다. 이러한 시뇨리지 효과를 중앙정부는 싫어할것이다. 이 몫은 원래 중앙정부의 몫이라 생각하기 때문이다. 그렇다면 코인을 발행하여 시뇨리지 효과를 가져가는 이들은 누구인가? 이들은 국가 공무원이나 은행원들이 아니다. 다들 엔지니어(computer engineer, 기술자)이다. 제4차 산업혁명시대(Fourth Industrial Revolution Era) 답게 화폐시장에서도 엔지니어들의 시대가 도래한 것이다. 중앙은행이 전자화폐를 발행해도 결국 엔지니어(engineer)들이 할 것이다.

플랫폼 비즈니스(platform business)와 개인 소비자(individual consumer)

핀테크의 발달에 의해 화폐의 유통시장에서의 변화는 매우 클 것으로 예상된다. 앞에서 핀테크의 발달로 탈중개화(disintermediation), 탈중앙통제화(decentralization), 그리고 직접금융(direct financing)의 발달을 언급하였다. 위의 세가지 측면에서 본다면 우선 중앙은행(central bank)의 영향력 약화가 예상된다. 1980년대에는 연방준비위원회(Fed) 의장 폴 볼커(Paul Adolph Volcker), 1990년대에서 2000년대에는 앨런 그린스펀(Alan Greenspan) 의장의 위세는 대단하였다. 그들의 한마디 한마디에 금융시장이 몸 둘 바를 몰라 했다. 전세계 파워 랭킹에서 미국 대통령 다음이었다. 금융시장에 미리 예고를 한다던가 친절하게 설명하는 것도 없었다. 결정을 발표하면 분석가들이 추측하고 의미를 부여할 정도였다. 하지만, 2010년을 넘어서면서 연방준비위원회(Fed)는 금융시장에 매우 친절해졌다. 금융시장의 문제점을 항상 살피려 하고 있다. 금융시장의 요구사항이 무엇인지 확인하고, 통화정책에 대해 미리 예고하고, 그리고 향후 정책에 대한 기대감을 제공한다. 중앙은행들이 갑자기 개과천선한 것은 아니다. 그만큼 이제 중앙은행들의 역할과 기능이 줄어든다는 것이다. 예를 들면, 금번 COVID19 팬데믹 위기 하에서 각국의 정부들은 지원금을 풀기 시작하였다. 방식은 전자상품권, 개인계좌에 직접 지원, 지역화폐 공급 등이다. 핀테크의 발달로 정부의 재무부(Ministry of Finance)가 직접 처리한 것이다. 이러한 방식은 중앙은행의 기능을 필요로 하지 않는다. 과거와 같이 금융정책이 중앙은행에 의해 독점되던 시대는 지나갔다. 그리고, 중앙은행은 유통시장에서 은행과 금융기관을 통제하여 영향력을 과시하던 시대도 지나가고 있다.

[플랫폼(platform) 비즈니스의 시대]

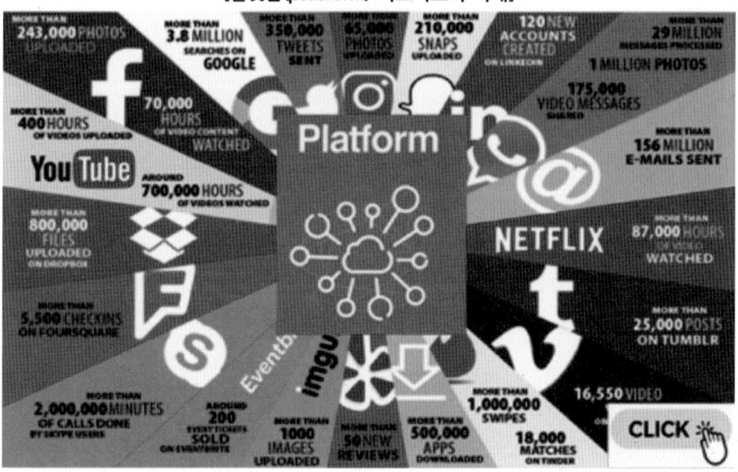

여기에 화폐시장에서 은행과 금융기관의 영향력도 줄어들기 시작하고 있다. 요즘 은행원들도 자기 책상에 앉아서 대출상담을 고압적인 자세로 하지 않는다. 대출을 필요로 하는 개인고객들을 찾아 다닌다. 은행과 금융기관들의 영향력은 왜 줄어들었을까? 핀테크는 기존의 금융기관 시스템을 필요로 하지 않는다. 개인들의 금융거래가 중개기관을 거치기 보다 플랫폼(platform)을 통한 직접거래(direct transaction)에 의존하기 시작하고 있다. 영국계 핀테크 해외송금업체인 와이즈(Wise, 기존 Transferwise)를 보면 쉽게 이해가 간다. 기존과 달리 외국환은행을 통해서 송금할 필요가 없다. 달러의 경우에도 뉴욕에 있는 은행을 한번 더 거쳐서 달러가 송금될 필요가 없다. 플랫폼에서 각국에 있는 송금을 원하는 자들을 서로 매칭시켜주고 지역 내에서 송금효과를 서로 상쇄하기 때문이다. 그럼, 이러한 플랫폼(platform)은 누가 만드는가? 엔지니어(platform engineer)들이다. 이커머스(e-commerce)의 플랫폼도 대단하지만 핀테크의 플랫폼은 화폐시장을 통째로 바꿀 시스템이다.

그렇다면 플랫폼을 통해 저렴한 비용으로 편리하게 거래하여 혜택을 볼 수 있는 자들은 누구인가? 개인소비자(individual consumer)들이다. 이미 화폐자산의 투자 부분에서 개인들이 직접 화폐자산에 투자할 수 있는 방법을 언급하였다. 기존에는 해당투자를 대부분 금융중개기관에 의뢰하여 처리하였다. 하지만, 지금은 핀테크의 개발로 개인이 직접 앱(App)이나 온라인에 접속하여 쉽게 거래한다. 밤 12시든 깊은 산속이든 시간과 장소에 구애받지도 않는다. 이전에는 금융시장에서 현선물간(inter spot and future) 그리고 거래시장간(inter market places) 차익거래(arbitrage)는 기관투자자들의 전용물이었다. 지금은 개인들도 로보어드바이저(Roboadiviser)의 도움을 받아 무위험 차익거래를 곧잘 시행한다. 앱(App) 비용만 지불하면 프로그래밍된 알고리즘이 이를 쉽게 시행해 준다. 전자화폐 발행시장이 기술자(computer engineer)들에게 점령당하고 있다. 그리고 전자화폐 유통시장도 플랫폼 기술자

[소비자 네트워크]

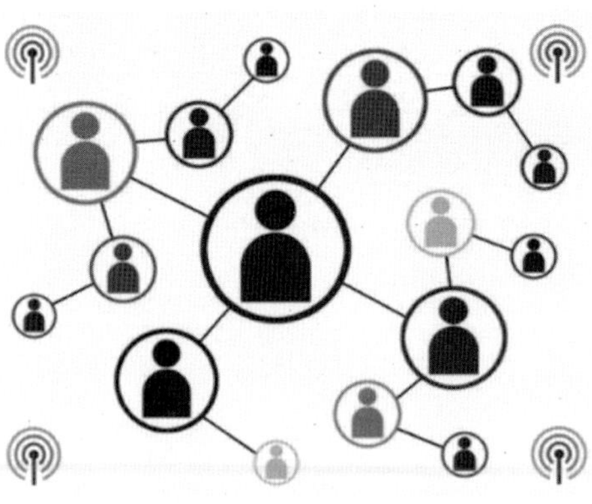

(platform engineer)들과 개인소비자(individual consumer)들에게 헤게모니가 이전되고 있다. 이것이 가까운 미래의 화폐시장의 전망이 될 것이다.

사람들은 전자화폐 이후에는 어떤 화폐가 나올지를 궁금해 한다. 나는 서슴없이 대답해 준다. 바이오 화폐(bioengineered currency)가 될 것 같다. 새로운 기술의 발달은 이제 디지털 숫자에서 생체공학으로 발전을 거듭하고 있기 때문이다. 영화에서나 나올 법하게 개인 유전자나 몸에 현금잔고가 표시되는 상황이다. 분실 염려도 없고 국가가 통제하기도 좋다. 하지만, 도덕적 문제(moral issue)가 발생한다. 그러면 암호화 화폐와 같이 국가의 통제에서 벗어나려는 다른 대안화폐도 동시에 출현할 것이다. 이 화폐는 국가권력과 갈등을 겪을 것이다. 그리고 화폐시장에서 이해관계가 다시 새롭게 재편될 것이다. 전자 엔지니어(electrical-engineer)들에서 생명공학 엔지니어(bio-engineer)들로 바뀔 수 있다.

화폐 자산(Currency Asset)에 투자하라 - 원유 · 금 · 달러 · 비트코인

화폐자산에 투자하라

화폐자산의 직접금융 시대

원유, 인플레이션 헤지

최종 안전자산 금

금과 은의 변동성

기축자산 달러

유로화와 원자재 통화

암호화 화폐, 투기 아니면 투자

비트코인의 도전

화폐자산의 투자 상호관계

화폐자산의 미래

화폐시장의 발달과 이에 따른 최근의 투자환경 변화까지 살펴보았다. 특히, 최근의 전자화폐(electronic currency)와 핀테크(fintech)의 발달은 화폐시장에서 투자환경을 탈중앙집권화(decentralization), 탈중개화(disintermediation), 그리고 개인의 직접금융(direct financing)으로 발전시켰다. 이러한 측면에서 본다면 향후 화폐자산을 투자하는데 있어서 개인 투자자들의 역할이 더욱 중요해질 수 밖에 없다. 간편한 투자 플랫폼(platform)을 활용하여 시간적 공간적 제약을 극복할 수 있게 되었다. 뿐만 아니라 기존에는 기관 투자자들의 전유물로 여겨졌던 다양한 투자상품과 투자전략을 접할 수 있게 되었다. 이러한 추세는 향후에도 더욱 이어질 것으로 보인다.

이미 앞에서 화폐의 기능을 하는 자산들을 확인하였다. 화폐자산의 특징은 안전자산(lower risk asset)으로서 개인의 포트폴리오에서 중장기적으로 중요한 역할을 하고 있다. 특히, 지역별 또는 글로벌 정치와 경제에 불안이 가중될 때 자산의 가치를 유지하고 증가시켜 주는 역할을 한다. 현대에서 이러한 기능을 하는 자산으로는 상품화폐(commodity currency)의 대표 품목인 원유(crude oil)를 먼저 생각할 수 있다. 현재는 지급과 결제의 기능은 거의 상실했다. 하지만, 실물자산으로서 인플레이션 헤지 기능을 유지하고 있다. 금속화폐(metal currency)의 대표인 금(gold)의 경우에도 지급과 결제 기능은 대부분 감소하였다. 그러나, 최종 안전자산으로서의 역할은 충분하다. 달러(dollar)는 법정화폐(fiat money)와 신용화폐(credit money)의 대표 주자이다. 동시에 그 자체가 글로벌 기축자산으로서 모든 안전자산의 기준이 되고 있다. 암호화 화폐(cryptocurrency)는 최근 출현하는 전자화폐(electronic currency)의 일종이다. 내재가치는 절대익명성(absolute anonymity)을 기반으로 프라이버시(privacy) 보호가 가능한 화폐자산이다. 특히, 지역적으로 안전자산인 달러에의 접근이 꺼려지거나 어려울 때 대체적인 가치를 발휘하고 있다. 이러한 4개의 화폐자산에 대한 투자에 대해 이야기할 예정이다.

먼저, 해당 자산들의 가치와 가격을 움직이는 요소들을 확인하고 이어서 투자전략을 어떻게 세우는지를 설명할 것이다. 그리고, 여기에 맞추어 어떠한 투자방법으로 화폐자산이 제공하는 부의 확대 기회를 얻을 수 있는지를 살펴볼 예정이다. 추가적으로 해당 화폐자산들간의 상관관계에 따른 투자전략도 알아볼 수도 있다. 마지막에는 화폐자산의 미래에 대해서도 생각해 볼 예정이다.

화폐자산(currency asset)의 직접금융 시대

금융의 거래 방식

자금이 최초 공급자로부터 최종 수요자에게 이전되는 방식은 크게 두 가지이다. 하나는 수용자와 공급자가 직접 만나서 자금을 수수하는 방식이다. 다른 하나는 중개자를 통해 자금이 수수되는 방식이다. 수요자와 공급자가 직접 만나는 방식을 직접금융(direct financing)이라 하고, 중개자를 통해 만나는 방식을 간접금융(indirect financing)이라고 한다.

우선 직접금융 방식을 보면 자금의 수요자가 발행하는 본원적 증권이 자금의 공급자에게 직접 매각되는 방식이다. 직접금융방식으로 자금거래가 이루어지는 시장을 직접금융시장이라고 한다. 이러한 거래는 대개 주식이나 채권, 그리고 통화와 같이 기초자산 등이 매각되는 시장에서 이루어 진다. 금융시장에서 자금거래를 도와주는 업자들은 단순히 거래를 위한 장과 서비스만을 제공할 따름이다. 거래당사자는 어디까지나 자금의 최종 수요자와 최초 공급자이다.

이에 반해 간접금융 방식은 자금의 수요자와 공급자가 금융기관을 통해서 간접적으로 자금대차(資金貸借)를 행하는 방식이다. 간접금융시장에서의 자금거래는 두

단계를 거치게 된다. 첫 단계는 자금공급자와 금융기관과의 거래단계이다. 이 단계는 자금의 공급단계이다. 자금공급자가 금융기관에게 자금을 예탁하고 금융기관은 자금 공급자에게 자신의 채무증서(certificate of obligations)를 교부한다.

[직접금융 vs 간접금융]

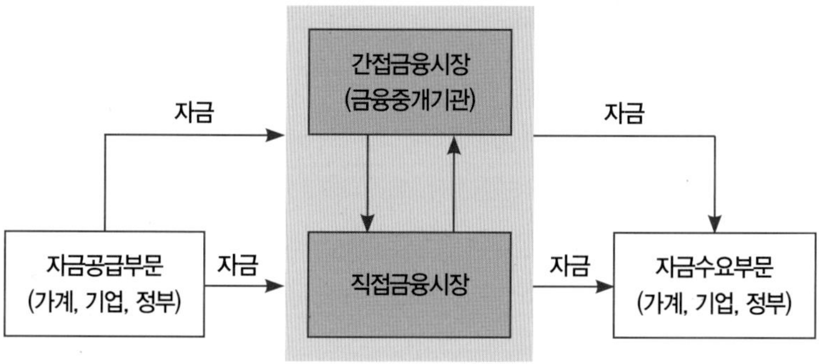

이 경우에 금융기관이 발행하는 증권으로는 예금증서(deposit receipt), 신탁증서(trust indenture), 금융채(financial debenture) 등이 있다. 이러한 증권을 제2차증권(secondary security) 또는 간접증권(indirect security)이라 한다. 이 단계에서 형성되는 금융시장은 예금시장이다. 두번째 단계는 금융기관과 자금수요자 간의 거래단계이다. 이 단계는 자금의 수요단계이다. 금융기관은 수요자에게 자금을 제공하고 차용증서(document of obligations)를 받는다. 이 단계에서 수수되는 차용증서는 앞에서 설명한 본원증권이다. 금융기관은 자기책임으로 간접증권을 발행해 자금을 흡수하고, 그 자금을 자기의 위험부담으로 최종 수요자를 찾아 대출한다. 이 단계에서 형성되는 시장은 대출시장이다.

이와 같은 금융중개의 방식에 대하여 현대 금융에서는 간접금융방식이 보다 유익한 것으로 포장되어 있다. 그 이유는 간접금융방식에는 금융중개기관(financial intermediary)이 다수의 저축자들로부터 자금을 모아 자금의 수요자들에게 배분하는 과정에서 규모의 경제(Economy of Scale)를 실현할 수 있기 때문으로 얘기하고 있다. 따라서 간접금융은 직접금융에 비해 상대적으로 거래비용(transaction cost)과 정보비용(information cost)의 절감이 가능하다. 간접금융은 비용절감을 바탕으로 자금의 제공자에게는 보다 높은 실질수익을 제공한다. 그리고 자금의 수요자에게는 보다 낮은 비용으로의 자금 조달기회를 제공한다. 따라서, 양자에게 편익을 제공하고 자금의 수급을 원활하게 함으로써 금융시장의 효율성을 증대시킨다. 여기에 리스크(risk) 부담의 차이도 추가된다. 자금의 최종 수요자가 부도를 냈을 때 증권 소지자가 신용위험을 부담하는 경우를 직접금융이라 한다. 반면, 금융중개기관이 부담하는 경우를 간접금융이라고 한다. 이러한 논리하에 현대 금융시장은 은행을 중심으로 하는 금융기관들의 주요 활동 무대였으며 이들이 주요 수혜자가 되었다. 정부와 중앙은행도 금융기관을 통해 화폐시장을 관리하고 통제하는 방식을 취했다.

직접금융(direct financing)의 시대 도래

하지만, 이러한 금융방식은 밀레니엄 시대로 접어들면서 정보기술(IT)의 발달로 핀테크(Fintech) 혁신과 함께 변화를 맞이하고 있다. 주요 변화로 금융시장의 탈중앙화(decentralization) 현상과 탈중개화(disintermediation) 현상을 이미 설명하였다. 근거리 무선통신(mobile), 인공지능(artificial intelligence), 빅데이터(big datat), 그리고 블록체인(blockchain) 등과 같은 기술로 개인들도 시간과 장소에 구애 받지 않고 금융거래 플랫폼(platform)에 접근이 가능해졌다. 금융기관들을 통하던 거래는 점점 축소되고 있다. 개인들이 소지하고 있는 스마트폰(smartphone)을 가지고 언제 어디서나 접속이 가능하다. 금융거래 플랫폼은 수많은 참여자들이 동시에 거래를 할 수 있는 사이버 공간을 제공한다. 이를 통해 중앙집권적 거래 보다는 자유경쟁적 거래가 더 유용하게 활용될 수 있는 기회가 되었다. 정부와 중앙은행이 금융거래를 통제할 수 있는 입지도 점점 줄어들고 있다. 이러한 탈중앙화, 규제완화, 그리고 탈중개화는 주변에서도 흔히 볼 수 있다.

몇가지 예를 들 수 있다. 최근 들어 대학생을 포함한 수많은 젊은 청년들이 온라인 암호화 화폐 거래소(virtual asset exchange)에 몰려있다. 처음에는 기성세대들이 이들의 투기 중독성을 의심하며 도덕적 교훈이 필요하다는 조언을 서슴지 않았다. 과연 젊은 세대들에게 문제가 있는 것일까? 필자는 아니라고 본다. 지금의 젊은 세대들은 이미 핀테크 혁신이 가져다 주는 플랫폼 금융거래에 익숙해져 있기 때문이다. 기성세대들은 주식에 투자하기 위해서는 증권사에 영업시간 내에 주문을 내고 결과를 기다리며 조바심을 냈다. 요즘 해외주식에 투자하기 위해 한밤에 증권사 HTS에 접속하여 거래를 해야 한다면 제도권을 이탈하고 있다는 강박감을 받을 수 있다. 기성세대들은 중앙집권화되고 중개화된 금융시스템에 이미 익숙해져 있어 젊은 세대들을 이해하는데 한계를 보이고 있다. 대학생들은 수업이 끝나고 저녁 늦게 암호화 화폐 거래소에 스마트폰(smartphone)으로 접속하여 비트코인(bitcoin)을 거래하는데 전혀 불편함을 느끼지 않는다. 집 앞의 편의점을 들르는 수준이다. 밤 12시에 미국 주식시장을 보면서 스마트폰에서 주식 주문을 내는 것은 친구들과 치맥을 먹는 수준으로 느낀다. 여유 시간이 많기 때문에 가능하다는 변명은 논리적이지 못한 것 같다.

이미 몇 년 전 유럽에서 유학 온 학생 몇몇과 대화를 나눈 적이 있다. 이들에게 자국에서 보내오는 학비와 용돈을 어느 은행을 통해서 받고 있는지 물었던 적이 있다. 5명 중 3명은 트랜스퍼와이즈(TransferWise)를 사용한다고 얘기했다. 트랜스퍼와이즈는 2011년에 영국 런던에서 설립된 온라인 송금 서비스업체이다. 실시간 환율 적용과 매우 적은 수수료로 해외송금을 가능하게 하는 플랫폼이다. 이 업체가 제공하는 플랫폼은 창의적이다. 기존의 은행간 해외송금은 중개은행을 거쳐서 환전하고 이를 국제은행간통신협회(Society for Worldwide interbank Financial Telecommunication, SWIFT) 시스템을 거쳐 해외로 보내는 방식이다. SWIFT 송금은 송금 수수료, 중개 수수료, 수취 수수료, 전신료가 각각 발생할 뿐 아니라 환전수수료라는 숨겨진 수수료도 부과된다. 외국환 은행 입장에서는 수익이

[온라인 송금업체 트랜스퍼와이즈]

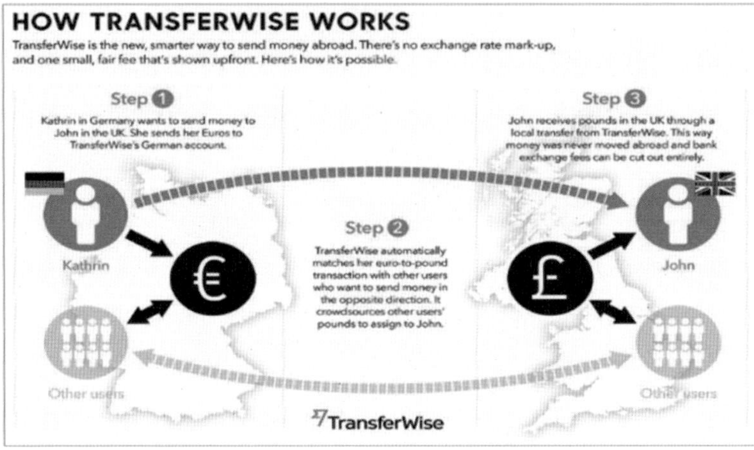

※출처 : www.transferwise.com

좋은 비즈니스이다. 하지만, 트랜스퍼와이즈가 쓰는 플랫폼은 P2P방식이다. 그림에서 보듯이 독일에 있는 Kathrin은 자신의 유로화 계좌(Euro account)에서 파운드화(Pound)를 환전하여 영국에 있는 John에게 송금하고자 한다. 이 송금을 트랜스퍼와이즈에 의뢰하면, 이들은 Kathrin의 계좌에서 유로(Euro)를 출금하지만 파운드(Pound)로 환전을 하지는 않는다. 그냥 독일에 있는 유로화 플랫폼(Euro platform)에 남겨 놓는다. 대신 영국에 있는 파운드화 플랫폼(Pound platform)에 모여져 있는 파운드를 환율로 계산해서 John에게 지급하고 거래를 종료한다. 반대로 이용자 중에서 누군가는 영국에서 파운드를 유로로 환전하여 독일에게 있는 누군가에게 송금을 할 것이다. 이를 통해 먼저 있었던 거래는 서로 상쇄된다. 전세계 환전, 송금, 지급과 결제를 서로 매칭시켜 주는 P2P 플랫폼이다. 그러면 환전수수료, 은행 수수료, SWIFT 수수료를 부담해야 할 필요가 없다. 그냥 플랫폼 사용료만 내면 된다. 현재 이 회사는 2021년 2월 와이즈(Wise)란 이름으로 리브랜딩(rebranding)했으며 기업공개(IPO)를 준비 중이다. 2019년말을 기준으로 직원수가 1,900명이 넘으며 전세계 100여개 국가에서 비즈니스를 실행하고 있다. 단점은 비용이 송금액수에 따라 비례하기에 거액 송금에는 적합하지 않다는 것이다. 한국의 경우에는 한국거주자들이 해당 플랫폼을 통해 외화를 수령하는 것에는 문제가 없다. 하지만, 한국에서 해당 플랫폼을 사용하여 해외로 송금하는 것은 불법이 된다. 한국은 외국환관리법에 의해 외국환은행과 등록된 전문환전업자를 통해서만 해외송금이 가능하기 때문이다.

이 핀테크 송금업자를 보면 기존의 금융중개기관은 설자리가 없어진다. 그리고, 해외송금과 국제결제 비즈니스에서 수요자와 공급자를 직접 이어주는 P2P 거래방식이다. 은행에 영업시간 내에 갈 필요도 없이 언제 어디서나 거래가 가능하다. 게다가 수수료도 저렴하다. 중앙은행의 입장에서는 외국환의 유출에 대한 관리와 통제가 힘들어지게 된다. 이 시스템은 지금 우리가 겪고 있는 핀테크 혁신의 단면을 명확히 보여주고 있다.

현재까지 화폐시장(currency market)의 유통시장(secondary market)에서 일어나고 있는 시스템적이고 구조적인 변화를 살펴봤다. 현재 화폐시장에서 가장 대표적인 화폐인 원유, 금, 달러, 비트코인을 대상으로 기존의 기관투자가가 아닌 개인투자자들의 입장에서 어떤 전략과 금융수단을 활용하여 투자가 이루어지는지 살펴볼 것이다. 특히, 화폐자산별 특징, 투자전략, 그리고 직접금융방식을 구체적으로 살펴보고 향후 발전과정을 전망해 볼 수 있다.

원유(crude oil), 인플레이션 헤지

인플레이션 헤지(inflation hedge) 기능

거래소(exchange)에서 거래되는 수많은 상품 품목들이 있다. 이미 블룸버그 커머디티 모니터(commodity monitor)를 통해 다양한 종목들이 금융상품으로 거래되고 있음을 확인했다. 왜 그 중에서 원유가 화폐자산으로서 중요성을 갖는가에 대한 이유가 중요하다. 인플레이션(inflation)에 대한 헤지(hedge) 기능이 있기 때문이다. 이미 화폐시장의 발달 과정에서 인플레이션의 발생은 화폐가치를 떨어뜨린다는 것을 확인하였다. 그리고, 이러한 인플레이션에 따른 화폐가치의 하락을 막기 위해 어떠한 조치들을 취했는지도 알아봤다. 실물자산 중에서 가장 쓸모가 있는 품목을

[WTI 현물가격 vs 미국 CPI 지수]

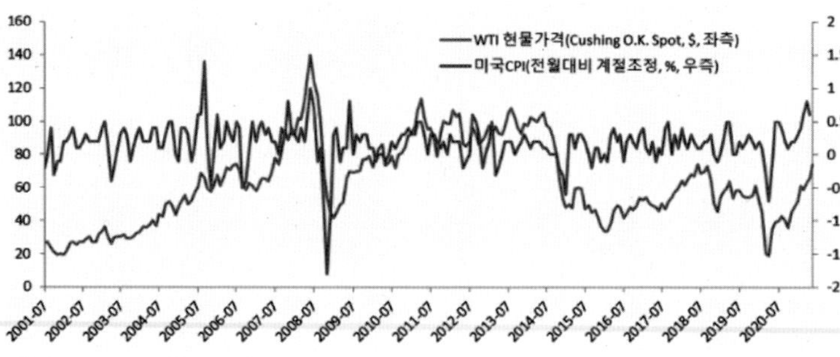

※출처 : Bloomberg, 월간, 20년

보유하는 것이었다. 현대 사회에서는 원유(crude oil)가 가장 쓸모가 있다. 에너지 중에서 원유는 경제 생활과 발전에 있어서 가장 기본적인 품목이기 때문이다. 차트를 보면 서부텍사스중질유(WTI) 현물가격과 미국소비자물가지수(CPI)의 흐름을 나타내고 있다. 인플레이션을 나타내는 소비자물가지수(CPI)와 원유 가격의 움직임은 같은 방향으로 긴밀하게 움직이고 있는 것을 볼 수 있다. 특히, 소비자물가지수(CPI) 상승이 높았던 2005년, 2007년, 2008년, 2015년, 2021년은 유가의 상승이 이루어지고 있다. 반대로 소비자물가지수(CPI)가 급락했던, 2006년, 2009년, 2014년, 2020년은 유가의 급락을 볼 수 있다. 특히, 2008년에는 높은 인플레이션뿐 아니라 심지어 오버슈팅(over shooting)이 발생하며 배럴당 140달러를 기록하기도 했다. 그리고, 서부텍사스중질유(WTI) 현물가격과 소비자물가지수(CPI)의 1년 월간 단위 상관관계는 (0.516)으로 나타난다. 즉, 원유가 인플레이션에 대한 헤지 수단으로 유용하다는 뜻이다.

가격 요인(price factors)과 시장 전망(market analysis)

이러한 원유가격을 움직이는 변수는 무엇인지 살펴볼 필요가 있다. 유가는 공급 변수가 상대적으로 중요하다. 왜냐하면 산유국이 한정되어 있기 때문이다. 차트에서 보면 2016년을 기준으로 미국이 최대의 생산국이자 소비국이다. 그리고, 러시아, 중동지역, 캐나다, 남미지역이 주요 생산국이다. 중동지역의 두바이유(Dubai Crude oil)는 주로 아시아 지역으로, 러시아산 원유와 영국의 브렌트유(Brent Crude oil)는 유럽지역으로, 남미지역과 캐나다에서 생산된 원유는 파이프라인을 통해 미국으로 유입된다. 따라서, 주요 산유국에서 정변이 발생하면 생산량이 줄어들게 된다. 중동 산유국을 중심으로 석유수출국기구(Organization of the Petroleum Exporting Countries, OPEC)가 1960년에 결성되어 자율적으로 생산량 조절을 하고 있다. 현재 사우디아라비아, 이란, 이라크, 쿠웨이트, 아랍에미

[원유생산국(일평균, 2016년)]

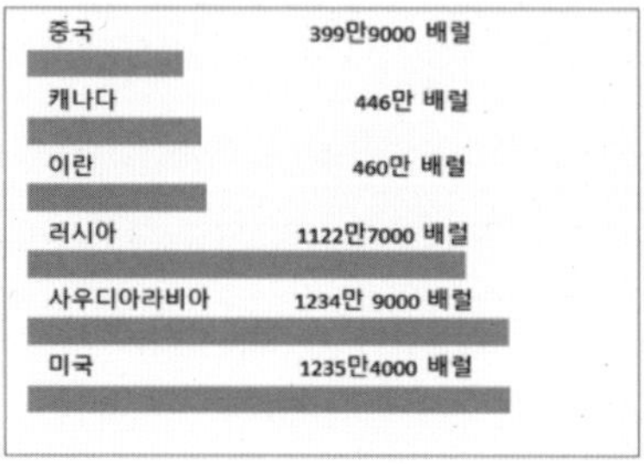

[원유소비국(일평균, 2016년)]

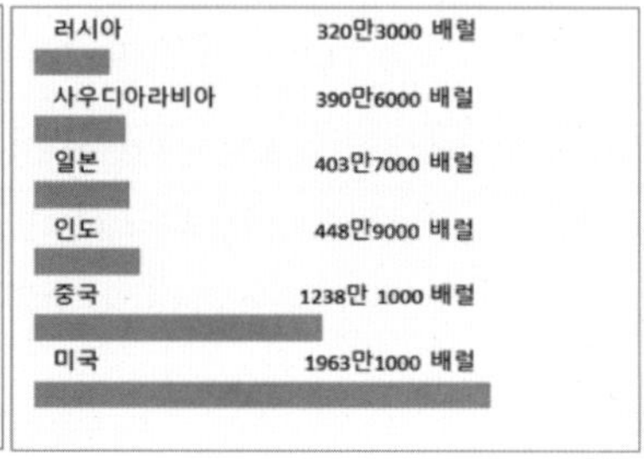

※출처 : BP

리트, 나이지리아 등 13개국이 가입국이다. 1970년대와 1980년대 초에 1차 석유파동과 2차 석유파동을 통해 영향력을 과시했었다. 하지만, 이후 러시아, 영국, 호주, 캐나다 등의 석유생산량이 증가하고 미국의 셰일가스(shale gas)가 생산되면서 석유수출국기구(OPEC)의 영향력은 많이 감소하였다. 이들 국가의 대부분이 중동지역과 아프리카 지역에 몰려있어 해당 지역에서 발생하는 종교적 분쟁, 테러, 암살, 내란, 파업, 유전사고, 자연재해 등에 따라 공급량이 변동을 겪고 있다. 또한, 공급량은 북해(North Sea) 유전과 같이 대형 유전이 새로 발견되거나 아니면 셰일가스(shale gas)의 발견과 같이 유사 에너지 공급에 의해 가격이 변동될 수 도 있다.

반면, 수요적인 측면에서는 단기적으로는 인플레이션 헤지수요가 거래소에서 가격에 중요하게 영향을 미친다. 그리고, 여름이나 겨울과 관련하여 냉난방과 같은 계절적 수요도 무시하지 못한다. 장기적으로는 글로벌 경제성장률이 상승하거나 높은 인구수를 가진 중국의 산업성장률이 급등하는 경우가 수요를 증가시키는 경향이 있다. 물론, 원유 산업은 환경문제와 밀접하게 연관되어 있기에 기후협약과 같이 글로벌 합의에 따라 장기적으로 수요가 영향을 받을 수 있다.

오늘은 2021년 6월 17일이다. 향후 유가변동에 대한 전망을 개진할 수 있다. 지난 해부터 시작된 COVID19 팬데믹으로 글로벌 원유의 생산과 수요는 모두 줄어든 상태이다. 석유수출국기구(OPEC)를 비롯한 주요국들의 생산량은 당분간 변동될 여지는 없어 보인다. 그리고, 미국의 주요 지역 원유 재고량도 큰 변동이 없어

[유가 변동 요인]

구분	공급측면	수요측면
단기/중기	산유국 정치적 불안 유전사고 및 자연재해	인플레이션 상승(헤지수요) 계절적 수요(냉난방)
장기	대형유전의 발견 새로운 화석에너지원의 발견	글로벌 경제성장률 상승 중국의 산업성장률 상승 기후협약

보인다. 중동지역에서의 정치적 불안은 여전하며 이란(Iran)은 미국에 의해 원유 수출이 금지를 당하고 있는 상태이다. 수요측면에서는 백신접종 효과로 조만간 주요국에서 집단면역에 대한 기대감이 높아지면서 소비수요가 늘어날 것이다. 이제 여름으로 들어가면서 개인들의 보복소비에 따른 원유의 계절적 수요도 크게 확대될 것으로 전망되고 있다. 최근 팬데믹의 영향으로 1년 동안 글로벌 기후협약에 대한 문제도 논의가 늦춰지고 있다. 5월 미국의 전년동기대비 소비자지수는 5% 수준으로 나타나면서 인플레이션에 대한 불안감이 증가하고 있다. 이러한 상황이라면 향후 유가의 상승을 전망할 수 있다. 금일 유가는 배럴당 71.04달러이다. 올해 1월 초에 47달러를 기록한 후 현재까지 51%나 상승한 상태이다. 그리고 미국이 최대 매장량을 자랑하는 셰일가스(shale gas)도 채굴 수익분기점이 70달러 수준이기에 유가는 75달러에서 80달러 수준에 안착할 것으로 전망할 수 있다.

원유선물과 원유증권 거래

이러한 전망 하에서 어떠한 전략이 향후 가능할 것인가? 우선 추가적인 상승을 전망한다면 원유가격에 대한 매수 포지션(long position)을 구축할 수 있다. 원유는 실물거래가 거의 불가하기에 우선 선물계약(future contract)을 매수하는 것에 관심을 가질 수 있다. 개인투자자들은 뉴욕상업거래소(NYM)에서 제공하는 E-mini Crude Oil Futures를 국내 증권사 계좌를 통해 매수할 수 있다. 계약단위는 500배럴이며, 최종 거래일은 계약월물의 26영업일보다 5영업일 전이다. 결제는 현금결제방식이라 현물인수도에 대한 부담감이 없다. 거래시간도 뉴욕 현지시간으로 오전 8시부터 다음날 오전 7시까지이다. 60분간만 매매거래를 중단할 정도이다. 기존에 제공하던 WTI Crude Oil Futures 보다 계약규모도 작고 거래도 간편하며 현금결제방식이라 실수요자가 아닌 개인투자자들에게 맞춤형으로 제공되

[뉴욕상업거래소(NYM) E-mini Crude Oil Futures 가격]

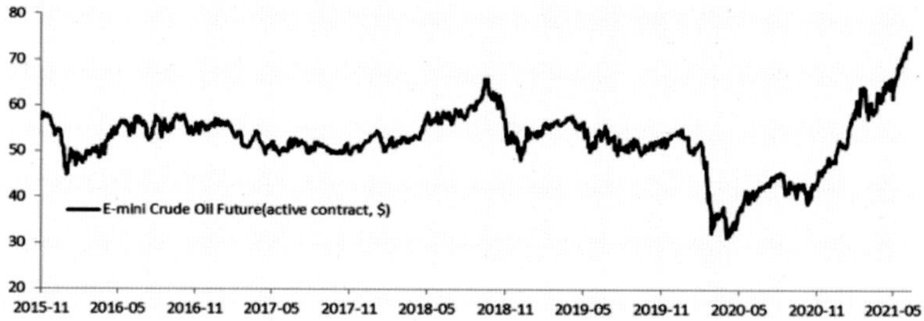

※출처 : Bloomberg

고 있다. 그리고 거래소가 e-trading을 제공하는 점도 기관투자자들보다는 개인투자자를 위한 시스템으로 볼 수 있다. 증거금도 대략 계약금액의 10% 수준이기에 10배 정도의 레버리지를 활용할 수 있다. 만약 금일 WTI 선물가격이 70달러라면, 개시 증거금으로 최초로 납부해야 할 금액은 70달러 × 500배럴 × 증거금 10% = $3,500로 계산된다. 개인투자자들이 접근하는데 별 무리가 없다. 만약 반대로 유가의 하락을 전망한다면 E-mini Crude Oil Futures에 매도 포지션(short position)을 구축하면 된다. 유가 하락에 맞춰 수익을 낼 수 있다.

원유 가격에 매수 포지션(long position)은 상장지수펀드(ETF)를 통해서도 보다 쉽게 접근할 수 있다. 한국거래소(KRX)에 2016년부터 KODEX WTI원유선물(H) ETF와 KODEX WTI원유선물인버스(H)ETF가 상장되어 있다는 것을 이미 언급했다. 또한, 미국 증시에 상장되어 있는 원유 관련 상장지수펀드(ETF)도 쉽게 증권사 HTS 계좌를 이용하여 접근할 수 있다. WisdomTree WTI Crude Oil ETF와 WisdomTree WTI Crude Oil 2X ETF를 들 수 있다. 명칭 그대로 전자는

WTI 원유선물가격을 추종하며 후자는 WTI 원유선물가격의 2배 수익과 손실을 추구한다. 차트는 서부텍사스중질유(WTI) 현물가격과 WisdomTree WTI Crude Oil ETF의 누적 수익률을 퍼센티지(percentage)로 나타낸 것이다. 양자의 차이가 나타나는 것은 상장지수펀드(ETF)가 WTI 선물가격을 추종하기 때문이다. 여기서 발생하는 롤오버 비용(roll-over cost)이 양자의 수익률 차이를 불러오고 있다. 2020년 4월 20일 서부텍사스중질유(WTI) 현물가격이 -37.63달러를 기록한 적이 있다. COVID19 사태로 수요는 급감한 반면 공급은 그대로 지속되자 비싼 보유비용을 감당할 수 없었던 공급자들이 마이너스 가격으로 매도한 것이다. 물론, 단 하루만 발생한 이벤트였다. 이날, 선물가격은 35.5달러로 지극히 정상적이었다. 이로 인해 엄청난 롤오버 비용(roll-over cost)이 발생하며 해당 ETF는 큰 손실을 부담하게 된 것이다.

[WTI 현물가격 vz WTI ETF 가격 누적수익률]

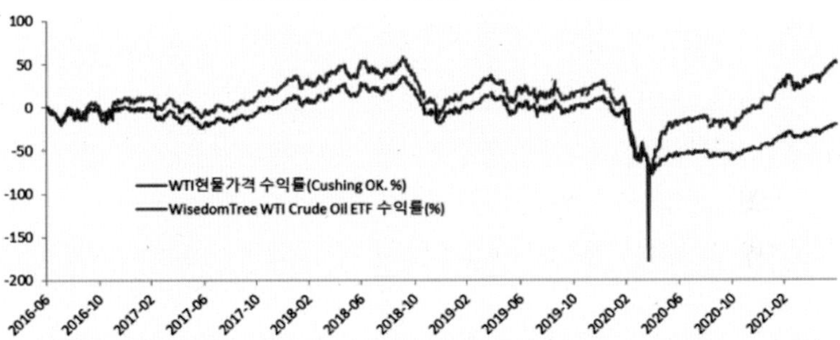

※출처 : Bloomberg

물론 유가가 거래소 마다 품목이 다르고 가격도 다르다. 이러한 상황을 이용하여 차익거래(arbitrage)도 가능하다. 이렇게 시장의 불균형이 발생하는 것은 주요 산유국의 원유 채굴 원가가 다르기 때문이다. 챠트에서 보면 가장 비싼 원가는 영국의 브렌트유(Brent crude oil)로 바다 심해에서 생산하는 경우이다. 가장 경제적인 채굴은 두바이유(Dubai crude oil)로 사우디아라비아의 모래사막에서 채굴하기 때문이다. 이러한 생산비용 때문에 일정한 가격 차이가 발생하게 된다. 시장별 가격차이

[주요 산유국의 원유 채굴 원가]

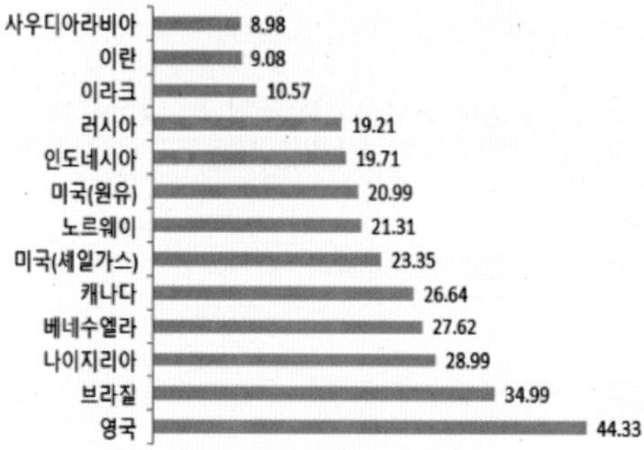

※출처 : Rystad Energy Ucube, 월스트리트저널 재인용, 단위 : $/barrel, 2016년 3월 기준

의 불균형이 나타날 때 차익거래(arbitrage)가 생기게 된다. 차트에서 보는 바와 같이 서부텍사스중질유(WTI)와 두바이유(Dubai) 사이에는 지난 1년 동안 일일평균 1.16달러의 차이가 발생한다. 두바이유가 WTI보다 높다. 하지만, 2020년 9월달에는 3.8달러, 12월에는 3달러의 차이가 발생했다. 2021년 1월에는 4달러, 3월에는 3달러의 차이가 발생한다. 이럴 경우 고평가된 두바이유를 매도하고 저평가된 WTI를 매수하면 된다. 그러면 3달러의 스프레드가 확보한다. 이후 다시 평균차이인 1.16달러로 회귀하면 반대매매를 통해 포지션을 정리한다. 그러면 계약당 1.84달러의 무위험차익거래 수익을 얻을 수 있다. 이를 현물이 아니라 선물계약을 통해서 실행할 수 있다. 중요한 것은 원유(crude oil)와 같이 실물자산들은 인플레이션이 상승했을 때 화폐가치의 하락을 방어할 수 있다는 점이다. 이러한 특성은 해당 자산이 현재는 화폐의 기능을 거의 상실했지만 지속적으로 거래소에서 내재가치를 가지고 거래되는 이유일 것이다.

[WTI 현물가격 vz 두바이 원유 가격]

※출처 : Bloomberg

최종 안전자산 금(gold)

금(gold)는 인류 역사상 가장 오랜 기간 동안 화폐로서의 역할을 해왔다. 현재에도 화폐시장에서 역할과 기능이 명확하며 향후에도 지속될 것으로 보인다. 금은 화학원소로 기호는 Au(Aurum)이며 원자번호는 79이다. 빛나는 노란색의 무른 금속으로 연성과 가단성이 있는 전이 금속이다. 특히, 부식이 없고 장기간 감가상각이 일어나지 않는 내구성도 갖추고 있다.

금(gold)의 용도와 기능

수 천년 이상 금은 화폐로 쓰이고 있으며, 장신구, 건축자재, 치과용품, 전자제품, 반도체, 자동차 배연기관 부품 등으로도 매우 폭넓은 용도로 쓰이고 있다. 생산은 주로 땅에서 원석이 채굴되어 제련을 통해 순도 높은 금이 얻어진다. 세계의 주요 금 생산국으로는 미국, 남아프리카공화국, 오스트레일리아, 캐나다, 러시아 등이다. 세계금협회(World Gold Council)에 의하면 2020년 당해 년도에 생산된 금 3,903.1톤(tonnes) 중에서 장신구(jewellery)에 36.8%, 투자(investment) 목적의 보유에 46.6%, 산업용(technology)으로 7.0%, 그리고 국가와 중앙은행

(central banks) 자산보유용으로 8.6%가 사용된 것으로 집계되었다.

[금 활용 용도(2020년)]

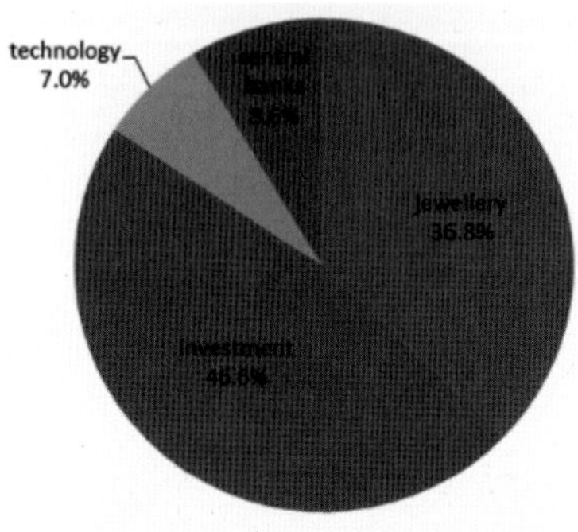

※출처 : World Gold Council, 2020년도 기준

금은 기원전 4,000년쯤 메소포타미아(Mesopotamia)에서 처음으로 사용된 것으로 전해진다. 그리고, 금화(gold coin)로 주조된 것은 기원전 600년경 리디아(Lydia) 왕국의 호박금을 최초로 간주하고 있다. 이후 로마제국에서 그 가치를 인정받고 제국의 통치를 위해 활성화되기 시작한 것으로 기록되어 있다. 중세시대와 르네상스 시대를 거치면서 다양한 금화들이 발행되었다. 이후 지폐가 발행되면서 금본위제를 위해 정부, 은행, 중앙은행의 금고에 보관되어졌다. 세계 각국에서 금본위제도를 폐지한 제2차 세계대전 이후에도 금은 브레튼우즈체제(Bretton Woods System) 하에서 1온스 = 35달러로 미국에 의해서 가격이 유지되었다. 달러에 대한 위기가 오면서 1971년말 1온스 = 38달러로 1973년 2월에는 42.23달러로 공정가격이 인상되기도 하였다. 결국에는 1976년 1월 킹스턴체제(Kingston System) 하에서 공정가격의 폐지를 결정하였다. 이후 금 가격의 움직임은 미국을 비롯한 국제 정세와 각국의 거시경제정책에 의해 결정되게 되었다.

가격 요인(price factors)과 시장 전망(market analysis)

금에 대한 투자의 출발점은 우선 금 가격을 전망하는 것에서 시작된다. 향후 금 가격의 방향이 상승인지 하락인지 아니면 박스권인지를 전망하는 방향성이 중요하다, 그리고, 변동의 폭이 어느 정도일지도 전망하는 리스크에 대한 전망도 이에 못지 않게 중요하다. 금 가격의 방향성과 변동폭을 전망하는데 주로 5가지의 변수를 가장 중요하게 간주한다. 해당 변수들은 이미 화폐시장의 발전을 살펴보면서 언급되었던 내용이다. 첫째로 금은 최종 안전자산(last lower risk asset)으로 기능한다. 즉, 지역적 또는 전세계 금융위기나 경제공황, 또는 모라토리움과 같이 국제 시스템이 붕괴될 때 최종 안전자산으로서 가격이 급등하는 현상을 보인다. 물론 달러도 동일한 역할을 한다. 하지만, 미국에서도 위기나 시스템 붕괴가 올 경우에 달러는 약세를 보이지만 반대로 금은 강세를 기록하게 된다. 이는 금 자체가 내재가치를 포함한 실물이기 때문이다. 그리고, 지속적으로 금본위제에 대한 믿음이 존재하기 때문이다. 차트를 보면 글로벌 시스템에 위기가 올 때마다 금 가격이 변동되는 것을 볼 수 있다. 이때는 미국도 위기에 처해 있어 달러가 안전자산의 역할을 하기 힘들 때이다.

[금 가격 추이(Troy Ounce, $)]

※출처 : Bloomberg

두번째 요소는 미국 연방준비위원회(Fed)의 통화정책이다. 이미 미국 연방준비위원회(Fed)가 2021년 4월 기준으로 8,133톤(ton)을 보유하고 있다. 이는 국제기구를 제외한 전세계 중앙은행이 보유한 금의 30%에 해당한다. 이를 감안한다면 연방준비위원회(Fed)의 통화정책은 바로 금 가격에 영향을 주게 된다. 금은 실물자산이기에 이미 과거에서부터 인플레이션 헤지(hedge) 기능으로 환영받아 왔다. 실물자산은 그 자체가 상품(commodity)이기에 인플레이션이라는 개념이 없다. 지폐는 남발하면 그 가치가 추락하지만 상품의 경우에는 공급이 늘어나도 경제활동을 통해 소비되기 때문이다. 따라서, 미국의 본원통화(monetary base)가 증가하거나 소비자물가지수(CPI)가 상승할 경우 금 가격은 동일한 방향으로 움직이게 된다. 차트를 보면 장기적으로 미국의 본원통화 증가량, 즉 달러의 발행량 증가를 금 가격이 헤지(hedge)하고 있는 것으로 나타나고 있다. 2008년 미국은 서브프라임 모기지 사태(Subprime Mortgage Crisis)로 3차의 양적완화정책으로 5년간 3.5조 달러의 공급량을 증가시켰다. 이는 금가격을 기존의 800달러 수준에서 1,700달러까지 상승시키는 역할을 하였다. 이후 2015년부터 3년간 긴축정책을 통해 본원통화의 양을 감소시키자 다시 금 가격은 1,300달러 선으로 하락하게 된다. 2020년 2월부터 시작된 COVID19 펜데믹으로 미국은 2조 달러의 본원통화를 증가시키자 금 가격은 2020년 8월말에 2,000달러를 넘어섰다. 오늘 2021년 6월 17일 시점에서 향후 인프라 투자를 위해 추가적인 양적완화를 예정하고 있다면 금 가격의 추가적인 상승은 쉽게 전망될 수 있다.

[금 가격 vs 미국 본원통화 추이]

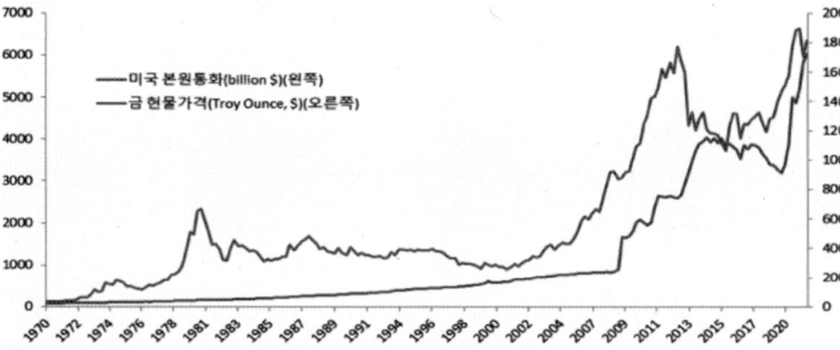

※출처 : Bloomberg

세번째는 달러 약세를 방어하는 기능이다. 이미 언급했듯이 달러는 일상적인 상황과 미국을 제외한 지역적인 위기가 발생했을 때 가장 안전한 자산으로서 기능을 한다. 하지만, 미국 자체에 위기가 오면 이때는 실물자산이자 미국이 가장 많이 보유하고 있는 금이 방어하는 역할을 한다. 달러인덱스(DXY)라는 것이 있다. 세계 주요 6개국 통화(EUR, JPY, GBP, CAD, SEK, CHF) 대비 달러의 평균적 가치를 나타내는 지표이다. 즉, 통화 가치가 비교적 안정적인 주요 6개국 통화 가치 대비 달러 가치의 움직임을 파악하기 위해 만들어진 지수이다. 최초 100을 기준으로 지수가 설정되었으며, 지수가 하락하면 달러 가치의 약세로 인식되었고 지수가 상승하면 달러 가치가 강세라는 의미이다. 차트는 금 가격과 달러인덱스(DXY)와의 비교이다.

[금 가격 vs 달러인덱스 추이]

※출처 : Bloomberg

지난 10년간 두 개의 자산은 대략적으로 부정적인 상관관계가 있음을 알 수 있다. 2021년 6월 17일 현재 달러인덱스는 91로 최근 5년래 최저치로 내려와 있다. COVID19 펜데믹으로 어마어마한 양의 본원통화가 증가하면서 약세를 보였다. 하지만, 이제 미국 연방준비위원회(Fed)는 향후 증가된 통화량에 대해 테이퍼링(tapering)과 연방기금금리(federal fund rate)의 인상을 언급하고 있다. 반면, 유럽중앙은행(ECB)는 2022년 초까지 지속적인 양적완화정책을 이어갈 것을 발표하고 있다. 그렇다면, 장기적으로 달러인덱스의 강세를 볼 수 있고, 상대적으로 금 가격은 약세로 갈 수 있는 가능성이 커 보인다. 달러인덱스는 주요 6개 통화에 대한 달러의 상대적인 가치이다. 미국이 통화의 양을 증가시켰는데 마찬가지로 유로존이나 일본도 동시에 통화량을 늘리세 되면 상쇄효과에 의해 달러인덱스는 변농이 없을 것이다. 이러한 논리로 달러인덱스를 살펴 봐야 한다.

네번째는 이머징 국가들의 경제성장 추세가 중요하다. 이머징 국가들의 경우 경제성장에 따른 외환보유고와 국부가 증가하면 이를 달러와 금으로 보유하려는 경향이 매우 강하다. 2001년 중국이 WTO에 가입한 후 중국의 외환보유고는 2014년에 4조 달러에 달하게 된다. 이렇게 증가된 외환보유고의 대부분을 미국 국채로 보유하였고, 일부는 금 보유비중을 늘리는 작업을 하였다. 이러한 영향으로 2000년대 중반 이후 중국인민은행(People's Bank of China, PBOC)의 국제시장에서 금 사재기가 이어진 것이다. 그리고, 최근에도 미국과의 패권경쟁에서 긴장감을 유지하기 위해 인민은행은 미국 국채를 팔고 금을 매수하면서 달러 의존도를 낮추려는 노력을 하고 있다.

[중국인민은행 금 보유고]

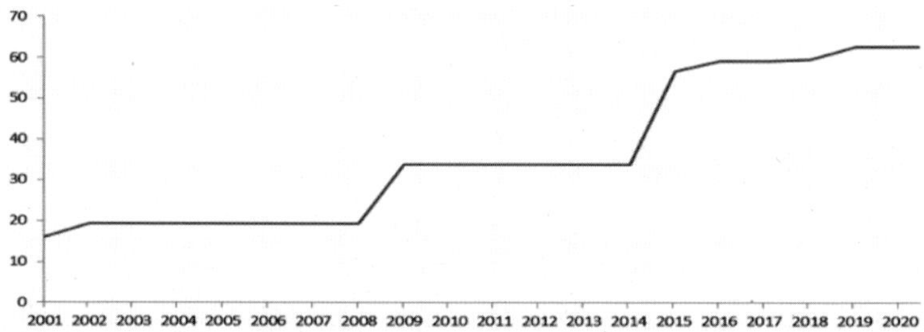

※출처 : Bloomberg, 백만 트로이온스(million Troy Ounce)

마지막으로 공급측면에서의 변수이다. 앞의 4가지 변수는 모두 수요측면에서 본 중요 요소들이다. 상대적으로 금의 공급은 매우 비탄력적(inelastic)이다. 지질조사를 통해 새로운 광산과 금맥을 발견하고 이를 채굴하여 정제하는데 최소한 10년 이상의 장기간이 필요하기 때문이다. 여기에 환경단체와 지역정부의 법률적인 이해관계가 틀어지면 광산의 개발은 지연되거나 취소될 수 있기 때문이다. 또한, 금을 제련하는 산업은 환경오염을 유발하기에 지역공동체와 심각한 문제를 유발하기 까지 한다. 인류 역사를 통틀어 채굴된 금은 17만 1,300톤으로 추산된다. 하지만 현재 유통되는 금의 90%는 1848년 골드러쉬(Gold Rush) 이후에 채굴된 것이고 그 이전에 채굴된 것은 불과 1만 톤(tone) 정도에 불과한 것이다. 세계의 최대 금 생산지는 남아프리카공화국 요하네스버그(Johannesburg) 근처의 윗워터즈랜드(Witwatersrand)로 경제성이 높으며 세계에서 매장량이 가장 많은 것으로 알려져 있다. 이외에 러시아의 시베리아(Siberia) 동부, 미국의 네바다(Nevada)주, 캐나다의 온타리오(Ontario)와 퀘벡(Quebec), 오스트레일리아의 퀸즈랜드(Queensland)도 중용한 금 산지이다. 중국은 광활한 영토에서 어느 한 곳에 생산이 집중되지 않고 전 지역에 걸쳐 다양하게 금을 생산하는 유형이다. 금 생산과 관련된 주요 생산지가 제한적이라 해당지역에서의 지정학적 리스크, 정세 불안, 파업, 금광 붕괴와 같은 변수들이 공급량을 감소시키는 요인으로 작용하고 있다.

[2020년 국가별 금 생산량]

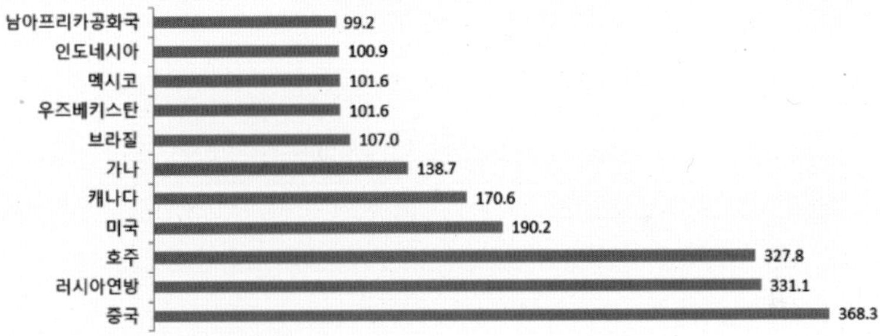

※출처 : World Gold Council, 톤(tonees)

한반도도 세계적 금 생산지였던 적이 있다. 특히, 일제 강점기에 중요한 광산들이 개발되면서 국제정세를 변화시키기도 하였다. 1930년대 당시 아시아 최대의 금광이었던 평안북도 운산(雲山) 금광을 필두로 전국에 무려 3천여개의 금광이 채굴 중이었다고 한다. 중일 전쟁 중이던 일본은 군수물자 결제 대금 조달을 위해 식민지 조선에서 대량의 금을 본국으로 가져갔다. 이는 역으로 조선인들에게 금광 채굴 열기를 유발시켰다. 김유정 작가의 1935년 작품 금따는 콩밭은 이러한 전국적인 금광 개발 열풍을 반영한 내용이다. 또한, 운산 금광은 미국인들에 의해 운영되었는데 그때 광산 노동자들이 금을 발견하면 감독관인 미국인이 노터치(no touch)를 외치자 이후 노다지라는 단어가 생기기도 하였다. 이 운산 금광의 가치는 단일 금광으로서 아시아 최대 규모였으며 일본을 당대 금 생산 세계 4위로 만들어준 수준이었다. 1920년대 기준 한반도 전체 금 생산액의 절반을 차지했고 고용인원만 해도 1만명이 넘었다 한다. 하지만 해방 이후 광업권 이전 문제, 금광 채굴 기술 문제로 인해 대부분이 금광은 운영이 중단되었다. 충청남도 청양군의 구봉(九峰) 광산 등 몇몇 광업소가 존재했으나 1997년 금광 채굴이 전면 중단되었다.

아래 도표는 금 투자와 관련하여 가격의 방향과 변동성을 결정짓는 요소들을 정리하였다. 그리고 해당 요인들은 모두 설명을 마쳤다. 오늘은 2021년 6월 17일이다. 오늘을 기준으로 금 가격의 향후 전망에 대해 논의해 볼 수 있다. 출발점은 지난해 2020년 2월부터 시작된 COVID19 펜데믹이다. 해당 펜데믹은 미국을 비롯한 전 세계 경제시스템의 위기를 가져왔다. 이를 극복하기 위해 미국은 지난 1년 동안 이미 2조 달러의 양적완화정책(quantitative easing policy)을 실시하였고 미국의 본원통화(monetary base)는 6조 달러에 이르렀다. 앞으로 바이든 행정부(Biden Administration)는 인프라 투자를 통한 추가적인 부양책을 예고하고 있다. 이에 따라 금가격은 이미 온스 당 1,600달러 선에 있다가 지난해 8월 2,000달러 선을 잠시 넘은 후 지금은 1,830달러 선에 내려와 있다. 달러인덱스는 펜데믹의 시작과 함께 전세계로 전이가 시작된 2020년 3월에 103까지 치솟은 후 지속

[금 가격 변동 요인]

구분	공급측면	수요측면
단기/중기	자연재해에 따른 일시적 생산 중단 광산 파업 인근지역 정세 불안	미국의 본원통화 증가(감소) 미국의 인플레이션(디플레이션) 상승 달러의 강세(약세)
장기	새로운 금광의 발견 생산비용의 증가 생산기술의 발전 환경단체와의 분쟁	신흥국 중앙은행의 외환보유고 증가 글로벌 시스템 위기

적으로 약세를 보이며 지금은 91까지 떨어져 12% 수준 하락한 상태이다. 향후 금 가격의 변동에 대해 전망해 보자. 우선 공급적인 측면에서는 현상유지라 큰 변수가 되지 않을 것 같다. 중국 인민은행과 주요 이머징 국가 중앙은행도 펜데믹으로 경제사정이 다소 어려워지며 대량으로 금의 보유량을 늘리려 하지 않을 것 같다. 그러면, 결국 미국의 통화정책과 달러의 방향에 의해 연동될 것으로 예상된다. 이미 금 가격은 지난해 미국내 본원통화 증가와 관련하여 1,600달러 선에서 2,000달러 선으로 25% 정도 상승을 경험했다. 그러나, 이제 미국은 자체적으로 증가된 본원통화의 양을 줄이려는 작업을 언급하고 있다. 여기에 달러인덱스도 이미 12% 하락하여 본원통화의 증가분을 충분히 반영한 것 같다. 달러는 긴축을 유로는 완화를 유지한다면 달러인덱스가 상승할 가능성이 높아진다. 미국내 COVID19 펜데믹도 백신 효과로 그 끝을 보이려 하고 있다. 오늘 당장은 아니지만 당분간 금가격은 상승보다는 박스권에서 움직일 가능성이 크다. 그 동안 상승을 견인해 오던 변수들이 대부분 사라졌기 때문이다. 이러한 현상을 금 가격은 반영할 것이다. 그리고 미국의 테이퍼링(tapering)이 본격화되면서 달러의 강세를 유도하면 금가격은 하락 방향으로 움직일 가능성이 커 보인다. 그렇다면 보유하고 있던 금 포지션을 다 정리하고 금 투자를 당분간 그만 두어야 하는가? 이러한 의견은 다시 투자전략을 통해 확인해 볼 수 있다.

금통장, 금선물과 금증권 거래

향후 금 가격의 중장기적인 하락을 전망했다면 우선 먼저 현재 보유하고 있는 금 매수 포지션(long position)을 정리하여 현금을 확보하면 된다. 투자자 중에서 현재 보유중인 금 현물을 향후 사용할 목적이라 매도하기를 꺼려한다면 현재 매수 포지션을 유지한 채 매도 포지셔(short position)을 추가하여 향후 포트폴리오 가치 변동을 헤지할 수 있다. 아니면 매도를 통해 현금 정산 처리됐다면 다시 인버스

(inverse) 상품을 매수하면 된다. 이럴 경우 향후 금 가격 하락에 따른 만큼 수익을 낼 수 있다. 대표적인 상품이 KODEX 골드선물인버스(H)ETF를 매수하면 된다. 증권사 HTS계좌를 통해 매매시간에 주문을 낼 수 있다. 선물이라는 명칭이 들어가 있지만, 직접 선물계약(future contract)를 거래하듯 레버리지를 활용하지는 않는다. 다만 선물가격을 100% 역으로 추종할 뿐이다. 만약 헤지를 위해서 매도 포지션을 구축하는데 비용절감을 원하는 경우 또는 하락 방향에서 성과를 극대화하기 원하는 경우 레버리지(leverage)를 사용할 수 있다. 이때도 증권사 HTS계좌를 통해 미국 상품거래소(COMEX)에 접속하여 금 선물계약(Gold Futures) 매도(short) 주문을 낼 수 있다. 물론 사전에 개인계좌가 오픈되어 있어야 하고 거래시간도 미국의 현지 시간을 준수해서 해야 한다. 금일이 6월 17일인 관계로 최근월물은 June21 짜리, 차근월물은 August21 짜리 선물계약을 매도(short) 할 수 있다. 계약 단위가 100온스이기에 선물가격이 온스당 1,835달러라면 1계약의 총금액은 183,500달러이다. 이를 위해 계약금 10%인 18,350달러만 개시증거금(initial requirement)으로 납부하면 된다. 물론 다음날부터 일일정산제도가 있어 가격변동에 따른 최저증거금 수준을 맞춰줘야 한다. 그리고 만기일 이전에 반대매매를 통해 현물정산이 되지 않도록 주의해야 한다. 그리고, 만기일 이후에 다른 선물계약을 통해 기간을 연장해 가야 하는 불편함이 있다. 하지만, 헤지를 하는데 10%의 금액만으로도 가능하다. 그리고, 적극적 투자자의 경우에는 증거금 10%를 활용해서 10배 레버리지(leverage)를 활용할 수 있다.

미국의 상품거래소(COMEX)는 E-mini Gold Future를 동시에 제공하고 있다. 개인투자자들은 해당 선물계약을 국내 증권사 계좌를 통해 매수할 수 있다. 계약 단위는 50트로이온스(troy ounce)이며 계약월은 24개월 내의 2,4,6,8,10,12 월물이 거래된다. 최종거래일은 결제월 최종 영업일 2영업일 전이며 현금결제방식이다. 거래시간도 뉴욕 현지시간으로 오전 8시부터 다음날 오전 7시까지이다. 60분간만 매매거래를 중단할 정도이다. 기존에 제공하던 COMEX Gold Futures 보

[상품거래소(COMEX) E-mini Gold Futures 가격]

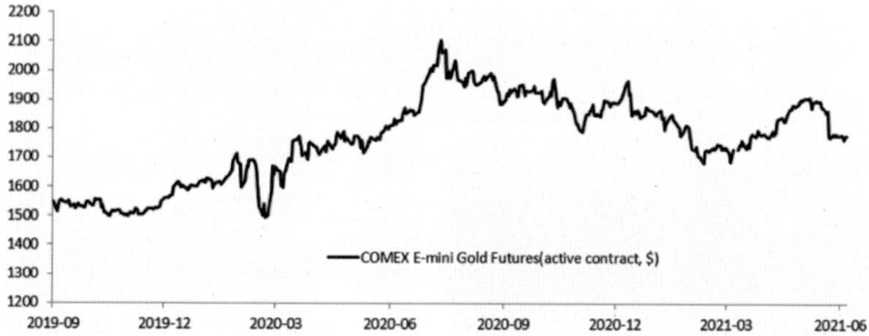

※출처 : Bloomberg

다 계약규모도 작고 거래도 간편하며 현금결제방식이라 실수요자가 아닌 개인투자자들에게 맞춤형으로 제공되고 있다. 증거금도 대략 계약금액의 10% 수준이기에 10배 정도의 레버리지를 활용할 수 도 있다. 만약 금일 금 선물가격이 1,180달러라면, 최초로 납부해야 할 금액은 개시증거금은 1,180달러 × 50온스 × 증거금 10% = $5,900로 계산된다. 개인투자자들이 접근하는데 별 무리가 없다. 만약 반대로 금 가격의 하락을 전망한다면 E-mini Gold Futures에 매도 포지션(short position)을 구축하면 된다. 금 가격 하락에 맞춰 수익을 낼 수 있다.

반대의 전략도 가정할 수 있다. 만약 향후 금 가격의 상승을 전망한다면 매수 포지션(long position)을 늘려가면 된다. 신한은행 골드리슈통장에 실물 금을 매수해서 저축할 수도 있고, 증권사 HTS계좌를 통해 KRX 금현물 또는 KODEX 골드선물(H)ETF를 매수할 수도 있다. 여기에 금과 상관관계가 높은 광업주식을 매수하는 펀드 형태로 투자를 원하면 금융판매사를 통해 블랙록 월드골드주식펀드($)와 IBK 골드마이닝주식펀드도 관심을 가질 수 있다. 예를 들면 해당펀드들은 금 관련된 유통회사들의 주식에 투자하는 것이 아니라 직접 금을 생산하는 광업회사에 투자한다. 해당회사들은 금을 생산해서 저장한 상태에서 시중의 금 가격에 따라 금을 공급하기에 금 가격의 변동과 거의 유사한 성과를 나타낸다.

최근에는 한국금거래소와 한국표준금거래소 같이 전통적인 사설거래소들도 인터넷 뱅킹을 통해 현물거래 및 통장거래로 24시간 접근이 가능토록 하고 있다. 그리고, 블록체인(blockchain) 기반의 금 거래 플랫폼(platform)인 윈골드(WINGOLD), 한컴(HANCOM), 아이티센(ITSEN) 등도 앱(App)을 활용한 금 매매 서비스를 24시간 제공하고 있다. 암호화 화폐와 같은 블랙체인 기술을 통해 금 거래의 프라이버시를 보호하는 것이 특징이라고 설명하고 있다. 물론 24시간 거래로 편리성을 제공한다. 이들의 기능은 모두 현물 또는 선물 금 가격을 추종하는데 있다. 하지만, 세금에서 차이가 날 수 있다. 금 현물을 직접 인출하는 경우에는 부가가치세 10%와 서비스 수수료를 납부해야 한다. 그리고, 향후 매매차익에 대해서는 배당소득세를 납부하는 것은 모두 동일하다.

[한국금거래소 앱 화면]

※출처 : 한국금거래소 앱(App)

위에서 설명한 금과 관련된 해당 거래들의 상호 관계를 움직임을 통해 살펴보면 더욱 명확해 질 수 있을 것 같다. 차트에서 보는 바와 같이 금 현물가격은 금 선물 ETF에 의해 거의 유사하게 복제가 가능하다. 특히, 금의 경우에는 현물가격과 선물가격이 콘탱고(Contango)와 백워데이션(Backwardation)에서 오는 롤오버(role-over) 비용이 발생하지 않기 때문이다. 금의 특성상 보관 비용이나 감가상각 비용이 거의 발생하지 않기 때문에 현물가격을 선물가격으로 유사하게 추적할 수 있게 되어 있다. 또한, 인버스 상품을 통해 매도 포지션(short position)도 수익을 낼 수 있다는 점도 증명되었다. 기존과 달리 무조건 가격이 상승해야만 수익을 내는 것이 아니라 가격의 방향과 변동폭을 합리적으로 전망하면 항상 성과를 가져다 줄 수 있다는 뜻이다.

이와 같은 금에 대해서 많은 전문가들이 향후 미래를 낙관하지 못하고 있다. 특히, 암호화 화폐 등에 의해서 그 기능이 대체되고 있고, 거래단위가 크기에 개인들의 투자에 부적합하다는 이유를 들고 있다. 하지만, 앞에서 언급했듯이 금이 화폐로써 그리고 자산으로서 가지고 있는 매력은 명확하다.

[금 투자상품 비교]

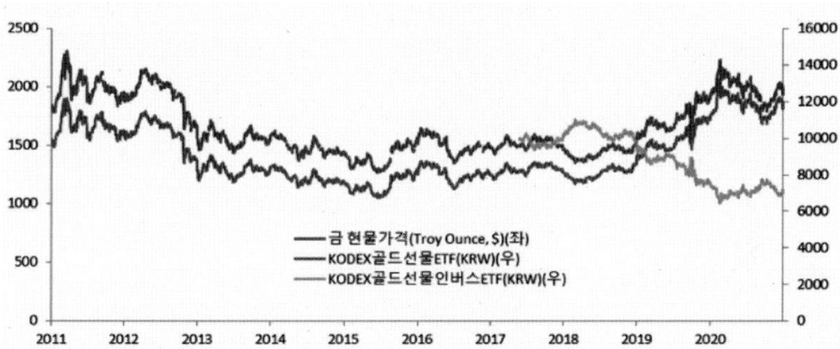

※출처 : Bloomberg

금 자체가 가지고 있는 내재가치와 실물자산으로서의 활용도가 매우 높기 때문이다. 그리고, 금 만이 경제위기나 글로벌 위기 시스템에서 최종 신뢰감을 받는 것은 향후에도 변함이 없어 보인다. 여기에 암호화 화폐가 달러의 방어수단으로 작용한다고 말하기도 힘든 사항이다. 상품투자로서는 이미 금 적립통장, 상장지수펀드(ETF), 인버스펀드(Inverse ETF) 등을 통해 개인들이 소액으로도 항상 접근할 수 있으며, 핀테크의 발달로 시간과 장소의 구애를 받지 않고 언제든지 거래를 할 수 있는 시스템이 구현되어 있기 때문이다. 기존의 기관투자자들 위주의 시스템에서 개인투자자들에게 유리한 투자환경이 조성되고 있다.

금과 은의 변동성(volatility)

변동성(volatility) 차이

화폐시장의 발달을 이미 정독했다면 궁금증이 하나 들 것이다. 역사적으로 금본위제(gold reserve system)와 은본위제(silver reserve system)가 경쟁했었는데 은(silver)도 마찬가지로 금(gold)과 동일한 화폐자산으로서의 기능이 있는 것이 아닌지이다. 당연하다. 은도 마찬가지로 금이 현재 가지고 있는 기능을 동일하게 수행할 수 있다. 차이점이 있다면 가격이 낮고 유통량이 많다는 점이다. 차트는 지난 20년간 금 현물가격과 은 현물가격의 흐름을 나타낸 것이다. 직관하기에도 금과 은 가격은 동일하게 움직이는 것을 볼 수 있다. 이는 은도 금과 마찬가지로 최종 안전

[금 현물가격 vs 은 현물가격]

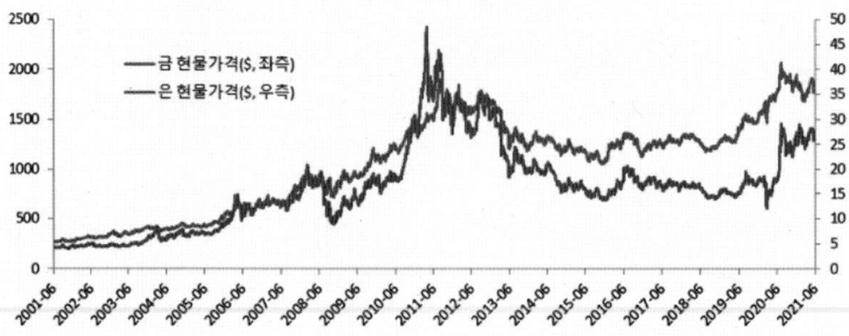

※출처 : Bloomberg

자산으로서의 역할을 한다고 볼 수 있다. 그리고 미국 내 인플레이션 상승과 달러 약세에 대한 방어도 가능하다고 볼 수 있다. 금 현물가격과 은 현물가격의 상관관계를 분석해 보아도 (0.821)을 기록한다. 데이터는 3년 기간이며 주간 단위 분석이다. 이 정도 수준이면 거의 방향성이 비슷하다고 간주해도 될 것 같다.

하지만, 투자에 있어서 금과 은은 두가지 차이점을 나타낸다. 하나는 최종안전자산으로서의 역할에서 나타난다. 글로벌 정치경제나 금융시스템의 위기가 닥칠 때 대부분 금을 먼저 선호한다. 우선 순위에서 밀린다. 그러다 보니 위기의 초기단계에서는 투자자들이 금을 매수하고 은을 매도하는 경향이 발생한다. 하지만, 시간이 지나면서 금 가격이 충분히 상승한 후에는 은 가격이 이를 추종하는 경향을 보인다. 이후 인플레이션 상승과 달러 약세에 대한 방어에 있어서는 비슷한 영향력을 보인다.

[블룸버그 커머더디 내재변동성 모니터]

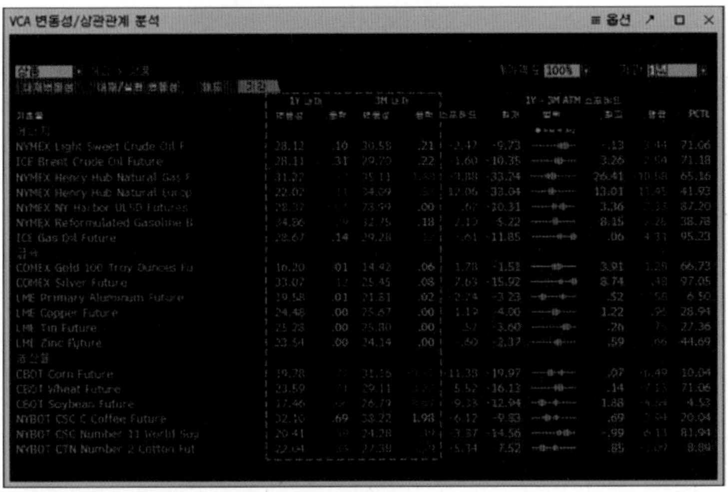

※출처 : Bloomberg, Volayility monitor, 2021년 6월 28일

다른 하나는 가격의 변동성의 차이를 느낄 수 있다. 그림에서는 글로벌 거래소에서 거래되는 커머디티 선물계약의 내재변동성을 나타내고 있다. 상업거래소(COMEX)에서 거래되고 있는 Gold 100 Troy Ounces Futures의 1년 내재변

동성은 16.20%와 3개월 내재변동성은 14.42%로 다른 커머디티에 비해 매우 안정적이다. 반면, 상업거래소(COMEX)에서 거래되는 Silver Futures의 1년 내재변동성은 33.07%와 3개월 내재변동성은 25.45%를 나타내고 있다. 금뿐 아니라 다른 커머디티 품목에 비해서도 매우 높은 수준을 나타내고 있다. 이는 개인투자자들이 은 선물에 투자할 경우에 그 변동성을 감당 못할 수도 있다는 얘기이다. 하지만, 반대로 높은 변동성을 원하는 경우에는 은 선물가격에 레버리지를 사용하지 않고도 적절하게 투자할 수 있는 수단이 된다.

은(silver) 투자의 활용

은(silver) 투자도 금과 비슷하다. 실물자산에 대한 투자는 사설거래소를 통해서 어플(App)을 설치한 후에 실시간으로 통장에 적립이 가능하다. 마찬가지로 실물로 인출할 경우에는 부가가치세 10%를 납부해야 하며 현물 인출 수수료를 지급해야 한다. 이후 매매차익에 대해서는 15.4%의 배당소득세가 부과된다. 선물투자는 주로 미국 상업거래소(COMEX)의 Silver Futures를 활용하고 있다. 계약단위는 5,000트로이온스(troy ounce)며 결제방식은 순도 99.9% 은을 실물인수도하는 방식이다. 실물인수도이기에 최종거래일 이전에 반대매매를 통해 포지션을 정리해야 한다. 아니면 진짜 실버바(silver bar)를 인수도 해야 하는 일이 벌어진다. 결제월은 연속 3개월과 23개월 내 1,3,5,9월물 그리고 60개월 내 7,12월이 거래된다. 최종거래일은 결제월 최종 영업일 2영업일 전으로 마감된다. 챠트에서 보면 은 선물가격은 은 현물가격과 거의 비슷하게 움직인다. 이는 은도 금과 마찬가지로 귀금속이기에 롤오버 비용(roll-over cost)이 거의 없기 때문이다. 수익증권을 통해 투자할 경우에는 상장지수펀드(ETF)가 가장 쉽게 접근이 가능하다. 한국거래소(KRX)에는 2011년 7월 18일부터 KODEX 은선물(H)ETF가 상장되어 거래되고 있다. 미국 증시에도 iShares Silver Trust ETF가 상장되어 있다. 마찬가지로 은 선물 가격을 추종하여 수익률을 복제한다.

[은 관련 투자상품]

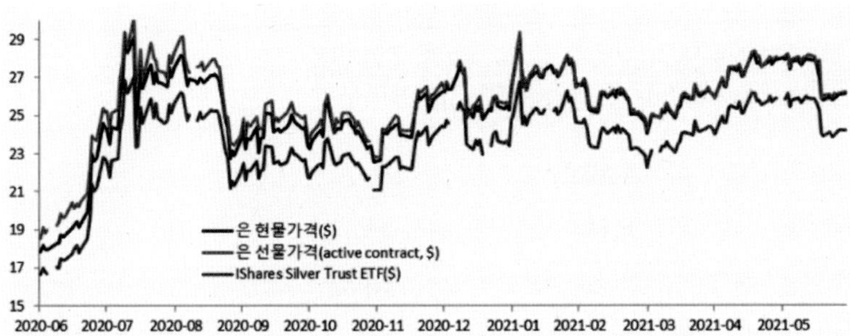

※출처 : Bloomberg

이와 같이 같은 종류의 금속화폐자산인 금과 은의 특성을 이해하고 상호 대체자산으로 활용해도 무방하다. 단, 이미 언급한 최종안전자산으로서 역할의 차이와 변동성에 관한 부분은 주의를 해야 할 것이다.

기축자산(key asset) 달러

기축통화(key currency)의 역할

달러는 전세계 어디서든지 환영받는 통화이자 투자자산이다. 우선, 안전자산이기에 가치의 변동성이 안정적이다. 그리고 유동성이 풍부하기에 손쉽게 투자에 접근할 수 있다. 글로벌 투자와 자산배분에 있어서 가장 기본적인 단위이자 표준적이기에 어디서나 기축자산으로서 역할을 한다.

이미 달러의 발행에 대해 화폐시장의 발달과정에서 심도있게 살펴보았다. 미합중국(The United State of America)의 탄생과 독립과정에서 발행된 대륙지폐(Continental Paper)에서 시작하여 제1미국은행과 제2미국은행의 시련을 다루었다. 그리고 자유은행법 시대(Free Banking Era)의 혼돈과 이어진 남북전쟁(the Civil War)에서 발행된 그린백(Greenback)의 역할도 확인하였다. 이후 엄청난 숫자의 은행권(bank note)들의 비효율성과 이어진 1907년 금융 패닉(financial panic)으로 1913년 연방준비제도(Federal Reserve System)의 탄생도 극적인 애기가 되었다. 달러의 발행을 독점하게 된 연방준비제도는 1929년 경제대공황(Great Depression)과 2차 세계대전(The Second World War)를 거쳐 전세계의 중앙은행으로서의 입지를 구축하였다. 이는 달러가 글로벌 화폐시장을 통합하는데 가장 큰 역할을 하였다. 이후 브레튼우즈체제(Bretton Woods

System)의 붕괴에도 불구하고 지금까지 달러는 전세계의 기축통화이자 안전자산으로서의 역할을 지속하고 있다.

가격 요인(price factors)과 시장 전망(market analysis)

이러한 글로벌 기축자산(key asset)인 달러를 투자하는데 있어서 출발점은 당연히 달러 가치의 방향성과 변동폭을 전망하는 것으로 시작한다. 많은 투자가들은 환율 전망이 가장 힘들다고 한다. 왜냐하면 달러의 가치를 움직이는 변수 중에서 지정학적 리스크(geopolitical risk)나 국제정세(global political risk)의 요소들이 다분히 포함되기 때문이다. 그러나, 달러 가치도 결국에는 달러의 공급(supply)과 수요(demand)에 의해 결정된다는 점을 염두에 두어야 할 것이다. 달러의 가치를 움직이는 변수에 대해 네 가지로 구분하여 얘기할 수 있다.

첫째, 미국 연방준비제도(Federal Reserve System)의 통화정책(monetary policy)이다. 왜냐하면 여기서 항상 달러의 공급이 결정되기 때문이다. 미국 정부와 중앙은행은 본원통화(monetary base) 공급, 연방기금금리(federal fund rate) 조정, 양적완화정책(quantitative easing policy), 질적완화정책(qualitative easing policy), 긴축정책(monetary tightening policy) 등을 통해 항상 달러

[달러인덱스 vs 연방기금금리]

[달러인덱스 vs 본원통화]

※출처 : Bloomberg

화폐시장에 개입하고 있다. 이러한 정부와 중앙은행의 정책적 방향이 달러의 방향을 제시한다. 기준금리의 변화는 단기적으로 달러의 매력도를 변화시킨다. 그리고, 본원통화의 조정은 장기적으로 달러의 방향성을 전환시키는 변수로 작용한다. 예를 들면 연방기금금리가 상승할수록 달러에 대한 매력도가 높아지기에 전 세계 자금이 미국으로 몰려들어 달러가 강세로 전환된다. 물론 연방기금금리의 하락은 달러의 약세를 유도할 수 있다. 차트에서 달러인덱스(DXY)와 연방기금금리가 하락기와 상승기가 같은 것을 알 수 있다. 반대로 연방준비위원회(Fed)가 본원통화의 공급을 늘리면 달러는 약세로 전개되며 반대로 공급을 흡수하면 달러는 강세로 움직인다. 차트에서 달러인덱스(DXY)와 본원통화의 증가가 장기적으로 서로 상반되게 움직이고 있는 모습을 확인할 수 있다.

둘째, 주요 경쟁국의 통화정책(monetary policy)이다. 통화의 가치는 상대성을 나타낸다. 경쟁 통화의 강세는 해당 통화의 약세를 의미한다. 특히, 달러와 경쟁관계에 있는 유로(Euro)의 움직임이 중요하다. 미국 연방준비위원회(Fed)가 금리를 인하하고 본원통화를 늘리는 완화정책(easing policy)을 통해 달러 약세를 유도할 수 있다. 하지만, 동시에 유럽중앙은행(ECB)도 마찬가지로 금리를 인하하고 본원통화를 늘리는 완화정책(easing policy)를 동시에 실시한다면 서로 정책적 기대감이 상쇄된다. 즉, 상호 통화의 가치는 변화가 없게 된다. 이러한 달러의 상대성을 표시하는 방법은 이미 언급한 달러인덱스(The US Dollar Index, USDX, DXY)로 나타낸다. 경제규모가 크거나 통화가치가 안정적인 세계 주요 6개국의 통화와 비교하여 달러의 평균 가치를 지수화한 것이다. 1973년을 3월을 기준점인 100으로 정하여 지수를 측정하였다. 해당 지수는 미국 연방준비이사회(FRB)에서 발표한다. 상대국 통화의 비중을 보면, 유로화(Euro)가 57.6%, 일본 엔화(Yen)가 13.6%, 영국 파운드(Pound)가 11.9%, 캐나다 달러(CAD)가 9.1%, 스웨덴 크로나(krona)가 4.2%, 그리고 스위스 프랑(franc)이 3.6%를 차지하고 있다. 역사적으로 달러인덱스가 가장 낮았던 시기는 서브프라임 모기지 사태가 발생했던 2008

년 당시 70.69였다. 참고로 가장 높았던 시기는 라틴아메리카에 경제위기가 발생했던 1985년 164.72를 기록했었다.

[달러인덱스 추이]

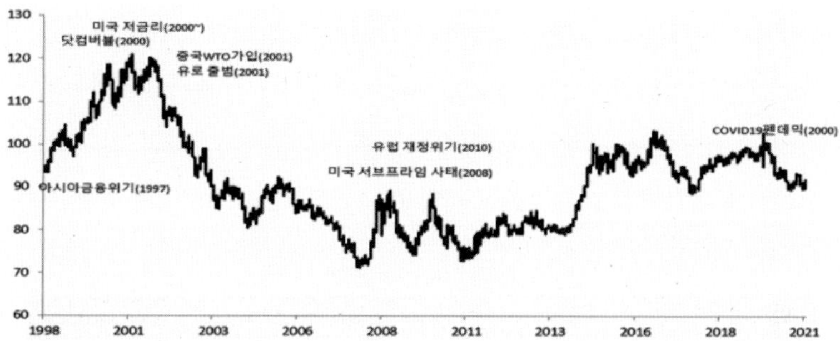

※출처 : Bloomberg

셋째, 국제 지정학적 리스크(geopolitical risk)이다. 이 요인이 달러의 전망을 더욱 어렵게 한다. 주로 지정학적 사건이 발발하면 달러의 가치는 높아진다. 대표적인 곳이 중동과 남미 지역이다. 중동지역은 전 세계 원유 공급이지만 이슬람 종교의 계파간 분쟁이 끊이지 않는다. 분쟁이 발생할 때마다 대규모 오일머니(oil money)가 안전자산인 달러로 전환되어 도피처를 찾아 이동한다. 남미도 경제적 빈곤과 정치적 갈등으로 항상 분쟁이 끊이지 않고 있다. 큰 분쟁이 발생할 때 마다 대규모 자금이 안전자산인 달러로 전환하여 미국으로 움직이게 된다. 남미 대부분의 국가에서 달러는 일상에서도 통용될 정도이다. 1980년대에 외환위기가 남미지역을 휩쓸었다. 그리고 이후에도 1994년 멕시코 재정위기가 발발하였다. 1999년 브라질과 아르헨티나의 재정위기와 금융위기가 발생하자 달러인덱스는 급등을 나타냈다. 여기에 1997년 태국에서 시작된 아시아 외환위기를 거치며 달러인덱스는 지속적으로 강세를 나타냈다. 즉, 미국 이외의 지역에서 나타나는 지정학적 위기들은 항상 달러의 강세를 유발하는 것으로 볼 수 있다.

넷째, 대체통화(alternative currency)의 도전이다. 이미 1980년대에 일본 엔화와 독일의 마르크가 달러에 도전장을 냈었다. 그리고, 1985년 프라자 합의

(Plaza Accord)를 통해 정점에 다다랐다. 하지만, 이후 일본은 자산 버블 붕괴로 그리고 독일은 통일에 따른 재정악화로 다시 패권은 달러에게로 넘어갔다. 2001년부터 출범한 유로(Euro)화의 경우 달러에 가장 큰 도전이었다. 2008년까지 달러는 유로에 대해 약세를 면치 못했다. 최근에는 다시 암호화 화폐의 도전을 받고 있다. 현재 비트코인(bitcoin)을 비롯한 암호화 화폐에 대해 가장 부정적으로 반응하고 있는 곳은 달러로 보인다. 이렇듯 달러의 가치를 움직이는 변수는 각국의 통화정책뿐 아니라 동시에 지정학적 리스크와 국제정세가 함께 서로 엮어 있기에 변화를 예측

[달러 가치 변동 요인]

구분	공급측면	수요측면
단기/중기	연방준비위원회(Fed)의 기준금리 조정	지정학적 리스크 발발 국제정세 불안
장기	연방준비위원회(Fed)의 본원통화 조정	국제경제무역의 활성화 여부 대안통화(alternative currency)의 출현

하기 쉽지 않다. 오늘은 2021년 6월 17일이다. 오늘을 기준으로 향후 달러의 변화를 전망해 볼 수 있다. 지난해 2월부터 시작된 COVID19 팬데믹 상황에서 연방준비위원회(Fed)는 본원통화를 기존 4조 달러에서 6조 달러로 증가시켰다. 그리고, 연방기금금리는 0.25%까지 하락되어 있다. 이미 달러인덱스는 이를 반영하여 2020년 3월 단기적으로 103까지 상승한 후 현재는 91을 기록하며 12% 가량 약세를 보였다. 어제 끝난 연방공개시장위원회(FOMC)에서 기준금리를 동결했지만 대다수의 위원들이 테이퍼링(tapering)에 대해 언급을 하였고 2023년까지 두번의 기준금리 인상을 해야 한다는 의견이 나왔다. 이미, 2021년 5월 미국 물가상승률은 전년 동월 대비 5%가 급등한 것으로 발표되었다. 그리고, 원자재 가격 상승과 임금 인상에 따른 인플레이션은 지속적일 것으로 전망되고 있기 때문이다. 유럽중앙은행(ECB)은 2022년 상반기까지 현재의 통화완화정책(monetary easing policy)을 유지할 계획이라고 발표하고 있다. 현재 중동지역, 남미지역에서는 추가적인 지정학적 사

태가 발발할 가능성은 커 보이지는 않는다. 그리고, 비트코인(bitcoin) 열풍도 다소 시들어지고 있다. 이러한 상황이라면 향후 달러인덱스(DXY)가 상승으로 전환할 가능성이 커 보인다. 즉, 달러 가치 상승에 투자를 해야 하는 전환 시점으로 간주할 수 있다.

달러예금, 미국국채, 달러선물과 달러증권 거래

그렇다면 이러한 달러 가치 상승 전환시점에서 어떻게 투자를 할 수있을까? 우선 현물에 투자하여 성과를 추구할 수 있다. 원화(KRW)를 달러로 환전하여 달러 통장

[외화 정기예금 이율표]

외화정기예금

조회기준 : 2021.07.0

통화	구분	1주일미만	1주일이상	1개월이상	2개월이상	3개월이상	6개월이상	12개월이상
USD	거주자	0.0000	0.0000	0.0000	0.0000	0.0000	0.0172	0.0470
	비거주자	0.0000	0.0000	0.0000	0.0000	0.0000	0.0176	0.0482
TRY	거주자	0.0000	0.0000	0.0000	0.0000	0.0000	0.0000	0.0000
	비거주자	0.0000	0.0000	0.0000	0.0000	0.0000	0.0000	0.0000
SGD	거주자	0.0000	0.0215	0.0279	0.0695	0.0810	0.0967	0.1128
	비거주자	0.0000	0.0261	0.0293	0.0717	0.0841	0.1014	0.1197
SEK	거주자	0.0000	0.0000	0.0000	0.0000	0.0000	0.0000	0.0000
	비거주자	0.0000	0.0000	0.0000	0.0000	0.0000	0.0000	0.0000
NZD	거주자	0.0000	0.0000	0.0000	0.0000	0.0000	0.0000	0.1287
	비거주자	0.0000	0.0000	0.0000	0.0000	0.0000	0.0000	0.1319
JPY	거주자	0.0000	0.0000	0.0000	0.0000	0.0000	0.0000	0.0000
	비거주자	0.0000	0.0000	0.0000	0.0000	0.0000	0.0000	0.0000
HKD	거주자	0.0000	0.0000	0.0000	0.0000	0.0000	0.0000	0.0000
	비거주자	0.0000	0.0000	0.0000	0.0000	0.0000	0.0000	0.0000
GBP	거주자	0.0000	0.0000	0.0000	0.0000	0.0000	0.0000	0.0000
	비거주자	0.0000	0.0000	0.0000	0.0000	0.0000	0.0000	0.0000
EUR	거주자	0.0000	0.0000	0.0000	0.0000	0.0000	0.0000	0.0000
	비거주자	0.0000	0.0000	0.0000	0.0000	0.0000	0.0000	0.0000
CNY	거주자	0.0000	0.0000	0.0000	0.0000	0.0000	0.2321	0.7843
	비거주자	0.1398	0.0000	0.0000	0.0000	0.0032	0.2609	0.8137
CHF	거주자	0.0000	0.0000	0.0000	0.0000	0.0000	0.0000	0.0000
	비거주자	0.0000	0.0000	0.0000	0.0000	0.0000	0.0000	0.0000
CAD	거주자	0.0000	0.0000	0.0000	0.0000	0.0000	0.0242	0.0577
	비거주자	0.0000	0.0000	0.0000	0.0000	0.0000	0.0277	0.0620
AUD	거주자	0.0000	0.0000	0.0000	0.0000	0.0000	0.0000	0.0000
	비거주자	0.0000	0.0000	0.0000	0.0000	0.0000	0.0000	0.0000

· 2009년 4월 1일부터 6개월 이상, 12개월 이상 조회 가능

※출처 : 우리은행, 2021년 7월 2일자

에 넣어두면 향후 달러 가치 상승, 즉 원/달러 환율의 상승으로 환차익을 얻을 수 있다. 이미 은행에서 달러 현물에 대해 매매호가방식(bid-offer spread)에 대해 설명하였다. 은행이 제공하는 bid 가격에는 보유하고 있는 달러를 매도하는 것이고, offer 가격에는 달러를 매수한다고 이해하였다. 보유한 달러를 달러 정기예금에 맡길 수 있으나 이자가 거의 제공되지 않고 있다. 외화 정기예금 이율표는 대부분의 외환취급은행에서 조회가 가능하다. 해당표를 보면서 각국 통화의 정기예금 금리를 확인할 수 있다. 2021년 7월 2일자로 달러 금리는 6개월짜리 정기예금이 0.017%가 제공되고 있다. 이는 현재 미국의 연방기금금리가 0.25%로 낮아져 있기 때문이다.

최근에는 개인투자자들도 보유한 달러로 미국 국채(US Treasury Bond)에 투자하는 경향이 높아졌다. 증권사나 은행과 같은 판매사의 신탁계정을 통해 미국 국채를 매수할 수 있다. 주로 10년물이 가장인기가 높다. 만기수익률(yield to maturity, YTM)은 미국의 인플레이션을 반영해서 가격이 호가 된다. 따라서 달러를 현물로 보유하면서 일정 부분 인플레이션율 만큼 성과를 내고 싶다면 미국 국채에 투자하면 된다.

[미국국채10년물 vs 연방기금금리]

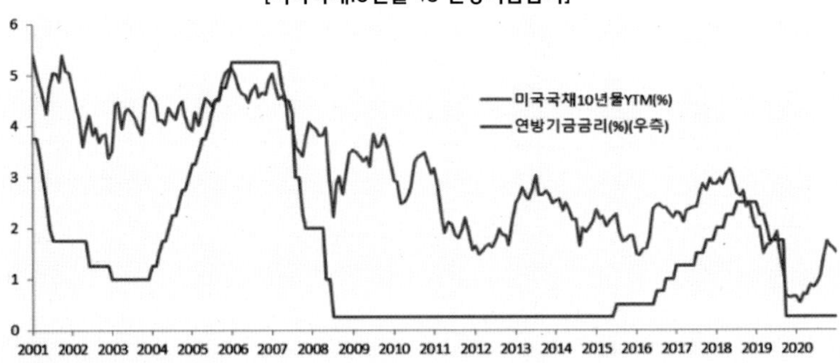

※출처 : Bloomberg

차트에서 보면 미국 국채 10년물 만기수익률(YTM)은 연방기금금리(Fed Rate)와 같은 방향성을 보이며 인플레이션을 추종한다고 볼 수 있다. 이러한 미국 국채는 유동성이 풍부하며 달러 정기예금과 같은 효과를 가져다 주기에 각국 정부와 중앙은행에게 인기가 높다. 특히, 각국 중앙은행은 외환보유고(foreign exchange reserve)에 달러를 현물로 유지하기 보다는 미국 국채를 매수하여 보관하고 있다. 이를 통해 달러 현물을 보유한 효과를 얻을 뿐만 아니라 지속적으로 이자를 수령하기에 최상의 선택이 될 수 있다. 반대로, 외환보유고(foreign reserve)를 달러 현물로 보유할 경우 이자가 거의 없어 자산가치가 감소할 수 있기 때문이다. IMF에 의하면 2018년 말을 기준으로 전세계 중앙은행들의 외환보유고 중 달러의 비중이 62%를 넘고 있다. 이 달러 비율은 대부분이 미국국채를 통해서 유지되고 있다는 점에서 그 중요성을 알 수 있다. 전 세계 외환보유고 상위를 차지하는 중국(3조2050억 달러), 일본(1조3794억 달러), 스위스(1조749억 달러), 러시아(5863억 달러), 인도(5846억 달러), 대만(5433억 달러), 한국(4476억 달러) 등의 중앙은행들도 미국국채의 가격과 만기수익률(YTM)을 항상 주시하고 있다.

[전세계 중앙은행 외환보유액 구성]

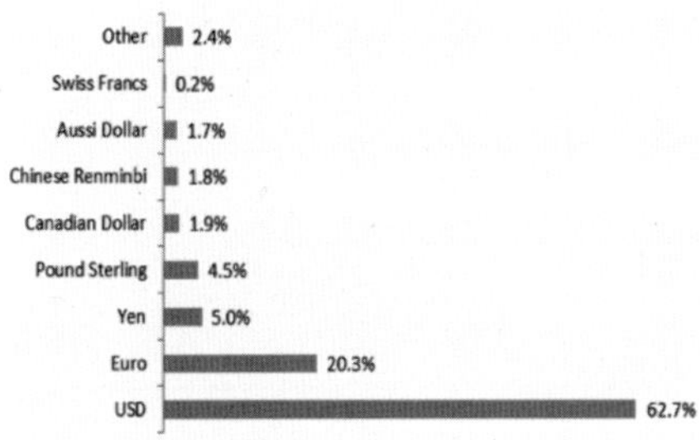

※출처 : IMF, 2018년 상반기

또한, 달러 가치 상승으로 전망한다면 한국거래소(KRX)에 상장되어 있는 미국 달러선물 거래를 통해 레버리지(leverage) 효과를 극대화할 수 있다. 물론 선물 계약은 매도 포지션(short position)을 구축할 경우 달러 가치 하락에서 수익을 챙길 수 있다. 1계약당 거래 단위는 US $10,000이며 결제는 현물 인수도이다. 상장결제월은 1년 이내 매월 계약이 있으며 1년 초과에는 매분기월이 상장되어 있어 총 20개 계약이 거래 가능하다. 최종 거래일은 결제월의 세번째 월요일이다. 그리고, 개시증거금(Initial requirement)은 10%~15% 내외로 적용받고 있다. 레버리지를 통해 계약수를 최대한 확대할 수 있다. 2021년 6월 17일 현재 현물환율은 1,130.35원이시난 최근월물 선물환율은 1,187.06원으로 거래되고 있다. 선물 1계약 매수

금액은 1,187.06원 × 10,000$ = 11,870,600원이 된다. 여기서 증거금 10%만 납부하면 되기에 1,187,060원으로 선물 1계약을 매수할 수 있다. 물론, 일일 정산을 통해 유지증거금 수준을 관리해야 하고, 현물 인수도이기에 이를 원치 않으면 만기일 이전에 반대매매로 포지션을 정리해야 한다. 차트는 원달러 현물환율과 한국거래소(KRW)에서 거래되는 달러 선물환율을 최근월물로 비교하였다. 2002년 2월 COVID19 팬데믹 이후 현물환율과 선물환율의 격차가 크게 벌어져 있는 것으로 나타나고 있다. 양국의 기준금리가 미국은 0.25% 한국은 0.75%이기에 원화물에 0.5% 이상 프리미엄이 붙어야 함에도 불구하고 선물환율이 4%~5% 정도 고평가되어 나타나고 있다. 이는 안전자산인 달러에 대한 신뢰감과 향후 테이퍼링(tapering)과 금리인하 전망에 따른 달러 강세를 반영하는 결과이다.

[원달러 현물환율 vs 선물환율]

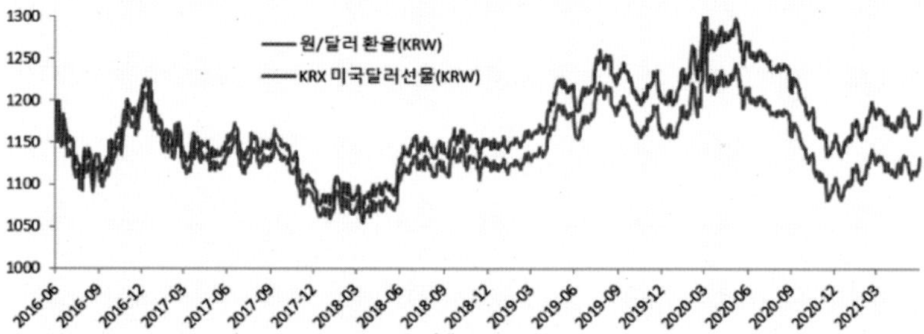

※출처 : 한국거래소(KRX), 선물환율은 최근월물으로 가격 선정

이러한 원달러 환율의 현물(spot)과 선물(future)의 가격차이를 이용하여 차익거래(arbitrage)도 중요한 투자수단으로 활용되고 있다. 특히, 원화(KRW)의 경우에는 이종통화(cross-currency)이다 보니 두 가격의 변동성이 크게 나타난다. 현물과 선물 중 고평가된 쪽을 매도하고 반대로 저평가된 쪽을 매수한 다음에 선물 만기일에 가서 포지션을 정리하는 것을 생각해 볼 수 있다. 특히, 현물과 선물 간의 가격차이가 크게 나타날 때 유리하다. 차트에서 원달러 현물가격과 선물가격을 살펴보면 최근에는 선물가격이 3%~5% 정도 높게 나타나는 것으로 확인하였다. 예를 들면,

2021년 6월 1일을 현재로 가정해 보자. 금일 원달러 현물환율은 1,106원이고 선물환율은 1,160.29원이다. 한국과 미국의 기준금리 차이가 한국 쪽에 0.5%포인트 프리미엄이 붙는다고 볼 때 현재의 선물환율은 매우 고평가 되어 있다. 그러면, KRX 미국 달러선물은 계약 단위가 $10,000이기에 먼저 선물6월물 1계약을 매도하고 동시에 현물시장에서 $10,000을 매수한다. 6월 21일 만기일에 현물정산을 한다. 1,133원으로 외환시장이 종료하였다. 그러면, 이미 보유하고 있던 $10,000를 거래소에 인도하고 결제 처리한다. 그러면 1계약당 272,900원($10,000 × 27.29원)의 수익을 가져가게 된다. 이미 6월 1일에 1,160.29원으로 매도하고 6월 21일에 1,133원으로 달러를 조달했기 때문이다. 이러한 수익을 무위험 차익거래(risk-free arbitrage)라고 한다. 이는 원달러 환율의 방향성이 아니라 두개 자산간의 스프레드를 활용하는 방법이다.

마지막으로 증권 상품에 투자도 손쉽게 달러 가치 상승에 투자가 가능하다. 한국과 미국 거래소에서 손쉽게 접근이 가능하다. 국내에서는 한국거래소(KRX)에 상장된 KODEX 미국달러선물ETF, KODEX 미국달러선물레버리지ETF, KODEX 미국달러선물인버스ETF, KODEX 미국달러선물인버스2XETF를 접할 수 있다. 전자 2개의 ETF는 한국거래소(KRX)에서 거래되는 달러선물 가격을 추종하되 각각 1배와 2배로 성과를 추종하도록 설계되어 있다. 그리고, 후자 2개는 달러선물 가격을 반대로 추종하되 각각 1배와 2배로 수익을 복제하도록 되어 있다. 달러 가격을 양방으로 투자 가능하며 레버리지도 사용할 수 있도록 제공되고 있다. 이들 ETF는 만기가 따로 없이 실시간 매매 및 정산이 가능하다. 다른 하나는 미국 거래소에서 상장되어 있는 달러인덱스(DXY)를 복제하는 ETF를 매수하는 방법이다. Invesco DB US Dollar Index Bullish ETF와 Invesco DB US Dollar Index Bearish ETF가 대표적이다. 전자는 달러인덱스(DXY)의 상승을 복제하고 후자는 하락을 그대로 추종한다. 양방향 투자가 가능하도록 설계되었다. 차트에서 보듯이 2007년 상장 이후 Bullish ETF는 달러인덱스(DXY)를 그대로 복제했으며 Bearish ETF는 달러인덱스(DXY)를 반대로 추종해왔다.

[달러인덱스 vs 달러인덱스ETF]

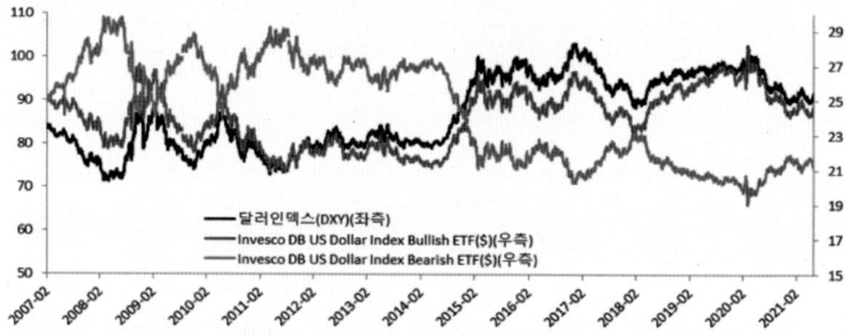

※출처 : Bloomberg

기축자산(key asset)인 달러의 가격을 움직이는 요소, 달러의 가치를 전망하는 방법, 그리고 개인들이 손쉽게 투자할 수 있는 전략을 설명하였다. 특히, 달러의 가치를 전망하는 것을 많은 개인투자자들이 어려워한다. 이는 달러의 가치가 단순히 중앙은행의 통화정책에 의한 수요와 공급에 의해서만 결정되는 것이 아니라 기축자산이기에 지정학적 리스크와 국제 정세에 의해 많이 영향을 받기 때문이다. 이러한 지정학적 리스크와 국제 정세까지 방어를 할 수 있는 기축자산으로서 달러의 역할은 향후에도 중요하게 간주될 것이다. 유로(Euro)와 위안화(Yuan)의 도전이 거세지만 아직까지 달러를 대체하기에는 역부족이다. 그리고, 그 역할이 해당 통화들에게 주어지기에는 너무나 많은 필요조건과 충족조건을 만족시켜야 한다. 이러한 관점에서 본다면 향후에도 투자자산으로서 달러의 역할은 지속될 것으로 전망된다.

유로화(Euro)와 원자재 통화

유로화(Euro)의 상대성

일국의 통화의 가치는 상대적이라 했다. 만약 달러가 약세면 상대방 통화 가치는 강세가 될 것이다. 반대로 달러가 강세면 상대방 통화 가치는 약세가 될 것이다. 앞에서 달러의 가치를 표시하는 달러인덱스(DXY)의 경우 주요국 6개 통화에 대한 강도를 나타낸다고 언급했다. 그 중에서 유로(Euro)가 50% 넘는 비중으로 달러인덱스를 구성하고 있다. 그렇다면 달러의 가장 강력한 라이벌인 유로는 달러에 대해서는 헤지(hedge) 개념의 통화가 된다. 달러가 약세를 나타내면 금(gold)를 매수하여 이를 방어할 수 있다. 그리고, 동시에 유로를 매수하여 방어할 수도 있다.

[달러인덱스 vs 유로당 달러 환율]

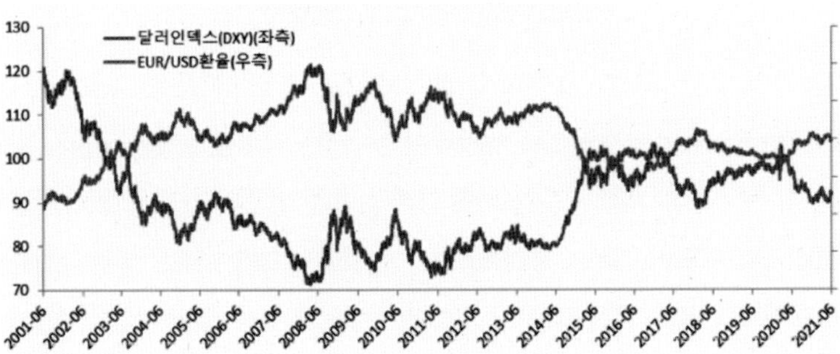

※출처 : Bloomberg

차트를 보면 달러인덱스와 유로당 달러 환율은 서로 반대(EUR/USD) 방향으로 움직이는 것이 확인된다. 달러인덱스(DXY)와 유로당 달러 환율은 1년 상관관계가 (0.971)로 나타난다. 3년은 (0.966)으로 나타난다. 거의 완벽한 대체제로 보인다. 투자가 단순해 질 수 있다. 달러 강세면 달러를 매수하고 달러가 약세면 유로를 매수하면 된다. 방향성 투자이다. 동시에 헤지펀드(hedge fund)들이 활용하는 방법도 살펴 볼 수 있다. 우선, 롱숏 전략(long-short strategy)이다. 달러 강세로 전망하면 달러를 매수(long)하고 동시에 유로를 매도(short)하여 양쪽의 성과를 동시에 추구하는 공격적인 전략이 있다. 포지션의 청산은 달러의 흐름이 바뀔 때이다. 그러면 포트폴리오의 성과는 2배가 될 수 있다. 다른 방법은 차익거래(arbitrage)이다. 차트에서 보면 달러인덱스(DXY)와 유로당 달러 환율의 차이인 스프레드가 크게 벌어졌다가 다시 수렴하는 것을 반복한다. 즉, 스프레드가 크게 벌어질 때 저평가된 달러를 매수하고, 고평가된 유로를 매도하게 된다. 그리고, 양자가 수렴하면 이를 반대 포지션을 통해 정리하면 된다. 그러면 스프레드 차이만큼 무위험 차익을 얻을 수 있다. 달러 일변도의 투자에서 벗어날 수 있는 상황이다.

원자재 가격에 연동된 호주 달러(AUD)와 캐나다 달러(CAD)

주요 통화 중에서 원자재 통화(commodity currency)로 통칭되는 것이 있다. 대표적으로 호주 달러(AUD)와 캐나다 달러(CAD)이다. 이들 국가들은 원자재 수출 비중이 높기에 국제 원자재 가격이 강세면 통화도 강세를 띠는 현상을 나타낸다. 원자재가 강세일 때는 일반적으로 인플레이션이 상승하기에 실물자산들의 수요가 늘어나는 시기이기도 하다. 차트를 보면 달러당 호주 달러의 환율과 중국 다롄상품 거래소(Dailian Commodity Exchange, DCE)에서 거래되는 철광석 선물가격이 함께 보여지고 있다. 철광석 선물 가격이 상승하면 호주 달러 환율이 떨어진다. 즉, 호주달러 가치는 강세를 띤다는 얘기이다. 마찬가지로 캐나다 달러도 국제유가

[USD/AUD 환율 vs 철광석 선물가격]

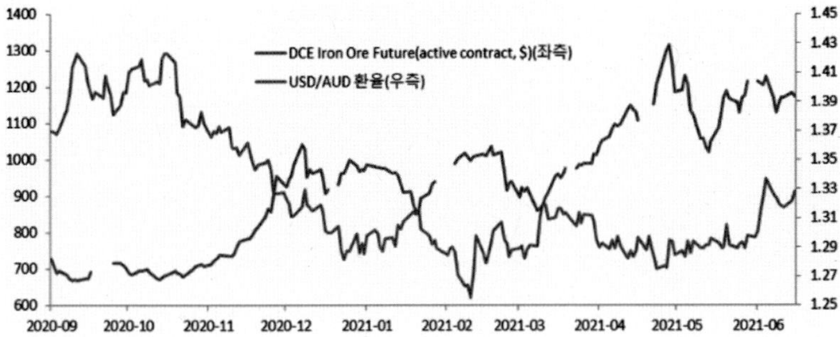

※출처 : Bloomberg

에 대해 원자재 통화의 성격을 나타낸다. 챠트에서 보면 WTI 현물가격이 상승함에 따라 달러당 캐나다 달러 환율이 떨어진다. 즉, 캐나다 달러 가치는 강세를 띤다는 애기이다. 그러면, 다시 원유(crude oil) 얘기로 돌아가 볼 수 있다. 인플레이션 상승 등에 따라 실물자산인 원유나 철광석 가격이 상승하기 시작하면 호주 달러와 캐나다 달러도 강세로 전환한다는 얘기이다. 그러면 인플레이션 방어 수단에 대한 선택의 폭이 넓어질 수 있다.

다른 한편으로는 원자재 통화(commodity currency)와 달러와의 관계도 투자에 적용할 수 있다. 미국 내 인플레이션 상승으로 달러 가치가 떨어지는 경우가 있다. 이때 호주 달러나 캐나다 달러가 달러 약세에 대한 방어수단으로 적합할까 문제이다. 먼저 달러인덱스(DXY)와 달러랑 호주 달러 환율(USD/AUD)의 1년 상관관 287

[USD/CAD 환율 vs WTI 현물가격]

※출처 : Bloomberg

계를 보면 (0.800)이 나타나고 3년 상관관계는 (0.750)이 나타난다. 매우 높은 수준의 방어수단이 된다. 달러인덱스(DXY)와 달러당 캐나다 달러 환율(USD/CAD)의 1년 상관관계는 (0.707)이 나타나고 3년 상관관계는 (0.695)로 표시된다. 마찬가지로 매우 높은 수준의 방어수단이 된다. 차트에서 보면 달러인덱스(DXY)와 USD/CAD환율, USD/AUD환율이 같은 방향으로 움직이는 것을 볼 수 있다. 즉, 달러인덱스가 강세로 움직이고 있으면 캐나다 달러와 호주 달러는 가치가 약세라는 것이다. 달러인덱스가 약세로 움직이고 있으면 캐나다 달러와 호주 달러의 가치는 강세라는 것이다. 그러면 앞에서 말한 헤지펀드들이 주로 사용하는 롱숏 전략(long-short strategy)을 취하면 성과를 극대화시킬 수 있다. 달러를 강세로 볼 경우에는 달러인덱스를 매수하고 동시에 캐나다 달러나 호주 달러를 매도하면 양방향으로 성과를 낼 수 있다. 물론, 달러가 강세를 유지하지 못하고 예측과 달리 약세로 움직이게 되면 손실폭은 2배로 커진다는 리스크를 부담해야 한다.

[달러인덱스(DXY) vs USD/CAD 환율, USD/AUD 환율]

※출처 : Bloomberg

달러와 함께 상대적으로 투자전략을 구사할 수 있는 유로(Euro)와 원자재 통화(commodity currency)에 대해 알아 보았다. 해당 통화들은 달러의 강세와 약세에 반대 방향으로 움직이기에 달러의 헤지(hedge)수단 또는 차익거래(arbitrage)를 위한 방법으로 매우 유용하게 활용할 수 있다. 그리고, 달러의 향후 전망을 제대로 예상한다면 포트폴리오의 성과를 더욱 강화시킬 수 있다.

암호화 화폐(cryptocurrency), 투기 아니면 투자

암호화 화폐의 금융거래

비트코인은 2009년 사토시 나카모토(Satoshi Nakamotho)라는 익명을 사용한 프로그래머 또는 프로그래머들이 만든 오픈소스(open source) 소프트웨어로 처음 도입되었다. 이후 2010년 5월 22일 프로그래머 라즐로 헨예츠(Laszlo Hanyecz)가 당시 40달러 수준의 피자 두 판을 주문하는데 1만 비트코인을 지불하면서 세간의 관심을 끌었다. 화폐로서의 지급결제 기능이 가능하다는 전망이었다. 식당과 온라인 쇼핑몰에서 비트코인 결제, 심지어 몇몇 정부에서 세금 납부 가능까지 이어지면서 전자화폐 중 가장 발전된 형태로 간주되었다. 하지만, 암호화 화폐가 가지고 있는 단점인 지급결제의 불편함이 나타나고 여기에 중앙은행과의 갈등이 이어지면서 화폐로서의 일부 기능은 퇴보하고 있는 실정이다. 반면에 알트코인(altcoin)들이 발행되고 코인의 종류가 다양해지기 시작했다. 그리고 암호화 화폐시장이 규모가 커지면서 온라인 거래소를 중심으로 매매가 활성화되는 현상으로 탈바꿈되었다. 2015년부터 이더리움(Ethereum), 리플(ripple), 비트코인캐시(Bitcoin Cash), 이오스(EOS) 등이 잇따라 빌행되면서 교환의 기능보다는 투자자산으로서의 매력이 더 커진 상태이다. 암호화 화폐가 본격적으로 투자자산으로 인식되어 활발한 거래가 이루어진 것은 6년 남짓 밖에 되지 않는다. 아직까지는 주로 온라인 거래소를 통한 현물거래가 대부분이다. 선물계약(future contract)과 상장지수펀드(ETF)와 같은 상품은 이제 출시가 되기 시작하고 있다. 따라서, 우선 비트코인(bitcoin)을 대표로 하여 투자방법에 대해 알아보겠다.

가격 요인(price factors)과 시장 전망(market analysis)

비트코인 가격을 움직이는 요인부터 범주화 시킬 수 있다. 첫째, 내재가치(intrinsic value)에 대한 논쟁이다. 암호화 화폐는 디지털 숫자로 구성되어 있다. 따라서, 금과 같이 상품 자체에 내재가치가 있다고 주장할 수 없다. 그리고, 주식이나 채권과 같이 해당 회사의 수익이나 이자 지급에 의해 보증을 받지도 않는다. 전자화폐(electronic currency) 중에서 전자카드, 포인트, 마일리지, 지역전자화폐 등과 같이 상품 구매력을 담보로 갖고 있지도 않다. 여기에 부도시 잔존가치도 없는 상태이다. 그렇다면 가장 불안한 투자자산이 될 수 밖에 없다. 하지만 오늘 2021년 6월 17일 1비트코인(BTC)에 37,747달러라는 높은 가격에 거래되고 있는 이유는 무엇일까? 혹자는 비트코인을 채굴하기 위해 들어가는 자원을 거론한다. 값비싼 채굴장비, 전기료, 프로그램 사용, 장소 대여료 등이다. 하지만, 작업증명(proof of work)으로는 가치를 논할 수 없다. 이것으로 보유가치를 말하기는 너무 논리가 빈약하다. 무엇보다도 현재까지는 절대 익명성(absolute anonymity)이 내재가치로 작용하고 있다. 즉, 비트코인을 지속적으로 수요하고자 하는 사람들의 요구사항은 금융거래의 익명성이다. 내가 보유한 자산현황과 거래내역을 정부를 비롯한 그 누구도 보는 것을 원치 않는다. 철저한 프라이버시(privacy)를 원하는 상황이다. 물론, 개인 자산가들도 있겠지만, 세탁자금, 은닉자금, 도박자금, 조세 회피자금, 그리고 불법무역자금들도 이를 원한다. 2011년 전라북도 김제군 금구면의 마늘 밭에서 5만원권 뭉칫돈이 무더기로 나왔다. 밭 주변에서 공사 작업을 하던 굴착기 기사가 우연히 돈 뭉치를 발견했다. 신고를 받고 출동한 경찰은 무려 110억원의 현금을 마늘 밭에서 발견하였다. 밭주인 이모씨가 처남의 불법 카지노 사이트 운영 수익금을 숨겨준 것이다. 이들이 비트코인을 알았다면 아마 이런 미련한 짓을 하지는 않았을 것이다. 이러한 익명성이 비트코인의 수요를 지속적으로 유지케 하는 원동력으로 보인다. 차트를 보면 전세계 지하경제(shadow economy)의 비중을 나타내고 있다. 국제통화기금(IMF)이 추산한 세계 158개국 평균 지하경제 규모는 2015년 기준 27.78%였다. 한국의 규모는 19.83%로 상대적으로 낮은 편이다. 하지만, 이탈리아, 러시아, 중국, 일본 범죄 기업의 수익은 1조 달러에 달하는 것으로 전해지고 있

[전 세계 지하경제 비중]

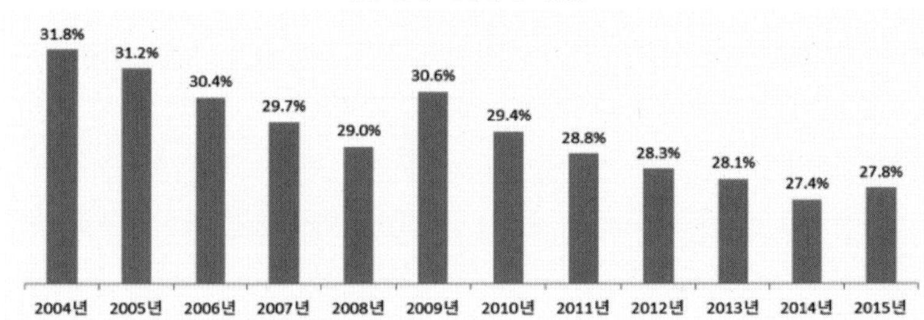

※출처 : IMF Working Paper, January 2018

다. 결국 비트코인을 비롯한 암호화 화폐의 내재가치는 이러한 익명성에 의해 보장받는 것으로 보인다. 그러면 지역경제의 불안과 체제의 붕괴위협은 자금의 도피처를 제공하는 비트코인으로 이어질 수 있다는 계산이다.

둘째, 정부 및 중앙은행(central bank)과의 관계이다. 발행시장에서는 국가와 시뇨리지 효과를 나눠야 하고, 유통시장에서는 중앙은행의 통화정책의 효과를 저해시킬 수 있다. 왜냐하면 비트코인은 아직 국가의 통제를 받지 않는 화폐이기 때문이다. 스테이블 코인(stable coin)의 대표주자인 테더(Tether)를 살펴보자. 테더는 1테더 당 1달러에 고정되어 있다. 1 테더를 항상 1달러와 교환이 가능하다.

그래서 테더의 가격은 항상 1달러에서 거의 변동 없이 묶여있다. 회사는 발행한 테더와 동일 만큼 달러를 보유할 필요는 없다. 금본위제와 거의 구조가 동일하다. 일정량의 달러만 보유하고 있으면 테더를 유지하는데 문제가 없다. 그러면 왜 이 테더를 발행하고 유통시킬까? 그냥 1달러를 보유하고 있으면 되는데 굳이 이러한 일을 할 필요가 없어 보인다.

[비트코인 가격 추이]

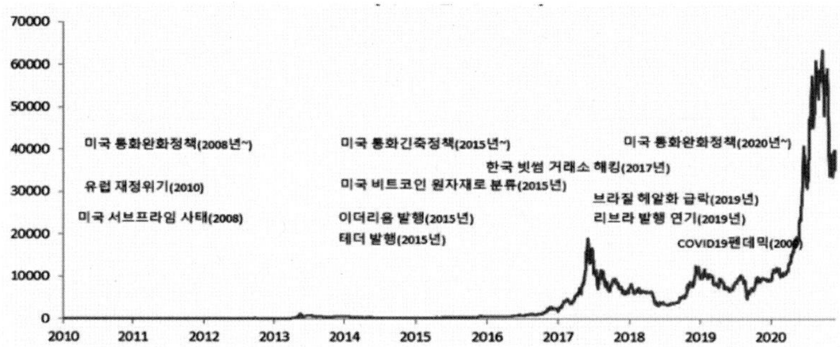

※출처 : Bloomberg

우선, 발행하는 측은 화폐발행권에서 나오는 시뇨리지 효과를 누릴 수 있다. 이미 앞에서 테더에 대해 설명한 적이 있다. 시가총액의 76% 수준으로 자산을 보유하고 있고 현금 비중은 3%가 조금 넘는다. 그렇다면 시가총액의 나머지 24%는 어디로 갔을까? 본인들의 화폐발행차익 즉, 시뇨리지 수익으로 주장하고 있다. 유통시장에서 테더를 필요로 하는 사람들이 많다. 예를 들어 중국에서는 외환관리법상 외화자금의 해외 유출은 무척 힘들다. 해외에 달러를 이전시키고자 하면 법의 통제하에 어렵게 할 필요가 없다. 중국에서 테더를 매수하면 된다. 그리고, 해외에서 해당 테더를 인출하여 달러로 교환하면 된다. 자금의 수수료나 감가상각이 최소화된 상황에서 자금을 유출할 수 있다. 북한, 이란, 시리아를 보자. 테러 국가로 지정되어 UN으로부터 경제제재를 받고 있다. 그래서 달러를 확보하고 싶어도 방법이 없다. 테더나 USD코인과 같은 스테이블 코인을 쓰면 된다. 중남미 국가들은 항상 만성적인 인플레이션에 시달리고 있다. 그리고 마약, 불법이민, 범죄 관련된 자금들이 도피처를 찾고 있다. 비트코인 만큼 좋은 곳이 없다. 여기에 미국 이외의 지역에서 거래되는 테더는 현지 환율로 적용을 받는다. 한국에서 거래되는 테더는 2021년 6월 11일 1,112.60원에 거래되었다. 그리고 6월 17일에는 1,130.17원에 거래되고 있다. 한국에서 테더에 투자하는 사람은 환차익을 누릴 수 있다. 물론, 금융거래는 익명성에 의해 보호를 받는다. 하지만, 미국 연방준비위원회(Fed)의 입장에서는 통화완화정책(monetary easing policy)이나 통화긴축정책(monetary tightening policy)를 할 경우 달러의 본원통화 양이나 연방기금금리와 같은 전통적인 정책을 시행하는데 시장에 많은 양의 암호화 화폐가 존재하게 되면 중요한 순간에 정책적 효과를 낼 수 없다. 그리고 정부의 입장에서는 지하경제(shadow economy)로 자금이 숨을 경우 정상적인 재정정책(fiscal policy)을 위한 조세의 조달이 불공평해지게 된다. 즉, 정부와 중앙은행과의 관계가 비트코인 가격의 움직임에 큰 영향을 미치고 있다.

셋째, 중앙은행의 통화정책과도 상관관계를 형성하고 있다. 해당 국가의 통화정책이 실패하여 극심한 인플레이션에 시달리는 경우 돈을 비트코인으로 몰리게 되어 있다. 물론 달러를 매수할 수도 있다. 안전자산이니까. 하지만, 대부분 인플레이션에 시달리는 국가들은 외환보유고가 부족하기에 암호화 화폐로 대신한다. 특히, 스테이블 코인인 USD코인이나 테더의 경우에는 보유하고 있으면 언제든지 1달러로 교

[비트코인 vs 연방기금금리]

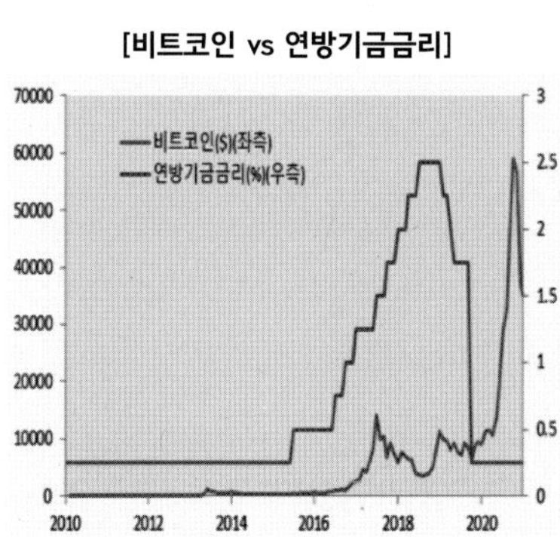

[비트코인 vs 본원통화]

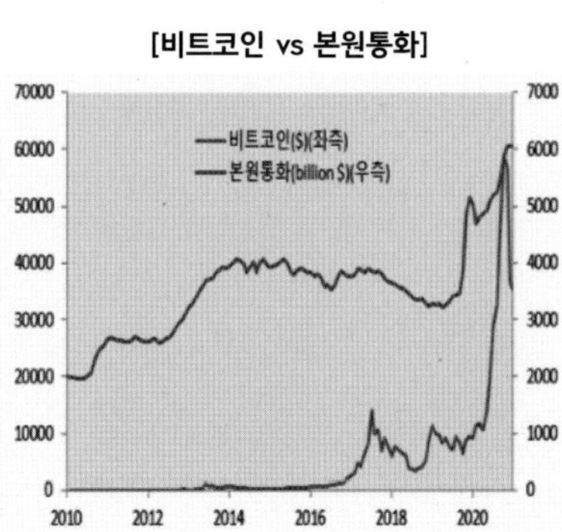

※출처 : Bloomberg

환이 가능하다. 그리고 비트코인은 전세계에서 사용하는 글로벌 자산이기에 일국 통화의 인플레이션에 영향을 받지 않는다. 이는 항상 높은 인플레이션에 시달리는 남미국가들에게 좋은 수단을 제공한다. 즉, 국가의 통화정책이 인플레이션으로 몰릴수록 비트코인의 가치는 더 높아지게 된다. 이러한 측면에서 본다면 달러 외환보유고가 부족한 나라의 경우에는 달러의 대용으로 암호화 화폐가 사용될 수 있다. 미국의 경우도 마찬가지이다. 챠트를 보면 비트코인의 가격은 저금리 상황이나 본원통화가 증가하는 상황, 즉 시중에서 인플레이션에 대한 우려가 있는 상황에서 풍부한 유동성을 바탕으로 가격이 급등할 수 있는 특성을 내포하고 있다.

[암호화 화폐 모니터]

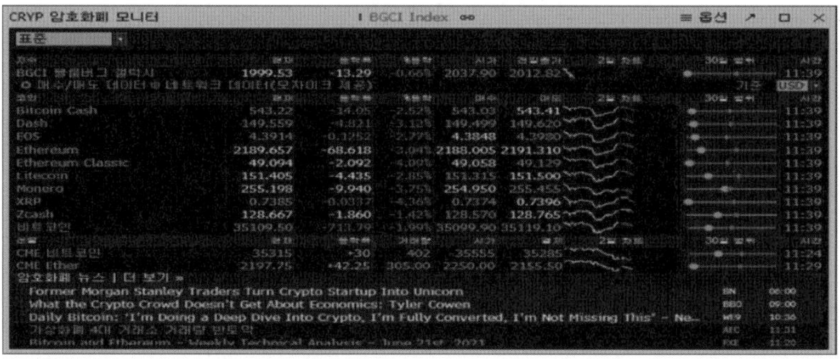

※출처 : Bloomberg Monitor, 2021.6.21 현재

마지막으로 알트코인들(alternative coins)과의 경쟁이다. 알트코인은 비트코인 이후에 발행된 새로운 암호화 화폐를 총칭한다. 2021년 5월말을 기준으로 전 세계 10,000개가 넘는 알트코인이 발행된 것으로 나와있다. 전체 암호화 화폐 중 비트코인이 차지하는 시가총액도 기존에는 60%를 넘어섰었다. 하지만, 2021년 5월말 기준으로는 43%까지 하락해 있다. 가장 유망하고 시가총액이 높은 알트코인으로 알려져 있는 것은 이더리움(Ethereum)이며, 라이트코인(litecoin), 모네로(monero), 대시(Dash), 지케시(Zcash) 순으로 나타나고 있다. 하지만 가격적인 측면에서는 2021년 6월 21일 현재 이더리움이 2,189달러, 모네로는 255달러,

라이트코인이 151달러로 비트코인의 35,109달러에 미치지 못하고 있다. 해외 투자자들은 비트코인을 주로 거래하지만, 한국은 알트코인 거래가 전체 90% 달하고 있을 정도이다. 비트코인 입장에서 문제점은 그레샴의 법칙(Gresham's law)인 악화가 양화를 구축한다(Bad money drives out good)는 점일 것이다. 이미 그 발행과정에서 살펴 보았듯이 비트코인의 경우 정해진 원칙에 따라 코인이 채굴되고 관리되고 유통된다. 하지만, 알트코인의 경우 이미 이더리움 부터 선채굴(pre-mining)과 최초코인공개(ICO)와 같은 문제점을 내포하고 있다. 암호화 화폐시장에서는 이러한 알트코인들이 비트코인을 압박하고 있다. 최근 들어 정부가 개인소비자 보호 차원에서 동전 또는 잡코인과 같이 시장을 교란시키는 코인들을 정리하고자 하는 의도도 이해가 간다. 이러한 알트코인들의 영향으로 비트코인의 가격이 크게 영향을 받고 있다.

[비트코인 가격 변동 요인]

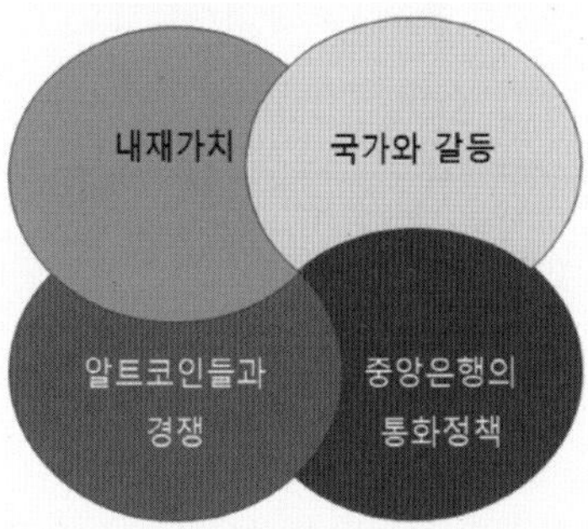

이를 정리해 보면, 결국 비트코인은 지금 시장의 수용단계를 거치고 있는 중이며, 아직까지 국가의 권력에 수용된 상황은 아니다. 따라서 향후 비트코인 가격의 전망은 무엇보다도 화폐시장에서 자리를 구축하는 지와 시스템적으로 안정성을 갖출 수 있는지에 주목하게 된다.

오늘은 2021년 6월 21일이다. 오늘을 기준으로 향후 비트코인의 가격 변동에 대해 전망을 해 볼 수 있다. 2021년 4월 15일에 63,410달러라는 가격을 기록했다. 2020년 2월부터 시작된 COVID19 팬데믹으로 미국을 비롯한 전세계에서 엄청난 유동성이 공급되었다. 그리고, 남미와 동유럽 등의 이머징 국가들에서 경제악화로 지역통화에 대한 불신감이 높아지면서 비트코인의 거래가 늘어났기 때문이다. 하지만, 오늘은 35,381달러로 2개월여 만에 44%가 넘게 하락한 상태이다. 우선, 미국 연방준비위원회(Fed)에서 테이퍼링(tapering)과 금리인상에 대한 논의가 나오면서 통화정책이 긴축 쪽으로 방향을 틀기 시작했다. 향후 달러가 강세로 갈 수 있다는 전망이 깔렸다. 그리고, 중국에서 비트코인의 채굴도 전면 중단시키는 특단의 조치를 취한 점이다. 한국은 9월 말까지 암호화 화폐 거래소의 등록을 의무화하도록 예고했다. 문제가 발생할 수 있는 잡코인에 대한 정리를 개별 거래소에 요청하고 있기 때문이다. 비트코인이 조금씩 국가권력의 통제로 들어가고 있는 과정으로 보인다. 하지만, 아직도 남미 국가들은 높은 인플레이션에 발목을 잡힌 상태라 비트코인에 대한 수요는 일정 부분 지속될 수 있을 것으로 보인다. 그러면 향후 가격은 점진적인 약세가 가능하지 않을까 전망할 수 있다. 이러한 전망 하에서 투자전략에 대해 알아 볼 수 있다.

코인거래소를 활용한 현물거래(spot)와 차익거래(arbitrage)

대표적인 암호화 화폐인 비트코인의 현물 거래는 주로 온라인 거래소를 통해 이루어진다. 아직, 선물이나 ETF같은 시장이 발달하지 않은 관계로 주로 거래소를 통한 현물 거래가 대부분이다. 한국에는 업비트(UPbit), 빗썸(Bithumb), 코빗(korbit), 코인원(Coinone)이 대표적인 코인거래소이다. 예를 들면, 빗썸을 통해서 비트코인을 거래할 경우, 우선 빗썸 트레이더 앱(App)을 설치하고 회원가입과 로그인을 마쳐야 한다. 거래를 위해서는 NH뱅크를 통해 비대면 빗썸 가상계좌를 발급 받고 여기에 원화(KRW)를 충전하여 매매를 하게 된다. 그리고 매수한 비트코인을 입금 받기 위해서는 비트코인으로부터 입금 주소를 발급받아 입력해야 한다. 매도 시에도 마찬가지로 해당 주소를 입력해야 한다. 매수자는 지갑(e-Wallet)으로 비트코인을 받게 되고 매도자는 지갑(e-Wallet)에서 비트코인이 전송 된다. 이러한 현물거래를 통해 해당 화폐자산을 매매할 수 있다.

암호화 화폐 거래소는 대부분 사설기관이다. 그리고 발행된 암호화 화폐를 대

[빗썸 거래소]

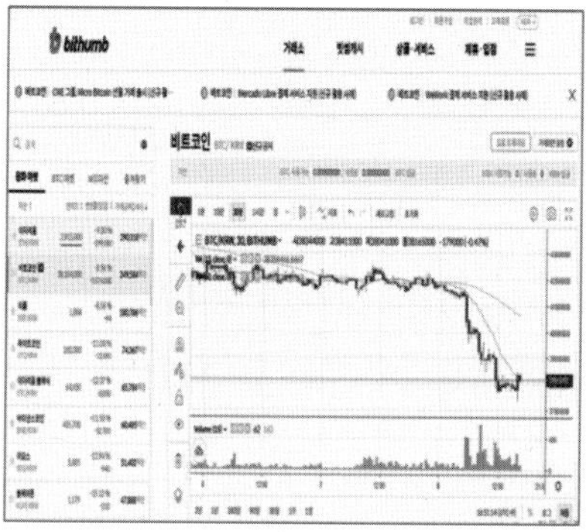

부분 각자 취급할 수 있기에 동일한 암호화 화폐라도 거래소에 따라 가격이 다를 수 있다. 이러한 차이점을 이용하여 거래소간 차익거래도 가능하다. 차익거래(arbitrage)란 암호화 화폐 거래소간 시세가 동일하지 않다는 점을 이용하여 시세가 낮은 거래소에서 매수를 하고 시세가 높은 거래소에서 매도를 하여 그 시세 차이인 스프레드(spread)를 위험 없이 추구하는 거래이다. 차익거래는 작은 시세차익을 축척하는 것을 목표로 하며 장기적으로 사용할 경우 그 누적효과가 극대화 될 수 있다. 예를 들면, 2021년 6월 21일 현재 빗썸(bithumb)에서 거래되는 비트코인은 ₩38,670,000이고 동시에 코인원(Coinone)에서 거래되는 비트코인은 ₩38,790,000으로 거래되고 있다. 그러면 저평가된 빗썸 비트코인을 매수하여 최단시간내에 고평가된 코인원에서 비트코인을 매도하면 된다. 그러면, 스프레드(spread)인 1비트코인 당 ₩120,000 만큼 안정적 성과를 얻게 된다. 국내 거래소간 차익거래 뿐만 아니라 국내와 해외 거래소간 차익거래도 가능하다. 일명 김치 프리미엄으로 불리는 현상이다. 이러한 현상은 국내 거래소에서 거래되는 비트코인의 가격이 상대적으로 미국이나 캐나다에서 거래되는 비트코인 가격보다 고평가된 데서 발생한다. 국내에서 비트코인 채굴이 잘 이뤄지지 않고 유동자금이 상대적으로 몰리면서 발생하고 있다. 2021년 6월 22일 기준 국내 업비트(UPbit) 거래소에서 비트코인 가격은 ₩37,582,000에 거래되고 있고, 글로벌 바이낸스(BINANCE) 거래소에서 $32,171.16에 거래되고 있다. 환율이 1,132원임을 감안할 시 바이낸스 비트코인은 ₩36,417,753이다. 한국의 거래소가 3.2% 정도 고평가되어 있다. 이럴 경우 바이낸스에서 비트코인을 매수하여 업비트에서 매도하면 3.2%의 성과를 올릴 수 있다. 한국 거래소들의 고평가 현상은 보통 5% 수준을 유지하고

있으며 2018년의 경우에는 30%까지 치솟은 적이 있다. 이러한 거래는 최근 코봇(Korbot), 토크엔(Talken), 베인크립토(BeinCrypto)과 같은 회사에서 비트코인, 이더리움, 리플과 같이 유동성이 많은 종목을 대상으로 알고리즘(algorithm)을 설계하여 차익거래(arbitrage) 서비스를 제공하고 있다. 핀테크의 발달에 의해 알고리즘에 의한 로보어드바이저 상품들을 개인투자자들도 쉽게 접하게 되었다.

비트코인은 선도계약 보다 선물계약으로 시작을 하였다. 거래가 시작된 지 얼마 되지 않았고 거래량도 많지 않아 선도계약을 받아줄 수 있는 금융기관이 거의 없기 때문이다. 특히, 비트코인 선물거래는 레버리지를 통해 투자자본 대비 높은 수익을 추구할 수 있다. 동시에 하락장에서도 매도 포지션(short position)을 구축하여 수익을 낼 수 있는 장점도 있다. 하지만, 투자자가 선물 매수 또는 매도 포지션을 잡은 상태에서 가격의 상승과 하락에 따라 마진 증거금(margin requirement)을 일정하게 유지해야 한다. 레버리지가 높은 대신 이 마진 증거금을 유지하지 못하면 강제 청산을 당하게 되어 손실이 커질 수 있다. 비트코인 선물은 시카고상업거래소(CME)에 2017년 12월 18일에 공식 상장되어 제공되고 있다. 티커는 BMC이며 매월 세 번째주 월요일이 만기일이다. 계약 단위는 5BTC이며 결제는 현금결제이다. 비트코

[시카고상업거래소(CME)가 제공하는 비트코인 선물]

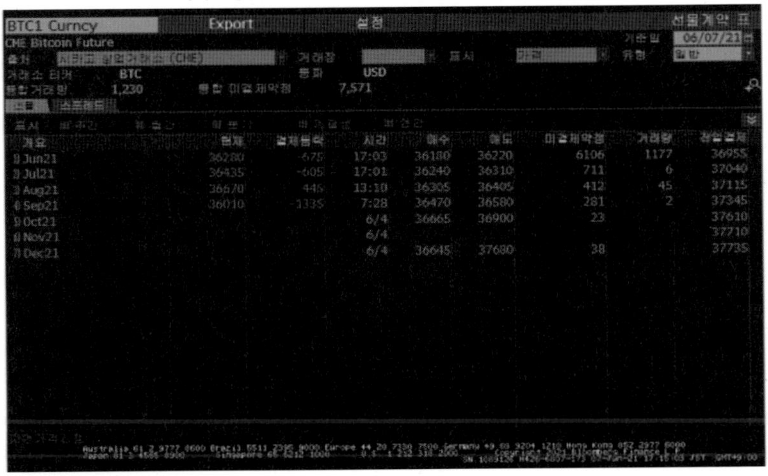

※출처 : Bloomberg

인 가격이 6만 달러까지 치솟았을 경우에는 1계약을 체결하는데 증거금이 60,000 달러 × 5BTC × 10% = $30,000가 필요할 정도였다.

비트코인에 대한 상장지수펀드(ETF) 거래는 아직 요원하다. 미국에서는 2021년 5월에도 반에크 자산운용사(VanEck Asset Management)가 비트코인 상장지수펀드(ETF)와 이더리움 상장지수펀드(ETF)의 상장 승인을 요청했다. 하지만, 미국 증권거래위원회(Securities and Exchange Commission, SEC)는 승인을 다시 연기하였다. 변동성이 너무 크다는 문제점을 지적하고 있다. 반면, 캐나다 금융당국은 2021년 4월 15일 비트코인 가격의 움직임에 투자하는 최초의 상장지수펀드(ETF)의 토론토 증권거래소(Toronto Exchange) 상장을 승인하였다. 미래에셋자산운용의 캐나다 ETF운용사인 호라이즌스 ETFs(Horizons ETF's)는 베타프로 비트코인ETF(Beta-pro Bitcoin ETF, HBIT)와 베타프로 인버스비트코인 ETF(Beta-pro Inverse Bitcoin ETF, BITI)를 토론토 증권거래소에 상장했다. 기초자산은 실제 비트코인의 가격이 아니라 시카고상업거래소(CME)에서 거래되는 비트코인 선물을 통해 투자된다. 두 개의 ETF를 통해 가격의 상승과 가격의 하락에 각각 투자할 수 있게 되었다. 해당 ETF는 국내 증권사 해외주식 매매계좌를 통해 거래할 수 있게 되었다.

[비트코인 ETF 가격 추이]

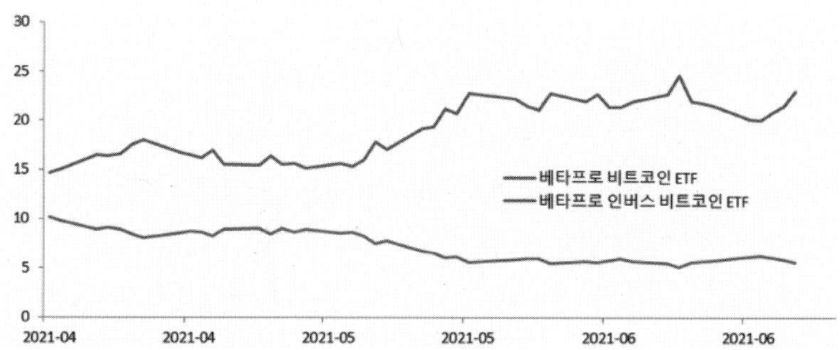

※출처 : 토론토증권거래소, CAD

위에서 살펴본 바와 같이 비트코인을 비롯한 암호화 화폐들은 현재 화폐시장에서 영역을 구축하고 있는 과정으로 보여진다. 분명 암호화 화폐가 가진 기능과 역할은 명확해 보인다. 절대 익명성(absolute anonymity)을 필요로 하는 수요는 충분하다. 그리고, 지역별 경제적 또는 정치적 위기 상황에서는 자금의 피난처로도 수요가 명확해 보인다. 국가별로 중앙은행과의 갈등이 있기는 하지만 수용성을 조금씩 확보해 가는 느낌이다. 즉, 이러한 과정에서 나타나는 이해관계에 의해서 투기의 양상이 보이고 있다는 점이다. 비트코인과 알트코인으로 구분되는 양화(good money)와 악화(bad money)의 문제도 있고, 유통시장을 형성하는 사설 거래소들의 무분별한 난립도 이러한 투기에 한몫 하는 것으로 비춰진다. 하지만, 향후 국가권력이나 시장에 의해서 시스템적으로 이러한 문제들이 관리되고 발전된다면 비트코인을 비롯한 암호화 화폐도 중장기적 관점에서 투자로서의 기능을 충분히 할 수 있을 것으로 보인다.

비트코인(bitcoin)의 도전

이제 비트코인(bitcoin)은 하나의 화폐자산으로 자리를 잡아가는 과정에 있다. 주로 현물거래가 대부분이지만 선물계약(future contract)과 상장지수펀드(ETF)를 통한 수익증권 거래도 초기단계에 접어들고 있다. 해당 내용들은 이미 앞장에서 언급했다. 그리고, 향후 비트코인의 투자에 있어서 새롭게 제기될 방법들에 대해서도 여기에서 미리 전망해 볼 수 있다. 이미 다양한 화폐자산들이 거쳐간 투자전략들을 경험 삼아 얘기해 볼 수 있다. 특히, 암호화 화폐 품목간 상호관계에 의한 투자는 다양한 차익거래(arbitrage) 전략을 제공할 것 이다. 현재까지는 주로 이종 거래소간 동일 암호화 화폐의 가격 불균등을 이용한 차익거래 방법이 주를 이루고 있다.

암호화 화폐도 비트코인(bitcoin), 알트코인(altcoin), 그리고 스테이블 코인(stable coin)으로 분류될 수 있다. 최근 암호화 화폐시장에서도 위의 3가지 자산군으로 분류가 정해지면서 상호간에 상관관계와 가격 방향성에 따른 차익거래 기회를 탐색하고 있다. 챠트를 보면 비트코인(bitcoin) 현물가격과 알트코인지수(altcoin index), 그리고 스테이블코인지수(stablecoin index)의 가격 흐름을 나타내고 있다. 알트코인지수인 Exante Altcoin Cryptocurrency Index(XAI)는 알트코인 중 이더리움 클래식(Ethereum Classic), 이더리움(Ethereum), 모

[비트코인 현물가격 vs 알트코인 지수]

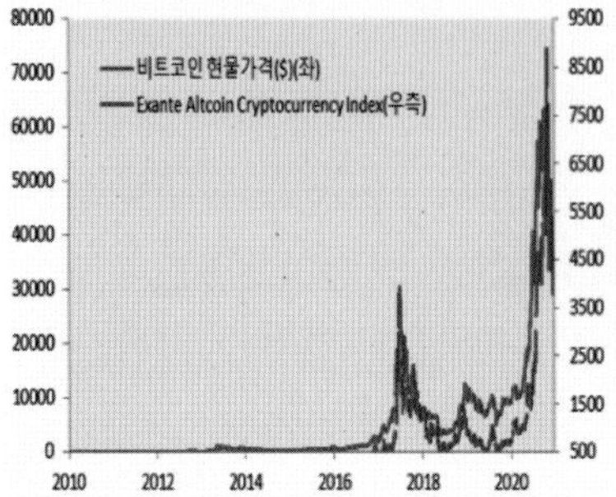

[비트코인 현물가격 vs 스테이블코인지수]

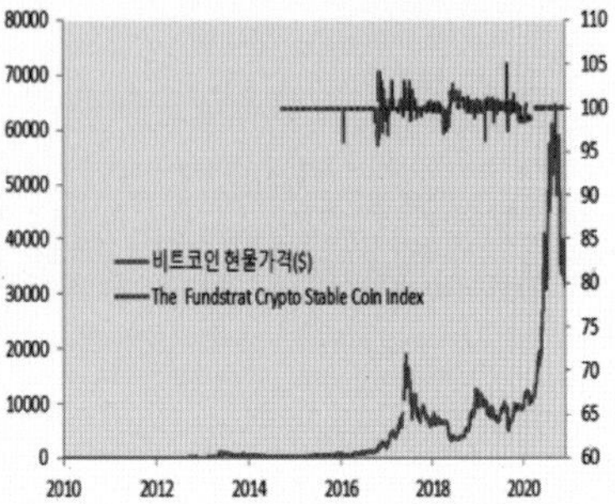

※출처 : Bloomberg

네로(Monero), 지캐쉬(Zcash), 리플(Ripple), 그리고 라이트코인(Litecoin)을 시가총액 가중평균치를 나타내고 있다. 그리고 스테이블코인지수인 The Fundstrat Crypto Stable Coin Index는 달러에 연동되어 있는 USD코인과 USD테더, 두 종류의 스테이블 코인의 가중평균치로 구성되어 있다. 가격의 흐름은 비트코인과 알트코인지수는 거의 동일하게 움직이는 경향이 있다.

하지만, 비트코인과 스테이블코인지수는 재미있는 챠트를 보여준다. 즉, 스테이블코인은 1코인당 1달러로 교환이 가능하기에 내재가치와 명목가치가 1달러인 코인이다. 그래서 가격의 움직임이 거의 없다. 1년 상관관계를 확인해 봐도 비트코인과 알트코인지수는 (0.598)로 일정 부분 정의 상관관계를 인정한다. 하지만, 비트코인과 스테이블코인지수는 (0.04)로 거의 상관관계가 없음을 명시한다.

그러면, 비트코인과 알트코인지수는 같은 가격의 방향성을 갖고 비슷한 수준의 변동성을 나타내고 있다. 즉, 명칭 그대로 대체제(alternative goods)인 셈이다. 반면, 비트코인과 스테이블코인지수는 가격의 방향성과 변동성 모두 상관관계가 없는 독립재(independent goods)의 관계를 나타낸다. 먼저 비트코인과 알트코인지수 사이에는 스프레드 차익거래(spread arbitrage)가 향후 가능할 것이다. 두 화폐자산간 일정한 스프레드가 유지된다고 가정하면 두 자산간 스프레드가 확대되면 저평가된 자산을 매수하고 고평가된 자산을 매도하여 스프레드(spread) 만큼의 수익을 확보한다. 그리고, 향후 스프레드가 정상 수준으로 돌아오면 반대매매를 통해 포지션을 정리하면 된다. 그러면, 비정상적으로 이격된 스프레드차이만큼 차익거래 수익을 얻을 수 있다. 아직, 알트코인지수를 복제하는 금융투자상품을 시장에서 구하지 못하고 있으나, 조만간 출시가 될 것으로 예상된다.

차트에서 보듯이 알트코인들도 상호 간에 같은 방향성과 높은 상관관계를 갖는다. 유동성(liquidity)이 풍부해지면 종목 간 차익거래도 가능해질 수 있다. 두 종목 간 평균적인 스프레드를 확인할 수 있다. 그러면 스프레드 이격에 따라 저평가된 종목을 매수하고 고평가된 종목을 매도하는 방법의 차익거래이다. 이는 향후 알트코인들 중에서 안정화되는 종목들이 다수 출현해야 하며 유동성도 그만큼 충분해지는 시점에서 가능할 것으로 보인다.

[주요 알트코인 가격 추이]

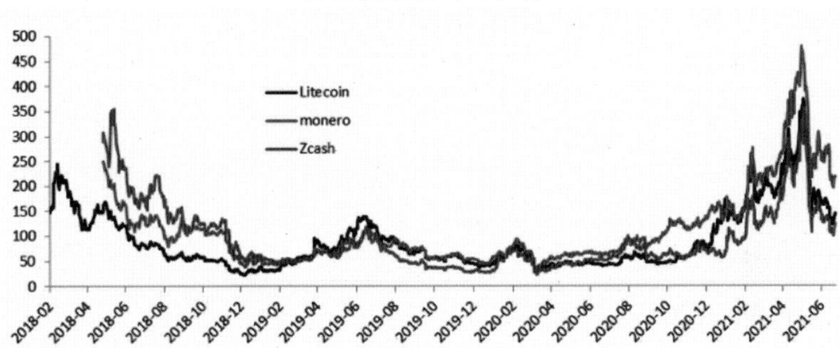

※출처 : Bloomberg, 단위 $

스테이블코인(stable coin)은 명목가치, 내재가치, 가격이 항상 1달러에 수렴해야 한다. 만약 테더(Tether)의 가격이 1달러 이하로 하락할 경우에는 매수하여 향후 1달러에 가격이 수렴하면 포지션을 정리해서 차익만큼 수익을 얻을 수 있다. 반대로 가격이 1달러를 넘으면 매도 포지션을 먼저 확보하고 이후 1달러에 가격이 수렴하면 포지션을 정리하여 수익을 확정지으면 된다. 그리고 비트코인의 가격 하락이 전망될 경우에는 스테이블코인지수를 매수하여 가격하락에 대한 일정 부분 방어가 가능할 수 있다.

암호화 화폐는 화폐자산으로서의 입지를 확보해 가는 과정에 있다. 여기에, 자산군내 종목도 다양해지고 유동성도 증가하고 있는 것은 매우 고무적이다. 그리고, 약점으로 지적받고 있는 내재가치 문제를 달러와 연동하여 풀고 있는 것도 향후 투자자산으로서 역할을 하는데 긍정적일 것으로 판단된다.

화폐자산의 투자 상호관계(inter-relations)

대표적인 화폐자산인 원유(crude oil), 금(gold), 달러(dollar), 비트코인(bitcoin)의 투자에 대해 알아보았다. 모든 자산을 동시에 다 투자할 수 있지만 현실에서는 각자 보유한 투자자원이 유한하기에 투자의 목적과 우선순위를 염두에 두고 투자하는 것이 필요하다. 즉, 상황에 따라 어떤 자산을 얼마만큼 투자해야 하는가에 대한 결정이 필요하다. 원유는 금융투자자산으로서는 인플레이션 헤지(hedge)에 가장 큰 장점이 있다, 하지만, 실물자산으로서 산업과 관련된 유용성이 더 크기에 화폐자산으로 엄격하게 구분하기는 힘들다. 따라서, 원유는 투자 상관관계에서 잠시 제외하고 시작하도록 하겠다.

가격 방향성(direction)

이러한 투자 우선순위에 있어서는 자산간 방향성(direction)과 상관관계(correlations)가 중요하게 결정에 영향을 미치게 된다. 이를 중심으로 투자전략을 확인해 볼 수 있다. 먼저 방향성을 살펴 보자. 챠트를 보면 보다 명확해 진다. 금

[금 현물가격 vs 달러인덱스]

[비트코인 vs 달러인덱스]

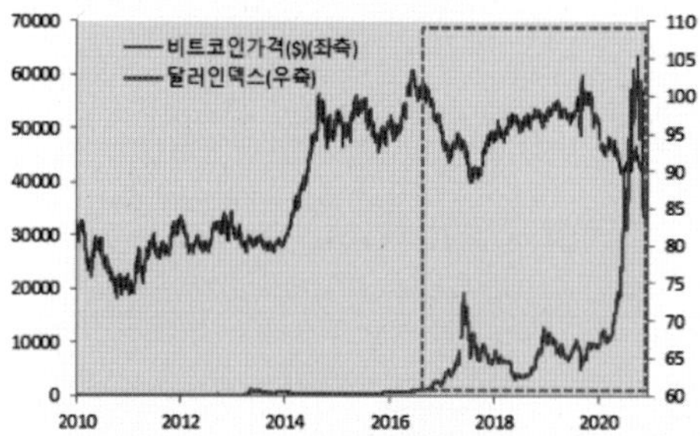

[금 현물가격 vs 비트코인]

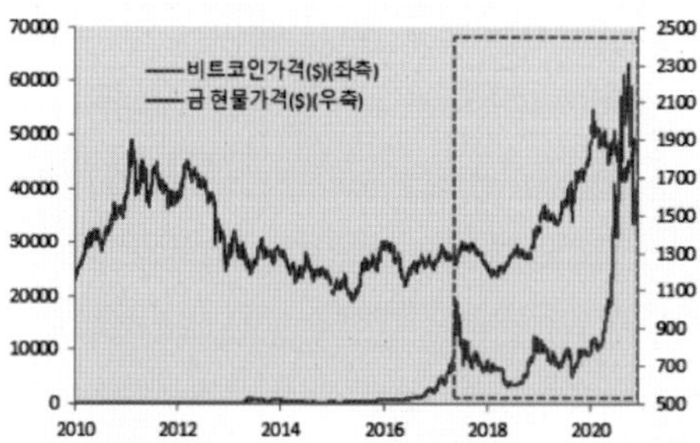

※출처 : Bloomberg

가격과 달러인덱스는 서로 반대 방향으로 움직인다. 서로 대체제(alternative goods)인 셈이다. 일부 구간에서는 금 가격의 상승폭이 달러를 능가하는 경우가 포착된다. 2001년, 2008년, 2020년 등이다. 이때는 미국 닷컴버블, 미국 금융위기, 미국 COVID19 팬데믹 상황의 단계이다. 즉, 미국을 포함하여 글로벌 시스템에 위기가 발생할 때는 금은 최종 안전자산으로서의 역할을 발휘하기 때문이다. 하지만, 이후 달러가 안정이 되면 금 가격은 다시 하락으로 돌아선다. 비트코인 가격과 달러인덱스도 서로 움직이는 방향이 반대이다. 특히, 비트코인이 본격적으로 거래되기 시작한 2017년도 이후를 본다면 달러의 약세와 강세에 따라 비트코인도 반대쪽으로 움직이는 것이 파악된다. 두 개의 경우에도 대체재(alternative goods)인 셈이다. 달러가 너무 많이 공급되어 약세일 때 자금들은 숨을 곳을 찾게 된다. 특히 피난처에 대한 수요가 높다. 이를 비트코인이 제공하기 때문이다. 그렇다면 금 가격과 비트코인 가격의 방향성은 어떠할까? 당연히 같은 방향으로 움직인다고 가정할 수 있다. 왜냐하면 두 개의 화폐자산은 달러 대비 대체재(alternative goods) 역할을 하기 때문이다. 챠트에서 보면 두 개 화폐자산은 같은 방향으로 움직이는 것 같이 보이나 상관관계는 다소 떨어져 보인다. 즉, 금과 같이 내재가치가 있는 실물자산과 비트코인 같이 익명성에 의해 내재가치를 보증 받으려는 자산 간에 엄연한 차이가 존재한다. 금이나 비트코인 투자를 선호하는 투자자의 경우에는 달러가 약세로 전환될 때 향후 금이나 비트코인의 강세를 예상할 수 있다. 매수 포지션(long position)을 구축하면 된다. 아니면, 달러가 강세로 가면 금이나 비트코인은 약세로 갈 수 있으니, 매도 포지션(short position)을 구축하면 된다.

좀더 적극적인 투자자들의 경우 매수매도 포지션(long-short position)을 동시에 구축할 수 있다. 일명 롱숏전략(long-short strategy)이 그것이다. 올라갈 종목은 매수하고 동시에 내려갈 종목은 매도하는 단순한 전략이다. 이를 위해서는 공매도가 가능해야 하기에 주로 선물(future contract) 시장에서 사용 하게 된다. 그리고, 두 종목간의 방향성도 어느 정도 높은 상관성이 있다는 데이터에 기초를 하고 판단하게 된다. 위의 경우 달러가 약세로 전환하기 시작하면 달러선물(dollar future contract)을 매도하고, 동시에 금이나 비트코인의 현물을 매수하면 된다. 그리고, 일정 시점이 지나서 충분히 성과가 실현되면 반대매매를 통해 각각 포지션을 정리하면 된다. 전망대로 시장이 움직이면 높은 성과를 올릴 수 있는 기회가 된다. 헤지펀드(hedge fund)들이 자주 사용하는 전략이다.

가격 상관관계(correlations)

방향성을 확인했다면 상관관계의 파악도 중요하게 된다. 즉, 어느 정도 긴밀성을 갖고 상호간에 움직이는지를 판단하는 방법이다. 상관관계가 (1)이라는 것은 두 개의 가격이 같은 방향으로 동일한 속도와 동일한 폭으로 움직인다는 설명이다. 상관관계가 (-1)이라면 두 개의 가격이 다른 방향으로 동일한 속도와 동일한 폭으로 움직인다는 것을 얘기한다. (0.5)일 경우에는 속도와 폭이 50% 수준으로 긴밀성을 갖는다는 것을 뜻한다. 그렇다면 금 현물가격, 달러인덱스, 비트코인 가격의 상관관계를 확인해 볼 수 있다. 표에서 보면, 금 가격과 달러인덱스의 1년 상관관계는 (-0.713), 2년 상관관계는 (-0.589)로 나타난다. 단기적으로 매우 높은 수치의 역의 긴밀성을 나타낸다. 비트코인과 달러인덱스의 상관관계도 1년은 (- 0.183)으로, 2년은 (- 0.104)로 약하지만 역의 긴밀성을 보여주고 있다. 금과 비트코인 모두 달러의 대체화폐자산으로서의 역할이 있지만 아직까지는 금의 역할이 더 높은 것 같다. 그렇다면 같은 달러 대체화폐인 금과 비트코인의 상관관계는 어떻게 나타날까 궁금해진다. 표를 보면 두 개 화폐자산간 1년 상관관계는 (0.134), 2년 상관관계는 (0.199)로 긴밀도가 높게 나타나지는 않는다. 두 개 화폐자산의 차이점을 구분하자면 달러의 약세 및 강세로 전환하는 초기단계에는 금 가격의 반응이 빠르다고 볼 수 있다. 그리고, 달러의 약세와 강세가 어느 정도 진행된 다음에는 비트코인의 역할이 나타나기 시작한다고 해석할 수 있다.

[화폐자산간 상관관계(1년)]

종목	금 현물가격($)	달러인덱스	비트코인($)
금 현물가격($)	1.000	-0.713	0.134
달러인덱스	-0.713	1.000	-0.183
비트코인($)	0.134	-0.183	1.000

[화폐자산간 상관관계(2년)]

종목	금 현물가격($)	달러인덱스	비트코인($)
금 현물가격($)	1.000	-0.589	0.199
달러인덱스	-0.589	1.000	-0.104
비트코인($)	0.199	-0.104	1.000

※출처 : Bloomberg, Weekly data

자산간 투자의 우선순위(priority)

이제 화폐시장에서 화폐자산들에 대한 개인들의 투자는 윤곽이 잡히는 것 같다. 우선 개별화폐자산에 대한 투자는 달러의 강세와 약세가 중심이 될 수 있다. 달러만 투자하는 경우에는 연방준비위원회(Fed)의 본원통화 공급과 이자율 조정에 의한 통화정책, 유럽중앙은행(ECB)을 포함한 주요 중앙은행들의 상대적 통화정책, 대안통화(alternative currency)의 출현, 그리고 지정학적 리스크와 국제정세를 감안하여 매수 포지션(long position)과 매도 포지션(short position)을 구축하면 된다. 금에만 투자하는 경우에는 금의 민간 생산과 수요도 중요하겠지만, 달러의 방향에 따라 달러 투자와는 반대로 매수 포지션(long position)과 매도 포지션(short position)을 활용할 수 있다. 비트코인에만 투자하는 경우도 마찬가지이다. 금과 마찬가지로 달러 투자와 역의 포지션을 구축하면 된다. 하지만, 상관관계가 그리 높지 않기 때문에 국가와의 갈등 및 알트코인들의 흐름에도 민감하게 대처하면서 투자하면 될 것 같다.

다른 측면에서 화폐자산간 가격 방향성과 상관관계를 가지고 우선순위(priority)를 두고 투자를 하는 경우도 살펴 볼 수 있다. 우선, 달러가 강세일 경우에는 달러에 매수 포지션(long position)을 구축하는 것이 상대적으로 안정적이다. 주로 미국의 정치경제상황이 주요 상대국에 비해 안정적이고 통화정책에도 변함 없는 경우이다. 이러한 상황에서 지역적인 지정학적 리스크나 경제적인 위기 상황이 오면 달러뿐 아니라 금 가격, 그리고 비트코인도 함께 일시적으로 강세를 보일 수 있다. 금은 안전자산으로서의 역할을 할 것이고 비트코인은 자금 피난처의 역할을 할 것이다. 사태가 심각해져 미국에 1차적 충격이 가해지는 지정학적 위기나 경제 위기가 발생할 경우에는 초기에 달러 가치가 하락하게 된다. 이때 금 가격이 가장 크게 상승할 수 있다. 달러가 타격을 받는 상황에서 최종 안전자산인 금이 가장 큰 안전자산으로서 역할을 하기 때문이다. 이후 미국이 위기극복을 위해 통화완화정책을 취하는 상황이 오게 된다. 달러의 약세는 지속될 것이며 위기 상황 초기에 강세를 보였던 금 가격의 상승세는 둔화되고 대신 비트코인과 같은 암호화 화폐의 강세가 나올 수 있는 여건이 마련된다. 달러의 신뢰도도 떨어지고 금 가격도 충분히 올랐다면 자본의 도피처가 비트코인으로 몰리는 상황을 생각할 수 있다. 다시 시간이 흘러 미국이 통화완화정책으로 위기를 극복하고 정상화가 되면서 기존에 시중에 공급했던 어마어마한 유동성을 거두어 들이기 시작하면 달러는 강세로 전환할 것이다. 이때 금 가격과 비트코인은 다시 약세로 가게 되는 상황을 맞이할 수 있다. 이러한 시나리오를 가정한다면 상대적 투자우선 순위는 명확해 질 수 있다. 그리고, 이러한 시나리오가 최근 들어 시장에서 받아들여지고 있고, 이를 활용해서 화폐자산 투자에서 안정적인 성과를 거두어가는 금융기관들이 다수 존재한다.

화폐자산(currency asset)의 미래

화폐자산(currency asset) 투자의 발전 단계

앞에서 원유(crude oil), 금(gold), 달러(dollar), 비트코인(bitcoin)과 같은 화폐자산들의 투자에 대해 알아보았다. 화폐자산이 투자자산으로 자리를 확정해 가는 과정도 하나의 일반적인 특성을 보여준다. 우선, 초기의 화폐자산이 시장에서 수용되면 현물거래(spot trading)가 주를 이룬다. 아직 자산군 내 포트폴리오도 단순하고 유동성도 많지 않다. 그리고, 변동성도 크다. 현물거래 만으로도 충분히 성과를 가져다주기 때문이다. 이후, 하나의 자산군으로 자리를 잡아가면서 포트폴리오도 다양해지고 유동성도 충분히 공급되기 시작한다. 그러면, 가격의 변동성이 안정화되기 시작한다. 이 과정에서는 선물계약(future contract)과 파생상품(derivatives) 등을 통한 레버리지(leverage)와 양방향성(bidirection)을 활용하여 성과를 향상시키려 한다. 그리고, 화폐자산이 자산군으로 어느 정도 성숙하면 증권화(securitization)를 통해 다양한 전략을 활용하여 안정된 수익을 제공하려는 전략으로 전환된다. 그 과정에서 초기 단계에는 매수 포지션 일방에서 매수와 매도 양방향 포지션을 활용하고 마지막에는 시장간 또는 품목간 불균형을 활용하여 안정적 성과를 얻으려는 차익거래(arbitrage) 전략으로 발전된다는 것도 확인하였다.

이러한 투자의 발전을 통해 기존에는 기관투자자들과 법인투자자들이 주로 혜택을 얻었다. 하지만, 정보기술(IT)의 발달과 이에 따른 핀테크(fintech)의 발전으로 개인투자자들도 지금은 동등한 입장에서 투자혜택을 누리고 있다. 과거와 달리 시간적 공간적 그리고 정보의 제약으로 접근하기 힘들었던 파생상품과 차익거래의 영역까지 개인투자자들에게 열리기 시작하고 있다.

암호화 자산(cryptoasset)의 발전 전망

이러한 측면에서 본다면 지금 시작되고 있는 암호화 자산의 화폐자산으로서의 발전과정은 쉽게 전망될 것 같다. 현재 단계는 화폐자산으로서 위치를 구축하는 초기 단계이다. 아직 자산군 내 포트폴리오가 다양화되지 못하고 있고 유동성도 부족하며 변동성도 높다. 대신에 투자자들은 현물거래(spot trading) 만으로도 성과를 얻는 게 가능하다. 이제 포트폴리오가 다양해지기 시작하고 있다. 비트코인(bitcoin), 알트코인(altcoin), 스테이블코인(stable coin)으로 계속 발전되고 있다. 여기에 발행량도 증가하고 있다. 반대로 변동성은 줄어든다. 이제 선물계약(future contract)과 수익증권(note, certificate)이 나타나고 있다. 그러나 활성화 단계는 아니다. 이러한 투자상품은 향후 암호화 자산의 변동성이 급격히 떨어지기 시작하면 크게 인기를 얻기 시작할 것이다. 지금은 거래소간 동일 코인의 가격 불균형을 활용한 차익거래(arbitrage) 수준으로 관심을 받고 있다. 하지만, 곧 다양한 차익거래 전략들이 나타날 것이다. 그만큼 암호화 자산의 변동성이 낮아졌다는 증거이다. 그리고, 스테이블코인(stable coin)과 같이 내재가치, 명목가치, 가격을 거의 동일한 수준으로 유지하려는 코인들이 등장할수록 변동성은 더욱 낮아진다.

최근에 발행되는 코인(coin) 중에서는 이커머스(e-commerce)를 기반으로 한 플랫폼 회사들이 블록체인 자회사를 설립하여 새로운 코인을 시장에 공급하고 있다.

채굴도 기존과 다르다. 고가의 장비와 전력을 소모하던 방식에서 플랫폼 활용도에 따라 코인을 지급하는 방식으로 전환될 수도 있다. 기존에 지급하던 마일리지나 포인트를 코인으로 바꾸어 발행하기 시작한 것이다. 이는 해당 코인과 연계된 플랫폼에서 구매력을 갖기에 사실상의 내재가치를 가질 수 있는 형태이다. 이 단계로 진입하면 코인의 변동성은 더 감소할 수 있다. 시장이 안정적으로 성숙될 수 있다. 유동성이 필요한 수요만큼 충분히 공급되면 발행시장에서 지속되던 시뇨리지 효과도 어느 정도 낮은 수준으로 안정화될 것이다. 이러한 단계까지 오면 해당 화폐자산은 성숙단계에 진입된 것으로 볼 수 있다.

화폐자산이 투자의 성숙단계까지 확보하는 데는 앞에서 언급한 두 가지 문제를 해결하면서 발전하게 된다. 첫번째는 그레샴의 법칙(Gresham's law)이다. 즉, 소재의 가치가 서로 다른 화폐가 동일한 명목가치를 가진 화폐로 통용되면 소재가치가 높은 화폐(good money)는 유통시장에서 사라지고 소재가치가 낮은 화폐(bad money)만 유통되는 현상이다. 이럴 경우 종국에는 해당 화폐는 시장에서 퇴출된다. 즉, 내재가치를 확보하고 그 내재가치를 꾸준히 유지해 주는 것이 중요하다. 다른 하나는 트리핀의 딜레마(Triffin's Dilemma)이다. 통화가 국제 경제에 원활히 쓰이기 위해 풀리려면 준비 통화 발행국의 적자가 늘어나고 반대로 준비 통화 발행국이 무역 흑자를 보면 준비 통화가 덜 풀려 국제 경제가 원활해지지 못하는 역설이다. 즉, 적정한 양의 통화량을 유지해야 한다는 뜻이다. 화폐자산도 지속적으로 적정한 양의 통화량을 유지해야 한다. 너무 많은 선발행과 채굴량은 통화 가치 유지가 힘들고 너무 엄격하게 발행량을 통제하면 활용성이 떨어지게 된다. 이러한 두 개의 문제를 지속적으로 풀어나간다면 새롭게 진입하는 통화도 궁극에는 화폐자산으로서의 입지를 충분히 굳힐 수 있을 것으로 보인다.

앞으로 어떠한 새로운 화폐가 출현하더라도 이러한 검증 과정을 거쳐 화폐자산으로서 인정을 받을 수 있다. 앞에서 화폐시장의 미래를 언급하면서 향후 새롭게 출현할 것으로 전망되는 화폐로 바이오 화폐(bioengineered currency)를 제시하였다.

해당 화폐가 새롭게 출현한다면 마찬가지로 그레샴의 법칙과 트리핀의 딜레마를 적절하게 해결하면서 새로운 화폐자산으로 진입해야 할 것으로 보인다. 이것이 당분간 필자가 생각하는 화폐자산의 미래이다.

맺음말

유가가 100달러를 넘으면 생기는 일

금은 변동성 관리가 수익

달러는 만능이 아니다

코인은 이기적이다

앞에서 화폐 시장의 발달, 투자 환경의 변화, 그리고 화폐 자산의 투자에 대해 다양한 측면에서 이야기를 다루었다. 역사적이고, 이론적이고, 일반적이고, 그리고 실무적인 내용들로 혼합되어 있다. 물론 이 내용만으로도 전반적인 지식을 축척하고 이를 바탕으로 화폐 자산에 투자를 실행하는데 있어 충분할 것으로 생각한다. 하지만, 필자의 마음은 그래도 실제 개인들의 화폐 자산에 대한 투자가 실제 투자에서 어떻게 이루어지고 있는지 공유하고 싶은 마음이다. 전문투자자나 기관투자자가 아닌 한 이론적으로만 배운다 해서 대부분이 이해되고 투자실력이 늘지는 않는다.

따라서, 맺음말에서는 저자의 지난 20년 넘는 금융기관에서의 투자 노하우(know-how)와 경험을 이야기할 생각이다. 필자는 대형금융그룹 계열사인 금융투자회사에서 10년간 투자상품과 투자전략을 담당했었다. 그리고, 은행으로 자리를 옮겨 6년간 투자상품과 투자전략을 담당한 후 지금은 6년째 프라이빗 뱅커(private banker) 일을 하고 있다. 투자자들을 위해 다양한 금융상품을 설계했을 뿐만 아니라 직접 투자자들에게 투자 컨설팅을 오랫동안 해 오고 있다. 그 동안의 이야기를 할 예정이다. 내용 중에는 일부 과장될 수도 있고 일부는 저자의 기억력이 다소 어긋나 있을 수도 있다. 그리고 성공한 것도 있고, 실패한 것도 있다. 그러나, 중요한 것은 머릿속에 저자의 경험을 공유하고 이후 실제 투자에 적용해 보는 것이다. 내용이 그리 복잡하고 어렵지도 않다. 단지 문제를 해결해 가는 과정이 어떠했는지를 느끼는 게 중요하다.

유가가 100달러를 넘으면 생기는 일

투자상품 설계 업무를 시작하면서 가장 먼저 접했던 것이 커머디티(commodity)였다. 2000년대 중반에 한국 금융시장에 원자재 투자가 열풍이 불면서 관심을 갖기 시작하였다. 당시 국제유가로 통용되는 서부텍사스중질유(WTI) 가격은 2007년 초에 60달러 수준이었다. 그러던 것이 지속적으로 급등을 하면서 2008년 2월 26일 배럴당 100달러를 넘어서더니 2008년 7월 3일 배럴당 140달러라는 초유의 최고가를 찍었다. 2008년 초부터 유가가 90달러를 넘어서자 금융시장의 관심이 모두 유가에 쏠렸다. 전문가들은 너무 비싸서 곧 폭락할 거라고 전망하고 있던 찰나였다.

영업점에서 지원 요청이 들어왔다. 법인고객인데 유가 관련된 상품에 투자하고 싶다는 것이다. 그런데 지점장의 생각은 달랐다. 유가 관련된 선물계약이나 투자상품보다 삼성전자와 현대차 주식을 매수할 수 있도록 법인 대표를 설득해 달라는 것이었다. 우선 당시 유가 상승 원인을 살펴보니 크게 두 가지였다. 하나는 미국의 저금리가 지속되고 부동산을 포함한 자산가격이 상승하면서 나타난 인플레이션 헤지 차원이었다. 다른 하나는 중국의 폭발적 경제성장에 따른 원유 수입의 급증이 원인이었다. 배럴당 120달러도 가능할 것 같았다. 그리고, 당시에는 국내에 원유 관련 선물이나 ETF도 변변치 않았던 상황이었다. 지점장에게는 미안했지만 미팅에서는 원유에 투자하도록 권유했다. 상품은 블랙록 월드에너지주식펀드($)였다. WTI 현물가격과 해당 펀드의 상관관계를 얘기했다. 그리고, 선물계약과 달리 주식펀드는 롤오버(roll over)가 필요 없음도 추가로 설명드렸다. 현재 미국 내 인플레이션 상승으로 기준금리가 조금씩 오르고 있어 달러의 강세도 가능하기에 달러로 된 해당 펀드를 권유했었다. 법인 대표는 흔쾌히 가입했으나, 지점장의 표정은 좋지 않았다. 투자기간은 서부텍사스중질유(WTI) 현물가격이 120달러에 다다를 때까지였으며, 목표수익률은 20%로 잡고 자문을 했다. 다행히 3개월 만인 5월에 유가가 120달러를 넘어서면서 해당펀드는 수익을 실현했다. 수익률도 유가상승분 만큼인 20%였던것 같다. 다들 만족해했다. 그리나, 유가가 계속 올라 140달러까지 이르자 법인대표는 화를 냈다. 더 수익을 낼 수 있었는데 빨리 팔았다고 하며 언짢아 하였다.

또, 유가가 90달러를 넘어서는 시점에서 마찬가지로 회사에서도 관련 상품을 출시하라고 압박이 왔다. 이제 유가는 90달러가 되어서 불안하니 유가가 높을 때 가격이 올라 수익을 낼 수 있는 연관 상품을 찾자는 것이었다. 필자가 시골 태생이라 그런지 커머디티(commodity)에 대한 이해가 빨랐다. 유가가 오를 때 가격이 오르는 것을 대부분의 사람들은 자동차 휘발유 값을 생각할 수 있다. 아니면, 화학제품 가격을 생각할 수 있다. 저자는 팀 회의에서 커피콩(coffee bean)과 곡물(crop) 가격의 상승을 얘기했다. 시골에서 농사를 지어본 분들은 곡식을 생산하는데 가장 큰 비용이 무엇인지 쉽게 얘기할 수 있다. 바로 비료값과 운송비이다. 모두 원유로 만든다. 분석을 해보니 커피콩의 경우에는 원가의 60%가 화학비료와 오지(outback)에서 가공공장으로 가는 운송비였다. 차트와 상관관계도 이를 증명했다. 미국 상품거래소(CBOT)에서 로브스타(robusta)와 아라비카(arabica), 두 개의 커피 품종에 대한 선물거래가 상장되어 있었다. 향후 커피 가격 상승에 대한 확신이 들었다. WTI-Coffee Two-Star 파생상품연계상품(DLS) 출시를 주장했다. 변동성도 좋다 보니 쿠폰도 연 15% 정도 나왔던 것으로 기억한다. 영업점 판매직원들에게 상품에 대해 설명했다. 예상과 달리 반응이 싸늘하다. 커피는 마시는 것이지 투자가 말이 되냐고 핀잔까지 들었다. 결국 판매를 했지만 1억원도 채 안되는 금액이 모집되면서 필자도 체면을 구겼다. 물론 해당 상품은 6개월 후 정확히 예상되로 조기 상환되면서 투자하신 3명의 고객은 만족해 했다. 사실 원유가 오르면 시차를 두고 오르는 커머디티들이 더 있다. 옥수수와 사탕수수이다. 두 품목 모두 미국 상품거래소(CBOT)에서 선물계약이 상장되어 있다. 다들 생산원가가 올라서겠지 라고 생각할 수 도 있다. 그보다는 이 두 품목은 유가가 오르면 대체 휘발유인 바이오 에너지(biofuel)의 가장 효율적인 재료이다. 물론 생산하는데 손익분기점이 80달러가 넘는다. 그래서 유가가 100달러에 도달하면 바이오 에너지 생산을 위해 수요가 급증하기에 해당 품목의 가격이 오르게 된다. 여기서 또 중요한 점이 있다. 옥수수와 사탕수수는 가축들의 사료용으로 쓰인다. 전세계에서 식용보다는 사료로 쓰이는 게 70%가 넘는다. 이것 때문에 제3세계에서 빈곤이 발생한다고 얘기한다. 곡식의 대부분이 사료로 쓰이면서 부자 나라의 질 좋은 고기를 공급하기 위해 제3세계 국민들이 빈곤에 허덕인다고 주장한다. 마찬가지로 생산하는 사료가 줄어들면 고기값도 오른다. 그래서 2008년 유가가 100달러를 넘어서자 해당 품목들의 가격도 덩달아 오르는 현상이 나타났다.

조그마한 화학회사 대표가 WTI선물계약을 운용하고 싶다고 연락이 왔다. 매출액 2,000억원 정도 되었고 생산제품의 원료인 원유를 안정적으로 공급받고 싶었는지 보유중인 원유에 대한 헤지 개념으로 접근을 요청하였다. 새로 부임한 법인 대표가 사장의 아들로 미국에서 경영학 공부를 하고 귀국한지 몇 달이 지나지 않은 상태였다. 신임 대표의 입장에서는 유가가 이미 90달러가 넘었고 더 추가적으로 유가가 상승하면 원유 확보뿐 아니라 원가 상승으로 회사의 영업이익에 손실이 커진다는 계산이었다. 뉴욕상업거래소(NYMEX)에서 WTI Crude Oil Future를 당분간 롤 오버(roll-over)하면서 활용하기로 했다. 회사의 평균 원유재고가 2,500배럴 정도였다. 선물계약은 1,000배럴 단위라 정확한 헤지는 힘들었고 할 수 없이 3계약을 매수하였다. 향후 유가가 오를 것을 대비한 것이었다. 지금과 달리 2000년대 중반에는 전산 시스템이나 투자규정이 엄격해서 해외에 투자한다는 것이 매우 힘들었다. 지금은 핀테크의 발달로 스마트폰으로도 미국 테슬라 주식이나 알파벳 주식을 쉽게 투자하는 걸 보면 젊은 친구들이 부럽기도 하다. 그리고, 한국거래소(KRX)에 제대로 된 원유선물ETF도 없던 상태였다. 법인쪽 대표와 담당자에게 신신당부를 하였다. 콘탱고(contango) 시장에서는 롤오버 비용(roll-over cost)이 발생하고 현물인수도라 꼭 해당월물 만기 전에 반대매매로 포지션을 정리해야 한다고 몇 번을 얘기했다. 그리고 저자의 컨설팅은 거기서 끝난 듯 했다. 왜냐하면 유가가 120달러까지 상승하기에 선물계약에서 수익을 꽤 얻었을 것이라 생각했기 때문이다. 그리고, 보유물량 보다 많은 오버 헤지(over hedge)한 것도 추가적인 성과로 작용하였다고 생각했다. 그러나 3개월 후 유가가 120달러가 넘어서고 법인 담당 영업직원한테 연락이 왔다. 법인 쪽에서 우리가 사기를 쳤다고 난리가 났다는 것이다. 이유인즉 가격이 급속히 올라가면서 매달 롤오버를 하는 상황에서 갭이 큰 콘탱고 시장이 발생하자 선물거래에서 수익이 현저히 줄어들었기 때문이다. 내 기억으로는 현물가격이 90달러에서 120달러로 상승했으면 선물에서도 33% 수준의 성과를 달성했어야 했다. 하지만, 실제는 15%도 안된다는 것이었다. 콘탱고 시장이 강하다 보니 롤오버 하는 날에 계약수가 현저히 줄어들면서 생긴 일이다. 다시 최초에 컨설팅 했을때의 내용을 설명하고 마무리가 되었다. 롤오버 비용이 생각보다 무섭기는 하다.

국제유가가 급등하면 웃음을 짓는 나라가 있다. 러시아(Russia)이다. 세계 최대 원유 생산국 중 하나이다. 그리고, 생산하는 원유를 파이프라인을 통해 동유럽과 서유럽 국가에 공급하고 있다. 가즈프롬(Gazprom), 루코일(Lukoil), 로스네프트(Roseneft), 수르구트네프테가스(Surgutneftegaz)는 러시아의 국영 에너지회사이다. 그리고 전세계 10대 에너지 회사에 모두 올라 있다. 국제 유가가 오르면 이 회사들의 수익은 급증한다. 동시에 국영회사이기에 납부하는 세금도 급증한다. 러시아 정부 세수입의 40%를 넘게 차지한다고 한다. 따라서, 세수가 많아지면 러시아 경제도 활성화된다. 그리고, 러시아 통화인 루블화(rouble, RUB)도 강세를 나타낸다. 예를 들면 1999년 러시아 모라토리엄 선언 당시 문제의 핵심은 낮은 국제 유가로 러시아 정부의 재정이 악화되었고, 여기에 글로벌 투기자금이 러시아를 이탈하면서 발생하였다. 그리고, 최근에는 트럼프 대통령이 러시아를 압박하기 위해 일부러 국제 유가 하락을 압박했다는 루머도 있다. 러시아 MICEX 주식시장에서 에너지 및 원자재 기업들이 차지하는 시가총액도 50%를 넘는다. 유가가 오르면 러시아 주식펀드를 사는 것이 가장 정답일 수 있다. 유가 상승을 전망하시고 관련된 에너지 관련 펀드를 매수하시겠다는 모 개인투자자에게 러시아 주식펀드와 블랙록 월드에너지주식펀드 두 개를 추천해 드린 적이 있다. 러시아 주식펀드에는 러시아 관련된 에너지와 원자재 기업들이 많이 포함되어 있고 루블화 강세의 혜택을 볼 수 있다. 블랙록 월드에너지주식펀드는 대부분 미국, 캐나다, 유럽의 정유주들과 파이프라인 회사들이 포함되어 있다. 저자는 당시 러시아 주식펀드를 추천해 드린 것 같다. 그런데 투자자는 블랙록 월드에너지주식펀드를 선택하였다. 이유인즉 그냥 러시아가 싫다는 것이다. 공산당이라 나쁜 놈들이라는 것이다. 결국 3개월 후 러시아 주식의 상승폭이 2배 이상 훨씬 높게 나온 것으로 기억한다. 투자에는 정치적 선호도나 개인감정이 들어가면 선택의 폭이 좁아진다.

원유에 투자할 때는 원유에만 매달리면 안된다. 에너지 가격 상승에 따른 수혜가 될 것들을 잘 선택하고 전망하는 것이 필요하다. 앞으로 다시 국제 유가가 배럴당 100달러를 넘을 지는 모르겠다. 하지만, 이미 2000년대 중반에 많은 경험을 하였다. 만약 유가가 100달러를 넘으면 어떻게 해야 할지를 미리 확인해 놓은 것이다.

금은 변동성 관리가 수익

골드바(gold bar)를 보고 있으면 마음이 설렌다. 그리고 다들 숨겨져 있던 금을 찾는 로망스가 현실이 됐으면 하는 바람이 무척 크다. 하지만, 투자를 해보면 정신이 혼란스럽다. 그만큼 가격의 변동성이 크다는 뜻이다. 그리고, 상승과 하락의 주기도 매우 장기적이다. 저자가 금융업에 종사하면서 2번의 금 가격 급등을 목격하였다. 한번은 2008년 미국 금융위기를 시작으로 3번의 양적완화가 이루어진 시기로 온스당 600달러였던 가격이 1,800달러까지 상승한 시기이다. 그리고, 다른 한번은 지난해 COVID19 팬데믹이 발생하며 온스당 1,400달러에 있던 가격이 2,000달러를 상회한 것이다. 이 두 번의 기회에서 경험했던 내용이다.

특히, 실물 금은 연세가 아주 많으신 분들이 좋아하는 경향이 있다. 2014년 정도 되었던 것 같다. 연세가 90이 다 되신 지방의 모 회장님과 미팅을 가진 적이 있다. 미국의 금융위기로 금가격이 온스당 1,800달러까지 폭등했다가 1,400달러로 하락한 때였다. 준비해간 포트폴리오도 설명 드리고 회장님의 인생사도 듣고 있었다. 어려웠던 유년시절을 잘 극복하시고 부를 축척하였고 자손도 번창하신 분이었다. 손주가 15명이 넘었던 것으로 기억된다. 마지막에 지금 보유하고 있는 골드바를 어떻게 하면 좋겠는지 의견을 물었다. 집사로 보이는 분이 골드바를 다섯 개 정도 가지고 나왔다. 휘양 찬란했다. 2011년에 금값이 정점을 찍을 때 20개 구매한 거라 한다. 마크를 보니 LS골드였고 99.9% 순도 1kg짜리였다. 개당 8천만원 정도를 주고 구매한 것으로 들었다. 총구매액은 16억원 정도였다. 이미 손실은 25% 정도 난 것 같았다. 향후 금값은 부정적으로 분석하여 설명했다. 미국이 풀었던 본원통화를 축소시키면서 금값이 하락하고 있기에 향후 다시 상승하기에는 시간이 걸릴 것으로 설명했다. 돈이 당장 급하지 않지만 집에 보관하기는 불편하다고 얘기한다. 가격이 언제 올라갈지도 모르니 처분하기도 아쉽다는 생각이었다. 그래서 제안을 하나 하였다. 손주 15분에게 증여를 하면 어떨지를 여쭈어봤다. 금 가격이 하락했으니 낮은 가격으로 증여가 가능하고 직계비속이니까 성년자들은 4,000만원 한도 내에서 혜택을 받을 수 있다는 점도 부각해서 설명했다. 좀 꺼려하신다. 너무 큰 금괴를 주면 젊은 애들이 버르장머리가 없어질 수 있다고 한다. 그래서 1kg짜리 골드바를 1온스 금화들로 만들어 손주들이 평생 간직하도록 하는 것도 괜찮을 것 같다고 제안하였다. 주문제작 할 때 금화에는 회장님과 사모님의 얼굴도 넣고 하면 손주들이 나중에 두 분을 기억하기도 좋을 것 같다고 얘기했다. 잠시 생각에 잠기시더니 생각해 보겠다고 한다. 몇 주 후에 전화가 왔다. 사실은 사모님이 두 분인데 한쪽에는 누구 얼굴을 넣는게 좋을지 물어보신다. 집안싸움 나니 사모님들은 빼시고 한쪽은 집안의 문장이나 상징을 넣도록 권해드렸다. 금화를 한가득 손주들에게 나누어주실 것이라 생각을 하니 사실 나도 손주들이 부럽기만 했다. 7년이 지난 지금 2021년 6월 30일에 금 가격은 온스당 1,760달러이니 회장님의 손주들에 대한 증여는 절세도 하고 성공적이었던 같다. 금은 실물로도 활용도가 너무 많다.

골드바(gold bar)를 매수할 때 많은 분들이 익명으로 사기를 원한다. 그러면 나중에 자식들에게 상속하고 증여하는데 세금을 회피할 수도 있고 비자금으로 조성해서 유지할 수 있다고 생각한다. 오래 전부터 고객으로 알고 지냈던 제조업체 사장님이 있었다. 2000년대 초반에 공장도 정리하고 토지보상도 받으면서 현금이 좀 많았다. 그리고, 아드님도 대학 교수를 하며 아버지를 도와 주식과 채권에 투자하며 부를 많이 늘리는데 일조를 하였다. 2015년에 금거래소(gold exchange)를 이 생기면서 개인들의 금 거래가 활발해지자 사장님도 골드바 구매를 원했다. 익명으로 매수하기는 이미 힘들어졌다. 그리고 현물로 집에 보관하는 것도 저자는 리스크가 있다고 생각하여 현물인출을 하지 마시고 은행의 금 통장에 적립해 놓는게 어떨지 제안드렸다. 아드님도 마찬가지 의견이었다. 하지만, 결국 금 거래소를 통해 1kg짜리 골드바를 10억원 정도 구매하였다. 골드바를 구매하면서 부가가치세 10%를 납부했고, 그리고, 현물 인출 수수료도 1%를 냈다. 이후 골드바는 집안에 금고를 만들어 보관한 것으로 전해 들었다. 대학 교수인 아드님도 정확한 보관위치는 모르고 그냥 집안 어디에 있다고 생각한 모양이다. 사모님은 일찍 돌아가셨기에 개인자택을 방문하는 사람은 아드님과 지인들, 그리고 가사일을 도와주시는 가정도우미 정도였다. 사장님이 3년 만에 돌아가시게 되었다. 그런데 문제는 이후에 발생했다. 그 골드바의 존재를 알고 있는 아드님이 상속을 위해 이를 찾았으나 허사였다. 건축업자를 불러 3층짜리 집을 모두 분해해도 결국은 못 찾았다. 여기에다 3년 전에 금거래소에서 골드바를 거래한 내역이 있기에 상속세 신고에는 해당 자산을 신고해야 한다. 누나들은 남동생을 의심했다. 결국 상속에 대한 집안 싸움이 났다. 지금도 가끔 교수님과 통화를 한다. 아직도 못 찾으셨다고 한다. 골드바를 매수할 때는 투자인지 실수요인지를 명확히 정하고 시행해야 한다. 투자라면 금 통장이나 한국거래소(KRX) 금 현물 매수를 권해 드린다.

2019년 말쯤으로 기억한다. 날씨도 추운데 지인의 소개로 30대의 젊은 전업 개인투자자들을 만나게 되었다. 서울 시내 강남역대로 쪽에서 오피스텔을 얻어 3명이 독립적으로 전업투자를 하고 있었다. 오피스텔만 공유하고 있었고 각자 전공이 있었다. 두 분은 미국의 테크(tech)와 바이오(bio) 관련 종목에 투자하고 있었고 한 분은 암호화 화폐를 통해서 그 동안 돈을 벌었다고 한다. 내가 소개 받은 분은 암호화 화폐 전공이었다. 다짜고짜 왜 보자고 했냐고 물어봤다. 그 동안 비트코인으로 돈을 꽤 번 것 같은데 굳이 도움이 필요해 보일 것 같지 않아서였다. 이유인즉 2018년부터 최근 2년 동안 비트코인과 알트코인에서 수익을 올리기가 쉽지 않다는 것이다. 적자도 꽤 보고 있다고 얘기했다. 비트코인 투자 열기도 많이 사그라들었고, 국가의 통제도 심하고, 자산의 변동성도 거의 줄어들어서 재미가 없다는 것이다. 이와 비슷한 투자자산이 있는지 의견을 듣고 싶다는 것이었다. 높은 변동성에서 그 동안 투자의 재미를 만끽했는데 이제 비트코인의 변동성이 감소하니 본인 비즈니스의 의미가 퇴색해 있다는 신호로 받아들였다. 필자도 고민을 하다가 COMEX E-mini Gold Futures와 COMEX Silver Futures에 대해 추천을 하였다. 상대방도 귀금속은 처음 접한다고 조금 난처해 했다. 이 친구를 붙잡고 4시간을 넘게 얘기한 것 같다. 밖에 크리스마스 캐롤이 들리고 네온싸인 불빛을 느낄 때까지 얘기를 했다. 우선, 선물의 개념부터, 그리고 증거금, 계약조건, 롤오버, 선물의 양방향 매수, 레버리지 효과, 금과 은 가격의 변동 요인과 모니터링해야 할 지표들까지 설명해줬다. 젊은 친구라 이해도가 매우 빨랐다. 그리고, 증권사 계좌에 접속하여 COMEX 거래소에 접근해서 해당 품목을 보고 어떻게 주문을 내야 하는지까지 설명했다. 해당 투자상품의 변동성, 레버리지, 양방향 전략 등에 매우 흡족해 하는 것 같았다. 끝나고 저녁은 얻어 먹었다. 그리고, 몇 달간 거의 매주 전화가 왔다. 내 팔자인가 보다 하고 대부분 통화를 받아줬다. 이제는 가끔씩 내가 물어본다. 요즘 금과 은 시장에 별일 없는지를 확인한다. 투자성과는 그래도 괜찮은 것 같다고 한다. 그리고 일에 재미를 느낀다고 한다. 최근 투자는 암호화 화폐와 금은 선물 등 두 개의 분야에서 정신없이 본업에 충실하고 있다. 변동성 관리에 자신이 있을 경우에는 금과 은에 대한 E-mini Futures를 권하고 싶다. 단, 투자성과는 보장 못한다.

3년 전에 브랜차이즈 가게를 여러 개 소유하고 계신 젊으신 사장님과 미팅을 가진 적이 있다. 40대 초반인데도 벌써 가게를 5개 정도 운영하고 있었다. 매달 현금흐름이 5천만 원 정도 되는 것으로 파악되었다. 준비해간 포트폴리오 계획도 설명하고 전반적인 사장님의 인생사도 들었다. 자기는 현금흐름이 꾸준하니 3년 정도 투자를 했으면 좋겠다고 의견을 얘기했다. 3개 정도 금융상품을 추천했는데 그 중에 하나가 블랙록 월드골드주식펀드($)였다. 처음에 사장님은 자기 부모님이 예전에 종로에서 금은방을 했는데 사업의 변동성이 너무 크다고 이건 아니라고 사절하였다. 그래서, 필자는 2가지 추천 이유를 설명하였다. 변동성이 크기에 적립식으로 하기에 가장 효과적이라는 점이다. 매달 적립하다 보면 평균단가효과(average cost effect)가 있어 나중에 가격이 평균단가보다 높아지면 그때 수익을 내고 포지션을 정리하면 된다는 논리였다. 다른 하나는 이미 2014년부터 금 가격이 온스당 1,300달러에서 1,500달러 사이를 유지하면서 박스권을 형성하고 있기에 지금 매수하기 적기라는 이유이다. 특히, 2018년부터 미국과 중국이 대립하면서 중국 인민은행이 달러의 헤게모니에서 벗어나기 위해 미국 국채를 팔고 금을 매수하고 있다는 점도 강조하였다. 결국, 매달 2,000만원씩 해당 주식펀드에 적립식으로 입금하기로 했다. 올해 4월달에 만기가 되었다. 누적수익률이 40% 정도가 달성되었기에 무조건 환매를 권유했다. 다시 미국 연방준비위원회(Fed)와 재무부(MoF)에서 테이퍼링(tapering)과 통화긴축 예상이 나오기 시작했기 때문이다. 금 가격의 변동성이 크다. 그리고 가격이 급등하는 이벤트들을 전망하기도 힘들다. 따라서, 저가 매수라는 개념보다는 금 가격이 안정되어 있을 때 장기 적립식을 통해 향후 이벤트를 대비하는 것이 가장 좋은 투자 방법인 것 같다.

달러는 만능이 아니다

이제 달러에 대해 이야기 해 보자. 달러에 대한 이야기가 가장 많을 것 같다. 왜냐하면 어디를 가도 달러 얘기를 하면 젊은 층부터 고령의 어르신까지 모두 귀담아 들으려 하기 때문이다. 그 만큼 투자자산으로서 관심이 높기 때문이다.

달러에 대한 상담의 아이러니는 항상 달러 가격이 가장 높을 때 상담을 요청한다는 것이다. 그것도 앞으로 더 올라갈 것 같으니 매수를 하겠다고 이미 결정을 하고 온다. 이유는 정치적 이유와 불안감이 대부분이다. 경기지표나 데이터는 항상 무시한다. 대부분 말려도 의미가 없다. 다음날 무시하고 매수한다. 그리고, 몇 달 후에 와서 필자한테 화를 낸다. 비싼 가격에 매수한 것을 후회한다. 아니면, 체념한다. 나중에 손주 유학 갈 때 줄 거라고 한다. 달러를 매수하거나 매도할 때도 투자를 위한 것인지 아니면 실제 사용을 위한 것인지를 명확히 설정해야 한다.

2016년에 영국은 브렉시트(Brexit)를 결정한다. 이는 분명 외환시장에서 빅이벤트이다. 대부분 영국이 유럽연합에서 탈퇴하면 손해라고 생각했고 이를 반영해서 파운드/원(£/KRW) 환율은 1,800원대에서 1,336원까지 폭락한다. 2016년 10월 7일이었다. 고객 한 분이 전화가 왔다. 파운드를 매수하는 게 어떻겠느냐고 의견을 물었다. 필자는 우선 찬성하였다. 영국은 유로존에 가입해 있지 않았고, 그리고 영국의 수익자산은 대부분 해외에 있다. 식민지 시대 때 확보해 놨던 각국의 광업권, 원유시추권, 플랜테이션 농업, 그리고 북해산 석유 등이다. 심지어 이집트 문명을 연구하려면 런던에 있는 대영박물관에 가야 한다. 이는 런던증권거래소(London Stock Exchange), 런던금속거래소(London Metal Exchange), 그리고 국제석유거래소(International Petroleum Exchange) 등에서 거래되는 금은, 커머디티, 금속, 원유 등의 거래량이 미국 상업거래소들 다음이었기 때문이다. 이는 파운드(pound)로 거래된다. 이를 감안하면 파운드의 폭락은 오버슈팅 되었다고 생각했다. 그래서 파운드 매수를 권유했다. 단, 원화로 파운드를 매수하지 말고 현재 보유하고 있는 100만 달러로 파운드를 매수할 것을 권유했다. 이종통화의 차익거래를 말씀드렸다. 왜냐하면 달러/원 환율은 브렉시트에 별 영향을 받지 않을 것이기에 지금 고평가된 달러를 매도하고 저평가된 파운드를 매수하면 된다. 그리고, 이후에 원화로 전환하면 된다. 우선, 2016년 6월달에 달러/파운드 환율이 기존의 0.7파운드에서 0.825파운드로 급등했다. 보유중인 100만 달러를 은행에서 파운드로 환전했다. 대략 825,000 파운드정도가 통장에 입금되었다. 대략 1년 후인 2017년 6월달에 파운드/원 환율이 1,500원일 때 원화로 환전하였다. 12억 3000만원 정도가 입금되었다. 이를 다시 당시 달러/원 환율인 1,128원으로 다시 환전하였다. 1,097,074달러가 통장에 입금되었다. 1년 동안 9.7%의 수익을 올린 것이다. 2016년 6월말에 파운드/원 환율은 1,450원 수준이었고, 2017년 6월말에 파운드/원 환율은 1,500원 수준이었다. 원화로 파운드를 직접 매수했을 경우에는 3.4% 정도 밖에는 수준이 안됐을 수도 있다. 그리고 고객은 최종으로 다시 세금도 없이 달러를 보유하게 되었다. 통화를 투자할 때는 원화로 무조건 매수하기 보다는 고평가된 통화를 저평가된 통화로 전환한 후 이후에 차익을 챙기는 것이 가장 유리하다. 원화, 엔화, 유로, 달러 등에 투자할 때도 마찬가지다.

2017년과 2018년에 달러 매수 때문에 미팅을 가진 많은 고객들의 전형적인 유형이 있다. 만나자마자 무조건 달러를 매수해야겠다고 한다. 이유는 단순하다.

대한민국이 정치적으로 불안해졌다고 한다. 정권에 문제가 심하고, 세금을 올려 내 재산이 다 뺏길 것 같다고 한다. 중소기업들과 소상공인들을 중심으로 내수 기업들은 다들 부도가 날 것 같고, 곧 한국경제가 문제가 될 것 같다고 한다. 달러를 사놓고 있어야 안심이 될 것 같다고 한다. 현재 한국의 외환보유고가 어느 정도 수준이고, 경제성장률이 어느 정도며, 미국의 본원통화와 통화정책이 어떻다고 설명해도 듣지 않는다. 그러면 최초 매수 금액을 최소화 시키고 3~4회에 걸쳐 분할 매수할 것을 안내한다. 한번은 여든이 넘으신 고객이 미팅을 원하셨다. 통화 쪽을 잘 본다는 소문을 듣고 오셨다고 한다. 아마도 2017년 봄인가 싶다. 당시 달러/원(USD/KRW) 환율이 1,130원대였던 것으로 기억한다. 달러를 사는게 좋지 않냐고 묻는다. 우선, 현 정권에 대한 불만을 1시간 동안 토로하고, 이대로 가면 국민경제가 무너진다고 열변을 토한다. 정부가 발표하는 경제지표는 좋게 나오는데 중소기업들과 소상공인들은 다 부도나고 있어 아마도 속이는 것 같다고 화를 낸다. 얼마를 매수하실 거냐 물으니 20억원 정도를 얘기한다. 저자는 5억원만 매수하자고 했다. 원화강세가 더 갈 것 같다고 설명드렸다. 경제가 이 모양인데 무슨 말이냐고 되묻는다. 경제는 중소기업과 소상공인도 있지만, 재벌도 있고 대기업도 있고 정부도 있다. 원화는 이종통화이기에 외환시장에서 외국인들의 판단이 중요하다. 외국인 투자자들이 보는 입장은 한국의 전체 경제를 보고 판단하지 중소기업 체감경기를 보고 판단하지는 않는다고 설명드렸다. 그리고, 한국의 수출기업은 다들 대기업이다. 그리고 내수기업들은 중소기업이다. 개인들의 체감경기는 부정적이지만, 수출과 대기업들의 영업이익이 워낙 좋기에 상대적으로 당분간 원화가 강세로 갈 것으로 분석했다. 5억원만 달러로 매수하기로 했다. 다행히, 2018년도에 들어 달러/원 환율은 1,060원까지 떨어지면서 저자는 체면을 유지하였다. 그 고객 분은 이후 1,080원으로 하락 했을 때, 1,060원으로 하락했을 때 추가로 매수하며 매수단가를 최대한 낮추었다. 그리고, 2019년 하반기때 환율이 1,200원일 때 매도하여 양호한 비과세 수익을 얻었다. 그리고, 2020년 4월 COVID19 팬데믹으로 달러/원

환율이 1,290원까지 오르자 필자한테 전화해서 화를 냈다. 너무 빨리 매도해서 수익을 충분히 못얻었다는 것이다. 필자도 신은 아니다. 중요한 건 달러의 가치는 지표와 데이터로 판단해야 한다. 정치적 감정이나 편향적인 생각은 금물이다.

달러 투자는 할 말이 많다. 다른 하나는 몇 년간 관리했던 회장님이 캐나다로 이민 신청을 한 후 영주권을 받게 되었다. 이번 정권이 맘에 안들고 세금도 문제고 세상도 시끄럽고 해서 한국보다는 조용한 캐나다에서 은퇴하여 살고 싶다는 생각이었다. 6개월 동안 250억원 정도를 달러로 가장 좋은 가격을 확인해서 환전해 달라고 한다. 2018년도 1월달 정도였을 것이다. 저자는 당연히 캐나다 달러로 환전할 예정이었다. 그러나, 회장님의 생각은 달랐다. 달러가 더 안전하고 좋으니 달러로 환전해 달라고 하신다. 저자는 캐나다 달러가 더 유리할 것으로 설명드렸다. 우선, 캐나다 달러는 원자재 달러라 현재의 원자재 가격을 보면 캐나다 달러는 저평가된 수준이라고 설명드렸다. 향후 원자재 가격이 오를 것으로 생각하면 상대적으로 싼 캐나다 달러가 낫지 않을까 제안하였다. 그리고, 향후에 달러를 다시 캐나다 달러로 바꿀 경우에도 원자재 가격이 상승하면 캐나다 달러를 다시 비싼 가격으로 되사게 될 수 있다고 분석하였다. 결국에는 달러 60%, 캐나다 달러 40%로 환전했다. 저자도 고집이 좀 있다. 6개월 동안 아마도 달러는 평균 1,100원 수준으로 환전한 것 같다. 캐나다 달러는 평균 830원 수준으로 환전한 것 같다. 요즘도 자주 통화한다. 2년이 지난 2021년 6월 말 기준으로 환율을 보면 달러는 1,130원이고 캐나다 달러는 915원이다. 최근 원자재 가격 상승으로 캐나다 달러의 상승폭이 크다. 캐나다 달러는 10% 가격이 상승한 상태이고, 달러는 2.7% 가격이 상승해 있기 때문이다. 이미 언급했듯이 달러는 만능이 아니다. 상대성도 중요하다.

2008년 초쯤으로 기억된다. 당시 부동산 관련 리츠펀드(Reits Fund)들이 인기가 높았다. 특히 미국의 부동산 관련 주식과 담보부채권들을 찾는 투자자들이 많았다. 물론 이후 2008년 하반기부터 미국은 서브프라임 모기지 위기(Subprime Mortgage Crisis)를 겪게 되리란 생각은 다들 못하고 있었다. 법인팀에서 자문 요청이 왔다. 학원재단에서 200만 달러 넘게 미국 리츠펀드($)를 달러로 매수해야 하는데 환헤지를 해야하는지를 문의해 왔다는 것이다. 당시에는 달러/원 환율이 1,000원 밑에서 움직이며 원화의 강세가 두드러져 있던 상황이었다. 그리고, 미국의 기준금리는 5%가 넘었었고 한국은 기준금리가 4% 수준이었기에 선물환 계약에서 원화가 디스카운트를 받아야 했다. 즉, 선물환 계약을 하게 되면 달러에 프리미엄을 주어야 하는 상황이었기에 비용 측면에서 원화가 불리했다. 그래도 법인투자자는 달러/원 환율이 더 떨어질까 불안해 하던 상황이었다. 저자의 생각은 외환시장이 당시 불균형 상태라고 생각했다. 미국은 통화긴축정책을 취하기 시작했고 본원통화도 당시 조금씩 축소되는 상황이었다. 한국은 수출에 따른 외환보유고 증가가 둔화되고 있었고, 미국의 통상압력으로 한국은행이 인위적으로 원화가치를 절상시키고 있던 시기였기에 현재의 원화 강세가 오래 가기 힘들 것으로 판단하였다. 그래서, 달러/원 환율의 상승 전망을 감안하여 달러 선물환 계약은 필요 없을 것으로 판단하였다. 그래도 저자의 말이 미덥지 못했던지 법인투자자는 결국은 100만 달러는 환에 노출시키고 100만 달러는 1년짜리 선물환 계약을 매도하기로 결정했다. 결국 8개월 후 미국 서브프라임 금융위기가 발생했다. 해당 리츠펀드의 수익률이 급락하기 시작했다. 그리고, 반대로 원화는 이종통화이기에 가치가 급락하며 달러/원 환율이 1,500원까지 치솟는 상황이 발생했다. 1년 후에 결과적으로 보면 환에 노출시킨 펀드는 펀드의 자산에서는 50% 정도 손실이 발생했고, 포지션을 정리하여 환전을 하면서 환율 상승으로 손실을 일부 상쇄시켰다. 투자에서 대략 30% 정도 손실이 발생한 것으로 기억한다. 반대로 선물환 매도 포지션을 한 펀드는 펀드 자산에서 50% 정도 손실이 발생하였고, 선물환 매도에서도 추가로 손실이 발생했다. 선물환 정산 시 100만 달러를 전달하고 원화를 고정된 환율로 받아야 하는데 사실 펀드의 자산가치는 50만 달러 밖에 남지 않아 오버헤지로 손실폭이 발생한 것이다. 결국 펀드의 포트폴리오는 최악으로 70%가 넘게 발생하였다. 잘못된 환 헤지가 나은 비극이었다. 환 헤지는 헤지할 금액이 정확히 고정되어 있는 경우에 효력을 발휘한나.

만약 선물환 계약 만기시점에 헤지 예정된 금액이 변경되면 오버헤지(over hedge) 또는 언더헤지(under hedge)로 손실 또는 수익이 추가로 발생할 수 있음을 주의해야 한다.

고위공직자의 배우자인 고객과 미팅을 가진 적이 있다. 고위 공직자 집안의 가족답게 많은 것을 조심스러워 하신다. 그래도 투자를 통해 부를 늘리고 싶은 것은 같은 마음이다. 대신 소문이 안났으면 좋겠다고 하신다. 주식 투자나 환 투기는 절대 안된다고 하신다. 달러를 매매하여 비과세 수익을 내는 것도 좋지만 금액이 크면 투기로 비춰질 수 있다고 생각하신다. 그리고, 달러 현물은 금융정보원에 자동적으로 보고가 되기에 더더욱 꺼려하신다. 무엇이 좋을까 생각하다 KODEX 미국달러선물ETF와 KODEX 미국달러선물인버스ETF를 추천해 드렸다. 달러라는 말에 화들짝 놀라시기는 했지만 자세한 설명을 듣고 이해를 하셨다. 달러 현물에 투자하는 것이 아니기에 환 투기로 볼 수 없고, 수익난 만큼 배당소득세를 납부하시기에 나중에 탈세 문제도 없다고 말씀드렸다. 그리고 금액의 제한도 없으며 금융정보원에 보고 대상도 아님을 말씀드렸다. 원달러 환율을 예상해서 중장기로 투자하시면 된다고 했다. 공직자분들의 부동산 투기로 전국민의 신경이 곤두서 있던 2019년 말이었다. KODEX 미국달러선물ETF를 매수한 후 COVID19 팬데믹이 발발한 4월달에 7% 정도 수익을 내고 환매하셨다. 그리고, 이후 KODEX 미국달러선물인버스ETF로 갈아타시고 다시 최근 8% 수익을 내고 환매하셨다. 항상 미팅 때마다 확인하신다. 투기가 아닌 투자라고 확인을 받으신다.

미국 국채 투자도 빠질 수 없을 것 같다. 미국 국채 10년물짜리는 개인투자자들에게도 인기 있는 상품이다. 2019년 12월 달에 여든이 넘으신 고객이 상담을 요청하였다. 저자와는 큰 거래가 그동안 없었는데 뭔가 문제가 있는 것 같았다. 이미 증권사 창구에서 미국 알파벳 주식과 미국 테크놀로지펀드를 10억원 넘게 매수했다고 한다. 그런데 불안하다고 한다. 혹시나 문제가 생겨 주식자산의 가치가 폭락할 수 있다는 생각을 하고 있었다. 대안을 요청하였다. 미국 주식을 보유하고 있는데 안전자산이라는 이유로 달러 매수를 권해드리기는 좀 아닌 것 같았다. 그래서, 미국 국채 10년물을 매수해서 헤지를 하자고 제안하였다. 위기가 오면 주식은 손실을 보지만 미국국채는 안전자산이라 가격이 반대로 움직이는 점을 강조하였다. 그리고, 채권의 가격과 이자율의 방향도 설명하였다. 채권은 시장금리가 하락하면 가격이 올라서 매매차익이 가능하고, 시장금리가 상승하면 가격이 하락하여 매매손실이 가능하다는 것을 구체적으로 안내하였다. 안전자산이라고 해서 무조건 플러스 수익만 내는 것은 아니라고 세세히 설명하였다. 그리고, 시장에 큰 충격이 없으면 쿠폰이자와 만기 시까지 매매차익을 감안할 경우 1년에 2.0% 정도 수익이 가능하다는 것도 계산으로 확인했다. 미국 주식 매수 금액과 맞추어 10억원 정도 매수했으며, 미국국채 10년물로 만기가 7년 정도 남은 물건이었다. 만기수익률(YTM)은 1.8% 정도로 잡은 것으로 기억한다. 불행인지 다행인지 2020년 2월부터 COVID19 팬데믹이 전세계를 강타했다. 2020년 7월 말에 미국국채 10년물은 금리가 0.536%까지 떨어지며 국채 가격은 4%정도 상승하였고 달러/원 환율 상승까지 감안하며 8% 정도의 수익이 가능했다. 그리고, 증권사에 가지고 있던 미국주식도 주가는 30% 정도 하락했는데 환차익을 감안하면 20% 정도 손실인 것으로 나타났다. 달러/원 환율도 1,250원였기 때문이었다. 미국 국채 가격도 정점에 온 것 같고 미국 주식도 회복 쪽으로 방향을 잡는 것 같아 채권 포지션을 정리하여 원화로 환전하여 수익실현할 것을 권유했다. 아니면, 채권 포지션을 정리하여 달러를 미국 주식에 추가로 투자하여 향후 회복 시에 더 빠른 성과회복을 달성하는 것을 제안하였다. 고객의 생각은 달랐다. COVID19 팬데믹이 더 지속되면 달러만 계속 오를 것으로 생각하고 미국 국채와 미국 주식을 모두 정리해서 달러로 보유하는 것으로 결정하였다. 아직까지도 달러를 보유하고 있다. 몇 주 전에 와서 달러를 어떻게 해야 하는지 상담을 했다. 오늘 달러/원 환율은 1,130원이다.

많은 분들이 달러가 만능이라고 생각하며 투자를 한다. 하지만, 달러는 만능이 아니다. 경기 지표와 데이터를 확인하면서 투자를 해야 한다. 그래야 의도치 않은 장기투자를 면할 수 있다.

코인은 이기적이다

코인에 투자하는 분들을 만나보면 두 부류로 보인다. 하나는 높은 변동성 투자를 즐기시는 쪽이고, 다른 하나는 본인 자산을 익명으로 관리하고 싶어 하시는 쪽이다. 몇몇 분들은 종교적 수준으로 빠져있는 것을 가끔 목격한다. 그 만큼 높은 변동성을 견딜려면 당연한 건지도 모르겠다.

국내에서 최초코인공개(ICO)가 2017년 9월 금지된 이후 2019년 5월쯤에 젊은 사업가 한 분을 만났다. 금융시장 전반에 대한 동향도 말씀드리고 포트폴리오 제안도 하였다. 말미에 암호화 화폐 이야기를 꺼낸다. 주변에서 싱가폴에 상장하는 국내 코인 업체가 있는데 투자를 하자는 제안이 들어와 있지만 어떻게 해야 할지 잘 모르겠다고 한다. 그리고 최초코인공개(ICO)가 뭔지도 모르겠다고 한다. 우선, 최초코인공개(ICO)는 최초주식공개(IPO)와 같은 개념이지만 약간 차이가 있다고 설명하였다. 주식은 이미 성장하고 어느 정도 기준에 부합하는 회사가 지분 중 일부를 일반투자자들에게 공개하는 과정이고, 코인은 새로운 코인을 발행하기 위해서 회사가 자금을 모집하는 것으로 얘기했다. 즉, 최초코인공개는 어쩌면 엔젤투자(angel capital)와 같은 크라우드펀딩(crowdfuning) 개념이 더 적합하며 사업의 초기단계에 투자하기에 회사가 사라질 위험성도 매우 크다는 것을 강조하였다. 해당 코인은 카카오 블록체인 자회사인 그라운드X가 발행하는 클레이튼(Klaytn)였다. 얼마를 투자하실 계획인가를 물어봤다. 3억 원 정도 생각하는 것 같다. 저자는 최초코인공개(ICO)는 엔젤투자와 같으니 3개 정도 회사에 나누어 투자하는 것을 권했다. 3개 중에 1개 정도가 크게 가격이 오르면 나머지 2개가 부도가 나도 성과를 올리는데 문제가 없을 것 같아서였다. 분산투자의 개념이다. 그리고, 클레이튼은 카카오 계열이니 비중을 높게 해서 1억원 정도 투자하시도록 제안했다. 그렇게 했다고 몇주 후에 연락을 받았다. 해당코인은 2021년 5월에 국내 거래소인 비썸에도 상장하였다. 그리고 올해 6월에 세계 최대 코인거래소인 바이낸스(Binance)에도 상장되며 큰 관심을 끌었다. 6월 말에 국내에서 1,170원대로 거래되고 있다. 코인마켓캡(www.coinmarketcap.com)에 따라면 클레이튼은 2021년 6월말 기준으로 글로벌 시가총액 25위에 올라있다. 2.8조원을 기록 중이다. 반면, 2019년에 픽셀(PXL)의 최초코인공개(ICO)에 참여하셨는데 6월말로 국내거래소에서 상장폐지에 몰려있다.

일흔이 넘으신 고객 회장님과 2020년말 미팅을 한적이 있다. 워낙 성격이 쾌활하고 호탕한 분이다. 그리고, 신문물도 좋아하셔서 온라인 게임을 아직도 열정적으로 즐기시는 분이다. 미팅 시작과 함께 비트코인 얘기를 꺼낸다. 업계 회장님들과 모임을 갖다가 비트코인을 가지고 있으면 세금을 안내도 되고 증여 상속하는데 요긴하게 쓰인다고 정보를 얻으셨다고 한다. 필자한테 대신 처리 좀 해달라고 요청하신다. 죄송하게도 제가 대신할 수는 없고 비트코인을 매매하는 방법을 안내했다. 옆에 앉아서 거래소 접속, 비트코인 지갑 만들기, 매매하기, 암호키 관리하는 방법 등등을 설명하였다. 쉽다고 하시며 얼굴에 새로운 도전에 대한 관심이 가득했다. 그리고, 거래소를 통해서 코인을 구매할 때는 회장님의 은행계좌에서 거래소로 금액이 이전된 것은 금융당국에서 확인된다는 점을 강조해드렸다. 여기에 정부가 암호화화폐의 매매차익에 대해 과세를 검토하고 있는 것도 안내해 드렸다. 암호키 백업하는 방법에 주의를 드렸다. 비트코인 전자지갑은 시스템상 10회 입력 오류가 발생하면 내장된 하드디스크 드라이브가 완전히 잠기기에 다시는 돈을 찾을 수 없다고 길게 설명하였다. 오늘 저녁때 시험 삼아 해보겠다고 하신다. 일수일 후에 전화가 왔다. 지갑이 잠겨버렸다는 것이다. 어떻게 다시 접속하는지 비트코인 회사에 물어봐달라고 한다. 불가하다고 하자 이건 사기라고 주장한다. 그러면 국세청에 아들에게 증여하는 것으로 하겠다고 한다. 그러면 국세청 직원들이 와서 열어줄 것 아니냐고 한다. 그것 자체도 불가하다고 설명하였다. 이미 해외에서도 1000억원대 비트코인 보유자가 심장마비로 사망하면서 아무도 암호화키를 몰라 그 비트코인에 접근할 수 없어 상속자들도 포기했다는 얘기도 전했다. 이런 나쁜 시스템은 사기라고 또 화를 낸다. 백업을 누르셨는지 물어봐도 잘 모르겠다고 한다. 그러면 업체를 불러서 컴퓨터 어딘가에 저장되어 있는지 확인해 보셔야 한다고 안내했다. 투자하신 금액은 그냥 시험 삼아 2천만원 정도 매수하셨다고 한다. 분산화되고 암호화된 시스템이 무조건 좋은 것은 아니다. 효율적인 측면과 경제적인 측면에서는 중앙집권적이고 투명한 시스템이 더 좋을 수도 있다.

지난달이었다. 고객이신 모 회장님의 초대로 경기도 인근의 회원제 골프장에서 라운딩을 함께 한 적이 있다. 날씨도 화창하고 동반자들도 모두 매너있는 분들이라 기분 좋은 플레이를 이어가고 있었다. 그런데 캐디의 표정이 안좋다. 뭔가 불안하고 자꾸 스마트폰을 쳐다보고 있었다. 당연히 플레이어들을 지원하는 것도 시덥지 않아 다들 불만이 표출되기 시작하였다. 도중에 잠깐 물어보니 암호화 화폐 거래소에서 비트코인과 알트코인을 매매하는 것이었다. 캐디 경력은 8년 정도 되는데 요즘 들어 코인 거래에 중독이 됐는지 도저히 본업에 집중하기 힘들다고 말한다. 거래금액도 5천만원이 넘었고 하루에 회전률이 2~3번을 넘는 것 같다. 그리고 요즘은 가격이 떨어지면서 손실폭이 커지고 있다고 얘기한다. 자신의 일도 중요한데 암호화 화폐 투자도 너무 좋다는 것이다. 회장님은 본인의 지정 캐디라 별로 신경을 안 쓰셨지만 다른 동반자들은 조금 불만이 많았다. 전반전이 끝나고 잠시 쉬는 시간에 캐디에게 COMEX Bitcoin Futures와 TSE Betapro Bitcon ETF를 간단히 설명해 줬다. 선물계약의 경우에는 어떤 증권사 계좌를 통해서 접근해야 하는지, 그리고 어떤 특징이 있는지를 짧게 설명해줬다. 그리고, 레버리지와 매도 포지션을 쓰는 방법도 짧게 언급해 줬다. 상장지수펀드(ETF)의 경우에는 토론토증권거래소에 상장되어 있기에 어떤 증권사를 통해서 접근하고 인버스상장지수펀드(inverse ETF)를 어떻게 활용하면 좋은지 까지 급하게 설명해 줬다. 좋은 점은 모두 해외거래소에 상장되어 있기에 캐디 업무가 끝나고 투자업무를 시작해도 된다는 점이다. 그리고, 주간에는 본인의 업무에 집중할 수 있고, 거래의 빈도가 낮아지기에 손실의 변동성도 낮출 수 있다는 장점이 있었다. 저녁때 필자가 일하는 은행에서 계좌를 개설할 수 있는지 문의해 왔다. 은행은 해당 거래가 불가하기에 모 증권사의 담당자를 소개시켜 줬다. 지금은 일과 투자를 어떻게 병행하고 있는지는 모르겠다. 전업투자자가 아니면 일과 투자를 병행하기는 힘들다. 특히, 암호화 화폐는 가격의 변동성이 워낙 높기에 이를 감당하기 힘들기 때문이다.

코인에 집중적으로 투자하는 분들은 항상 긴장감에 휩싸여 있는 것 같다. 이는 시스템이 다소 이기적이고 가격은 높은 변동성을 보이고 있기에 이를 극복하는 과정에서 당연한 건지도 모른다. 그리고, 4차 산업혁명 시대에 적응이 다소 늦는 분들은 이해하기가 어렵기도 하다. 아직 발전단계에 있기에 암호화 화폐도 어느 정도 화폐자산으로서 성숙단계에 접어든다면 안정적인 투자자산으로서 역할을 할 것으로 전망한다.

참고 문헌

Charles P. Kindleberger and Robert M. Solow, Manias, Panics, and Crashes: A History of Financial Crises, Palgrave Macmillan(7th), 2015

Charles R. Geisst, Wall Street: A History, Oxford University Press, 1997

Don M. Chance and Robert Brooks, An Introduction to Derivatives and Risk Management, Cengage Learning(10th), 2016

Eric Helleiner and Jonathan Kirshner, The Future of The Dollar, Cornell University Press, 2009

Frederic S. Mishkin and Stanley G. Eakins, Financial Markets and Institutions, Pearson(8th), 2016

Frederic S. Mishkin, The Economics of Money, Banking, and Financial Markets, Pearson(12th), 2019

Goldman Sachs Report, The Future of Finance: The Rise of the new Shadow Bank, March 3, 2015

Helyette Geman, Commodities and Commodity Derivatives: Modeling and Pricing for Agriculturals, Metals and Energy, Wiley, 2005

Ian Hurd, International Organizations, Cambridge University Press(4th), 2021 J.A.G. Roberts, A History of China, Palgrave Macmillan(3rd), 2011

John C. Hull, Fundamentals of Futures and Options Markets, Pearson(7th), 2010

Jonathan Chester, A New Way to Raise Money: The Initial Coin Offering, Forbes, June 12, 2017

Jonathan Williams and Catherine Eagleton, Money: A History, Firefly Books, 2007

Ray Dalio, Big Debt Crises, Bridgewater, 2018

Santander and Oliver Wyman Report, The Fintech 2.0 Paper: Rebooting Financial Service, September 11, 2020

Satoshi Nakamoto, Bitcoin: A Peer-to-Peer Electronic Cash System, www.bitcoin.org

Stephen Roach, Unbalanced: The Codependency of America and China, Yale University Press, 2014

Thomas F. Cargill, The Financial System, Financial Regulation and Central Bank Policy, Cambridge University Press, 2017

Yongnian Zheng and Yanjie Huang, Market in State: The Political Economy of Domination in China, Cambridge University Press, 2018

김병곤, 임명환, 암호화폐가 부의 지도를 바꾼다, 포북, 2019

김병화, 중앙은행과 통화정책, 학민사, 2012

김종현, 핀테크 4.0: 핀테크 혁명과 금융의 미래, 한국금융연수원, 2020

노상채, 김창범, 화폐금융론, 박영사(6쇄), 2020

노르베르트 헤림, 21세기 화폐전쟁, 율리시즈, 2019

로데베이크 페트람, 세계 최초의 증권거래소, 이콘, 2016

미야자키 마사카쓰, 돈의 흐름으로 보는 세계사, 한국경제신문, 2019

쑹훙빙, 화폐전쟁1: 달러의 종말, 알에이치코리아, 2020

양봉진 외 6인 공저, 헤지펀드의 이해와 운용전략, 한국금융연수원, 2012

오건영, 환율과 금리로 보는 앞으로 3년 경제전쟁의 미래, 지식노마드, 2018 이병욱, 비트코인과 블록체인: 가상자산의 실체, 에이콘(2쇄), 2020

이석근, 서정희, 핀테크 혁신, 미래 산업과 금융의 판을 바꾸다, 북랩, 2017 정책위키, 핀테크(FinTech), 2020년 3월 16일

페이지 420 / 421

짐 로저스, 상품시장에 투자하라, 굿모닝북스, 2005

폴 볼커, 토요 교텐, 달러의 부활, 어바웃어북, 1992

홍익희, 달러이야기: 달러의 탄생과 세계지배의 역사, 한스미디어(3쇄), 2017 홍익희, 환율전쟁 이야기: 교묘한 달러 곡예의 역사와 환율전쟁, 한스미디어(5쇄), 2020

KPMG 리포트, 글로벌 핀테크 투자 동향, 2019년 하반기

IBK투자증권 리포트, Next Fintech: 금융의 룰을 바꾸다, 2020년 8월 31일

KISO 저널, 국내 테크핀(Tech+Fin)업계 동향과 전망, 제35호, 2020년 9월 1일